U0121255

小麦战争

谷物如何重塑世界霸权

〔美〕斯科特·雷诺兹·尼尔森 (Scott Reynolds Nelson) 著

黄芳萍————译

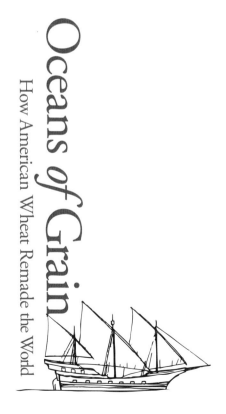

中国出版集团

中译出版社

（著作权合同登记号：图字01-2022-0646号）

图书在版编目（CIP）数据

　　小麦战争：谷物如何重塑世界霸权 /（美）斯科特·雷诺兹·尼尔森著；黄芳萍译 . -- 北京：中译出版社，2023.11

　　书名原文：OCEANS OF GRAIN: How American Wheat Remade the World

　　ISBN 978-7-5001-7435-6

　　Ⅰ . ①小… Ⅱ . ①斯… ②黄… Ⅲ . ①小麦 – 国际贸易 – 贸易史 – 世界 Ⅳ . ① F746.21

　　中国国家版本馆 CIP 数据核字（2023）第112694号

小麦战争：谷物如何重塑世界霸权
XIAOMAI ZHANZHENG: GUWU RUHE CHONGSU SHIJIE BAQUAN

作　　者：〔美〕斯科特·雷诺兹·尼尔森（Scott Reynolds Nelson）
译　　者：黄芳萍
策划编辑：于　宇　温晓芳　龙彬彬　薛　宇　方荟文　李晟月
特约编辑：温亚旭
责任编辑：于　宇　温晓芳　龙彬彬　方荟文　李晟月
文字编辑：薛　宇　周晓宇　方荟文　李晟月
营销编辑：马　萱　钟筏童

出版发行：中译出版社
地　　址：北京市西城区新街口外大街28号102号楼4层
电　　话：（010）68002494（编辑部）
邮　　编：100088
电子邮箱：book@ctph.com.cn
网　　址：http://www.ctph.com.cn

印　　刷：北京盛通印刷股份有限公司
经　　销：新华书店
规　　格：787 mm × 1092 mm　1/16
印　　张：26.25
字　　数：323千字
版　　次：2023年11月第1版
印　　次：2023年11月第1次

978-7-5001-7435-6　定价：98.00元

版权所有 侵权必究
中 译 出 版 社

赞 誉

　　《小麦战争：谷物如何重塑世界霸权》是到目前为止我读过的最好的历史读物。该书风趣幽默又充满智慧，将一幅幅历史画卷展现在读者眼前：阴谋家与国家元首、工人与企业家以及哲学家与经济学家如何将人类为果腹而付出的努力，转化为战争与帝国、革命与征服、盛宴与饥荒。该书带领读者跨越时空，从欧洲的谷仓和古代贸易路线，到美国内战和奴隶制的推翻；从众帝国的建立，到血流成河的第一次世界大战及俄国十月革命；最后，来到我们相互联系却又极其不平等的当今世界。在此过程中，斯科特·雷诺兹·尼尔森（Scott Reynolds Nelson）将向我们介绍创造及重塑世界的一个个人物。我们对有些人物是初次听闻，而有些人物，如亚伯拉罕·林肯（Abraham Lincoln）和弗拉基米尔·列宁（Vladimir Lenin），将因该书的独特视角而令我们宛如初见。

——安迪·齐默尔曼（Andi Zimmerman）

乔治·华盛顿大学教授

　　美国棉花在19世纪前半段改变了世界，美国的小麦则是在后半段主宰世界。斯科特·雷诺兹·尼尔森在全球范围内探索了不起眼的小麦在颠覆帝国、促进工业化、兴建城市和左右贸易流动方面的力量，这是人们梦寐以求的商品历史：关注政治，在观点上相互联结又具有可比性，并善于讲述细节。在阅读完这本节奏明快的书之后，战争、革命以及19世纪的帝国，看起来和之前已截然不同。

——斯文·贝克特（Sven Beckert）

《棉花帝国》作者

尼尔森对尺度有标志性掌握，在这本书完全展现出来。在《小麦战争》中，我们看见他对美国在内战后攫取国际小麦市场的现象，做出革命性的阐释。这本精彩绝伦的书完全颠覆你所知道的19世纪末与20世纪初的美国和世界。

——斯蒂芬妮·麦凯丽（Stephanie McCurry）

哥伦比亚大学教授

《小麦战争》极具煽动性。研究透彻，可读性强，无论是专业历史学家还是普通人都会为之着迷。

——American Essence

与其他开创性的历史修正主义著作一样，《小麦战争》用一把细密的梳子梳理历史，讲述了一个意想不到的故事：是什么导致了一些帝国的崩溃，而另一些帝国却生存下来并蓬勃发展——谷物。

就像他在前一本书《钢铁侠》中所做的那样，作者介绍了新的关键人物，为这个故事带来了重要的启示。尽管篇幅很长，但阅读起来却很快，它重新诠释了一种不起眼的商品的历史，证明了小麦对我们国家和地球的影响不亚于棉花，而且对谷物力量的争夺远未结束。

——美国食品系统的独立、非营利性数字新闻和评论网站 *Civil Eats*

作者在其扣人心弦的《小麦战争》一书中，相当认真地讲述了小麦的世界排名能力。此外，他对谷物的痴迷极具感染力。开始时，你是一个冷静的读者，冷静地欣赏历史因果关系的复杂性，而读完这本书后，你就成了一个狂热的小麦迷。

——丹尼尔·伊默瓦尔（Daniel Immerwahr）

《纽约书评》

可读性强、原创性强、具有启发性，这是一本值得关注的书！

——大卫·阿布拉菲亚（David Abulafia）

《旁观者》

这是一部非常及时的历史！尼尔森提出了一个极具说服力的观点：粮食生产、储存、运输和贸易是罗马帝国、拜占庭帝国、奥斯曼帝国和俄罗斯帝国等文明兴衰的决定性因素。

——《金融时报》

独具匠心，引人入胜……尼尔森有力地证明了小麦贸易对历史的贡献没有得到应有的重视！

——《华尔街日报》

谨以此书献给我的外祖母，

米尔德里德（"米米"）·罗奎斯特·布朗（Mildred Lofquist Brown，1912—2009）。

她的外祖父母熬过了她所谓的"真正的大萧条"时期，

并于1887年离开了瑞典。

她教会我勤俭节约，教会我缝补袜子和口袋，

她还教会我未雨绸缪——哪怕一个果酱罐子在"大萧条"时期也弥足珍贵。

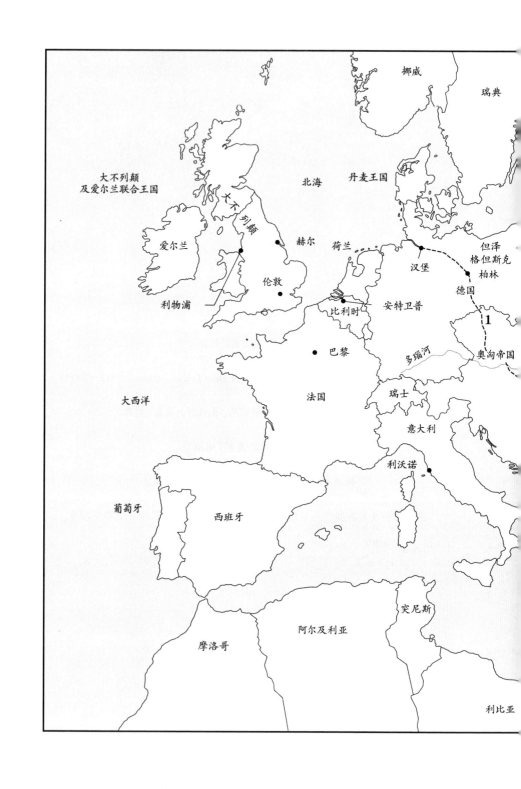

挪威

瑞典

大不列颠
及爱尔兰联合王国

北海

丹麦王国

爱尔兰

大不列颠

赫尔

荷兰

汉堡

但泽
格但斯克
柏林

利物浦

伦敦

比利时

安特卫普

德国

1

奥匈帝国

巴黎

多瑙河

大西洋

法国

瑞士

意大利

利沃诺

葡萄牙

西班牙

突尼斯

阿尔及利亚

摩洛哥

利比亚

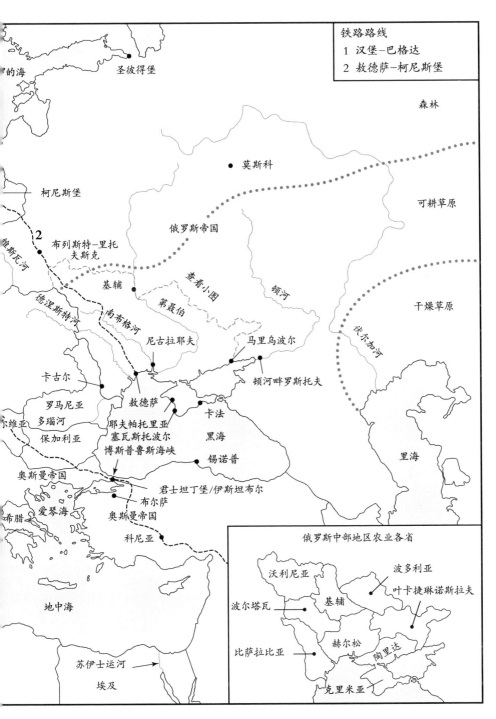

注：此图是约1912年"谷物海洋"的范围：左边的地区有时被称为"欧洲"，在右边被称为"黑海面包篮"，在博斯普鲁斯海峡上的是关键的窄点。(凯特·布莱克默绘)

推荐序

粮食即权力
——至今尚未结束的历史主旋律

正当俄乌冲突似乎看不到尽头的时候，人们试图寻求其深刻和复杂的历史原因，这本斯科特·雷诺兹·尼尔森为著者的《小麦战争：谷物如何重塑世界霸权》，提供了宽广的历史图景和精准的线索。

那么，何谓宽广的历史图景呢？作者在该书"引言"中这样写道：乌克兰的土壤可能是世界上最肥沃的土壤。人们称这里的土壤为黑钙土，这是一种深色的、透气性良好的土壤，蠕虫和细菌可以在这类土壤里茁壮成长。沙皇凯瑟琳二世极为清晰地认识到：只有拥有乌克兰黑土地，才能拥有小麦和面包，成就俄罗斯帝国。1768年，沙皇凯瑟琳二世派遣了超过10万的俄军，穿越平原、跨过黑海占领了该地区。于是，敖德萨自此成为出口粮食的新兴城市，谷物从这里运往伦敦和欧洲其他城市。

但是，进入19世纪60年代，因为美国的廉价小麦开始涌入欧洲市场，俄罗斯帝国对欧洲谷物供给和价格的近乎垄断地位基本终结。"俄罗斯帝国繁荣戛然而止。"

在上述历史事实的背后，几乎同时发生了俄国结束"农奴制"，美国经过南北战争结束了"奴隶制"。其中，"在废除奴隶制和打破南方不平等关系的内战中，美国经历了残酷的考验，也彻底改变了它在世界经济中的地位。在生产上，美国直接与敖德萨竞争。在对粮食贸易的管理中，美国官员引入了'共和党'模式：期货市场，加上私营股份制的竞争性州际铁路（可通往沿海地区）协作合作"。

俄国和美国在谷物，主要是小麦供给的竞争，彻底影响和改变了世界经济格局和地缘政治。最重要的历史结果是："1868—1872年，欧洲粮价下降了近50%，海上货运的费用也随之下降"。不仅如此，"在欧洲，廉价的美国粮食养活了城市和农村的工人阶级"，"工人的生活得到了改善，城市和国家之间的关系也发生了变化"。进一步分析，"廉价的面包将工人吸引到了消费积累型城市，城市居民积累资本并将积蓄存入银行，进一步推动了帝国中心的繁荣"。这也是1860—1890年的"黄金时代"得以形成的重要原因。可以这样认为，因为美国的低价谷物进口，工人阶级生活成本降低，且跨越了所谓的"李嘉图悖论"，欧洲工业革命获得最终成功。[①]

为了改变美国在谷物竞争中的"后发优势"，自19世纪80年代，俄国仿效美国的粮食信贷体系，并开始实施一项"雄心勃勃的粮食扩展计划"，"向乌克兰东部和西部的草原地带、乌拉尔山脉（Urals）以东以及满洲里

---

①　"李嘉图悖论"是指，伴随农业技术改进，所需农业劳动力减少，谷物价格下降，却导致土地收益和土地租金同步下降，进而利率下降。马克思认为，正是"李嘉图悖论"推动了人类历史向前发展。土地所有者在社会发展的各个阶段都占统治地位。历史证明马克思是对的，农业进步导致城市化，土地所有者是城市化和城市房地产产业的受益者。

扩张"，包括耗资10亿卢布的远东铁路和深水港建设。1905年日俄战争的本质是双方为了争夺东北亚的谷物生产基地和港口。俄罗斯战败。"到了1914年，俄罗斯帝国担心奥斯曼帝国会叫停其在黑海的粮食运输，这成为了第一次世界大战的导火索之一，而这场战争只不过是为了争夺别国的'面包'"。也就是说，"粮食几乎在第一次世界大战中的每个阶段都是关键"。

　　至于本书提供的最准确的历史线索是：俄国1917年的"二月革命"和沙皇退位，是因为圣彼得堡实施食物配给制引发的军队哗变。至11月，布尔什维克获得政权。"布尔什维克成功的主要功臣不是机枪"，粮食是关键因素。"工人用卢布、银子、甚至是制成品，从经营面粉厂的农村、城镇换取一袋袋面粉"，加之"和平、土地和面包"的口号，支持了苏维埃的权威和自主性。但是，在1918—1922年，列宁领导的苏联依然无法摆脱饥荒、内战和骚乱。其中数百万人死于饥荒。列宁和他的团队最终通过战时经济体制和严酷战争镇压，再建小麦、交通、铁路、银行的链条，最终度过经济危机。在俄国十月革命的同时，乌克兰摆脱俄国，成立的乌克兰人民共和国签署了"面包与和平"协议。但是，当时的乌克兰并没有避免德国入侵的命运。

　　简言之，谷物、小麦和面包决定了第一次世界大战和布尔什维克革命的过程和最终结果。

　　在本书中，有一位贯穿所有历史拐点的历史人物，他的名字是帕尔乌斯（Parvus），1867年生于俄国，1924年去世。帕尔乌斯先后参加了德国社会民主党和俄国社会民主党，参与俄国1905年革命，担任地下的圣彼得堡苏维埃主席，也是奥斯曼帝国和普鲁士帝国外交顾问，土耳其建国功臣。与托洛斯基共同提出"不断革命"理论。在帕尔乌斯一生中，最重要的是在1917年，他说服了德国政府将5千万至2亿马克从德国流向布尔什维克，安排"一列乘坐革命分子的密封火车送往圣彼得堡"，组织和发动了改天换地的十月革命。作者认为，帕尔乌斯在思想领域的地位也是不可忽视的。他在1895年首先创造性地提出"农业危机"概念，诠释历史上的帝国成与败都可以归结于粮食贸易的兴衰。从19世纪中叶至第一次世界大战，"麦田是俄国和美国最大的资产"。100年之后的2020年，帕尔乌斯成为《革命的恶魔》(Demon of Revolution)的原型人物，重新得到人们的关注。1898年，俄国革命家和马克思主义者在撰写《论个人在历史上的作用》时候，帕尔乌斯尚未成气候。现在看，充满多面性的帕尔乌斯不仅影响了俄国十月革命，推动俄罗斯帝国瓦解，而且成为改变20世纪俄国历史演变轨迹和欧洲版图的历史人物。

人类社会不断演变，从农耕社会到工业社会，再到数字社会和智能社会，经济结构不断改变，农业对 GDP 的贡献比重不断下降。但是，这绝不意味着粮食地位的彻底改变和衰落。只要这个世界还是碳基人类主导，这个亘古不变的规则就还会继续下去："酵母菌生于粮食，养于粮食。人们种植粮食，收割粮食，选出麦粒和酵母菌混合制作粮食，从而养活自己。"

在本书的"结束语"中，作者告诉读者：帕尔乌斯有一个孙女是俄罗斯著名的科幻小说家，她的代表作是1964年发表的《泰嘉顿的末日》(The Last Day of the Tugotrous)，讲的是机器人和人类围绕粮食的争斗故事，"最终，粮食得到解放。所有的工人通过吃甜甜圈庆祝机器人霸权的垮台"。看来，帕尔乌斯的后人还是延续了他的精神和思想的基因。

本书的第十四章题目是："粮食即权力"，也是对全书核心思想的总结和提炼。作者认识到，尽管2008年的世界金融危机和1873年的大恐慌存在很多深层和表面的差别，但是有一点是共通的：在金融危机和大宗商品价格剧烈波动之间存在着强烈的相关性，并可能继续诱发社会危机。历史一再提供这样的案例。"例如，粮食价格的飙升，导致大部分依靠粮食进口的阿拉伯国家不再对城市面包价格进行补贴。随后在'阿拉伯之春'运动中发生'面包骚乱'，利比亚、突尼斯和叙利亚政府很快被推翻。"

写到这里，重新回到俄乌冲突之下的乌克兰的粮食生产。有关资料显示：在俄乌冲突将满一年前后，乌克兰一度有超过2 000万吨粮食滞留在敖德萨等港口无法出口，导致欧洲和其他地区粮食价格指数上升。现在看，继续俄乌冲突和加剧国际粮食风险不可分割，集中表现在俄乌冲突的各个方面围绕黑海粮食协议的博弈。

这本《小麦战争：谷物如何重塑世界霸权》的英文书名是 "*Oceans of Grain：How American Wheat Remade the World*"。显然，中文书名和英文书名存在着差异，前者更希望读者看到小麦如何构建了全球不可分割的历史，后者更希望读者关注海洋和谷物的关系，特别是美国谷物对历史的重大作用。这正是"横看成岭侧成峰，远近高低各不同"。但是，可以肯定的是：即使到了21世纪20年代的今天，在大数据和人工智能大模型主导经济和社会运行的时代，粮食依然是权力，依然是尚未结束的历史主旋律。

朱嘉明

2023年10月17日

于广州商学院

自 序

　　《小麦战争》探讨了1789—1917年俄罗斯帝国和美国为欧洲和世界其他地区提供粮食的国际竞争。它采用了理论家帕尔乌斯经济理论的现代版。帕尔乌斯的理论深深影响了列宁、罗莎·卢森堡和资本主义"世界体系"理论的现代学者。这个理论将帝国作为依赖于粮食路径上的机构来研究。也就是说，获得廉价粮食被视为任何强大的国家或帝国的基础。对于西方的经济学家、历史学家和外交政策学者来说，这种以路径为基础的历史是陌生的，但对于任何了解古代史，尤其是中国古代史的人来说，则是不陌生的。18世纪初的法国重农主义者是第一批强调一个国家有责任促进农业、改善土壤和尽量减少农民税收的经济学家。但重农主义者是研究古代世界的学者。他们在很大程度上借鉴了中国的"亚圣"孟子的著作，他生活在公元前4—公元前3世纪的中国战国时期。孟子的著作在18世纪被翻译成法语，学者们已经证明，重农主义者的原则在很大程度上是从孟子的著作中汲取的。

　　《小麦战争》是对现代欧洲、美国和俄罗斯帝国诞生的复述，强调这些帝国或国家如何从根本上依赖于粮食，尽管这些国家往往不完全理解它们有多依赖粮食。它还探讨了帝国将粮食通过河流和铁路通道的途径，以及如何以关税、铁路运费和外国战争的形式对它们征税。

《小麦战争》的内容主要不是关于中国的，但它确实探讨了俄罗斯帝国统治中国东北地区的企图是如何导致俄罗斯帝国的崩溃。帕尔乌斯最早指出，俄罗斯用法国的投资资金承包了一条通往中国东北地区的铁路，这笔巨额债务注定要失败。1900年，他在德国出版的一本名为《饥饿的俄国》的书中开始研究这个项目。1904年，他出版的小册子——《资本主义与战争》（Capitalism and War），将这些未偿还的债务与俄国的帝国主义扩张联系起来，吸引了国际读者。俄罗斯帝国无力应对义和团运动，再加上俄罗斯帝国在日俄战争中被日本击败，俄罗斯的财政不堪重负，导致了俄罗斯帝国陆军和海军的200多次叛乱，并导致了1905年的革命。在1905年革命的一个关键时刻——12月，帕尔乌斯在彼得堡发表了一份《财政宣言》，用重农主义的原则指出俄罗斯帝国试图利用铁路扩大其帝国的粮食供应，这将注定银行破产。他告诉工人和中产阶级商人提取他们的资金并索要黄金。中国的孟子肯定会同意这一做法。俄罗斯帝国对小册子十分恐惧，以至于俄罗斯财政大臣谢尔盖·维特（Sergei Witte）摧毁了彼得堡所有收到这本小册子的报纸，以防止再版。

美国人和许多欧洲学者倾向于认为美国是一种金融力量、科学力量或工业力量，但帕尔乌斯认为这个国家主要是一种农业力量，从18世纪到20世纪大力促进了农业出口。作为一名生活在德国和土耳其的会讲俄语和德语的学者，他对美国农业粮食路径的理解必然是有限的。《小麦战争》有助于解释在19世纪60年代帮助美国击败俄罗斯帝国成为欧洲粮仓的一些关键但微妙的变化。这主要包括美国内战期间改善连接大平原和大西洋的铁路走廊、期货市场的建立允许远距离提前买卖商品、为农民提供新的信贷市场、苏伊士运河的开通使成千上万的印度洋船得以穿越大西洋，以及

1870—1917年欧洲大部分空船的返回使大规模移民成为可能。国内的廉价粮食已经并将继续使维持生计成为美国工人预算中相对较小的一部分，这反过来又为消费品创造了一个大众市场。在中国也是这样的，邓小平及后续改革者的改革也促进了中国农业的大发展。

如果我们看看今天日益增长的粮食出口，展望未来一百年，可以看到乌克兰和巴西的重要性日益增强，只要它们能够最大限度地降低粮食的运输成本，并将粮食走廊资本化（只征收少量税收）。我在书中（完成于2021年）中指出，俄罗斯作为一个世界大国的未来取决于其对乌克兰的统治地位。很遗憾，在这本书出版两天后，我们就看到爆发了俄乌冲突，证实了这个预言。我不是中国历史或经济的研究者，但在我看来，"一带一路"倡议是帕尔乌斯、重农主义者和孟子会称赞的倡议。

最后，《小麦战争》与中国历史之间的另一个重要联系是帕尔乌斯发现了两个粮食路径税收机构，使奥斯曼帝国和清朝都感到谦卑。这两个机构分别是奥斯曼国债管理处（OPDA）和中国海关总税务司（CMC）。这两个机构都在19世纪末正式发展起来，分别为奥斯曼苏丹和清朝皇帝的基础设施和军事项目，用来偿还债务。1911年，帕尔乌斯用土耳其语写的文章，用我们现在所说的法务会计学来描述奥斯曼帝国对OPDA的奴役。货物运输的成本和给予欧洲人的特权严重削弱了其力量，而加强了欧洲的力量。我以一种非常初步的方式概述了中国海关如何在中国穿越黄海时做同样的事情。例如，英国汽船不交税，而中国船只在清朝境内从一个港口转移到另一个港口要缴纳高额关税。部分原因是这些机构的公共账目不清楚，它允许欧洲人在这两个帝国内部吸收资源。

我很高兴这本书的中文译本使它能够展开一个关于经济、历史、公共政策、债务和帝国的国际对话。我很想从读者那里听到对这本书的看法，读者可以通过电子邮箱或写信的方式联系我。

电子邮箱: srnelson@uga.edu

地址: Scott Reynolds Nelson, History Department - LeConte Hall, University of Georgia

目 录

引 言

2011年春天，我首次飞往敖德萨^①，对一场国际金融危机展开研究，但这场金融危机你可能闻所未闻。两年半前即2008年10月1日，我在《高等教育纪事报》（*Chronicle of Higher Education*）上发表了一篇文章，预测抵押贷款市场的问题，表明国际贸易存在更深层次的问题，而这可能会阻碍银行放贷，并导致全球经济萧条。我知道这一点，我写道，这是因为我看到了现代银行抵押贷款的问题和我痴迷的研究对象（1873年大恐慌）之间的相似之处。我的编辑让我用几段话来总结，如果2008年的金融危机与1873年大恐慌有相似之处，也许会出现的情况。我预测贸易总额会急剧下降，失业率将普遍上升，金融公司会囤积现金，国际贸易的通行货币将发生变化，移民将成为替罪羊，而这一切最终将导致了民族主义骤然盛行，关税也会暴涨。就在股市开始暴跌时，全世界的报社都

---

　　① 敖德萨，乌克兰第四大城市，位于乌克兰南部，在德涅斯特河流入黑海的海口东北30千米处，是黑海沿岸最大的港口城市和重要的工业、科学、交通、文化教育及旅游中心。——译者注

翻译并转载了我的文章。[1]2008年10月1日至2009年3月9日，标准普尔指数①（Standard & Poor's Index）下跌了50%以上。到2011年，我预测的所有事情都发生了。[2]

到2011年，我完成了一本关于美国金融恐慌起因的书。我认为这与大宗商品价格的剧烈变化有很大关系。[3]吸引我前往敖德萨的是小麦这种商品的兴盛史与衰落史之间不为人知的关联。到2011年春季，我们已经看到了2008年经济衰退带来的一些长期影响。例如粮食价格的飙升，导致大部分粮食依靠进口的阿拉伯国家不再对城市面包价格进行补贴。随后在"阿拉伯之春"②（Arab Spring）运动中发生"面包骚乱"，利比亚、埃及、突尼斯和叙利亚政府很快被推翻。[4]由于发生抗议，各大报社记者纷纷飞往阿拉伯国家。但作为一名历史学家，我打算前往敖德萨。2011年，埃及抗议者提出需要"面包、自由和社会正义"。我想到了1789年法国大革命（French Revolution）、1807年苏丹塞利姆三世③（Sultan Selim

---

① 标准普尔指数是由美国的证券研究机构标准·普尔公司编制的股票价格指数。——译者注

② "阿拉伯之春"是阿拉伯世界的一次"颜色"革命浪潮。2010年，发生在突尼斯的自焚事件是整场运动的导火索，埃及总统塞西表示，阿拉伯世界发生的这场运动导致100多万人死亡，并给基础设施造成近1万亿美元的损失。——译者注

③ 塞利姆三世（奥斯曼土耳其语：سليم ثالث؛ 1761年12月24日—1808年1月28/29日）是奥斯曼帝国苏丹（1789—1807年在位）穆斯塔法三世之子，生于伊斯坦布尔。1807年因改革引起土耳其禁卫军暴乱而被废黜，其堂弟穆斯塔法四世继位。塞利姆三世被幽禁于托普卡帕宫期间，曾多次试图自杀未果。1808年，禁卫军再次暴乱，企图拥护塞利姆三世复位。穆斯塔法四世为保住皇位，于7月28日将塞利姆三世杀死。——译者注

III）下台、1848年欧洲革命[①]（European Revolution of 1848）、1910年青年土耳其革命[②]（Young Turk Revolution）和1917年俄国十月革命[③]（Russian Revolution），想到了这些事件对"面包、自由和正义"的呼吁。如今的战争和革命与过去一样，与小麦有很大关系。这就是本书的主题。

我和十几名匈牙利游客乘坐一架老式通勤飞机从布达佩斯起飞，向南经过欧亚大草原。透过窗户，我可以看到下面一望无际的麦田，就像一场大型俄罗斯方块游戏，交错的正方形和长方形的麦田分布在各条公路两侧，穿过黑土地的铁路和公路笔直地向南通向黑海。无论是俄国十月革命还是第二次世界大战，抑或是21世纪初的橙色革命[④]（Orange Revolution），都没有抹去19世纪时形成的清晰网格线。

乌克兰的土壤可能是世界上最肥沃的土壤。人们称这里的土壤为黑钙土，这是一种深色的、透气性良好的土壤，蠕虫和细菌可以在这类土

---

①　1848年欧洲革命是一次范围宽广、影响深远的资产阶级民主革命，在世界近代史上占有重要地位。19世纪上半期资本主义经济的发展、资产阶级革命运动的不断兴起，尤其是工人阶级独立革命的发动以及科学共产主义的诞生，为这次革命的爆发做了经济上、政治上和思想上的准备。1848年欧洲革命的任务虽在各国存在较大差异，但总体来说，是消灭封建制度，铲除封建残余，推翻异民族压迫，建立统一的民族国家，为资本主义的进一步发展扫清道路。——译者注

②　青年土耳其革命是指1908—1909年，青年土耳其党人发动并领导的以反对阿卜杜米德·哈米德二世（Abdul Hamid II）封建专制统治制度、实行君主立宪为主要目的的资产阶级革命。——译者注

③　俄国十月革命是指1917年俄国境内发生的一系列革命运动的统称，这些运动最终推翻俄罗斯帝国并建立了俄罗斯苏维埃（联邦社会主义共和国，简称"苏俄"）。——译者注

④　橙色革命（乌克兰语：Помаранчева революція，又译栗子花革命）是指2004—2005年围绕乌克兰总统大选过程中选举舞弊导致的乌克兰全国发生的一系列抗议运动和政治事件。——译者注

壤里茁壮成长。1768年，沙皇凯瑟琳二世①（Catherine II）派遣了超过10万俄军，穿越平原、跨过黑海占领该地区。对于建立俄罗斯帝国，她有一个大胆的计划，即借贷军粮养活军队，通过军队占领草原，再利用草原地区种植小麦，最后为整个欧洲供应粮食。在距离乌克兰5 000多英里②（约8 050千米）的美国，那里的殖民者也有类似的计划。这两个计划似乎都过于理想化。随后，由于巴黎爆发了一场围绕面包价格展开的革命，拿破仑开始崛起，然后欧洲成千上万的麦田被烧毁，一切都发生了变化。敖德萨成为出口粮食的新兴城市，凯瑟琳二世之后的沙皇以及拥有土地的贵族因此变得富有。这些在黑土麦田中种植的小麦通过牛车运到敖德萨，工人把装有粮食的麻袋搬到希腊的船只上，运往利沃诺、伦敦和利物浦，以供应战争中的欧洲城市，财富则涌入俄罗斯帝国这座新建的港口。几十年来，法国流亡建筑师，同时也是法国大革命的逃亡者，设计了沃龙佐夫宫③（Vorontsov Palace）、亚历山大广场（Alexander Square）、敖德萨歌剧院（Odessa Opera House）。他们还为俄罗斯帝国南部的富有地产所有者和粮商建造了雄伟的避暑别墅，这些华丽的别墅环绕着皇家植物园。

拿破仑战败后，俄罗斯广袤的麦田并没有讨得欧洲地主的欢心。他们面临着所谓的"李嘉图悖论"，即食物价格下跌，土地租金就会随之下

---

① 后世尊称其为"凯瑟琳大帝"（Catherine the Great），也称其为"叶卡捷琳娜二世"。

② 1英里≈1.61千米

③ 沃龙佐夫宫是沙皇时期新罗斯西科边疆区执行长官，俄罗斯帝国政治、军事家沃龙佐夫（1782—1856）伯爵的官邸。沃龙佐夫是凯瑟琳二世的教子，深受欧洲文化的影响，因此这座宫殿的内部装饰有欧洲各国的特点，而外形又很有阿拉伯特色，富丽堂皇。——译者注

降。40年来，对外国粮食征税减缓了廉价的俄罗斯帝国阿兹马①（Azima）和吉卡尔②（Ghirka）小麦价格下跌的速度。但随后，一种水霉菌不知不觉从美国传入欧洲，导致大量土豆死亡，欧洲断粮，欧洲各国不得不于1846年再次打开了小麦的贸易之门。为了成为欧洲工人的粮食供应商，俄罗斯帝国的小麦生产商和美国的小麦生产商之间展开了一场长达一个世纪的争夺战。

19世纪60年代，两个帝国分别被迫结束奴隶制和农奴制，强大的俄罗斯帝国和弱小的美国出现了风水轮流转的局面。美国内战后，大量廉价的美国小麦涌入欧洲市场，俄罗斯帝国的繁荣戛然而止。一群美国资本家——所谓的"铁路大王"（boulevard barons），共同打垮了南方奴隶主政权，随后在粮食贸易中抢先了俄罗斯帝国一程。在国际市场出售粮食的"铁路大王"与联邦军合作，创造了一种新的称为"期货合约"的金融工具，伦敦商人可通过该工具在芝加哥购买1万蒲式耳③（bushel）小麦，并于当天在利物浦出售，以备日后交货，这种方式几乎消除了价格波动带来的风险。其他领域的创新则降低了美国小麦的运输成本。通过大西洋电报，人们便可签订期货合约。便携式硝酸甘油炸药拓宽了美国的河流，炸穿了美国大草原与沿海地区之间的阿巴拉契亚山脉，绝对无法通过苏伊士运河的大型帆船被迫驶入大西洋。敖德萨在其巅峰时期每年可出口100万吨小麦，而1871年纽约每周就有100万吨粮食漂洋过海到达对岸。因此，1868—1872年，欧洲粮价下降了近50%，海上货运的费

---

① 一种小麦品种。——译者注

② 一种小麦品种。——译者注

③ 蒲式耳是一种计量单位，类似我国旧时的斗、升等计量单位。1蒲式耳在英国相当于36.3688升，在美国相当于35.238升。——编者注

用也随之下降。运粮船几乎空载返回美国，因此，从欧洲到美国的运输价格下降。几年内，数以万计的欧洲移民爬上了刚刚卸下美国小麦的"船舱"，他们的美国之旅得益于美国粮食的出售。

此前饱受婴儿出生体重低、死亡率高、佝偻病和营养不良之苦的欧洲城市工人从廉价粮食中受益匪浅，但敖德萨面临的是1873年贸易和制造业委员会所谓的"毁灭性竞争"。委员会预测，1868年美国廉价粮食问题会首次得到关注，该问题将导致敖德萨进入"彻底衰落期"。[5]1873年中期，"李嘉图悖论"不仅在俄罗斯帝国，还在欧洲大部分地区都发挥了作用。英格兰银行[①]（Bank of England）担心其他银行利用银行间拆借来买断地产，因此，在一系列冲击中提高了利率。在敖德萨、维也纳和柏林，地产泡沫几乎同时破灭。这场所谓的"农业危机"（Agrarian Crisis）引发了金融恐慌，欧洲的农业国出现严重经济衰退，直至20世纪30年代才有所缓解，人们称这场危机为"大萧条"[②]（Great Depression）。换句话说，粮食涌入欧洲，敖德萨和中欧大部分地区的鼎盛时期一去不返，对世界各地产生了强烈冲击。

曾经那些最强大的欧洲农业帝国，包括奥斯曼帝国和奥匈帝国，随后进入了40年的"衰落期"。相比之下，由于城市地区大量消耗美国和俄罗斯帝国的粮食，英国、德国、法国和意大利的重要性有所增加。三大粮食消费国（德国、法国和意大利）的政治领导人对农业危机采取措施，

---

①　英格兰银行是英国的中央银行。1694年，由英国皇室特许苏格兰人威廉·彼得森（William Paterson）等创办。初期主要为政府筹措战费，并因此取得货币发行权。——译者注

②　"大萧条"是指1929—1933年发源于美国，后来波及整个资本主义世界，其中包括美国、大英帝国、法兰西第三共和国、德国和日本帝国等资本主义国家的经济危机。——译者注

对进口小麦征收高额的税收。正如当时的批评者所说，这些领导人掏空工人的腰包来购买炮艇。这些以粮食作为动力来源的列强随后组建了海军、建造了武装商船，海军和武装商船争先恐后地将亚洲、非洲和中东地区变成了迥然各异、残暴野蛮的殖民帝国前哨站。

1884年，俄罗斯帝国通过国家支持铁路建设、调低农业贷款利率等相应措施来效仿美国的粮食信贷体系。因此，俄罗斯帝国于19世纪90年代能够直接与大西洋彼岸的国家进行竞争。在西伯利亚和中亚种植粮食的大胆计划得到了法国投资商的关注。因此，他们资助了"铁路走廊建设"，该走廊一直延伸到中国东北地区的新建粮食港口。但是在1905年，日本迫使俄罗斯帝国灰溜溜地用回了敖德萨这棵旧"摇钱树"。

俄罗斯帝国在亚洲战败的灾难性后果包括俄军蒙羞、大部分舰队受损，以及士兵和水手起义。1905年，俄罗斯帝国的第一次革命因此爆发，迫使世界上最大的强权之一重新重视通过敖德萨出口粮食。到了1914年，俄罗斯帝国担心奥斯曼帝国会叫停俄罗斯帝国在黑海的粮食运输，这成为第一次世界大战的导火索之一，而这场战争只不过是为了争夺别国的"面包"。如果说俄罗斯帝国在日俄战争中损失了10万人，那么在这场争夺粮食的战争中，俄罗斯帝国损失了数百万人。这些人牺牲了，再也无法收割粮食，这将俄罗斯帝国再次带到了革命的边缘。

30多年来，我一直在写美国的食品、技术和铁路方面的文章，对美国我很了解。我试图通过本书来解释俄罗斯和美国在国际市场上相互羁绊的形势，以及频频出现的灾难性后果。作为一名美国历史学家，我十几年来一直在研究美国和俄罗斯帝国之间的紧张关系。这些年来，我通过多种语言和文献进行研究，把美国内战带来的经济变化（我了解的一个主题）和导致第一次世界大战与俄国十月革命的欧洲经济和政治事件

（我一直在研究的主题）之间的关系厘清。

　　挖得越深，我就越依赖一位笔名为帕尔乌斯 ①（Parvus）的俄罗斯帝国粮商的精彩分析和革命著作。1873年经济危机发生期间，他在敖德萨长大，实际上就是他在1895年创造了"农业危机"一词。⁶在许多书籍和评论性文章中，帕尔乌斯声称粮食贸易路线成就了帝国，也摧毁了帝国，并认为这个观点不仅在他的时代是正确的，而且在古代也是正确的。⁷这些贸易路线不是由帝国创造的，而是由商人形成的——帝国只是统治这些路线。⁸帕尔乌斯认为，贸易本身就是一种积极的力量，在古代、中世纪和现代的不同社会中"呈现出不同的形式并获得不同的含义"。他认为，贸易以无法让人充分理解的方式塑造了社会的结构，帝国在贸易沿线集结起来，但其弱点在于连接帝国中心和外环的路线。因此，这些帝国很容易发生帕尔乌斯所谓的"破产"（Zusammenbruch），即瓦解、倒台或崩溃。⁹他毕生致力于探索贸易路线和帝国如何重叠，破产如何发生，以及随之而来的社会结构如何发生根本变化。

　　帕尔乌斯是一位著名的革命家，你可能从未听说过他。他原名是亚历山大·伊斯雷尔·格尔方德（Alexander Israel Helphand），出生于白俄罗斯的一个小镇，身材高大、肩膀宽阔，父亲之前是码头工人。然而，成年后的帕尔乌斯一直穿得像纨绔子弟，背心、领带都笔挺平整，黑皮鞋也擦得锃亮。据说，他花里胡哨的穿着，使人们忽视了他日渐增长的

---

① 1867年生于俄国，从19世纪90年代起积极参加德国社会民主党的工作，属党内左翼。20世纪初又参加俄国社会民主党的工作，为《火星报》撰稿；参加俄国1905年的革命，同托洛茨基一起提出了"不断革命"论；曾担任地下彼得堡苏维埃主席，接着被逮捕流放。第一次世界大战期间沦为极端社会沙文主义分子，从军用粮食的投机中大发横财。1924年病死于德国。——译者注

腰围。格尔方德（Helphand）是意第绪语单词"大象"（Gelfand）的俄语发音，他的朋友在背后称他为"大象"或"胖子"。作为一名研究世界经济的学生，他精通希腊语、拉丁语、俄语、乌克兰语、土耳其语和德语，他以讽刺、浮夸的笔法撰写报纸社论，激怒了全欧洲的君主和政治家。由于发表激进的社论，他至少被5个德国城市驱赶出来，并被俄罗斯帝国警察追捕了大半辈子。到1910年，他已成为奥斯曼帝国和普鲁士帝国外交部长的秘密顾问，这些外交部长试图通过他了解俄罗斯帝国对粮食的控制权。他是个花花公子，也是个酒色之徒，向女性革命者和女演员轮流示好。帕尔乌斯是激进派，有数以万计的忠实读者，这些读者主要是德国、俄罗斯帝国和奥斯曼帝国的工人，这些工人大多是通过他一生创办的6家廉价激进报纸了解世界经济的。

帕尔乌斯不仅是学者、作家，在推动俄罗斯帝国瓦解的变革中也起到了关键作用。在巴尔干战争期间，他将武器和粮食走私到伊斯坦布尔，协助奥斯曼帝国在加里波利（Gallipoli）建立防御工事，并成为千万富翁。在第一次世界大战中期，他说服德国政府将5 000多万德国马克和一列乘坐革命分子的密封火车送往圣彼得堡，以发动俄国十月革命。他结过婚，至少有一个私生子，20世纪20年代一直住在柏林万塞区（Wannsee district）的一座豪宅里。这座豪宅，激进派称之为"革命沙龙"，评论家则称之为"私人妓院"。[10]然而，2011年，我在敖德萨遇到的人都没有听说过这个人，而正是这个人见证了从这个港口运出的粮食成为世界财富运转的中心。

到2020年，帕尔乌斯再次成名，至少在俄罗斯、土耳其和中东大部分地区是如此。2017年，他成为《革命的恶魔》（*Demon of the Revolution*）的原型人物，这是一部关于俄罗斯革命历史华丽的古装剧，分成两个部分，在俄罗斯国家电视台 RT1 首播。随着弗拉基米尔·普京（Vladimir Putin）政府对自1917年以来就已消亡的俄罗斯帝国的怀旧情绪急剧升温，俄罗斯媒体将帕尔乌斯重新塑造成狡猾的犹太投机分子，指控他在第一次世界大战期间，诱骗德国军方资助弗拉基米尔·列宁在俄国十月革命中夺取政权。这部剧中的帕尔乌斯并不胖，是个拥有司机、劳斯莱斯和年轻情妇的壮硕的犯罪头目。他的秘密特工躲在暗处，准备勒死任何与他作对的沙皇的忠臣。新的俄罗斯越来越需要一个像帕尔乌斯这样的大反派来为普京掌权辩护。故事中帕尔乌斯在革命中的作用被夸大了，但有一部分描述是真实的。

与此同时，在土耳其，100多年来人们一直认为帕尔乌斯是土耳其建国的小功臣。实际上，在第一次世界大战期间，帕尔乌斯可谓挽救土耳其免于灭国的大功臣之一。但是，雷杰普·塔伊普·埃尔多安 ①（Recep Tayyip Erdo'an）于2015年成功抵御军事政变后，土耳其国家媒体突然转向了伊斯兰世界观，该世界观美化了奥斯曼帝国的最后时光。土耳其国家电视剧《末代苏丹》（*The Last Emperor*）（2017—2020）描述了犹太人统治全球的阴谋，而精瘦的帕尔乌斯则是该阴谋的总理大臣（grand vizier）。在第二季中，诡计多端的帕尔乌斯用最新款的暖气设备向奥斯曼帝国苏丹的房间注入毒气，杀死了除苏丹本人之外的所有人。这是一个不一样的帕尔乌斯，他与英国、天主教会和共济会（Freemasons）秘密结盟，决心发动第一次世界大战，以瓦解奥斯曼帝国，在巴勒斯坦建立一个犹太国家。如果说俄罗斯版本的电视节目还能体现一些准确的史

---

①　雷杰普·塔伊普·埃尔多安（1954年2月26日—　　），土耳其共和国第12任总统（现任）、正义与发展党主席、土耳其政治家。——译者注

实，那么土耳其版本则完全是偏执的、反犹太主义的臆想。

飞机降落在敖德萨郊外，我重新证实了我的专业知识是有限的。我的俄语口语不够好，无法与私人出租车司机讨价还价，我发现他们乌克兰口音的俄语很难听得懂。终于，我找到了一个会说一点儿德语和英语的人，给他看我要去的酒店地址时，他上下打量了我两眼，然后耸了耸肩，示意我上车。我们到达酒店时，我终于发现他为什么对我的目的地如此惊讶。"俄罗斯黑手党。"他说着，并点了点头，我盯着那些穿着迷彩服的人，他们手持 AK 步枪（Kalashnikovs[①]）守在大楼的前门。两束激光瞄准线从旁边的狙击塔聚集在我们的出租车上。显然，我订的俄罗斯酒店位于黑手党的地盘上。我蹩脚的俄语和打印出来的酒店订单让我得以通过了警卫那一关。

在黑手党地盘外面，我看到的是破败的道路、巨大的跳蚤市场和比我祖母年纪还大的公共交通工具。然而，里面的奢华程度让我震惊：超大悍马车、新款奔驰，以及俄罗斯新贵们价值数百万美元的避暑别墅，这让我想起了旧时敖德萨的富有。在这个封闭的社区酒店可以看到一个泳池，泳池远处就是黑海。身穿比基尼的年轻女子在游泳池里游泳，而她们年长的男友则戴着墨镜，穿着运动裤，坐在躺椅上看着她们。这就是新乌克兰。乌克兰作为俄罗斯的粮仓，财富已经积攒了一个多世纪。

我的房间是奢华的瓷砖玻璃房，就在这个房间里（因为不敢踏入泳池），我计划了此次的考察行程。我要从各个港口通往各条粮食贸易路线、参观博物馆、阅读有关城市的记录，并在犹太区漫步。那里有仓库可围

---

　　① Kalashnikov 即卡拉逊尼考夫，俄国人，AK 系列步枪的设计者，"AK"是"Avtomat Kalashnikov"的缩写。——译者注

观，有路可走。我必须从水上视角看看这座城市，希望能看到这些贸易路线，了解敖德萨如何成为乌克兰粮食的出海口。伊斯坦布尔作为黑海粮食进入世界市场的古老出口，将是我下一站的目的地。我想知道：廉价的美国粮食是如何让一位沙皇和数以万计的法国公民在19世纪80年代投资修建一条通往里加（Riga）的铁路，随后又投资修建一条通向中国东北地区的铁路的。1895年，帕尔乌斯宣称，修建这些道路积累的债务将导致俄罗斯走上饥荒、世界大战和革命的道路。在追踪帕尔乌斯的足迹时，我收获颇多。

微信扫码
○ 对话本书作者
○ 寻迹博弈细节
○ 纵览历史变迁
○ 探秘粮食暗战

第一章

↓

『黑色之路』

公元前 10000—前 800 年

第二天一早，我和守卫挥手告别，离开了黑手党所在地，出发前往敖德萨。我此行的目的是穿越乌克兰人所谓的"黑色之路"（chornishlyakhy）。这些路线是牛群开辟的古道，横亘在乌克兰黑土平原，直抵黑海的各个港口。

我正在探寻路线时，帝国的遗迹映入眼帘。路边有一个公交车站，站台处有一个很大的广告牌，上面是格瓦斯（kvass）的广告。这种饮料味酸，含有少量酒精，由面包渣浸泡、发酵制成。格瓦斯千百年来一直是佃农的专属饮料，因为斯拉夫贵族的管家平日会将这种饮料分发给农奴，它也很大程度上象征着贵族和农奴之间的绑定关系，成为帝国统治的象征。因此，19世纪的沙皇批评者将扩张成性的俄罗斯民族主义简单粗暴地称为"格瓦斯爱国主义"。如今的格瓦斯充入二氧化碳，经过过滤、提高甜度后，重新在乌克兰和俄罗斯上市，与昂贵的美国碳酸饮料[1]同台竞争。

黑麦面包经过酵母发酵，使格瓦斯喝起来有酸味和气泡口味，格瓦斯象征的帝国早已不复存在，这种口味却延续至今。这种强劲的口味能刺激你的味蕾，让你体验面包的丝丝神秘。自然界中本来就存在着大量的水和酵母菌，它们一旦与磨好的小麦混合，就会发生某种复杂的化学反应。最近研究人员在新月沃地（Fertile Crescent，位于现在的约旦附近）进行考古研究。结果表明，至少在14 400年[2]前，经过轻微发酵的面包就已经出现在世界上了。这意味着面包早在文字、城市和多数驯养动物出现前就已经存在。在不列颠群岛以及中国东部边界的许多地区，利用小麦、菌类、酵母制作发酵食物的秘方已经传承了数千年，早期地中海地区的一些民间传说中也流传着面包的奥秘。

公元前800—前700年的《荷马史诗》中，再次出现了关于德墨忒尔（Demeter）[①]的古老歌谣，这首歌谣教会人们如何储存诸如二粒小麦、传统小麦和黑麦等开花植物的种子。古代的一些学者认为，人们通过讲故事向孩子传授生存的技能，若遭遇饥荒，需要逃难或亲子分离，孩子便可利用这些技能求生。收获时节，人们留出三分之一的种子并将其保存在地窖中。《荷马史诗》中，在水仙花盛开的季节，即晚冬时节，德墨忒尔美丽的女儿珀耳塞福涅（Persephone）[②]在野外被劫走，后来"被打入迷雾缭绕的幽暗领地"。珀耳塞福涅被困在冥界数月，在保全自己的同时思念着她的家人，等待着获得营救。"长久以来，尽管她饱受痛苦，但她

① 德墨忒尔是古希腊神话中农业、粮食和丰收的女神，奥林匹斯十二主神之一。她教会人类耕种，给予大地生机。她具有无边的法力，可以使土地肥沃、植物茂盛、五谷丰登，也可令大地枯萎、万物凋零、寸草不生。可以让人拥有享之不尽的财富，也可以让人家徒四壁、一贫如洗。——译者注

② 珀耳塞福涅是宙斯和德墨忒尔的女儿，长得十分美丽。冥王一见到她，就立刻爱上了她，并将她掳走。珀耳塞福涅本身是种子女神，对应的主要是古希腊常用谷物的谷种。当她在冥界时，代表沉睡于黑暗泥土的种子。当她在春天回到地面上时，代表生长女神德墨忒尔的力量唤醒了种子，种子开始苏醒萌芽，掌管季节的荷菜女神会来迎接珀耳塞福涅回到姐妹之中。——译者注

意志坚定、充满希望。高山之巅与大海深处回响着她的声声呼唤。"地窖中的麦粒可储存数月而不变质。也就是说，麦粒不会发芽长出小麦，也不会被病菌和酵母寄生。如果未发芽的麦粒像"珀耳塞福涅"一样，密封良好，且未沾染酵母，就可经得起运输，来年春天或秋天就可以种到地里。³考虑到长远的生计问题，保存好来年的麦种，如同收麦、碾麦、烘焙一样重要。

那么其余未经加工的麦子如何变成食物呢？通过《荷马德墨忒尔颂歌》，我们知道麦粒需要用火烘烤9天才能干燥（德墨忒尔手持火炬寻找女儿，不肯用清水沐浴）。热量会使麦壳脱落（德墨忒尔脱下她黑色的斗篷）。在墨塔涅拉（Metaneira）①的家里用火炉把麦粒烤好后，混合水、大麦、薄荷水（德墨忒尔请这家人给她该饮料）。如此一来，数量充足的酵母启动了小麦发酵的过程。接着，真菌和细菌也参与了看似神秘且肉眼不可见的糖化过程。在微观层面上，这两类微生物将小麦的淀粉和纤维素分解，从而产生单糖。随着真菌呼出二氧化碳，混合物逐渐膨胀，膨胀到一定程度时，人们就可以烘烤面团，以此喂养孩子，使孩子茁壮成长。在神话故事中，墨塔涅拉年事已高，无法哺育她的幼儿，因此，德墨忒尔就给他喂下这种神秘的食物。由于剩余的面包中可能残留着酵母，而面包会在密闭器皿中储存数日，这个过程可产生啤酒或格瓦斯，这两种饮料均成为从事体力劳动的农民的能量来源。

----

　　① 墨塔涅拉是希腊神话中厄琉息斯（Eleusis）的王后、国王克琉斯（Celeus）的妻子。根据传说，女神德墨忒尔在寻找女儿珀耳塞福涅的路上乔装经过厄琉息斯，墨塔涅拉嘱托她照料儿子得摩丰（Demophon）。德墨忒尔十分喜欢得摩丰，并想让他获得永生，于是用琼浆给他擦身，夜间还将他放置在火上锤炼，但由于墨塔涅拉的偶然发现，这一过程中断并且失败。——译者注

　　种子女神珀耳塞福涅使种子在玻璃罐或麻布袋中都保存完好，因此，远距离的小麦交易便成为可能。商人组成车队前进，数以百计的运货车连在一起，每个车队的载货量都高达上百吨。载着鱼和盐的车队往北走，载着皮革和粮食的车队则往南走。其中一条"黑色之路"横亘西北，直抵黑森林地区，也就是现在德国的巴登-符腾堡州（Baden-Württemberg）。为了节省时间和体力，商人偶尔会乘船经过德涅斯特河（Dniester River）的通航河段。这些航线的旁边是古墓，古时的商人就长眠于此。

　　根据乌克兰的记载，"黑色之路"由一群骁勇善战的古代战士兼商人开辟，这些商人是哥萨克人（Cossacks）①的先祖，人们称之为"丘马克"（chumaki）（土耳其语中意为"棍棒"或"矛"）。当时，两头牛拉着一辆运货车，丘马克则走在一旁。如果他们被四处游荡的骑兵团[阿瓦尔人（Avars）、可萨人（Khazars）、海达马基人（Haidamaki）、鞑靼人（Tatars）]突袭，丘马克商队就会围成圆形，手握长矛，严阵以待。丘马克商队还有着独具特色的传说、悲歌、号角和葬礼仪式。我们头顶闪闪发光的银河（Milky Way）在乌克兰语中被称作"丘马克之路"（Chumatski Way）。此外，还有与丘马克商队相关的歌谣，歌谣的主人公名为丘马克（Chumak），他赶路时唱歌，回家时也唱歌：

　　　　丘马克手里拿着皮鞭

　　　　走在那河岸边

---

　　①　哥萨克人是一群生活在东欧大草原（乌克兰、俄罗斯南部）的游牧社群，是俄罗斯和乌克兰民族内部具有独特历史和文化的一个地方性集团。——译者注

嘿，嘿！

走在回家的路上

他背上背着麻袋

打了补丁的外套搭在肩上

嘿，嘿！

丘马克的生活真是受够了

如若人生不如意

我就到酒馆去买醉

嘿，嘿！

把烦恼都忘去[4]

很久以前，乌克兰民俗学者就认为，丘马克早在古代社会出现之前就已经存在。民俗学者伊凡·鲁琴科（Ivan Rudchenko）在19世纪60年代采访了持该观点的学者。他认为，丘马克在阶级社会、文明甚至家园出现之前就已存在。学者们告诉他，多少世纪以来，丘马克尝试用牛来发家致富，即用牛来把小麦从乌克兰平原的农业重镇运输到黑海北部沿岸星罗棋布的石堡。各帝国不断崛起而后灭亡，波斯帝国、雅典帝国、罗马帝国、拜占庭帝国、蒙古帝国、威尼斯帝国、热那亚、奥斯曼帝国等，不变的是，这些帝国都想方设法获得丘马克商队的粮食。丘马克用粮食填满了黑海的要塞，皮革、铅和奴隶也相继而来。[5]由于人类聚居处多次被夷为平地，这些路线也时盛时衰。

相比之下，地理学家更青睐这些贸易路线，因而忽视了商人的价值。他们认为，帝国是第一位的，帝国通过控制贸易路线来巩固自身地位，这些路线包括河流航线或者海上航线。公元前2270—前1600年，大河流域国家往往掌控着一条或多条江河,并从周边攫取粮食做贡品。阿卡德帝国(Akkadian Empire)覆盖了如今的伊拉克、科威特和伊朗的西南部,从底格里斯河和幼发拉底河的上下游农田获取粮食;埃及帝国则从尼罗河沿线的农民那儿获取粮食;印度次大陆上的孔雀王朝在阿拉伯海和孟加拉湾获取粮食;中国的汉朝要求西部的农田主缴纳粮食,也从东海对岸的农民那里征收粮食;雅典人则接管了意大利、土耳其西部和黑海沿海地区的农场。[6]截至公元前3世纪海洋帝国出现,一个帝国就像一台"粮食泵":粮食从帝国内环的农田运送至首都,向外运输至陆地和沿海边境地区,为身处边境的水手和士兵供应粮食。市中心地区从内环地区获取粮食的同时,给丘马克商人以布匹、酒类和皮制品作为回报。[7]

如地理学家一样,历史学家早已把黑海沿岸输送粮食的港口当作海洋帝国的"孩子",丘马克则相当于供养它们的工蜂。这类供应粮食的港口在古希腊语中叫作 emporion,帝国(empire)就来源于该词。港口的商人在收购粮食后会烘干、储存,以便于运输。粮食以贸易、贡品、税收的形式输送至港口,以供养国家的支柱——军队。历史学家认为,罗马帝国在西欧开展贸易活动,具体途径有修建罗马公路、设立里程碑和建立军队等。相传,中国雏形的形成正是得益于汉朝时期修建的运河,这片地区因此融合为单一贸易区。新的考古证据表明,民俗学家的说法是正确的,"黑色之路"是史前就有的,几乎和面包的历史一样悠久。有一种微小的病菌能证明这些贸易路线历史悠久,那就是鼠疫耶尔森菌(Yersinia Pestis)。这种病菌能寄生在丘马克商人体内,进而广泛传播。现在我们把这种病菌引起的疾病称为"瘟疫",但斯拉夫人称为"丘马"(chuma)。丘马多次穿越平原,每次都会传遍各条贸易路线。每次传播至收储粮食的小镇时,都会造成大量人口死亡——丘马病菌与丘马克商人总是如影随形。

大约在公元前2800年的一次瘟疫中,鼠疫耶尔森菌首次出现,而统治大河流域的帝国几个世纪之后才出现。2019年,在敖德萨以北约300英里(约483千米)的"铜器时代"城市特里皮利亚(Trypillia),考古学家发现在人类臼齿中存在最古老的鼠疫耶尔森菌。因此,我们可推测瘟疫从特里皮利亚沿着"黑色之路"向西、向南和向东广泛传播。在500年时间里,鼠疫耶尔森菌在中国和瑞典都造成了惨重伤亡。我们之所以知道这些"铜器时代"的贸易路线,是因为鼠疫耶尔森菌会在传播过程中进化,而这种病菌活动的距离和范围太远、太广,无法通过移民或战争来解释。通过全基因组的新一代测序技术,遗传学家现在只需要几百个脱氧核糖核酸(DNA)样本就可追踪数千年来数百万人的活动轨迹。[8]任何大规模、远距离的人口流动都将表现为遗传漂变。公元前2800—前2300年的遗传漂变分析表明,没有人在相隔甚远的中国与瑞典之间长途跋涉。然而,成千上万次类似丘马克贸易商之间的短途贸易,不经意间将鼠疫耶尔森菌从一个城镇传播至另一个城镇,最终,鼠疫给数百万个家庭带来了惨痛的灾难。

实际上,农业的诞生,可能正是因为丘马克商人进行的贸易活动。人类学家研究了公元前10000年左右农业的起源,他们认为,粮食种植起源于温泉或湖泊附近潮湿的栖息地,这些栖息地通常会有一些珍稀资源,例如黑曜石和贝壳。在史前时期,人们把种子撒在这些"定居点"(栖息地),然后在下一个季节返回此处,收割粮食并将其磨碎作为食物,然后继续上路。事实上,第一批种植小麦的农民可能是游商或贸易商,经过几十年的漂泊,他们留在了这些中转站。显然,随着时间的推移,定居点最后集中在这些中转站。

　　人们很容易将贸易商视为从他人的劳动中获利的"水蛭"。显而易见，沙皇对敖德萨犹太人的看法也是如此，因为这些犹太人雇用他人将粮食运送到船上，并从中获利。但是，实际上种子的买卖和播撒也许才是世界上最古老的职业，游商们星罗棋布，低头穿梭于农场、城镇、州郡、帝国和军队之间，并从中受益。[9]

　　虽然我们只能估算鼠疫耶尔森菌古代菌株导致的死亡人数，但这种菌株在公元前2800年就离开特里皮利亚沿着"黑色之路"传播。DNA 记录表明，在新石器时代，世界各地的人口几乎在同一时间出现下降。这一阶段过后，"黑色之路"沿途出现了许多新的帝国。若干世纪后，乌鲁克城邦落入阿卡德人手中，随后阿卡德人建立了世界上最古老的帝国之一（该帝国发展成了如今的伊拉克）。

　　贸易路线的帝国是如何崛起的呢？我们缺乏相关的书面证据。也许是某地方军阀发现了贸易路线的交叉口，要求过往的人支付过路费；也许是一群商人堵住了竞争对手，然后通过结盟成为军事组织；也许是一群武装商人乘虚而入，夺取了城邦统治权。显然，最早出现的是贸易网络，然后是鼠疫耶尔森菌，最后是在瘟疫后的废墟中占据了多个贸易交叉口和附近农业城镇的士兵。各个帝国可沿着丘马克的行商路线建立保护组织，并将帝国统治的衣钵传承数代。[10]

　　如果我们从丘马克商人的角度来看待这些路线，首先将世界联系在一起的是劳动人民的牛群，众帝国不但没有开启贸易，而且阻碍了贸易的发展，限制了贸易范围，并对贸易征税。帝国从自己的角度出发，声称对贸易起到了监管和保护作用。事实上，帝国诞生的故事往往重点介绍该帝国驱逐其他"税务代理人"（通常为劫匪、强盗或海盗）的能力。例如，托马斯·卡莱尔（Thomas Carlyle）在歌颂腓特烈大帝（Frederick the Great）日益壮大的帝国时表示，腓特烈大帝的伟大在于他击败了向莱茵河贸易征税并肆虐德国的强盗。"大大小小的山大王们，个个都在攫取轻松且方便获得的利益，他们发现这（抢劫）是一场激动人心的游戏，而且也不算是太大的过错。"[11]英勇的腓特烈大帝用一场更加激动人心的游戏取代了这种劫掠——对强盗征税。

为了谋取利益，各国君主会强迫帝国臣民修建道路、路碑、灯塔和深挖港口，目的是降低贸易成本。通过改良各城镇之间的史前贸易路线，帝国降低了运输成本，即每运输1吨货物1英里（约1.6千米）的花费，用一个过时的中世纪词汇来描述，就是"通行税"（tollage）。[12]这个词可以同时衡量价格、重量和距离。专制主义国家把河流改造成运河，并修建跨河道路。通行税的降低促使皇权集中，同时加快了贸易发展的速度。

"黑色之路"的作用非同小可，因为这些贸易路线是食品交易的"血管"。联合国和世界银行采用"吨/千米"（t/km）来衡量一个国家的交通密度。例如21世纪20年代，某国的 t/km 乘以650，得到该国以美元表示的国内生产总值（GDP）的估值。GDP 和交通密度相辅相成。GDP 增长了，商人对"黑色之路"的需求度也会随之提高，"黑色之路"会从小路变成大路；而"黑色之路"的升级，又反过来促进 GDP 的增长。就社会的经济状况而言，"黑色之路"起到了举足轻重的作用。世界银行和联合国都强调，降低这些贸易路线的运输成本可提高国家的生产力。"黑色之路"的使用效率越高，国家、村庄或者城镇也就能把更多的产品集中起来，以进行进一步的加工和贸易。[13]

众帝国对"黑色之路"征税的同时，疾病使"黑色之路"承受了巨大损失。公元前2800年之后，诸如鼠疫耶尔森菌之类的病菌反复对"黑色之路"造成威胁。这些病菌带来的毁灭性灾害，无疑就是自然对贸易征收的税费。在《圣经》中，拔摩岛的约翰在《启示录》（写于公元95年左右）中告诉我们一个让人记忆深刻的隐喻，即瘟疫是如何沿着贸易路线传播的。先知约翰描述了带来天启的四位骑士：骑在白马上的骑士"前往征战"；骑在红马上的骑士带走了"大地的和平"；骑在黑马上的骑士则趁火打劫，将"一小份小麦"开出天价；最后骑在灰马上的骑士"招来死神"。鼠疫耶尔森菌在骑士身上生存繁衍，当丘马克把受到病菌污染的贸易商品带入定居点时，也同时带去了《圣经》中的四个隐喻：战争频发、和平丧失、物价飞涨和生灵涂炭。新石器时代没落之后，这些平原在若干个世纪里人烟稀少，后来才渐渐发展起来。人类回归，"黑色之路"再次把人们联系起来，众帝国也开始崛起和繁荣。"面包之路"不断延伸，使帝国得以维持其存在，但也将帝国渐渐推向衰亡。人们对往日记忆渐渐淡忘，也为了信守当年分享面包之约，重新回归这些平原。

　　贸易沿线的众帝国发展壮大，它们掌握并改良了粮食发酵的方法。罗马帝国的人民将希腊神话中的农神德墨忒尔和种子女神珀耳塞福涅融入厄琉息斯秘密祭典，开始对德墨忒尔和珀耳塞福涅进行祭拜，祭拜仪式与粮食和真菌、生命和食物相关。执行仪式者向那些发誓守秘的人描述在地下剧场举行的秘密仪式。那时罗马的贵妇和牧师已经将农神德墨忒尔转化为罗马谷物女神克瑞斯（Ceres）。对谷物女神的祭拜仪式似乎相当实用，因为在仪式中可学到小麦储存、培植、发酵、烘焙等相关的类似大学课程的内容。在埃及，人们在祭拜五谷之神奈埔里（Nepri）时同样能了解传说、种植指南和食谱，这也成为帝国精英统治的正当理由。在俄罗斯和乌克兰，斯拉夫的春天之神贾里洛（Jarilo）和珀耳塞福涅一样，被封印在棺材中，最后埋入土里。许多传说都提到，人应该在田野中交媾，以便完成和神的交易，如此小麦才能结出麦粒。[14]

但是人类储存和加热发酵面团的历史极其久远，要完成这个过程需要的资源也是极其昂贵的。我们可以把这个过程分成三个步骤：第一个步骤是在开阔的平原上种植并收获麦子；第二个步骤是将麦子储存并运输给消费者；第三个步骤是对麦子进行脱壳、风选、碾磨，得到的面粉与酵母和水混合，发酵并烘烤，这个步骤一般是在城市里完成的。当然，行军中的部队也可以收获麦子，进行脱壳和烘焙面包。例如罗马士兵就随身携带镰刀，以便"临时征税"。[15]至少5 000年以来，人类为完成第二个步骤付出了大量的劳动：把小麦从适宜生长的干燥、平坦的麦田运输到有石头、皮革、黏土和盐的地方，以便为下一步骤做好准备。为了独自占有和集中控制第二个步骤，众帝国你方唱罢我登场，它们在连接各个农业重镇的运输网上大快朵颐，并冠冕堂皇地将对自身独裁统治的辩护糅杂进比帝国更加古老的神话中。[16]

各个帝国崛起又衰落，但是作物种植、收割、保存和烹饪的技术却代代相传，因为这些是人类生存的根基。粮食的运输路线把人类联系在一起，其历史比文字还要悠久，这些路线隐藏之深，令人难以察觉。但对于那些习惯观察粮食运输的人，特别是对粮商来说，这些路线是古代的人造循环系统，使文明成为可能。如果运输路线受到更改或阻塞，粮市则会迅速变得空空如也。法律、军队、君王，甚至帝国的大理石柱都会随之土崩瓦解。它们只能像德墨忒尔为失去女儿珀耳塞福涅哭泣那样哀悼失去的粮食。

我可以在地图上看到"黑色之路"，但是看不出这些路线是如何促进帝国崛起的，又是如何使其走向衰亡。为了找到答案，我需要把目光转向深海。我明白，正因为博斯普鲁斯海峡（Bosporus）入口处的某个帝国城市逐渐衰落，敖德萨才得以诞生。该城的名字最初是拜占庭，后来变成君士坦丁堡，现在叫作伊斯坦布尔。1896年，帕尔乌斯称该城数千年来一直是世界贸易的中心，是它的没落成就了敖德萨的伟大。我想知道，这是如何实现的呢？[17]

第二章

君士坦丁堡之门

公元前 800—1758 年

公元前8世纪，希腊的爱奥尼亚（Ionian）商人修建的石筑贸易站，一直延伸到黑海北岸沿线。他们从每个贸易站收购上千袋粮食，然后将其装上大船，运往罗德岛（Rhodes）和雅典的粮仓。这些从国外收集来的粮食要养活斯巴达（Sparta）、皮洛斯（Pylos）、迈锡尼（Mycenae）、底比斯（Thebes）及沿线的其他城市。在这个世纪里，新的精英阶层，即新贵族（aristoi）诞生了，他们通过与希腊各城邦的贸易往来获取了大量财富。他们举办的宴会无人不知，但他们本人却无人知晓。一些追缅黄金时代的希腊颂歌抨击了新贵族的财富与巨大的影响力，批判他们对希腊各城邦的腐蚀。

作为回应，新贵族花钱雇佣诗人、歌手和小说家，让他们为自己编写故事，告诉人们新贵族是靠着勇气、智慧和甘于寂寞的品质才获得了生意上的成功。于是，关于新贵族的粮食贸易之旅，流传下了一些冒险故事，其中就包括《伊利亚特》（*The Iliad*）和《奥德赛》（*The Odyssey*）。这些故事以夸张的手法描述了他们在黑海上与九头蛇和海妖发生冲突时的壮观场面，令人记忆深刻，但实际上这些粮商在海上的遭遇影响不大，最大的困难其实来自繁重的赋税。为了养活希腊各城邦，新贵族的船只每年都要穿过1英里宽的博斯普鲁斯海峡和附近的达达尼尔海峡（Dardanelles）。亚里士多德的一个学生称拜占庭统治者为"博斯普鲁斯海峡上的暴君"，这些统治者控制着新贵族往来黑海运送救命粮食的门户。纵观历史，暴君曾利用废弃的船只、铁链和希腊火 ① 来封堵那些想冲过海峡的粮商。他们就像拦路的强盗一样，对着过路的粮商大喊："站住，留下买路财！"[1]

这条贸易走廊鲜有冲突发生，将希腊及其粮仓分隔开来，拜占庭对该走廊施行垄断控制，新贵族对此早已心怀不满。正如面包和丘马克一样，粮食贸易中对于窄点地形的运用早在史前就已出现。在一则寓言中，神谕让海神波塞冬（Poseidon）之子拜占斯（Byzas）前往连接黑海和地中海狭窄的博斯普鲁斯海峡定居。在能够俯瞰博斯普鲁斯海峡的山头，拜占斯建立了拜占庭，如此一来他便能掌控东西方之间的水上贸易。数世纪以来，波斯人、斯巴达人、雅典人和罗马人先后占领过这座城市，这里的市场和集市汇集了从法国到中国的商品。拜占庭是一座税负之城，也是贸易之城，汇集了皮革、香料、丝绸、葡萄酒和粮食等商品。在古时，粮食变成食物的第二个步骤是收割和运输，运输路程可绵延数百英里，需要消耗巨大的人力与物力。

到了公元前5世纪，新贵族的"万袋船"可将1万袋粮食（约400吨）从地中海运至黑海。他们利用的是方形横帆和苦役：每片桨要两三个人来划，把粮食从黑海的石筑港口运至希腊半岛及其众多附属岛屿上，那里的城市正"嗷嗷待哺"。在随后的几个世纪里，波斯人、马其顿人和罗

---

① 东罗马帝国发明的一种可以在水上或水里燃烧的液态燃烧剂，主要应用于海战。——译者注

马人仿制了这种大船，但尺寸都远不及"万袋船"。新贵族的"万袋船"于公元300年以前最后一次驶过博斯普鲁斯海峡。16世纪，在西班牙大帆船出现之前，如此庞大的船只在全世界的海洋上都很少见。[2]

雅典帝国管理松散，粮食对新贵族来说就是财富：粮食经过烘干、汇集，是养活城市和部队的重要能量来源。罗德岛就是凭借卖粮的收入才建造了"古代世界七大奇迹"之一——罗德岛巨像。巨像在地震中倒塌后，城市方恳求粮商重新修建巨像[3]。由此推断，承担最初修建雕像费用的可能正是腰缠万贯的粮商。

200年后，也就是公元前3世纪，第一艘"万袋船"驶过拜占庭的大门，罗马人打败了希腊诸国，占有了希腊各岛。到了公元前129年，罗马人已经可以从拜占庭这座"暴君之城"获得贡品。但是，借用贺拉斯（Horace）的话来说，希腊人也通过技术引进征服了粗野又土气的罗马。[4]罗马人占领拜占庭后，边使用希腊神秘的粮食储存技术，边洗劫并重建了黑海的石筑港口。[5]

罗马人称拜占庭为"宇宙之眼"。认识到拜占庭的独特力量与地理优势之后，他们修建水渠引水入城，同时把道路延长至拜占庭，这些道路包括阿皮亚大道（Via Appia）和那提安大道（Via Egnatia）。拜占庭的疆域由此扩大，其势力范围到达爱琴海（Aegean Sea）、爱奥尼亚海（Ionian Sea）和亚得里亚海（Adriatic Sea）。据考古资料记载，大约在同一时期，新贵族运输粮食的大船消失了，也许是因为这些大道的修建减少了水道的使用，也许是因为从黑海到拜占庭的短途航线更适合用小船。

公元324年，罗马的君士坦丁大帝（Constantinus I Magnus）打败对手后自封皇帝，他将罗马帝国的首都迁至拜占斯山。这座山处于最窄点处，易守难攻，可掌控欧洲、亚洲、非洲三大洲的贸易往来。公元330

年，君士坦丁在拜占庭的广场修建了君士坦丁纪念柱——千倍里塔许石柱（Cemberlitas），将拜占庭奉为新罗马，并邀请整个罗马经济富裕、关系和睦的家庭去那里定居。后来，人们以建立者之名将拜占庭称作君士坦丁堡。贸易商将粮食从黑海和爱琴海运输至此，形成了一个储存着大量粮食的粮市，即便遭遇敌国长期围攻，城里的人民也有粮可吃。[6]

这些希腊、罗马和拜占庭帝国的粮仓是现代银行的前身。[7]富足的市民用手推车存取粮食。粮仓（Horreum，古罗马时期使用的一种公共仓库）中的地窖储存着人民的贵重物品，正如现代银行保险箱一样。用户将粮食储存在粮仓后会得到收据，这些收据可用于买卖，可用作合同抵押，也可用来抵偿债务。我们如今将这一类收据统称为"货币"。[8]君士坦丁堡港口位于两个大海的交界处，是欧亚大陆大部分贸易的交会中心，粮食源源不断运到此处。正如拜占庭公主安娜·科穆宁娜（Anna Komnene）后来描述的那样，帝国统领着"东西边界的两大支柱"。西部的赫拉克勒斯之柱（pillars of Hercules）指的是如今的直布罗陀海峡，位于西班牙南部。东部的狄俄尼索斯之柱（pillars of Dionysus）指的可能是霍尔木兹海峡，位于印度西部。[9]罗马帝国的史前贸易，早在新贵族、希腊、波斯、马其顿和罗马出现前就已经有了。

公元330年后，君士坦丁堡成为罗马首都，熟悉这些贸易路线的希腊商人养活了这个黑海上的城市，正如他们的祖先之前养活了罗马和雅典一样。他们将君士坦丁堡称为"城"，并称其粮仓为"拉米亚"（Lamia），拉米亚是神话中的一头巨大鲨鱼，用来形容当时君士坦丁堡巨大的小麦需求。[10]为了满足这个需求，东罗马帝国的士兵在黑海边修建了更多的贸易堡垒，包括克森尼索（Chersonesus）、潘提帕卡昂（Pantipacaeum）、帕那戈里亚（Phanagoria）和贝雷赞（Berezan）。公元300—1453年，黑海和地中海的粮食贸易路线一直在为君士坦丁堡提供粮食。汇集在博斯普鲁斯海峡的"黑色之路"时而扩张、时而收缩，这座城市的财富也时增、时减。

在帝国长达上千年的统治期间，鼠疫再次暴发。公元541年出现一种菌株，1347年又出现另一种菌株。这两种菌株均袭击了君士坦丁堡，继而向外传播。该瘟疫两次改变了粮食贸易的进程，也随之改变了历史的进程。各条贸易路线变得混乱不堪，有的甚至中断。方圆数千英里的人民在粮食种植、收割、饮食习惯上发生了根本性的变化。尽管博斯普鲁斯海峡上的这座城市得以幸存，但是欧洲各帝国逐渐分裂成各个男爵领地，中东的新帝国也崭露头角。

公元541年，查士丁尼瘟疫终结了古代世界。天启四骑士①带着经过进化的鼠疫耶尔森菌归来，并在欧洲和中东开启了中世纪时代。根据撰写于君士坦丁堡的第一篇完整的文献记载，鼠疫耶尔森菌起源于亚历山大港附近的黑海南岸和西岸。金角湾（Golden Horn）是这座城市的天然入口和港口，而货船要依靠苦役才能被拖进金角湾。对于拜占庭帝国来说，终结古代世界的灾难不是坐着牛车或骑着马来，而是乘着船来的——鼠疫耶尔森菌，就寄生在黑鼠、船长和苦役的肚子里。

商业中心曾经是帝国粮食流通的节点，如今变成了瘟疫感染的节点。瘟疫从码头开始快速席卷整个城市。升级过后的道路和水路连通着帝国四面八方的海港和农业重镇，瘟疫就随着难民的脚步散播开来。我们只能通过猜测得知这场瘟疫的死亡率。第一手资料显示，公元542年，君士坦丁堡每天有5 000人死亡，后来，死亡人数达到了1万人的峰值，不过

---

① 指瘟疫、战争、饥荒、死亡。——译者注

许多历史学家对此数据表示怀疑。据说，因为幸存者寥寥无几，没人能给死者下葬，查士丁尼大帝（Iustinianus I）的宫廷大臣（referendarius）不得不拆除塔楼的屋顶，里面堆满尸体后再把屋顶封上，防止病菌进一步扩散。不到两年时间，鼠疫耶尔森菌就从古代世界经济中心传播至世界每个角落，西至爱尔兰，东至如今的中国东北地区①。东西方之间的水上贸易再次衰落，粮食运输船和农业定居点均被废弃。在古代末期，草原再次长满了针茅草，只有牧民会在这里停留一两个季节。各个游牧帝国的骑兵横扫平原，场面壮观，这些骑兵有匈奴人（Huns）和阿瓦尔人，还有后来的哈扎尔人（Khazars）和蒙古人（Mongols）。[11]

查士丁尼瘟疫导致地中海和黑海沿岸的贸易城市人口减少，欧洲人不得不短暂恢复易货经济，这也促进了封闭式修道院的发展。这场瘟疫显然有利于新兴的中世纪王朝，因为这些王朝借机占领了古老的陆路贸易路线。后查士丁尼时期的新兴王朝包括西部的卡佩王朝（Capetians）、东部的波斯王朝（Persians）和阿拔斯王朝（Abbasids）。[12]在接下来的450年里，倭马亚（Umayyad）、阿拔斯和阿尔莫哈德（Almohad）等伊斯兰帝国占据了很多君士坦丁堡曾占据过的地区，并将赫拉克勒斯之柱更名为"贾巴尔·塔里克"（Jabal-al-Tariq，直布罗陀）。[13]罗马帝国所谓的狄俄尼索斯之柱可能成了霍尔木兹海峡的贸易之城。[14]人们改用对瘟疫免疫的骆驼完成大部分的贸易运输工作。鼠疫耶尔森菌寄生在老鼠身上，老鼠可以藏在木船和牛车上长距离随行。但是，沙漠运输袋装粮食，加上每隔25英里（约40千米）才有一个商队旅舍，老鼠藏匿的概率大大降低，有效阻断了鼠疫的传播。

---

① 中国东北地区，包括黑龙江、吉林、辽宁以及内蒙古部分地区。——译者注

与此同时，公元541年后，黑海北岸和西岸出现了一种新型的"麦子—面包—国家"结构。农民修建的房子排布紧凑，呈半地下式，角落有石头做的炉子，足够一家人居住。房子的布局是如今我们说的中世纪风格：十几栋房子环绕着一栋大型建筑，这栋建筑有公用的烤炉和土锅。当时规模大的家族有30多口人，他们集体收割和储存粮食、制作面包。这样的家族规模比史前城邦或君士坦丁时代广阔"海洋"帝国的家族规模要小得多。随着瘟疫之后人口大幅度减少，粮食烘干和运输的相关知识也大量失传。食物紧缺，粮食的种植和收割也随之变得越发重要。打麦、耕地以及三圃制的创新使这些小型的陆地粮食种植单位得以维持。鼠疫耶尔森菌侵袭水上贸易路线数十年，使这些中世纪封地变得十分重要。[15]

7世纪初，瘟疫导致君士坦丁堡失去了地中海东部和埃及的殖民地，因此黑海地区的粮食种植变得更加重要。君士坦丁堡因此对斯拉夫人加强了管控，斯拉夫人也因此对拜占庭帝国既崇拜又鄙视，因为拜占庭帝国虽然对黑海北岸的人民不够重视，却可以切断他们去往西部大洋的通道。君士坦丁堡也面临着困境：保加利亚帝国占领了拜占庭在黑海西岸的粮食贸易路线。粮食生产者对君士坦丁的威胁时增、时减。公元907年，罗斯公国的奥列格大公（Prince Oleg）包围了君士坦丁堡。据说他曾靠近到可以将盾牌钉在城门上。后来城里传言称，拜占庭皇帝用圣母玛利亚的长袍碎片击退了入侵者。罗斯公国战败后不久，拜占庭人为庆祝胜利委托工匠在西方世界最大的圣索菲亚大教堂（Hagia Sophia）完成了一幅马赛克壁画，祈求圣母玛利亚保护该城及教会。[16]

帝国西部几近崩溃，东部和北部则勉强得救。曾经君士坦丁堡依靠运粮船维持运转，现在帝国通过这些船向北部的斯拉夫社群派遣，诸如西里尔（Cyril）和美多迪乌斯（Methodius）等传教士，以扩大拜占庭的影响力。拜占庭人通过传播基督教《福音书》、教义、拜占庭"圣徒传记"以及西里尔文字，将宗教、文化和治理模式强制推广到帝国的偏远地区。粮食沿着贸易路线大量流出斯拉夫地区，文化观念和实践技能则沿着贸易路线大量流入。斯拉夫王公渐渐皈依东正教，效仿并改良君士坦丁堡统治者的宗教仪式。基辅和莫斯科的圣像、织物、服装就反映了拜占庭的风格。[17]

公元542年后，中世纪的欧洲频繁与东方中断常规贸易，自身也因此发生了巨大的变化。面包供养了古代帝国，围绕面包诞生了很多史前传说，面包师傅的存在也使中世纪的农奴制成了小社群的贵族制。查士丁尼瘟疫结束后，欧亚大陆上的正统奴隶制也衰落了。不过，瘟疫和奴隶制衰落之间是否存在因果关系，对于这一点，历史学家仍然争论不休。正如古代帝国的国王那样，贵族地主在一定程度上通过垄断粮食加工和分配获得控制权，只是规模要小得多。例如在中世纪的英国，"lord"（领主）一词来自"hlāford"，意思是"面包看守"（守护面包的人），而"lady"（女主人）一词源于"hlæfdīge"，意思是"揉面师"（制作面包的人）。在某种程度上，这是因为社群面包作坊把小麦或黑麦变成了面包，而掌控了面包就相当于掌控了人民。

在古英语中，统治家族宅邸的最大范围（包括面包作坊、磨坊和田地）称为庄园（soke）。在庄园内，领主可根据自己的利益"物色"臣民调查投诉意见。法律上与庄园绑定的人称为"佃户"（sokeman）。那些逃脱领主审判的人相当于违背了法律（"不法之徒"），是被领主"遗弃"的人。因此，对磨坊和面包作坊的掌控，不仅是对粮食和酵母的掌控，也是对人民及其劳动成果、对领主法律以及面包炉周围家庭的掌控。面包制作、交付和食用的仪式决定了会有什么样的领主、土地和人民。

西欧和斯拉夫的封建主义在许多细节上存在差别，但两者的仪式都源于同一种常见的基督教习俗，在这种习俗中，男女老少从同一张桌上，从自称为他们的"领主"的人那里获得面包（象征救世主的身体）。耶稣的受难、死亡、下葬和复活，也与小麦碾磨、面团醒发和糖化膨胀的神奇现象有着紧密联系。[18]换言之，分发面包的封建权力重现了福音，并重申了领主的权力，却表现得像吃饭一样自然。说是面包，封建臣民的日常吃食却不是面包或薄饼，而是一些浓汤或炖菜，其主要食材是发酵的粮食，混有少量萝卜、卷心菜、鱼肉和盐。[19]我们掌握的关于中世纪早期斯拉夫社群的文献寥寥无几，但是数百年后，即16世纪50年代，俄罗斯帝国贵族的指导手册《治家格言》（Domostroi）详细描述了如何管理庄园中的面包制作社群：哪些仆人何时可享受几次服务，如何储存食物，以及中世纪斯拉夫家庭的波维尔①（boyar）或领主应如何吩咐他的管家准备面包。

在欧洲，公元541—1100年是所谓的"强盗男爵"时代。君士坦丁堡利用博斯普鲁斯海峡的最窄点优势向入境船只征税。同样，男爵在西欧鲜有冲突的贸易走廊最狭窄处，如莱茵河、多瑙河②和泰晤士河，建造了守卫城堡的关口。水上贸易商在城镇之间进行粮食和其他商品的交易，而男爵则通过这些城堡征税。

1100年后，汉萨同盟（Hanseatic League）出现在波罗的海和北海沿岸。该联盟是由年轻的未婚男子组成的军事贸易集团，他们赶走了强盗男爵、维京海盗和干扰他们沿河贸易与港口间贸易的强盗。他们护送黑

---

① 波维尔，俄罗斯帝国贵族阶层成员，地位仅次于王公，后被彼得大帝废除。——译者注

② 多瑙河，欧洲第二长河，流经多个国家，最后注入黑海。

麦和小麦，往返于波兰和北欧港口。比起古罗马时代的新贵族，该联盟运送的粮食总量并不算多，但其代理人（受誓言约束）却在饥荒时期通过买卖黑麦和小麦发了大财。汉萨同盟的货物被限制在普鲁士、英国、瑞典和荷兰城镇边缘封闭的港口地区。到了16世纪，汉萨同盟衰落，取而代之的是会讲俄语的英国商人，他们在圣彼得堡坐拥多处地产，将黑麦和小麦运至伦敦波罗的海交易所（London's Baltic Exchange）出售。

随着时间的推移，欧洲的专制国家通过打击内陆强盗男爵势力而发展壮大。他们改良贸易道路，拓宽河流，武装贸易商，给要塞断粮逼其投降。在君士坦丁堡南部，由先知穆罕默德（Mohammed）选中的哈里发（伊斯兰教执掌政教大权的领袖）在君士坦丁曾经统治地区的基础上，向东和向西进行了扩张。到1300年，哈里发在拜占庭的东西关口之间修建了一条距离长、效率高、相对安全的南部路线。蔗糖种植和种植园奴隶制一直伴随着这些新兴伊斯兰帝国的扩张。

紧接着，在1347年，天启四骑士再次现身，这预示着鼠疫耶尔森菌再次袭来。这一次，鼠疫耶尔森菌可能来自东部草原，经由蒙古帝国和金帐汗国的丝绸之路传播。据文献记载，鼠疫耶尔森菌经过丝绸之路抵达的第一个目的地是黑海的卡法（Caffa）商业中心。据传说，包围卡法城的蒙古人感染了瘟疫，然后他们用投石车将染病的尸体投进城内。[20]虽然这个故事听起来让人怀疑，但是新的基因证据表明，早在13世纪初，瘟疫就从中亚蔓延到了大草原，这可能促使蒙古帝国从如今的蒙古向东西两个方向扩张。[21]瘟疫起初在陆地上传播，但到了1340年，瘟疫开始通过水域传播。当时，热那亚人和威尼斯商人作为君士坦丁堡的特许代理人，已经建立了从黑海到地中海的长途航线。商人再次将瘟疫同粮食和奴隶一起，带到了君士坦丁堡，随后横扫西欧。

历史学家将这些热那亚人和威尼斯商人称为"第一批资本家"。[22]作为拜占庭帝国在东西方港口之间的授权代理人，以及南方众伊斯兰帝国的竞争对手，他们将两个贸易走廊的技术结合在一起。早在14世纪，他们就将古罗马和近年来的伊斯兰传统融合起来，其中包括阿拉伯数字和法律协议，用以制作私人汇票。这些资本家商人利用先进的伊斯兰代数发明了"复式记账法"。威尼斯的小麦储存银行（Camera del Frumento）是第一家欧洲中央银行，这家银行从黑海沿岸的港口购买粮食，然后转售至地中海沿岸的城市。商人在银行起草汇票，以便向当地公民借款，并承诺船只进港后90天内付款。这些汇票以商人的名义进行担保，是私人信用工具，所有公民都可以购买。汇票从发行到船只进港期间，价值会有所增加，因此汇票成为私人发行能够升值的货币。

汇票是尚未完成的交易的实体表现，将港口之间的无形路线图表化。有钱的地主和商人都会购买汇票，因为这些汇票不占空间、易于储存、能升值，可在短时间内出售，可换成硬通货。汇票代表运输中的粮食和其他货物，还指定了货物的出发港和到达港，以及相关贸易商和负责最后付款的银行。[23]

热那亚和威尼斯的贸易路线影响深远，但不幸被鼠疫耶尔森菌占领。这些病菌在黑鼠体内不断繁殖并传播，在粮船甲板下安然潜伏，随船只前往一个个港口。有些船的船长和奴隶或染病或死亡，整条船因鼠疫耶尔森菌全军覆没，随波逐流进入欧洲港口。粮船此时已成为"瘟船"，人类、老鼠、跳蚤连同人体内的鼠疫耶尔森菌向北直抵爱尔兰。鼠疫又一次摧毁了欧亚大陆，仅欧洲就有约2 500万人死亡，约占欧洲人口的1/3。此次鼠疫持续了200年，其间暴发多次小规模疫情，直到严冬来临及新贸易法规出台，疫情才得到控制。最终各港口开始强制实施隔离检疫：

船只必须等待40天方能卸货（Quarantena 隔离检疫是拉丁语 "40" 的变体）。我们现在知道，40天的时间足以杀死粮食中的病鼠及其身上的跳蚤，也足以风干其粪便，船上的鼠疫耶尔森菌因此被赶尽杀绝。人们对这个解决方案并不是很理解，但反复试验证明，此方法可行，隔离检疫确实可以预防鼠疫从船上传播到城里。最终通过隔离检疫预防瘟疫之后，拜占庭帝国此时几乎已养不起本国的军队和人民，但它还是对黑海的门户——君士坦丁堡维持了近百年的统治。

君士坦丁堡之门的下一任主人早已等候多时。1299年，奥斯曼土耳其农民、商人和马夫在安纳托利亚（Anatolia）组成了伊斯兰酋长国。他们在君士坦丁堡东南部的布尔萨（Bursa）定都，在14世纪40年代到50年代的拜占庭内战（约翰五世与约翰六世之间的战争）中充当雇佣军，实现了一定程度的扩张。每次军事胜利都会让酋长国的领土得到扩张。在接下来的100年里，奥斯曼土耳其帝国占领了拜占庭在黑海和地中海位于君士坦丁堡欧亚两侧的一个又一个港口。紧接着，在1451年，奥斯曼苏丹穆罕默德二世（Muhammad II）发现了一个窄点，通过该点可以彻底打破拜占庭垄断粮食的局面，并摧毁横跨于此的拜占庭帝国。后来，他在城北几英里的地方找到了一个荒废的罗马堡垒，那里是博斯普鲁斯海峡上和君士坦丁堡一样的窄点。几个月的时间内，穆罕默德二世的军队就修建了一座新的堡垒——如梅利堡垒（Rumeli Hisari），他称其为Boğazkesen，意思是 "海峡封锁者"。这个词还有另一层意思，即 "割喉者"，这并非巧合。穆罕默德利用如梅利堡垒和亚洲一侧的另一座堡垒，切断了所有从黑海向君士坦丁堡运送粮食的航线。

1453年，拜占庭帝国的粮食出口堡垒日益减少，最后在与奥斯曼土耳其的大战中溃败。入侵者把船只搬到涂满润滑油的滚木上，使其得以进入金角湾，然后用大炮攻破了拜占庭帝国的城墙。奥斯曼帝国在这座沦陷了的城市上建立了新的帝国，将君士坦丁堡更名为伊斯坦布尔（可能取自阿拉伯语，意为"进城去"）。正如之前的希腊人和罗马人一样，他们保留了旧城容量巨大的粮仓，并在黑海沿岸修建新的堡垒用以储备粮食，以养活新帝国的士兵和市民。

当我们从君士坦丁堡的城门放眼世界时，首先映入眼帘的是一条条的贸易路线，以及横跨这些路线的辉煌帝国。雅典、波斯和罗马帝国并没有修建粮食贸易路线，却利用这些路线来征税，此外还试图拓展这些路线。奥斯曼帝国和俄罗斯帝国则是通过夺取或收买这些贸易路线沿线的中世纪庄园、封地、家族和名门发展壮大。

如果说运输粮食的路线至关重要，那么粮食本身则是重中之重。公元541—1347年，博斯普鲁斯海峡周围的中世纪欧洲国家、北非国家和阿拉伯帝国都对面包进行了立法管控。国王、王后、贵族、苏丹和沙皇都视粮食为权力基础，出台规定控制面包的尺寸，小心翼翼地管控粮食，并限制粮食种植的区域。直到1835年，在英国，面包师仍是国家公职人员，每生产一个面包，国家都会支付一份工资。在伊斯坦布尔也是如此，标准面包（nan-i'aziz）的重量正好为110迪拉姆（约340克）。如果面包师制作的面包低于标准重量，那么市场监督员就会报告当地警察，将其游街示众；如果面包师多次违规，他的耳朵就会被钉在他的店门上。[24]

管控粮食的意愿不只源于君主，无论是来自爱尔兰科克（Cork），还是黄海港口城市的工人，他们都强制要求帝国面包作坊出售面包时要"价格公道"。如果面包师违反规范，就会引起全市范围内的抗议、暴力，甚至革命运动。帝国政权不稳，意味着更要管控好小麦收割、面粉磨制、面包烘焙等活动。城市里高昂的面包价格可能会引发革命运动：1453年的君士坦丁堡、1789年的巴黎和1807年的伊斯坦布尔奥斯曼苏丹塞利姆三世垮台之前，都曾因面包发生过暴动。

面粉加入酵母后会发酵膨胀，现代帝国也通过管控面包步步崛起，走向繁荣。1600年后，随着不列颠城市的发展，英国将其粮食管理制度推广至隔海相望的爱尔兰，资助新教地主（人们称之为"承办人"）建造种植园，用以种植、烘干和运输粮食。英国在都柏林和科克修建商业中心，资助船队从这些商业中心征收粮食。爱尔兰农业家自给自足，在自家摇摇欲坠的棚子里种土豆、吃土豆，却把爱尔兰种植园的物产（面粉、牛肉和黄油）送至布里斯托尔、利物浦和伦敦及其城市阶层。英国和以往的帝国一样，依靠历史学家所谓的帝国内环[25]的粮食发展成为大英帝国。

帝国之间也围绕面包制作展开了竞争。1453年，奥斯曼帝国占领了君士坦丁堡的粮仓和面包作坊，并将这座城市更名为伊斯坦布尔。随后，莫斯科大公园的统治者伊凡三世（Ivan III，1440—1505）设想通过一场长达数百年的斗争，从他们手中夺取这座博斯普鲁斯海峡上的城市。根据伊凡三世的计划，莫斯科大公园将创建一个海洋帝国，一统两大海——南部的黑海以及西北部的波罗的海。随着军粮慢慢在南部沿海港口积累起来，莫斯科大公园也将夺回伊斯坦布尔，并在那儿建立第三罗马帝国。1472年，伊凡找到被废黜的君士坦丁十一世（Constantine XI）的侄女索菲娅（Sophia），并向她求婚，接着确定用双头鹰（拜占庭的象征）作为莫斯科大公园的国徽。1547年，伊凡四世加冕为"沙皇"，在俄语中是"恺撒"的意思。4个世纪以来，沙皇精心策划着对伊斯坦布尔实施进攻，这座城市因此多了一个野心勃勃的名称——"沙皇格勒"（Tsargrad），意为

"沙皇之城"。统治者需要攻占的地区包括现在的乌克兰西部，但当时是属于波兰的南方地区。

在敖德萨西北100英里（约161千米）的地区，干燥的草原与森林交会。这里的土地平坦湿润，土壤呈深黑色，是地球上最适合种植粮食的地区之一。根据19世纪早期奥斯曼帝国宫廷编年史学家穆罕默德·埃萨德·埃芬迪（Mehmet Esad Efendi）的说法，西部地区的名字是波多利亚（Podolia），这里"有肥沃的土壤，有无数河流的灌溉"。[26]在波多利亚和基辅周边地区，黑土地平坦肥沃，人们称之为"黑钙土"，在这里小麦和黑麦可茁壮生长。波多利亚靠近森林，这意味着人们可在当地建房、造船、制作手推车。如果我们把黑钙土地带想象成一只展翅的雄鹰，那么西边的波多利亚则是它的一边翅膀，北边的梁赞（Riazan）是头部，东边的奥伦堡（Orenburg）则是另一边翅膀。老鹰的身体一直延伸至黑海北岸，西边的一只脚落在克里米亚（Crimea），东边的另一只脚落在黑海和里海（Caspian Sea）之间的捷列克（Terek）。早在公元前5世纪，在这片广阔的地区种植的小麦就适应了当地的气候、土壤和湿度等特定的复杂条件，分化出了"地方品种"。黑麦最初是与小麦一起生长的一种杂草，也分化出亚种。黑麦更加耐寒，所以在"鹰"的头部更容易生长。

1453年，奥斯曼帝国接管君士坦丁堡时，名义上虽然统治着波多利亚，但很快就在争夺那些沿河麦地的争斗中，败给了波兰和莫斯科大公园诸王公。虽然载入史册的是王公的名字，但在过去几个世纪，黑海北部的农民起到了更重要的作用，他们寻找周边地区的小麦品种并杂交以适应当地气候。王公给我们留下的价值少之又少，但是成千上万、被人遗忘的农民给我们留下了对人类生存至关重要的东西——能适应几十种气候和季节的小麦品种。如果没有该地区数百年来培养出数量繁多的小麦品种，人们后来也不可能前往加拿大西部、美国北部、阿根廷和澳大利亚定居。[27]

从1455年到16世纪60年代，荷兰商人经常给波兰帝国提供贷款，波兰帝国得以短暂支配波多利亚的小麦和黑麦田，也就是"老鹰"西边翅膀的西部边缘地带，或者德涅斯特河的"右岸"。[28]荷兰商人借鉴威尼斯商人资本家的生意经，向波兰贵族借贷他们需要的资源。这些庄园收割的黑麦和小麦的一部分，依旧由丘马克商队向南运至黑海港口，以养活伊斯坦布尔。但是奥斯曼帝国接管后，这里的大部分粮食则从北部运输至维斯图拉河（Vistula River）和波罗的海的但泽港（Danzig），并由荷兰商人远销至伦敦等地。1496年之后，为推行土地和人口主张，波兰和立陶宛贵族对讲乌克兰语的农民强制施行了新一轮的农奴制。从此，农奴就在欧洲东部和俄罗斯地区种植、收割小麦和黑麦。

没过多久，波兰就失去了对这些麦地的控制权。到了16世纪70年代，沙皇俄国（简称"沙俄""俄国"）的王公在莫斯科的南部和西部修建切尔塔（cherta），或称"有豁口的边境线"。如此一来，他们离波多利亚的无数河流越来越近。1650年前后，沙俄和波兰的王公之间发生了一系列战争，加上数次农民起义，旷日持久的血腥冲突上演，最终导致1/3的波兰人丧生。沙俄统一后，便强迫乌克兰人（包括农民、丘马克、游牧的乌克兰哥萨克）向莫斯科王室宣誓永远效忠。沙俄开始渐渐将那些麦地收入囊中，同时开辟了通往国家核心区的崎岖道路，于1689年将第聂伯河以东的土地尽收囊中，紧接着又瞄准了较西部和南部的土地。[29]然而，对于沙俄来说，进军黑海始终都是这些计划中的关键一步。

"帝国"有许多不同的定义。有的定义强调实行普通法、单一君主制融合多民族的国家；有的定义则认为帝国是由军区环绕的贵族统治的核心；还有的定义则强调帝国是从外围获取财富的上流绅士家族。[30]但从更深的层次上来说，帝国也许是古代粮食贸易路线上的垄断者，虽然他们对这些贸易路线不甚了解。这些帝国一边管控士兵和市民需要的食物来源，一边向粮商征税来获取收入，由此得以生存延续。在各个帝国建立之前，丘马克的祖先长途跋涉，进行粮食、盐和皮革贸易。鼠疫耶尔森菌寄生在老鼠体内，随粮商走过相同的贸易路线，国际贸易因此衰退。这场由极小病菌引起的鼠疫为另一种寄生虫扫清了道路，这种寄生虫要比鼠疫耶尔森菌大很多个数量级。我认为，古代的"海洋"帝国正是循着被鼠疫耶尔森菌切断的贸易路线才得以急速扩张，他们建造粮食贸易港，通常也是为了养活国家边境的军队，为扩张打好基础。

大约公元542年，也就是我们所谓的中世纪之初，鼠疫耶尔森菌切断了西欧到中国的贸易路线，迫使小国集中力量提高农业产量，以弥补国际贸易的损失。这也推动了中世纪整个欧亚大陆上庄园、封地和名门的出现。1347年的瘟疫过后，后中世纪帝国通过合并和统治数百个这样的社群而壮大起来。

接着，18世纪60年代，一种新型的军队—财政—银行体系在俄罗斯帝国出现，削弱甚至几近摧毁了博斯普鲁斯海峡口的帝国。拿破仑出现并短暂统治了欧洲的港口，俄罗斯帝国令敖德萨焕然一新，成为不再只为自己国家，而是为整个欧洲供应粮食的商业中心。俄罗斯帝国、地中海和西欧的命运就此改写。

微信扫码
○ 对话本书作者
○ 寻迹博弈细节
○ 纵览历史变迁
○ 探秘粮食暗战

第三章

重农主义的扩张

1760—1844 年

公元300—1762年，鼠疫暴发，人类的贸易路线纷纷沦陷，各个帝国不得不努力寻找新办法来保全自己。就像暴风雨过后的蜘蛛，各帝国也需要"重新结网"。与中世纪晚期欧洲的许多地方一样，各帝国有时龟缩于要塞中；有时偏安于修道院里；有时不得不放弃海洋，转而占领草原和沙漠里的贸易路线，如萨法维帝国、蒙古帝国和位于中亚及近东的阿拔斯王朝。商旅因鼠疫耶尔森菌而死，各个帝国不得不实施隔离检疫，并想方设法来轮耕作物、碾磨粮食，争取多活一个季度。

18世纪60年代，在叶卡捷琳娜二世①的统治下，帝国与粮食的关系再次发生了变化。为了扩大俄罗斯帝国的疆域，叶卡捷琳娜二世史无前例地采用了出售原粮的政策。在凯瑟琳掌权之前，各个帝国占领农田，扩大港口，将粮食内运以养活各个城市，外运以养活部队和海军。但是凯瑟琳受到重农学派的影响，这些学者是法国的经济学家和皇家顾问。重农学派把经济看成农民、地主、工匠和商人之间的商品交易，他们认为，粮食出口商通过将过剩的粮食与稀缺的国外商品进行交易，能使帝国获

---

① 叶卡捷琳娜二世又名凯瑟琳。——译者注

利。虽然先前的重农主义学者认为国际贸易不仅可耻，而且有害无益，但是这些绅士主张国家应支持粮食种植，消除国内粮食贸易壁垒，普及教育，并严格控制进出口。他们不是现代意义上的自由贸易主义者，但认为如果粮食出口管理得当，便可成为帝国财富之源。

波兰的伯爵先将维斯瓦河（Vistula River）的粮食出售至格但斯克（Gdansk），后来又出售至波罗的海和北海的市场，以此发了大财。凯瑟琳对此既羡慕又嫉妒，以至于她对重农主义做了一番新的解读。她试图重建从第聂伯河到黑海的古代粮食出口走廊，以此来控制粮食贸易。如何达到该目的是她亟待解决的难题。她仔细阅读了重农学派弗朗索瓦·魁奈（François Quesnay）、安妮·罗伯特·雅克·杜尔哥（Anne Robert Jacques Turgot）和皮埃尔·塞缪尔·杜邦·德·内穆尔（Pierre Samuel du Pont de Nemours）的作品，然后创立了一个名为"自由经济学会"（Free Economic Society）的组织，旨在推广新型种植、耕作、轮作方法以及土豆之类的新大陆（美洲）作物的应用。她创建了一个切实可行的公共教育体系，开办了印刷厂，并建立了图书馆，以将重农主义思想传播给大地主。两年后，结合俄罗斯帝国国情，凯瑟琳在一份长达百页的文件中进一步阐释了重农思想。她把这份文件印刷出来，并在俄罗斯帝国各地散发传阅。她把这份文件命名为"圣谕"（Nakaz）。她宣称："贸易的基础是商品进出口活动，对国家是有利的。从进出口贸易中抽取的……关税……也是为了使国家获利。"[1]

为了促进粮食的密集型生产，凯瑟琳建立了一种私有财产制度，该制度对帝国的未来产生了深远影响。她试图让农奴制效仿新大陆的奴隶制。她把土地上的私有财产，包括个人拥有农田的权利，赋予了农奴主。新颁布的法律可预防沙皇在叛国案中对叛国者财产声索主权，取而代之的是其亲属来获得这些财产。农奴主不仅可以将土地卖给别的农奴主，还可以将农奴卖给他人或给国家充军。相比之下，她否认农奴对土地拥有共享权利，这点使农奴与奴隶毫无二致。实际上，她称他们为"奴隶"（raby），而不是"农奴"（Krepostnyye）。根据新制度，农奴没有任何权利，被要求兑现的承诺并没有得到强制执行：她会保证他们的安全，让他们免于殴打、酷刑和处决。农奴主可出售农奴，也可强迫他们违背意愿结婚；从法律上讲，农奴不能拥有任何资产。通过将土地资产和人口赋予农奴主，凯瑟琳有意让俄罗斯帝国农奴制变得更像殖民地奴隶制。在她看来，这个计划就是要把地主变成奴隶主，这一切都是为了支持小麦的种植。[2]

凯瑟琳的帝国战争计划也围绕着粮食展开。她从帝国外部借粮来养活军队，以占领平坦且干燥的平原地区。下一步，她资助外国人来此定居，在港口上耗费大量资源，并将粮食销往国外以换取外汇。稍作停顿、巩固成果之后，她会再次进行扩张。一个多世纪以来，俄罗斯帝国沙皇和官员延续了她以小麦为基础的扩张政策。重农主义的扩张使得帝国内外颠倒。在一片又一片麦田的扩张中，位于帝国边境的大家族开始大肆积累财富。如此一来，与古代和中世纪的帝国不同，最后俄罗斯帝国的大部分财富都集中在国家的外围边境地区。

叶卡捷琳娜二世的重农主义扩张使她得以将波兰纳入帝国版图，也使她距离将伊斯坦布尔变成沙皇格勒更近了一步。大约从1762年开始，沙皇推行军事改革，从根本上加强了俄罗斯帝国陆军和海军的实力。和奥斯曼以及波兰相比，俄罗斯帝国的优势部分来源于其炼钢能力。俄制轻型火炮（又称霰弹筒）装有铅管和锯末，可在土耳其或波兰的密集步兵阵列中炸出致命性缺口。

更重要的是，凯瑟琳为俄罗斯帝国军官提供了新的方法为进军中的部队提供食物。她下令让俄罗斯帝国官员在1762年后将汇票带到奥斯曼和波兰控制区，并在港口和农场门口购买粮食。1768年，凯瑟琳依靠另一种纸币——指券①（assignat）来为军队换取小麦。指券类似英国的英镑，后来成为一种帝国货币，并代表沙皇在未来为兑现物资许下的承诺。同一时期，凯瑟琳夺取了俄罗斯帝国境内原属于俄罗斯东正教教会的土地。农奴主可利用指券来购买这些土地，这也使指券成为一种特别有价值的货币。³威尼斯的汇票代表运输中的粮食，而凯瑟琳的指券代表的是新近占领的土地，以及未来她的帝国将通过武力夺取的土地。

指券是一个大胆的举措，法国革命者从罗马天主教教会夺取土地后，俄罗斯帝国很快便采用了同样的策略。⁴凯瑟琳以这种新的策略发行了国债，该策略也获得了一个新兴帝国——美国的青睐。事实上，托马斯·杰斐逊（Thomas Jefferson）、本杰明·富兰克林（Benjamin Franklin）和凯瑟琳一样，都投身于重农主义的践行。重农主义理想塑造了他们对于西部农业殖民、教育事业投资和粮食出口计划的愿景，对他们的独立计划产生了决定性影响。⁵虽然法国革命家决定了美国和俄罗斯的小麦扩张计划，但将国债转变成货币的计划可能直接来自荷兰帝国的资本主义贸易商。荷兰的霍普公司（Hope and Company）为这三大帝国提供咨询服务。霍普的某位代表曾指出，17世纪的荷兰是如何创建国债，如何建立国家银行来发行国债，又是如何利用国债在全世界扩张其军事力量的。荷兰扩张后不久，当英国贵族说服荷兰威廉王子及其妻子玛丽登上英国王位后，大英帝国采取了基于赤字的扩张政策。威廉于1694年创办了英格兰

---

① 指法国大革命时期发行的、可作货币流通的有价证券。——译者注

银行（Bank of England）。英国的统一公债①和债券使大西洋到处都是英国船只。历史学家将其称为"金融革命"。[6]

当荷兰和英帝国借助其银行来支付海军费用和资助武装商船时，凯瑟琳的重农主义模式仍专注于占领可用于种植小麦的土地。在波罗的海和黑海上，俄罗斯帝国陆军和海军均使用以荷兰和英格兰银行为付款行的汇票。指券和汇票充当了养活军队的贷款，这是押注俄罗斯帝国能够成功进军伊斯坦布尔的一场豪赌。[7]特别有趣的是，汇票让俄罗斯帝国军队得以在波兰和奥斯曼控制区自给自足，而不需要像古代那样采用先占地再征粮的策略，得以预防叛乱。这一策略利用奥斯曼对粮食的垄断来对付它。因为伊斯坦布尔统治了海峡，它对小麦进行强制定价（miri）。但正如重农主义者会告诉你的那样，给粮食强制定价会诱使农民以市场价向敌国出售粮食。[8]

凯瑟琳用承诺购买粮食，但奥斯曼帝国的官员仍靠着几百年前由拜占庭人开辟的贸易路线，通过直接征税的方式获取面包。奥斯曼帝国的官员下令研磨和烘烤储存在石筑堡垒中的各类粮食，同时带上黄金、白银，以奥斯曼帝国的官方定价来收购额外物资。但沉甸甸的黄金、白银和粮食，使苏丹军队在黑海上的行动变得笨拙而迟缓，尤其是经过多瑙河和从西北部汇入黑海的普鲁特河②时。

凯瑟琳按市场价格借粮这一策略使她的军队更加机动灵活。俄罗斯帝国官员可以以更低的成本兑换帝国的汇票和纸券。正如奥斯曼帝国编年史家穆罕默德·埃萨德所说："他们身上携带着拥有的一切有价值的东

---

① 英国政府从1751年开始发行的长期债券。——译者注
② 普鲁特河，英文名称为 Prut River，是多瑙河的支流。

西——汇票或行政基金应付票据。每当他们需要资金时，他们就把其中一张票据换成现金；若是溃败，或其他事件发生，这些纸券即使被穆斯林夺走，穆斯林也无法使用。"⁹虽然数世纪以来，奥斯曼帝国的商人协会一直使用汇票，但奥斯曼帝国本身使用的是中世纪的一种手段——哈瓦拉 ①（hawala），哈瓦拉只能在哈瓦拉经纪人内部流通。哈瓦拉并不代表未来信用，也绝不能进行二次交易或出售。直到几十年后，奥斯曼帝国才有了长期借贷工具。¹⁰

奥斯曼帝国战败的关键是低估了俄罗斯帝国夺取麦地的能力。1768年，第三次俄土战争爆发，奥斯曼帝国旧的粮食税收体系虽已成功实行了数个世纪，但此刻却严重崩溃，据埃萨德的说法，其导致了奥斯曼帝国战线的饥荒。作为一个辉煌了300年的粮食大国，奥斯曼帝国是一个百年前世界上财政效率最高的帝国，此时却无法养活自己的禁卫军、骑兵或民兵。300年来，他们一直是欧洲最令人敬畏的战士。但在1768年，承包商无法及时建好烤炉为部队提供食物；他们尝试用黍类作物代替小麦；有些人则为了漂白难以下咽的黑面包，往里面加了石灰，一些士兵因此丧命。1768年之后，因为缺乏可食用的面包，数以万计的奥斯曼士兵有的起义，有的饿死，有的则因为食物中毒，死在多瑙河和普鲁特河沿岸要塞外的战壕中。¹¹

因为奥斯曼军队缺乏粮食，战局发生了变化。在卡古尔（Kagul）（现在的卡胡尔，位于摩尔多瓦境内）附近的普鲁特河上的一场激烈交锋中，俄罗斯帝国将军彼得·鲁勉采夫（Pyotr Rumyantsev）率领不足4万人的军队击败了奥斯曼帝国的15万大军。到了1774年，即奥列格王子去世8

---

　　① 哈瓦拉是一种非正式的资金流动方式，一般通过非授权经销商进行交易。

个世纪、伊凡三世去世3个世纪之后，俄罗斯帝国军队似乎已准备好最终夺取博斯普鲁斯海峡上的圣城，并将其变成沙皇格勒。鼠疫耶尔森菌也影响了战争局势，它们长期寄生在啮齿动物体内，在兵荒马乱中再次趁机侵入人体。[12]

凯瑟琳的借粮模式虽然起了作用，但她最终还是没能攻下博斯普鲁斯海峡。奥地利哈布斯堡王朝的军队协助凯瑟琳攻下了卡古尔附近的要塞，但是对于俄罗斯在黑海闪电般的成功，他们感到了恐慌。俄罗斯人要占领黑海沿岸的粮食种植区是一回事；要占领所有粮食运输的交通咽喉则是另一回事，因为哈布斯堡王朝的粮食也要沿多瑙河穿过黑海和博斯普鲁斯海峡，运往世界各地。为了阻止俄罗斯帝国占领伊斯坦布尔，奥地利人和普鲁士人威胁要和奥斯曼帝国媾和，共同对抗凯瑟琳。在天主教—新教—穆斯林军事联盟对东正教俄罗斯帝国造成的威胁下，凯瑟琳于1771年提出和解。虽然她统治了克里米亚，控制了黑海的贸易通道，但讲日耳曼语的国王保全了领土已缩水的奥斯曼帝国，并阻止了凯瑟琳占领博斯普鲁斯海峡和达达尼尔海峡。欧洲列强有一个要求，即俄罗斯帝国及其他帝国的粮船可安全通过海峡离开黑海，这点保证了即使奥斯曼帝国的粮田面积缩小，但欧洲各国还是会争相让奥斯曼帝国生存下来。其他欧洲帝国都不希望俄罗斯帝国像以往的君士坦丁或查士丁尼那样强大，如果俄罗斯帝国在两大海域上拥有一座坚不可摧的堡垒，就可能有能力像君士坦丁那样建立一个从西班牙到印度的帝国。

为了安抚贪婪的凯瑟琳，欧洲的君主瓜分了产粮国波兰。凯瑟琳接受波兰4万英亩（1.6万公顷）的土地作为补偿后，便撤出了多瑙河和普鲁特河。她夺取了奥斯曼帝国在第聂伯河和南布格河（Southern Bug Rivers）之间的所有草原，并要求鞑靼可汗拥有在平原上的自治权，可管辖远东地区。从她瓜分的波兰土地上看，她获得了那片"有肥沃的土壤，有无数河流的灌溉"的土地，这使她得以偿还诸多贷款，并为她的指券做担保。

凯瑟琳军事、财务和麦田联合扩张的理想最终变成了现实。丘马克商人再次踏上"黑色之路"，队伍不断壮大。18世纪60年代的千辆丘马克运货车，到19世纪30年代发展成了数万辆。草原上"黑色之路"沿线的南俄罗斯地区再度繁荣，也引发了一些问题：重建后的"黑色之路"使瘟疫传播到了莫斯科和圣彼得堡，造成数万人死亡。从长远来看，凯瑟琳的决策确实将粮食带回了古老的草原地区。她用俄语和希腊语给克里米亚半岛的河流和城市命名。[13]正如美国沿五大湖扩张时一样，数以千计的土著人被唆使和重农主义征服者结盟，以掠夺他人的土地。虽然凯瑟琳对克里米亚的吞并迫使一些鞑靼人漂洋过海加入奥斯曼帝国，但她愿意让穆斯林军官在俄罗斯帝国军队任职，这诱使6个师的鞑靼人加入俄罗斯帝国军队，并参与了1792年对波兰的入侵。[14]

征服草原之后，凯瑟琳开始着手修建一个免进出口税的自由港。1791年，凯瑟琳的内阁计划新建一座城市，来征收直达旧波兰的丘马克之路上的宝贵粮食。凯瑟琳声称要恢复草原的文明，并将其恢复到古希腊人统治时期的状态。古希腊时代曾有一个名为奥德索斯（Odessos）的黑海商业中心，现在已不复存在，有些人认为，奥德索斯的废墟就在这个港口附近，于是她以该商业中心的名字命名新港。根据传说，凯瑟琳最终赋予了它一个女性化的名字——敖德萨。

当然，新建粮食贸易港还需要数千名农民。针对这个问题，她早有准备。1763年，也就是她掌权后的第二年，凯瑟琳颁布了一项法令（ukaz），允许外国人在俄罗斯帝国国土上定居，并授予他们75英亩土地，同时免除兵役，赋予宗教自由。在敖德萨码头完工前，她的移民政策吸引了大量非突厥人来到草原：乌克兰农民、希腊船长、犹太商人、波兰地主、保加利亚难民、独立的哥萨克人，还有流离失所的德国新教徒。凯瑟琳在对波兰东部加强控制的同时，她声称这里的波兰城镇已成为数百万犹太人的避难所。这片刚刚被俄罗斯统治的地区是"犹太人定居点"（pale of settlement）。凯瑟琳和她的继任者强迫俄罗斯帝国统治下的许多犹太人迁至包括黑海以北平原的定居点内。当俄罗斯帝国承诺对搬到敖德萨的犹太社群暂停征税后，数百万波兰犹太人沿着丘马克的足迹向南进发，在俄罗斯帝国新建的粮食小镇中寻找机遇。[15]

当时的敖德萨是重农主义社会工程的杰作。在敖德萨之前，雅典、拜占庭和奥斯曼帝国已经确定了粮食种植区的位置，并对其进行统治和征税，粮食作为贡品会内运至帝国中心，储存在巨大的粮仓里；同时这些粮食会外运用于军事扩张。1453年，奥斯曼帝国占领拜占庭在黑海地区的海上及陆上粮食贸易路线时，其做法如出一辙。1636年后，大清帝国也如法炮制，从北京一直扩张至东南亚的附属国。帝国代理人（Imperial agents）为前往北方征收粮食和豆饼的粮商开辟了道路，其他粮商则前往南方征收大米。他们都利用商业中心，通过进贡和贸易养活了帝国中心地区。[16]但是作为黑海上最新建立的商业中心，敖德萨则将粮食销往国外，养活欧洲的各个城市。这是自古代新贵族时代以来，开往遥远港口的大型粮船首次填满黑海。到了1860年，每年有70万辆丘马克的运货车将粮食运到黑海沿岸，为欧洲的工业革命供应粮食。

敖德萨于1794年建立，这里尘土飞扬，地面平坦，不像中世纪城市那样有各种弯曲的道路。敖德萨的布局十分精确，以便将原粮大量运出：两侧面向海的方形区域，一侧用于粮食相关用途，另一侧用于军队和隔离防疫相关用途。海湾的自然曲度决定了方形区域的相交角度应为47度。¹⁷敖德萨的居民来自世界各地，这个地方看起来依旧像一座法国沿海小镇。或者正如亚历山大·普希金（Alexander Pushkin）描述的那样，"尘土飞扬的敖德萨，已然是欧洲的一部分"：

> 一切都充满欧洲的气味，
> 一切闪耀着南国的风光：
> 五色缤纷、生动、明媚。
> 在愉快的行人的边道上
> 飘着嘹亮的意大利的语言。
> 来到这里的有骄傲的斯拉夫人、
> 西班牙人、法国人、亚美尼亚人、
> 希腊人、沉郁的摩尔多瓦和埃及土地的儿子、
> 那退隐的海盗——摩拉里。¹⁸①

8 000英里之外，早在凯瑟琳制订黑海作战计划之前，北美城市纽约、费城、波士顿和巴尔的摩②就已经作为粮食港口兴起，但在美国内战之前，它们在粮食出口方面都无法对敖德萨构成实质性的竞争。除烟草外，北美沿海殖民地的主要出口产品是食物半成品，用于供应加勒比的奴隶体制及保卫他们的皇家海军。美洲的这些粮港并不是什么有远见的重农主义城市，它们只是遥远的大英帝国的殖民

---

① 摘选自查良铮译普希金的诗《奥涅金的旅行》。——译者注
② 美国的一座港市。——译者注

地，是奴隶种植园制度的附属品。1660—1770年，这些港口城市多是粮食种植区，而北纬10°—20° 是热带岛屿殖民地，以摧残奴隶的方式创收，这些港口就受制于这些殖民地。热带殖民地在伦敦有个强大的游说团队，即所谓的"西印度利益集团"，其影响力几乎与主宰南亚的"印度利益集团"相当。对于英国加勒比海群岛的在外地主① （absentee landowners）来说，北美的港口城市相当于"食物泵"，每年为奴隶体制提供100多万桶面粉和大约70万桶牛肉、猪肉、大米和玉米粉，而奴隶体制反过来出口让人上瘾的"毒品"：咖啡、糖和可可。这些商品使英国精英阶层发了大财。虽然奴隶也在加勒比种植园的小园子里种植粮食，但是加勒比群岛依然完全依赖来自北美的粮食。[19]

　　粮食贸易港构成的中环区为罗马、君士坦丁堡和伊斯坦布尔服务了数千年。北美港口城市与这些贸易港的相似之处在于，双方均为热带奴隶体制征集食物。或者，正如经济学家阿夫纳·奥弗尔（Avner Offer）所写："英国的城市边缘直达殖民地郊区和美洲城镇。"[20]与西奥多西亚（Theodosia）、塔奈斯（Tanais）和卡法一样，大英帝国在北美四处寻找深水区并建造长长的码头，粮食深加工和运输业造就了城市工业的雏形。发展经济学家把主要产品（如麦子、大米、棉花）对经济发展的贡献称作"关联"。后向关联② 产业是指那些能够推动生产和销售主要农作物的产业：对麦子来说，就是农业机械、仓储和运输。前向关联产业是指主要农作物深加工的场所：对麦子来说，就是面粉厂、面包作坊，甚至是

---

　　① 留居英国境内的殖民地大地主。——译者注
　　② 通过供给联系与其他产业部门发生的关联。当甲产业在经济活动过程中需要吸收乙产业的产出时，对于乙产业来说，它与甲产业的关系就是前向关联的关系。——译者注

畜牧场。猪和牛可看作前向关联，因为它们在城里吃的是小麦的中间产物，同时它们可通过驱赶到达港口，最后"变成"桶装牛肉和猪肉。从发展经济学家的角度来看，城市是由绳索厂、修帆工人商店、船厂、粮仓、畜牧场、面粉厂和屠宰场组成的。[21]

美国革命[①]之后，沿海新兴城市采用了与凯瑟琳重农主义略微不同的政策：它们扩大粮食贸易以服务于更多的热带殖民地，如西班牙、法国、丹麦、荷兰和瑞典下辖的西印度群岛。[22]奴隶制与食品供应共存，弗吉尼亚州和马里兰州种植小麦，美国出口的大部分小麦都来源于这些地区，而南卡罗来纳州沿海地区则供应了大米。然而，北部边境地区的一些蓄奴州，如特拉华州、宾夕法尼亚州、新泽西州和纽约州也找到了供养加勒比地区的方法。美国革命后，在特拉华州、哈德逊和俄亥俄谷地，受奴役的群体对奴隶制提出了质疑，指出它违背了人们反复阐述的革命初衷。奴隶不断发起反奴隶制抗议，从某种程度上这才促使美国北部各州在法律上废除了奴隶制，但在纽约和新泽西，又花了长达30年的时间才实现了奴隶的完全解放。

北美洲的桶装面粉有时会横跨大西洋销往欧洲，特别是在欧洲的战争时期。但长达两个月的大西洋暴风雨之旅，使每桶面粉的品质和价格随时会发生巨大变化，所以销售面粉的风险始终居高不下。即便如此，前殖民地对粮食的强烈喜爱也从未消减。1793—1815年，法兰西共和国和欧洲各国之间的战争不断为美国人提供机会：为英国、法国和西班牙的船只以及热带岛屿提供物资。在那些年，美国平均每年出口100万桶面

---

① 美国革命是指在18世纪后半叶导致英属北美殖民地脱离大英帝国并创建美利坚合众国的一连串事件与思潮。美国独立战争（1775—1783）是美国革命的其中一部分。——译者注

粉，平均价格接近每桶10美元。1793年，法国与欧洲列强的战争愈演愈烈，消息传出后，美国国务卿托马斯·杰斐逊调侃道："我们负责喂饭，他们负责打仗？""我们只需要祈祷他们的士兵可以多吃点。"法国大革命战争[①]使欧洲的小麦价格飞涨，美国船只得以偶尔为西班牙、意大利和英国的港口提供粮食。

在法国期间，托马斯·杰斐逊和本杰明·富兰克林对重农主义理念均有深入的了解，但他们得出的结论略有不同。在杰斐逊看来，像凯瑟琳那样在西部定居进行空间扩张，不利于国家的长治久安，一波快速的经济发展只会导致北美殖民地遍布阴暗的、满是童工的"撒旦工厂"[②]，社会也将变得动荡不安。杰斐逊认为"自由贸易"不仅是禁止对外国商品征税，更是畅通无阻地自由出口农产品。另外一个颇具争议的重农主义基本原则就是对地主征收"单一税"[③]。重农学派将农民视为财富的主要创造者，而地主则造成国家资产流出，因此，重农学派认为税收应由地主承担。美国和俄罗斯帝国两个强大的土地利益集团（奴隶主和农奴主）都坚决反对该原则[23]，但却极力支持提高农业支出。相比征收所得税或土地税，对港口征税更为简便，因此两个耕地众多的帝国都只对进口工业品征收小额税。重农学派强调建设道路和运河、疏浚河道、支持公共教育。俄罗斯帝国和美国均计划修建最佳贸易路线，以提高农产品在国际市场的销量。法国大革命以及拿破仑战争使欧洲陷入饥荒，但欧洲边

---

① 法国大革命战争指的是1792—1802年新建立的法兰西共和国和反法同盟之间的一系列战争。——译者注

② 暗讽资本主义劳动剥削。——译者注

③ 18世纪法国重农学派代表人物魁奈提出单一土地税主张，认为只有农业才是创造"纯产品"的唯一生产部门，国家应当只对唯一生产"纯产品"的土地征税，将全部税负加在土地所有者身上。——译者注

缘的两大帝国——美国和俄罗斯帝国从中获利不少。[24]

　　和俄罗斯帝国一样，美国向处于战火中的城市供应面粉是颇具风险的。为了突破英国和法国的封锁，美国航运商想出了各种花招。他们引入了"分段行驶"这一概念，即航运商先带着食糖驶离法国殖民地，在巴尔的摩靠岸一天，装载上粮食，接着再次起航驶向法国，新开具的船舶货运单表示所有的货物均来自美国。且不说商人是否有意践行重农主义，他们突破帝国封锁出售粮食，积累了财富，开拓了美国面粉的国际市场，并养活了美国财政部，那时美国财政部大楼都还没建起来。战后，如《伊利亚特》和《奥德赛》一样，人们把美国的粮食贸易活动编成一些冒险故事，比如，约翰·弗罗斯特（John Frost）的《年轻商人》（*The Young Merchant*）和华盛顿·欧文（Washington Irving）的《阿斯托里亚》（*Astoria*）。遭遇私掠和欺诈的辛酸"往事"，成为歌颂美国商业诚信的赞歌。[25]

　　美国革命后，随着新英格兰地区 ① 奴隶制的废除，出现了以粮食为基础的农场扩张策略和以棉花为基础的种植园扩张策略，这两个策略开辟了各具特色的局面，随之渐渐出现了不同的贸易习惯。当时，轧棉机饱受诟病。[26]在美国南方地区，轧棉机发明并得到低价仿制后，奴隶制的重要性变得越发突出。轧棉机可轻易分离短棉绒和较重的棉籽，并通过打包运往英国的棉纺厂。与过去的人工分离相比，使用轧棉机使成本降低到不足原来的1/8。因为种植棉花需要亚历克西斯·德·托克维尔（Alexis de Tocqueville）所谓的"不间断养护"，因此男性、女性，甚至儿童都在

---

　　① 新英格兰地区包括美国的6个州，由北至南分别为：缅因州、佛蒙特州、新罕布什尔州、马萨诸塞州（麻省），罗得岛州、康涅狄格州。马萨诸塞州（麻省）首府波士顿是该地区的最大城市以及经济与文化中心。——译者注

全年照料棉花。于是奴隶主发现蓄养奴隶全家老小，让他们在大庄园种植、看护棉花，是有利可图的。棉花需要精心照料，而每个农民都知道，小麦种下后几乎就可以放任不管了。小麦可以在一个月内"播种"，再用不到一个月的时间"收割"，无须一整年的劳作，因此，部分奴隶主认为小麦种植和奴隶制格格不入。[27]

但是美国通过小麦出口进行扩张的初步计划夭折了。1784年，为了从爱尔兰进口的粮食超越美国和俄罗斯帝国，英国强制施行了福斯特（Foster）的《谷物法》。在英国皇室和国会看来，将外汇用于进口小麦的危险会导致黄金白银流失。补贴近海粮田是典型的帝国决策，尤利乌斯·恺撒（Julius Caesar）为之鼓掌，但重农学派对其深恶痛绝。1815年，拿破仑战败后，英国颁布了新的《谷物法》。作为回应，美国于1817年和1818年颁布《美国航海法》（*American Navigation Acts*），用以封锁英国的指定工业品，这是美国历史上最重要又鲜有人研究的法案之一。英国则回以1818年的《自由港法案》（*Free Port Act*）。1818年8月13日，该法案出台。除了加拿大远在新斯科舍的哈利法克斯港、新不伦瑞克的圣·约翰港，该法案禁止美国船只进入英国港口。此后，加拿大买家收购的美国小麦和其他物资，便只能通过英国船只运往加勒比地区。[28]

该法案的颁布，导致美国面粉价格下跌50%，引发了1819年的大恐慌，这可能是美国19世纪最为严重的恐慌。尤其是在密西西比河沿岸地区，土地价格下跌40%。美国土地局和美国第二银行因坏账没收了数千英亩土地。1803—1819年，美国小麦和面粉出口总额年平均值达1 000万美元，与棉花出口总额大致相当。到了1820年，美国小麦和面粉的出口额缩减至棉花的1/5。到了19世纪30年代，该比例跌至1/10。棉花取代小麦成为美国最具价值的出口商品。凯瑟琳通过粮食出口进行扩张的政策遭遇了滑铁卢，至少与崛起的"棉花帝国"相比，情况是这样的。[29]

　　然而，尽管代价更高，美国粮食还是找到了打通加勒比地区销路的办法。在五大湖区，从美国纽约州、宾夕法尼亚州和俄亥俄州到加拿大多伦多和蒙特利尔的粮食贸易都非常繁荣，因为在这些地区，加拿大立法机构根本无法对那些通过内河船和平底河船运达的粮食征税。这些地区的面粉厂将大部分来自美国的面粉变成保税的加拿大品牌的面粉，如此一来，这些面粉就可沿着圣劳伦斯河（Saint Laurence River），出售给加勒比地区的英国种植园。[30]然而，这种美国粮食经由加拿大面粉厂，运至加勒比种植园的做法过程曲折、成本高昂，最终导致加勒比地区粮价翻了一番。早在1822年，就有许多富有的伦敦投资商开始从加勒比地区的种植园撤资。高昂的粮食成本，再加上奴隶起义以及日益高涨的反奴隶制运动，推动了加勒比殖民地的解放。

　　通过遥远的加拿大港口，美国得以豁免进入加勒比地区进行贸易，小麦生产也因此向北转移。如此一来，1820年后，小麦与北方州以及自由的联系变得更加紧密。小麦曾是一种野草，几乎在任何地方都可以生长，而棉花则需要200天的无霜期才能结果，因此美国人一般在夏季较长、土地肥沃的地区种植棉花，从弗吉尼亚州的里士满一直到佐治亚州的梅肯都适宜棉花种植。1804年的路易斯安那购地案以及1808年的美国停止参与奴隶交易后，奴隶主转从马里兰州、弗吉尼亚州日益衰败的小麦农场，以及南卡罗来纳州查尔斯顿日渐衰落的水稻庄园购买男性、女性以及年幼的奴隶。这些人顺流而下，"被出售"至佐治亚州的山麓地区或者土地更为肥沃的密西西比河流域。19世纪30—40年代，曾经紧密结合的奴隶制经济和自由经济开始分道扬镳。密苏里州、肯塔基州和弗吉尼亚州的奴隶种植园仍然出产小麦，但是最新一批的小麦农场出现在俄亥俄河（Ohio River）以北。与此同时，在北卡罗来纳州的夏洛特北部或田纳西州的纳什维尔，几乎不再种植棉花。

因此，1820—1860年，美国棉花出口额远超小麦。1857年，南卡罗来纳州参议员詹姆斯·亨利·哈蒙德（James Henry Hammond）以奴隶主特有的傲慢，设想了如果南方3年不种棉花，这个世界会陷入如此境地："英格兰将一败涂地，并摧毁除南方以外的整个文明世界。不，你不敢对棉花宣战。世界上没有哪个大国敢对棉花开战，因为棉花就是王。"然而，棉花的王者地位并非无人可以挑战。古代粮食储存技术的重见天日以及新型船舶技术的开发意味着，美国可能取代俄罗斯帝国成为欧洲及世界粮食的供应商，并有朝一日将棉花拉下神坛。

在拿破仑统治期间，法国考古探险队试图找到失传已久的古罗马人地下储粮技术，他们的成果激发了粮食运输领域的创新。因为未接触酵母菌或其他真菌，所以珀耳塞福涅的秘密成为厄琉息斯秘仪中鲜为人知的秘密之一。虽然我们不可能了解完整的仪式，但该仪式肯定是通过微微加热和烘干来保存粮食，并且保有发芽的可能。公元300—1400年的某个时间点，这些秘密失传了。中世纪的欧洲农民采用的是露天晒谷的原始方法，这种方法能将粮食保存一个季度，但不适合长期保存，也不适合长途运输，法国农学家深谙这个方法。通过亚历山大大帝的故事，这些农学家还了解到，粮食可以完整保存3个多月，这也使亚历山大的对手在数年的围攻中得以保全自己。如果人们再次解开珀耳塞福涅的秘秘，那么粮食也许能通过长途运输长期供应给军队。借着法国入侵意大利的契机，拿破仑手下的化学家调查法国人所谓的"恺撒地窖"，试图解开谜团。[31]

1810年左右，化学家让-安托万·沙普塔尔（Jean-Antoine Chaptal）

发现了珀耳塞福涅的秘密。在参观了意大利的无数古代遗址后，他成功还原了这套古老的工序。通过挖掘发现古代粮库墙壁的边缘有沙子及干草。沙普塔尔发现了一套工序：把粮食烘干，并将其密封在无氧的无孔壳体中。这个发现被列为国家机密，使拿破仑于1812年派兵入侵俄罗斯帝国时，因未能及时与军队分享该秘密导致士兵饿死。拿破仑被放逐后，沙普塔尔公布了这一重大发现。到了1817年，利用这个古老的方法，意大利人可将黑海地区产的粮食一次性储存数年。1839年，这些发现经翻译后在波士顿出版，1840年，美国布法罗①（Buffalo）第一个成功仿制出储存粮食的密封容器。这是法国"筒仓"的复制品，贴着"粮仓"（elevator）标签，令人费解。[32]

由于成本高昂，这种储存粮食的方法迟迟未能在长途运输过程中广泛使用。美国小麦在巴尔的摩和里士满被磨成美国面粉。面粉作为一种廉价的赏赐，可以继续养活周边地区的奴隶，例如，古巴、巴西，甚至南美洲。实际上，40年来，不仅在巴西和古巴，还有在美国密西西比州、路易斯安那州和得克萨斯州的南部边境地区，可能正是美国的中西部和中大西洋地区②的廉价面粉撑起了棉花为王的局面。[33]但是将美国的粮食运至欧洲仍旧极具挑战性。粮食密封储存技术在被法国揭秘之后，新英格兰地区的航运业花了数年来改进船只的航海性能，目的是将清洁干燥的粮食运到大西洋彼岸。到了1850年，著名的美国快船将跨海航行时间

---

① 布法罗又称"水牛城"，是美国纽约州西部伊利湖东岸的港口城市，纽约州第二大城市。——译者注

② 中大西洋地区是美国行政区划的10个大区之一，由7个州组成，包括纽约州、宾夕法尼亚州、新泽西州、马里兰州、西弗吉尼亚州、特拉华州和弗吉尼亚州。——译者注

缩短至两周，但成就船速的尖头外形也牺牲了部分船舱空间。然而，小麦易成形、重量大、密度大的特点决定了它能够很好地与奴隶种植的棉花互补。袋装小麦质量重、密度大（0.9吨／立方米），因此适合放在船底和船缘起到稳定作用，而小麦的上方可用质量较轻、密度较小、价格更高的棉花覆盖。船主希望货物把船装满的同时，把船压低，即"又满又低"：棉花塞满了货舱，小麦把船压低。[34]正如法国观察员指出的那样，1850年，袋装粮食和打包棉花的联合运输能使船只载货量达到1 000吨，这样的运输方式让美国在大西洋贸易中占据了较大份额。[35]尽管美国仍然为加勒比的殖民地提供粮食，也在战争年代为欧洲城市短暂供应过粮食，但是在内战前，美国在大西洋的小麦市场仅仅是一个无名小卒。

1796年，凯瑟琳逝世后，拿破仑统治了法国，其势力继而在欧洲扩张，敖德萨对他而言变得至关重要。拿破仑从炮兵升任将军，然后当上了法国大革命第一执政官，他深知面包的重要性。法国曾因面包短缺而陷入暴乱。在重农学派控制法国粮食贸易，取消国内税收，并放任粮价浮动后，阴谋论就四处流传。法国的工匠说服自己，认为重农学派试图取消粮食固定价格的行为是一种"饥荒契约"① 行为，目的是抬高食物价格。[36]1789年，面包价格暴涨引发了巴黎大规模群众游行示威②，法国版俄罗斯帝国指券的推广失败加速了君主制的终结以及督政府③ 的建立。接着，拿破仑的民兵占领巴黎并推翻了督政府，建立了自己的军队和帝国。

---

① "饥荒契约"是18世纪许多法国人信奉的阴谋论。该阴谋论认为，特权集团为了利益，有意中断法国人民的食物，特别是粮食的供应，使其陷入饥荒，并趁机抬高粮价，从中牟利。——译者注

② 1789年7月，由于巴黎面包价格暴涨，引发了法国大革命。——译者注

③ 督政府是法国大革命时期根据《1795年宪法》（又称《共和三年宪法》）建立的政府。——译者注

拿破仑曾宣称，凯瑟琳的扩张势如破竹，欧洲未来50年，要么是共和国的天下，要么是哥萨克人的天下。[37]作为一名年轻的炮兵，对于凯瑟琳在俄罗斯帝国建立的重农主义帝国，拿破仑既恐惧又钦佩。但他意识到他最大的劲敌永远都是英格兰，因为英格兰有武力强大的军舰以及对面包需求量极大的帝国城市——伦敦。

凯瑟琳去世后，拿破仑的军队横扫欧洲，向东扩张，屡战屡胜，杀敌无数，碾碎了无数男爵领地和王国。拿破仑理解重农主义的基本原则——粮食即力量，因此他竭尽全力关闭了所有欧洲与英国之间的粮食贸易港。为此，他占领了波罗的海、北大西洋和地中海沿岸的城镇，并建立了十几个附属共和国来统治这些城镇，每个共和国都宣誓要封锁英国贸易。作为对这一大陆封锁体系[①]的回应，英国根据枢密令要求封锁了拿破仑帝国的每个港口。根据枢密令，任何中立国都不得使用封锁英国贸易的港口。可以说这是利用面包来展开斗争：英国无法在欧洲港口购买小麦，法国也不可以随意采用水路来运输面包以养活军队。在第一次世界大战和第二次世界大战中，这样的面包边缘战术[②]重现战场。到了1807年，关于面包，英国和法国已经形成了相互制衡的关系。英国无法购买国外的面粉，而拿破仑的军队不得不沿着看不到头的军队走廊艰难地运送粮食。这些走廊绿树成荫，至今在欧洲依然可以见到。[38]

凯瑟琳去世10年后，法国在欧洲的血腥扩张证明了凯瑟琳重农主义制度的长期价值。只有一个地方不受英法两大帝国对峙的影响，那就是黑海。自1453年起，奥斯曼帝国就已经掌控了伊斯坦布尔这一黑海门户，

---

① 拿破仑于1806年封锁英国船只进入欧陆的政策。——译者注

② 边缘战术就是在博弈产生冲突的过程中形成有效威慑的逐步升级的备战状态，而不直接产生对抗行为。——译者注

奥斯曼人绝不允许军舰进入黑海。因此，俄罗斯人建立敖德萨之后，如果敌国要拦截粮船，它们首先面对的是奥斯曼人，其次才是俄罗斯人。

尽管法国的重农主义运动导致了革命的爆发，但是凯瑟琳在去世前任命的人员将她的重农主义理想变成了现实。所有中立国，包括革命中的法国，以及采用君主制的英国，均可以通过伊斯坦布尔的海峡，在敖德萨安全区内任意购买粮食。1800年，敖德萨仅有几栋房子，但是1807年之后，这座城市成为战时欧洲的国际粮食市场。数世纪以前，这些贸易路线已由丘马克铺就。数十万辆牛车很快就会出现在这些"黑色之路"上，这些牛车装满粮食，大多向欧洲驶去，而其目的地尚未可知。种植粮食的殖民地迅速遍布干燥的草原，为敖德萨人和俄罗斯帝国赚取了大笔财富。由于奥斯曼帝国的希腊船主在伊斯坦布尔、希腊群岛和黑海上均有古代据点，因此在这场交易中独具优势。凯瑟琳出台的对定居者赠送土地的长期政策，吸引德国农民来到这个新建区域建立殖民地，第聂伯河的左右两岸密密麻麻种满了小麦。[39]

在敖德萨建立之前，俄罗斯帝国一直在缓慢而保守地扩张，每次只占领一座堡垒。敖德萨建立之后，俄罗斯帝国也像美国一样拥有了外汇，可以迅速扩张。小麦出口使俄罗斯帝国得以资助其对外战争，因此它迅速占领波兰，横扫里海，直奔中国。似乎没有什么能阻止俄罗斯帝国这种发酵膨胀一样格瓦斯式的急剧扩张。实际上，另一种肉眼不可见的生物——水霉菌的传播，进一步巩固了敖德萨作为欧洲小麦之城的地位。

此前，在某些方面，俄罗斯帝国一直效仿中世纪的拜占庭帝国，而到了18世纪，俄罗斯帝国开始利用新兴技术，包括国家金融机构，来不断入侵奥斯曼帝国统治的土地，接着进行殖民，最后在大草原上建起种植粮食的殖民地。俄罗斯帝国一次又一次向伊斯坦布尔的海峡发起冲击，尽管它从未成功。关键是帝国的财富从不在中心汇聚，而是留在了边境地区，这一点颇为引人瞩目。一项对应房地产税的分析表明，到了1905年，在莫斯科以外，俄罗斯帝国大部分的财富集中在西部边境地区、波罗的海到黑海的粮食贸易走廊，以及黑海的南部沿岸。[40]如此一来，南俄罗斯（如今的乌克兰）的财富便集中在海港地区，就像北美殖民地那样。对于北美洲来说，情况确实如此，因为波士顿、费城、巴尔的摩和里士满都通过给英属加勒比地区供应粮食来为国家创收。这两个帝国的财富都集中在边境地区，之前几个世纪的帝国统治者肯定会认为，这样做会使帝国特别容易受到外敌的攻击。

俄罗斯帝国控制着粮食，很快便成为世界上陆地面积最大的帝国。1820年后，美国因出口棉花陷入困境，难以与之匹敌。拿破仑战败后，欧洲各帝国曾向俄罗斯帝国购买廉价的、草原种植的小麦。为缓解进口廉价粮食对国内生产者造成的冲击，欧洲地主在1784年和1815年强制推行了《谷物法》。廉价粮食威胁着靠佃农种植粮食的地主，而来自国外的廉价粮食更是会导致帝国的黄金白银外流。但是，后来一种水霉菌在欧洲出现，这种微小的寄生虫改变了一切。

微信扫码
- 对话本书作者
- 寻迹博弈细节
- 纵览历史变迁
- 探秘粮食暗战

第四章

致病疫霉的传播
与自由贸易的诞生

1845—1852 年

鼠疫耶尔森菌席卷欧亚大陆的贸易走廊，无论老鼠还是百姓都未能幸免于难，而各帝国也因此深受其扰，并转变了发展方向。1845年，一种新型寄生菌——致病疫霉①——出现了。与鼠疫耶尔森菌不同的是，这种霉菌寄生于食物中，可自行蔓延，因而可轻易侵袭堡垒和阵地，越过各国边界。鼠疫耶尔森菌使各帝国或缩减版图迁至陆地走廊地带，或通过实行检疫隔离来开疆扩土，而这种新型寄生菌则迫使焦躁不安的各帝国团结起来，共同面对饥荒和叛乱。致病疫霉可存活于土豆这一主要粮食作物内部，因而从侧面推动了小麦在世界范围的传播。为了拯救因致病疫霉而陷入水深火热的各帝国，小麦的传播范围也越来越广。各帝国为镇压乡村地区的革命，召集了一批游走于世界各地的新贵族。这批掌握多国语言的贸易商在黑海、爱琴海、地中海、大西洋、北海和波罗的海沿海地区自由活动。随后，敖德萨地区挺身而出，通过伊斯坦布尔海峡向欧洲疫区大量出口小麦，以抚平因霉菌肆虐而留下的满目疮痍。

---

　　① 属鞭毛菌亚门疫霉属真菌，寄生于马铃薯块茎上，可导致马铃薯晚疫病。——译者注

1845年之后，小麦在一些城市（帕尔乌斯称为"消费积累型城市"）中积累，这些城市的规模也因此迅速膨胀。随着资本的积累，挖掘投资项目的新型银行也随之诞生。如古雅典王国时期一样，世界再次掀起"小麦浪潮"。

首先我们要弄清楚，土豆是如何在欧洲人的将信将疑中成为可与欧洲传统粮食作物相提并论的主粮作物的。约公元前7000年，南美洲的狩猎采集者开始筛选并改良带有肉质根茎的茄属植物。他们在该地区（后来的印加帝国）共培育了数百个不同的改良品种，对应数10个不同的名称，但我们将其统称为"土豆"。作为土豆的寄生菌，致病疫霉与土豆共同进化。这种侵袭性水霉菌会在土豆内部生长繁殖，最后将其寄主——土豆消灭殆尽。[1]欧洲人遇上美洲人之后（1700—1840），开始在整个西欧地区移植土豆。当时由于土豆是跨大西洋移植，正值天气寒冷干燥，土豆处于休眠期，因而没有被进化良好、肉眼不可见的致病疫霉侵蚀，得以逃过一劫。

虽然欧洲种植户花了数十年时间才习惯土豆这种食物，但在爱尔兰大部分地区及欧洲大陆，这种多肉、球根状的土豆很快成为农场主、贫农及其左邻右舍争相种植的农作物。土豆是一种生长在地下的作物，因而可以逃出不事农产的帝国士兵之手。不像小麦，土豆不需要经过"珀耳塞福涅"阶段（干燥保存阶段）。把土豆密封起来，经历长途跋涉运至帝国首都并非易事。因此，小麦种植户开始种植土豆来自给自足，也供应给邻居。由于农户可以用手推车短途运输这种农作物，美洲人也称之为"手推车作物"。数代人之后，与印加社会几乎如出一辙的新的社会等级制度出现了。在印加帝国，土豆填饱了农人的肚子，而干燥、适合运输的淀粉类作物，如藜麦及其他粮食，则被密封起来并送至上流阶层手中。[2]在欧洲也是如此，爱尔兰、德国和匈牙利的农民种植并收获适合运输的小麦，供应给伦敦、汉堡和维也纳，而他们自己则以土豆为食。[3]波兰和乌克兰农民自己吃土豆和黑麦，珍贵的小麦则运至莫斯科和圣彼得堡，或沿着波罗的海到达德国北部、芬兰和瑞典。保加利亚和罗马尼亚的农民吃土豆，而小麦则运至伊斯坦布尔来缴纳粮食税，这类税收存在之久，无可稽考。

多数农民培育高产、高品质的"拉姆泼"（lumper）土豆品种的方法是移植块茎而不是播种，这也使每块土豆的基因几乎完全一致。这一培育方式正中致病疫霉下怀，对欧洲人来说却是不利因素。1700—1845年，上百万几乎一模一样的土豆遍布欧洲、英国和爱尔兰农村地区，这样的单一种植为致病疫霉的快速入侵创造了完美条件。后来，1845年夏季末，一艘快速航行的轮船从美洲驶入比利时，船上装着土豆货柜，以及具有繁殖能力的致病疫霉。

作为一种水霉菌，致病疫霉需要在持续湿润的气候中生存，但和鼠疫耶尔森菌不同，致病疫霉不需要寄生于动物宿主的肠道内部。实际上，致病疫霉可通过空气短距离传播。因此，致病疫霉于1845年在比利时登陆后，既不需要牛群和骑士，也不需要瘟疫之船，就找到了数以百万计的欧洲土豆寄主。1845年秋，天气温暖湿润，霉菌很快通过鸟类、昆虫和秋风席卷欧洲各个农场。人们先是在土豆藤蔓上发现了这种霉菌的棕色病斑，这也证明了其寄生特性。这些寄生霉菌接着从叶子掉落至湿润的土壤中，土壤下的土豆也因此消灭殆尽。一旦有孢子附着在储藏窖或储存容器中的土豆上，潮湿条件下储存的土豆就会成为几十亿致病疫霉繁殖的温床。截至1845年9月中旬，致病疫霉闪电般传播，进而引发了爱尔兰"土豆饥荒"，此次饥荒仅在爱尔兰就导致近百万人丧生。

虽然当时爱尔兰农民觉得形势已跌至低谷，但没想到的是，1845—1850年，土豆绝收和由饥荒与相关疾病导致的死亡一直在欧洲蔓延。欧洲也因此进入所谓的"饥饿的40年代"。植物病理学家 J. C. 扎多克斯（J. C. Zadoks）认为，致病疫霉入侵欧洲，间接导致"肠道感染、痢疾、伤寒以及肺结核"。[4]伦敦数家报社报道，波属加利西亚地区和俄属波兰地区爆发了"叛乱运动"，"成群结队饥肠辘辘的农民"已经越过波兰各省进入普鲁士。[5]

首先面临致病疫霉威胁而陷入社会动荡的是大英帝国。爱尔兰地主不断将粮食和牛群出口至英格兰，大量爱尔兰农民却因缺乏主要营养来源而饿死。英国首相罗伯特·皮尔（Robert Peel）本可输送粮食至爱尔兰饥民手中，毕竟，他们还是英国国民，但他认为那样做成本太高。为了找到廉价的替代食物，皮尔租船将美国玉米运到国内。虽然美国人常吃玉米，但在爱尔兰，人们觉得这种食物很陌生，因此，爱尔兰的无地农民将其称为"皮尔的硫黄"，因为他们认为皮尔将来在地狱里吃的就是这种食物。[6]玉米未能缓解饥荒，因此皮尔于1846年向议会求助。面对爱尔兰愈演愈烈的人道主义危机，政府采取的唯一应对举措就是先暂缓而后废除了《谷物法》，该法律对进口小麦（在英格兰称为"谷物"）征税。自由贸易可降低进口谷物的价格，如此爱尔兰人便有能力购买粮食，这样也就免于饿死。皮尔呼吁自由贸易时，语气坚定、充满气势："我们要进行改革！"他告诉议会："如此，我们才能免于革命。"[7]

皮尔内阁存在内部冲突，使《谷物法》只能部分废除，且需要近6个月时间才能生效。他的保守党成员大多是地主，反对廉价的俄罗斯粮食（自拿破仑时代起，在利沃诺和马赛就可以买到俄罗斯粮食）进入英国市场，成为他们的竞争对手。对政府来说，更糟糕的是，皮尔废除《谷物法》

未能如愿将粮食留在爱尔兰，因为1846年致病疫霉的消息导致国际市场小麦价格上涨。爱尔兰地主趁机将一船又一船的粮食运往那些出价最高的国家。据有心人统计，每当有1艘饥荒救济船抵达，就有9艘粮船驶离爱尔兰港。[8]经济学家阿马蒂亚·森（Amartya Sen）曾证明，更自由的市场实际上会加剧农村地区的饥荒，在爱尔兰的情况更甚，那里的农业劳动者甚至无权拥有自己种植和收获的粮食。[9]

　　致病疫霉改变的不只是粮价和收入，这种病菌会传播并侵染土豆，最终导致人们无粮可吃。各帝国类似丘马克的路线为致病疫霉的传播创造了条件。就爱尔兰而言，大英帝国出现了轮状烘干粮食的设施。粮食从中部边缘地区收集好，并运往中心城区，以往的每个帝国都是如此。这就意味着，农村地区缺乏帝国城区掌握的信用工具，以及面粉厂和面包作坊的分销网络。重要的是，爱尔兰劳工在土地上种植、收割小麦，但无法合法拥有土地；农民只能拥有或租赁小块沼泽地，用于种植土豆。事实证明，要逆转大英帝国粮食流通的方向，难于登天。[10]

　　爱尔兰遭殃后，致病疫霉无形中入侵了中东欧地区，导致这些地区损失最为惨重，尤其是德国西部地区、普鲁士统治的波兰地区、奥地利统治的领土以及俄罗斯帝国统治的波兰地区。1846年后，这些地区开始频繁发生粮食短缺和骚乱事件，就连法国也没能逃过一劫。[11]尽管1847年法国粮食收成还算可以，但在1848年发生饥荒和粮食动乱之后，1848年革命①还是发生了。欧洲自由贸易主义者在德国和波兰等地领导革命

———————————

　　① 1848年革命，也称"民族之春"（Spring of Nations 或 Springtime of the Peoples），是在1848年欧洲各国爆发的一系列武装革命，是平民与贵族间的抗争，主要是欧洲平民与自由主义学者对抗君权独裁的武装革命。这一系列革命波及范围之广，影响国家之大，可以说是欧洲历史上最大规模的革命运动。——译者注

运动。在其他国家，尤其是法国，自由派与反自由贸易的保守派结盟，以武力镇压这些革命。七月王朝（1830—1848）被法兰西第二共和国（Second Republic）取代，后者又很快被新的政体取代。匈牙利和波兰先后发生革命，试图从奥地利帝国独立。1849年，俄罗斯帝国派遣数万名士兵越过喀尔巴阡山（Carpathian Mountains），平息了这场叛乱。[12]

当时，欧洲大陆诸帝国除了利用骑兵和大炮来镇压平民，还签订了一系列自由贸易连锁条约，降低各帝国之间的关税壁垒，以长期有效应对致病疫霉的传播。正如皮尔所说，他们这样做更多是出于对暴乱的恐惧，而不是对经济增长的向往。[13]欧洲的连锁条约保证了每个初始签约国都可以作为"最惠国"在未来与其他贸易伙伴的贸易协定中受益。如此一来，最终迫使大英帝国暂停收取所有与小麦相关税收的，是1869年与奥匈帝国签订的一项条约，并非其对自由贸易的承诺。如果没有欧洲其他帝国的鼓动，英国就不可能实现粮食自由贸易。[14]

致病疫霉暴发加上英国应对不及时，导致100万爱尔兰人死于饥饿或相关疾病。然而，出乎意料的是，英国废除小麦相关税收的结果从长远来看对国家是有利的：大英帝国的中心区并没有衰落，反而快速繁荣起来。[15]首先就体现在大英帝国核心区长期免于饥荒。到了1847年，英国沿海地区的面粉厂发现他们可以用低成本解决粮食短缺问题。[16]1845年，在致病疫霉侵袭欧洲之前，每年春天仅有100多艘满载俄罗斯麦子的帆船穿过伊斯坦布尔海峡，驶向欧洲各个城市。这些船大多归希腊人所有，从敖德萨前往地中海各大港口，如热那亚港、利沃诺港和马赛港，麦子就在这些港口烘干，然后保存在沿海仓库中。商人一直留着这些小麦，只有面包价格上涨的幅度足以打破关税壁垒，他们才会将小麦出口至英国、荷兰或比利时。[17]

　　然而，19世纪40年代的饥荒和革命重新开辟了从俄罗斯帝国到欧洲的粮食贸易路线。随着致病疫霉肆虐，面包渐渐代替马铃薯成为穷人的食物，这个现象在欧洲各城最明显，因为粮食供应紧缺，这些城市的规模曾受到限制。到了1850年，每年有高达400艘船从黑海直接向欧洲港口运送粮食，为欧洲各城市的工人供应口粮。[18]这种廉价的黑海小麦改变了欧洲人食用面包的品质，随之而来的，还有社会阶层的分化。

　　数世纪以来，一个家庭食用面包的颜色，和他们所穿衣物一样，代表着财富和地位。1848年以前，英国港口城市以外的普通劳工，吃的是黑褐色面包或粥。只有熟练工人、城市商人以及政府雇员才吃得起浅棕色面包。而只有贵族、律师和乡绅才有能力让仆人给他们端上白面包、蛋糕或糕点，但极少人平日就这么奢侈。[19]

　　随着粮食自由贸易的推进，在利物浦、汉堡、那不勒斯、莱茵河两岸以及波罗的海和北海周围的城市，白面包成为工人的快餐。这种面包又大又软，被爱尔兰人称为"圆面包"，是城市工人的新型快餐。面包作坊在港口和磨坊之间如雨后春笋般涌现，早上8点供应早餐面包，下午1点开始供应热吐司面包，下午5点则供应热茶点。面包作坊渐渐成了工厂，最多可以有4台烤箱连续作业，面包师日夜轮班工作。街头小贩会在面包上放一片培根、一点牛油和猪油，然后撒点糖。他们经常黎明时在街上高声叫唱"圆面包撒了糖，甜又香"。圆面包成为贝尔法斯特工厂工人的早餐，这首歌也在这座城市的孩子当中流行开来。[20]

　　廉价粮食重塑了欧洲饮食结构。在汉堡，黑麦并没有消失，黑麦面包的价格依旧是白面包的一半，但越来越少的工人或职员会在早餐吃黑麦面包，而是改吃白面包，只有在晚餐时才会吃黑麦面包，吃的时候会配上酸奶油或者腌制食品。[21]根据伦敦工人阶级的说法，到了19世纪50

年代，全国各地普通工人的牙齿都已经吃不动黑面包了。但是人们依旧在出售黑面包，因为每个工厂都会剩一些饼干渣、边角料还有麸皮，面包师将这些麸皮残渣与面粉混合，制作成黑面包。医生建议消化不良的人食用黑面包，而牙医也建议牙龈有问题的人食用黑面包，甚至可以代替刷牙。黑面包可长时间保存而不会变干，因此在长途运输时，马夫会把黑面包作为自己和马的口粮。但是，后来麸皮渐渐用来喂牛、马和猪，人类不再吃这种食物。用麸皮做饲料，就可以多养一些牲畜，向城市供应更多肉类产品。[22]

19世纪50年代，敖德萨的馈赠使工薪家庭有能力购买更受大众青睐的白面包，殊不知，黑面包中含有胚乳和麸皮，因此含有更多的蛋白质以及难消化的食物纤维，有助于清理肠道，对健康有益。19世纪中期，黑海麦田使工薪阶级的食物升级成了白面包，工薪阶级的身高也越来越矮，部分原因可能在于白面包带来的副作用。[23]虽然廉价面包本身并不健康，但是，在1850年后，面包价格越来越低，这首次让工人有能力定期购买额外的食物。1870年左右，美国粮食运抵英国后，鱼肉三明治就成了英国国人的家常便饭。10年后，这些食物升级成了炸鱼、薯条。在汉堡，廉价牛肉可做成牛肉干和罐头，用软面包夹着牛肉干或牛肉罐头，就得到令人垂涎的汉堡包。[24]于是就出现了帕尔乌斯所谓的"消费积累型城市"。食物廉价的地方聚集了大量劳动力和资本。廉价食品通过水路运达，这意味着拥有最深港口的城市将繁荣发展。当周边农村地区的移民和孤儿挤满这些有码头的城市时，未来的制造商会集中并有效利用这些人。改革家和资本家把刚从农村来的穷人聚集到济贫院里，他们在那里组装来自国内外的商品——火柴棒、铅笔、硬糖、铅质玩具、木箱、梳子等。在码头附近，食品储存和深加工的规模也扩大了。而距离码头较远的内陆地区，粮食加工业则逐渐衰落。不到一代人的时间，数万座内陆风力磨坊和水磨坊变成了历史遗迹。数十个内陆城镇希望通过河流、运河以及铁路来与这些消费积累型城市连通。有些城镇依靠沿海港口来获取廉价粮食，并专营制造业，后来这些城镇成功升级为城市。港口的资本渐渐积累至中上阶层的家庭手中，而这些家庭拥有的土地太少，无法进行投资。[25]

1845—1860年，欧洲的消费积累型城市有巴黎、伦敦、利物浦、安特卫普①（Antwerp）和阿姆斯特丹，这些城市的规模扩大了两倍多，是有史以来增长速度最快的城市。工业化和城市化在欧洲并无根基，其动力来源于国外食物。1845年以前，欧洲已经在通过剥削工人实现工业发展。童工的滥用、城市高昂的租金和拥挤的环境使工人的平均身高变矮，婴儿死亡率变高，并使工人阶级染上特有的严重疾病：佝偻病、坏血病、霍乱、结核病和伤寒。但随着廉价粮食从大洋彼岸运进来，工人的平均身高上升了，婴儿死亡率下降了，人们的身体变得强壮了，茶叶和糖类的销量也增加了，这表明廉价面包使工人有了更多的可支配收入，用于改善伙食。[26]尽管外国粮食可以养活一座欧洲城市，但这个城市也挤满了约百万人，因此需要建造公寓楼、自来水厂、地铁和下水道来提供日常需要。

掌握了廉价面包，欧洲各帝国计划进一步利用荷兰的金融革命。这场革命先后对英国、俄罗斯帝国和美国都起到了作用。各帝国计划通过借贷来为真正的大都市奠定基础，这些大都市都是古代帝国城市的现代

---

① 安特卫普位于比利时西北部斯海尔德河畔，是比利时最大港口和重要工业城市。——译者注

范本。路易·拿破仑（Louis Napoleon）——拿破仑·波拿巴的侄子，于1848年当选为法国总统。紧接着他借政变于1851年夺取了政权。因为拿破仑二世（Napoleon II）早已去世，没有人愿意来参加典礼，于是他给自己加冕为法国皇帝拿破仑三世（Napoleon III）。他自诩是穿着燕尾服的社会主义者，他篡改、歪曲甚至有时假装批准批评者的要求，让众多批评者感到困惑。在解散国民议会后，他重建了部长议会，并告诉媒体，这是一个政治多元化的议会，因此完全超脱于政治："皇后是正统王朝主义者，莫尼（Morny）是奥尔良派君主立宪主义者，王子是共和主义者，我是社会主义者。只有佩西尼（Persigny）是帝国主义者（帝制拥护者），而他是个疯子。"[27]

在鼠疫耶尔森菌肆虐欧洲的年代，"社会主义者"和"帝国主义者"的含义和几十年后的含义截然不同。1870年以前，帝国主义者指的是那些支持君主政变而反对共和国的人，不是那些跨洋进行武装扩张的人。帝国主义者的对立面是共和主义者。19世纪40年代，社会主义者支持社会化制度，但不一定支持平等或者民主。那么，按照当时的概念来说，虽然路易·拿破仑夺取政权属于帝国主义行为，但他自称为社会主义者。[28]称帝之后，他开始将他的政变包装成一种合理的行为。后来他开始撰写恺撒大帝的四卷传记，因为他觉得恺撒大帝和他本人很像。几乎不会有人想到更新恺撒的经典自传，而且路易·拿破仑撰写传记的能力实在不尽如人意，因此他始终没有完成第三卷和第四卷。然后，这位皇帝聘请了考古学家和造船技师分别为他挖掘罗马遗迹，制作投石车和战船的仿制品。[29]

然而，社会主义允许银行动用数百个小额借款人集体所有权的原则，得到了这位自命不凡的皇帝的青睐。许多储户的社会储蓄经收集后用于投资，如此才有可能筹集必要资金，用于建设如罗马般宏伟壮丽的巴黎。拿破仑三世的大臣（均为波拿巴派君主立宪主义者）执着于效率，沉迷于工程技术；他们像拿破仑三世一样，自诩精通一切。帝国社会主义依赖于以下三项：公共宣传、虚假民主和大量出售公共项目债券。向公众销售债券需要民主制银行：动产信贷银行（Crédit Mobilier）、里昂信贷银行（Crédit Lyonnais）、地产信贷银行（Crédit Foncier）。这些银行统称为"创始银行"（Gründerbanken）。[30]

　　欧洲暴发致病疫霉之后，路易·拿破仑的文学先辈、空想社会主义者查尔斯·傅立叶（Charles Fourier）和克劳德·昂利·圣西门（Claude Henri de Saint-Simon）对创始银行的建立产生了重要影响。与以往的经济学家一样，傅立叶认为，把人和资金聚集到一起形成大集体，可提高生产力。为此，他提议成立民主银行，并组织合作社，即他所谓的"法郎吉"（phalanxes）。每个法郎吉有1 600多人，住在四层楼的大厦里。根据傅立叶的计算，每种性别的人分别有405种不同的禀性，他们对这些人的性格进行仔细分类并对其编号。在这个合作社里，每个人都有活可做。做饭和育儿是集体的任务，而孩子则负责捡垃圾，因为他们喜欢把自己弄得脏兮兮的。如此一来，人们就能摆脱贫困。我们认为高楼大厦、公园和自助餐厅是理所当然的存在。19世纪50年代，除了空想社会主义的皮装书以外，很少有广大群众能看的书。[31]多亏俄罗斯帝国和美国长期、慷慨地提供廉价而充足的粮食，公众才读到这些著作。

　　克劳德·昂利·圣西门为傅立叶的计划提供了一个资金筹备方案。考虑长远的未来主义专家则制订了计划；而有远见的银行家则利用数千名小型投资商的资金来充实这些计划。那个执拗的法国银行，仅提供短期贷款，与那些新兴企业比就相形见绌了。在法国皇室的赞助下，动产信贷银行、里昂信贷银行、地产信贷银行蓬勃发展。积极上进的社会主义银行家通过在地铁、有轨电车、城墙和酒馆张贴五颜六色的广告吸引客户。知名制造商、工程师和王室随从支持这些新建金融机构。商业投资银行业务由此展开。[32]

从某种意义上说，这件事办成了。数千年来，农户要自给自足，同时要养活神职人员、当地乡绅。即使包含市、县、州和帝国的税收，改良土地也是为未来几代人做的最重要投资。但1848年后，随着自由贸易带来了大量来自俄罗斯帝国的廉价粮食，城市里的面包变得越来越廉价，颜色也越来越浅，而农用土地则开始动辄贬值。工薪家庭没有土地，因此难以为孩子、为自己以后养老储蓄财富。

因此，在傅立叶之后一代人的时间，社会化储蓄使法国从一个"小农国家"变成一个债券持有国。这一点在巴黎尤为明显。在接下来的几十年，家庭资产储存在银行账户里，或用于投资股票、债券，这的确导致日益严重的财富差距。然而，法国市民的集体投资为铁路、地铁、公寓楼、剧院和国际展览馆的建设提供了资金。这些准公共机构蓬勃发展，而法国银行家则看准大型工业项目的前景，这些项目能给他们带来超过5%的利润。英国投资商趋向于在本国投资，德国 [达姆施塔特银行（Darmstädter Bank）]、奥匈帝国 [奥地利国家铁路公司（Austrian State Railway Company）] 及 [安斯塔特信用社（Credit-Anstalt）] 却效仿法国向国外投资的模式。即便如此，法国人对于外国资产的投资额仍比任何国家的人都要多。[33]

廉价的面包将工人吸引到了消费积累型城市，城市居民积累资本并将积蓄存入银行，进一步推动了帝国中心的繁荣。1860年以后，通过掌握公共债券，巴黎得以拆除中世纪的城墙，并启动大规模重建工程。

普鲁士和奥匈帝国的银行家纷纷效仿，先是19世纪50年代的证券银行
（Effektenbanken），后是19世纪70年代的创始银行（Gründerbanken）。
后来，德国人将这一时期称为"创始时期"（Gründerzeit）。公共的关注，
加上宏伟的建筑，对于独裁者路易·拿破仑和普鲁士君主弗雷德里克·威
廉四世（Friedrich Wilhelm IV）来说，这一切似乎巩固并合法化了他们
的政权。路易·拿破仑谈及统治法国的故事时，会习惯性地强调自己取
得国内及其他军事胜利后，里昂信贷银行因此增加了多少资本。[34]随着
廉价粮食的出现，民族主义意识日益高涨，并在消费积累型城市盛行，
人们开始呼吁将公众资金用于满足国家需求。这可能是民族国家最强大
的优势，也是最大的弱点。

第五章

资本主义与奴隶制

1853—1863 年

　　18世纪初到19世纪60年代，一提到来自俄罗斯帝国或美洲的廉价粮食，欧洲人就会想到农奴制和奴隶制。的确，拿破仑战败后，欧洲人阻止进口俄罗斯帝国廉价粮食的初衷主要在于防止欧洲的农户与奴隶制和农奴制的农场主竞争。1851年，法国众议院议员阿道夫·蒂尔斯（Adolph Thiers）怒吼道："从伏尔加河河口一直到多瑙河河口的广大区域内，雇用一名工人每天只需要10美分到12美分。"降低法国的贸易关税壁垒，意味着让农民与维斯图拉河以东的农奴和大西洋以西的奴隶竞争。"人人都知道俄罗斯帝国农奴主的情况，"他继续说道，"农奴们每周只需要工作3天，而相应地，他们得到的食物比我们殖民地的黑人奴隶还要少。"敖德萨实行自由贸易之后，农奴将"破坏性地向毫无防备的英国、法国和比利时输送大量粮食"。[1]盛行新自由主义的欧洲帝国，前几代人曾强制对美洲施行奴隶制，而此时由于水霉菌入侵，他们发现自己不得不开放市场。他们意识到自己依赖于世界边缘的农奴和奴隶种植的粮食，对此感到深恶痛绝。

　　紧接着，俄罗斯帝国和美国连镳并驾，都在1860—1863年结束了强迫劳动制度。当然，这两大帝国存在着天壤之别。19世纪50年代，美国的种粮农民往往接受过良好的教育，他们的农场（或种植园）每英亩产量达12蒲式耳，只用了不到一半的种子，小麦产量却更高。[2]这一时期的美国粮食产量提高，部分原因在于他们的农业采用了机械化技术，而俄罗斯帝国农民整整落后了一代人的时间。[3]然而，俄罗斯帝国的农奴制和美国的奴隶制是相互关联的。凯瑟琳大帝于1785年进行的改革极大地缩小了俄罗斯帝国农奴与美国奴隶之间的差距。如果没有黑海北岸麦地的种子，美国南方和北方的小麦种植户不可能在美国平原种植小麦。黑海的麦种具备抗旱、抗寒、抗真菌等特性，美国农民通过引进这些麦种提高了粮食产量。有了这些独特的地方小麦品种，美国的奴隶便可在谢南多厄河谷（Shenandoah Valley）和田纳西州种植小麦。在黑海沿岸的干旱农场培育出的特殊小麦品种可适应美国中西部偏北地区干燥寒冷的气候。如果没有红桃皇后和土耳其红①，小麦不可能出现在堪萨斯州和内布拉斯加州。[4]

俄罗斯帝国和美国就像同父异母的兄弟，几乎同时拥抱了以家庭为单位的粮食生产制度。伊利诺伊州、印第安纳州、威斯康星州和俄亥俄州等自由州每年的小麦产量都超过了1 000万蒲式耳，纷纷在1860年之前超过了弗吉尼亚州的产量。同样地，后来人们将乌克兰的私人农庄称为新俄罗斯，俄罗斯出口的大部分小麦都来自此处。农奴制和奴隶制的废除，使农户得以前往乌克兰和美国的得克萨斯州、弗吉尼亚州、密苏里州开辟麦田，种植小麦。[5]

俄罗斯帝国和美国都是在未获得农奴主和奴隶主全力配合的情况下结束了强迫劳动制度。两个帝国废除农奴制和奴隶制，给农奴主和奴隶

---

① 小麦品种。——译者注

主带来了毁灭性的影响，这些影响仍存在于当今的俄罗斯、波兰、乌克兰和美国南部。历史学家往往会歌颂那些废除农奴制和奴隶制的帝国主义以及民族主义英雄：凯瑟琳大帝声称对农奴的严厉惩罚让她感到极度反感；"解放者"亚历山大二世（Alexander II）则高喊"我渴望、我要求、我命令"，要求部长理事会成员结束奴役制；而亚伯拉罕·林肯则在1860年写到，他可以在其他事情上向奴隶主妥协，但会"坚定地"反对奴隶制的延续，"就像被铁链捆住一样坚定"。废除奴隶制和农奴制时，他们脱口而出的甜言蜜语当然就像没药①一样迷人。[6]

　　然而，正如我们即将看到的，农奴制和奴隶制的结束与皇帝和总统的大胆宣言并无关系。将奴役与小麦、奴隶制与资本主义割裂开来，本身就是一件复杂而血腥的事。农奴制和奴隶制的结束与如何种植、收割小麦，农民如何对平原进行开荒紧密相关。与自由主义的冲击以及琥珀色的麦浪相比，铁路货运经济和外国投资商的影响，以及战争的冲击，才是快速终结农奴制和奴隶制的原因。

　　19世纪50年代中期，俄罗斯帝国向南扩张计划的失败动摇了这个看似坚不可摧的农业帝国。敖德萨港口交易额巨大，使俄罗斯帝国成为专制欧洲的粮食供应商以及欧洲宪兵。但后来，俄罗斯帝国的手伸得太长了。沙皇尼古拉斯一世（Nicholas I）用其他国家的粮食换得了硬通货，他也因此更加想要占领黑海周边的肥沃土地，以及那个位于博斯普鲁斯海峡和达达尼尔海峡沿岸的黑海门户。他对新领地怀有强烈的欲望，同时态度傲慢。1833年，他为成功保护奥斯曼帝国免遭埃及入侵而信心满满；1849年，他为协助平息了1848年欧洲革命而沾沾自喜。尼古拉斯将

---

① 芳香的液状树脂，用于制作香水等。——译者注

苏丹当作他的附庸，而欧洲各帝国则是倒霉的追随者。

1853年2月初，尼古拉斯召见了在圣彼得堡的英国大使，并宣布是时候由他来瓜分奥斯曼帝国了。让人记忆深刻的是，他把奥斯曼帝国称为"欧洲病夫"。他计划入侵奥斯曼，并为英国留了点残羹冷炙——英国可以占领克里特岛（当时奥斯曼帝国的一个省）以及埃及。"作为英国的朋友和一位绅士，"他继续说道，"我认为如果英国和我能够就这件事达成共识，那么我就不用在乎别人怎么想或怎么做了。"[7]

1853年，俄罗斯帝国手握50万农奴大军和1 000门大炮，在自己处于实力巅峰之时向奥斯曼土耳其发起了第九次战争。尼古拉斯为了速战速决赌上了一切，他故意挑衅了苏丹阿卜杜勒·迈吉德一世（Abdulmejid I）。据说，自1846年以来，俄罗斯帝国和天主教神父一直在为耶路撒冷圣母教堂的钥匙争论不休，这也促使沙皇在奥斯曼领土上为了维护东正教的荣誉而战。然而，事情的起因不仅仅是一把钥匙。1853年2月的最后一天，尼古拉斯要求奥斯曼人奉他为奥斯曼帝国领土上所有希腊东正教基督徒的守护者。这个要求因为侵犯了奥斯曼帝国的主权，所以不可能得到满足。[8]英国间谍和外交官劳伦斯·奥利芬特（Laurence Oliphant）称，这场战争是俄罗斯帝国"一系列小规模劫掠中的一场，但这场劫掠并不重要，不足以唤醒欧洲的警觉"。[9]但这场小型劫掠确实把欧洲唤醒了。俄罗斯帝国对奥斯曼帝国第九次入侵的结局与前八次截然不同。拿破仑之后，俄罗斯帝国首次发动了全球规模的粮食战争，而这场战争的结局对终结俄罗斯帝国农奴制的贡献，超过其他任何因素。

在此前俄罗斯帝国与奥斯曼帝国的8次战役中，英国和法国王室偶尔会保护奥斯曼帝国以免受到俄罗斯帝国和奥地利的侵略，但是俄罗斯帝国的重农主义扩张在很大程度上是对英法有利的，因为俄罗斯帝国为其供应了廉价的粮食。当俄罗斯帝国和奥地利轮流侵吞奥斯曼统治的黑海沿岸地区时，英国、法国大多时候是视若无睹的，部分原因在于英国、法国曾扶持奥斯曼帝国的独立运动，使希腊和埃及得以独立。但是，1845年之后，西欧各帝国对廉价面包的依赖，促使英国、法国持续关注该地区。两国均担忧粮食被俄罗斯帝国垄断。欧洲粮食出口观察员表示，俄罗斯帝国一直在有意削弱其内海的竞争对手。最典型的例子是，俄罗斯人曾受委托确保多瑙河与黑海能够畅通无阻，但数十年来，他们任其淤塞，影响了瓦拉几亚①（Wallachia）和摩尔达维亚（Moldavia）等独立国家的出口前景。[10]

对于英国、法国而言，俄罗斯帝国对欧洲黑海粮仓的垄断是生死攸关的问题，构成对欧洲强权和粮食安全的双重威胁。1853年11月，尼古拉斯的海军在锡诺普战役（Battle of Sinop）中以绝对优势打败奥斯曼帝国后，获悉情况的政治家担心，如果俄罗斯帝国对伊斯坦布尔成功发起最后一次进攻，那么它将有可能垄断黑海的粮食，并占领连接欧洲与中亚、非洲和中东的最强港口。外交官奥利芬特警告说，"一旦让俄罗斯帝国成为达达尼尔海峡的主人"，其地理优势"将帮助它掌握地中海的控制权，同时它还会获得对欧洲命运的最高掌控权"。[11]也许对英国来说同样重要的是，这条贸易路线横跨博斯普鲁斯海峡，穿越黑海，通往东方。部分英国商人几代人以来一直在印度攫取财富，此时他们担心，俄罗斯帝国如果占领欧洲和亚洲之间的狭窄通道，势必威胁英国在次大陆的势力。当时人们将欧洲各国对亚洲贸易线的争夺称为"大博弈"

---

① 瓦拉几亚（罗马尼亚语：Țara Românească），是一个曾存在于1290—1859年的大公国，也是一个历史与地理上的概念。瓦拉几亚地处下多瑙以北、南喀尔巴阡山脉以南，传统上可划分为蒙特尼亚（大瓦拉几亚）与奥尔特尼亚（小瓦拉几亚）两个区域。——译者注

（Great Game）。[12]

　　但欧洲的动乱促使英国、法国出手了。俄罗斯帝国的错误在于，在向奥斯曼帝国宣战的当天便仓促禁止了粮食出口，这么做也许是为了保证俄罗斯军队能吃上廉价粮食。不到一周时间，英国及西欧大部分地区的小麦价格便从平均每夸特①53先令飙升至每夸特72先令以上。[13]随后，英格兰西南部发生了自拿破仑时代以来的首次面包骚乱。由于城市工人日常饮食中有一半都来自小麦，面包价格上涨35%，再次引发了人们对"饥饿的40年代"的恐慌。这次对欧洲粮食造成威胁的不是看不见的水霉菌，而是沙皇及其农奴大军，因为他们一手供应了养活欧洲工人的粮食。1854年3月，为击败好战的俄罗斯沙皇，英国、法国加入了奥斯曼帝国阵营。[14]英国海军部计划袭击位于克里米亚半岛塞瓦斯托波尔的俄罗斯帝国海军总部，摧毁俄罗斯帝国舰队，然后在波罗的海展开春季攻势。但万事开头难，事情进展得并不顺利。

　　为克里米亚半岛的士兵提供饼干、脆饼和牛肉堪称"噩梦"。英国、法国均供给不力。轮船极少准时到达，而残暴的指挥更使情况雪上加霜。堑壕战持续数月，双方都有数千名士兵死于痢疾和坏疽，这两种疾病人人皆知，却无计可施。英法军官认为附近的奥斯曼和埃及盟军懦弱无能，所以未加有效利用。因此，这场人手不足的军事行动使欧洲军队在对塞瓦斯托波尔11个月的围攻中备受压制。[15]屡战屡败的局势以及战争的高昂成本迫使两大帝国对法国塞纳河沿岸、英国泰晤士河和默西河沿岸的造船厂加大了补贴力度。冲突接近尾声时，英法的轮船公司都投入了巨额成本，用以引进可快速用于物资补给、军队运输以及轰炸的宽底蒸汽

———————

　　①　1夸特≈12.7千克

船。这些船可在水深不足1英尺 ①（0.3米）的水域灵活航行。通过完善这些高机动轮船的操控，可为海军的长距离作战行动提供补给。

对于英法来说，克里米亚战争就是新装备的试验场，这些装备在接下来数十年的帝国扩张中起到了关键作用。至关重要的是，英国海军验证了其小型高机动轮船上的舰炮的攻坚能力，该武器可突防至野战工事防御范围，并摧毁最厚实、防御性最好的堡垒。英法海军摧毁了俄罗斯帝国在敖德萨和黑海其他地方以及圣彼得堡附近芬兰海湾的堡垒，只在塞瓦斯托波尔这里多花了点时间。[16]

与俄罗斯帝国的战争提高了大西洋两大帝国的实力，同时使它们食髓知味。英国海军和武装商船在克里米亚开发的这类机动轮船，在第二次鸦片战争（1856—1860年）时的中国白河 ② 沿岸出现过，也在印度兵变（1857—1859年）后支援英国人撤离和入侵时出现过。当时，英国成功摧毁了中国要塞，中国皇帝不得不允许大英帝国的鸦片流入内地。诸如此类的轮船使法国得以在1881年征服了突尼斯，又使英国人在1882年占领了埃及。那些年，英法"探险家"在所谓的"非洲争夺战"中利用同类型的武装轮船侵入了刚果河、赞比西河、尼日尔河和奥兰治河。讽刺的是，英法海军仍执着于木制护卫舰和战列舰，大部分这种类型的船只最终在1870年报废。虽然在1910年以前，欧洲海军的重要性已逐渐下降，但主要靠邮政补贴养活的武装商船使欧洲帝国主义得以实现。1853年以后，这些得到补贴的商业舰队取得了一些技术领域的发现，这些发现最终在1910年被无畏舰消化吸收。

---

① 1英尺 ≈ 0.3米
② 海河水系支流潮白河上源西支，位于北京附近。——译者注

俄罗斯帝国的对手们花费大量时间为对外侵略制造了机动性武器，俄罗斯帝国的农奴军则注定了会失败。1855年3月，俄罗斯帝国军队攻占位于耶夫帕托里亚（Eupatoria）的盟军补给基地失利后不久，沙皇尼古拉斯一世逝世。当时的人们认为他是自杀而亡，俄罗斯的历史学家则认为，他单纯是因为即将被打败，所以伤心而亡。他在临终前对儿子说："我本希望能给你留下一个秩序井然的帝国，但上帝另有安排。我只能为你和俄罗斯帝国祈祷了。"[17]尼古拉斯给他的继承人亚历山大二世留下的是一个面临着卢布严重贬值、财政濒临崩溃的帝国。1856年的投降对俄罗斯帝国来说是个耻辱。经过3年的战争，这个国家的财政赤字增加了近6倍，达到3.07亿卢布。俄罗斯帝国已经将货币供应量翻了一番，达到8亿卢布，然后暂停了黄金支付，这对俄罗斯帝国的进出口市场造成了威胁。在签订《巴黎和约》①之前，亚历山大二世暗示他会废除农奴制，以便"使每个人……能在和平中享受自己辛勤劳动的成果"，但他并没有为结束这个制度制订具体的计划。克里米亚战争也许拯救了奥斯曼帝国，但为了打败俄罗斯人，这个国家付出了惨痛的代价。为了打仗，苏丹向英法借了巨额贷款，正是这些贷款使这个帝国在20年后沦落到破产的地步。[18]

和凯瑟琳之后的沙皇一样，亚历山大二世也对农奴制感到遗憾，但加速变革的是俄罗斯帝国在克里米亚战争中的失败。帝国的重要财务顾问朱利叶斯·哈格迈斯特（Julius Hagemeister）面临着三大相互联系的难题，尼古拉斯在争夺博斯普鲁斯海峡控制权的战争中失败后，这些问题的联系变得尤为紧密。哈格迈斯特认为，长期存在的难题在于农奴制始终阻碍着人们对黑海周边的平原进行充分开发。19世纪30年代，他到访

---

① 该合约签订于1856年。——译者注

过该地区大量的农场和庄园，认为采用家庭所有制可提高每英亩粮食的产量，而且产出的小麦更干净、更畅销。他向粮食贸易商了解过，农奴庄园产出的小麦不干净，混有石头和沙子。他说，小麦在往内陆运输时，农奴无心照看，经常不对其进行遮盖，所以到市场时粮食已经腐坏，最后不得不以极低的价格出售。哈格迈斯特还认为，在俄罗斯帝国，农奴制往往对小麦造成不利影响。[19]

　　哈格迈斯特面临的中期难题是大地主欠俄罗斯帝国土地银行巨额债务。银行只对那些拥有大片地产的农奴主发放贷款，而且必须用人力资产抵押。到了1860年，60%的农奴被集体抵押，抵押时间为28—33年。最后，哈格迈斯特面临的短期难题是克里米亚战争的庞大开销。俄罗斯帝国土地银行试图接手俄罗斯帝国的巨额短期贷款。为了积累资本，该银行降低了储户的固定利息。数千人因此取出了自己的存款，这反而加剧了银行面临的问题。对拥有长期贷款的农奴主取消抵押品赎回权似乎迫在眉睫。[20]

　　因此，该帝国面临的长期难题与农奴相关，中期难题也与农奴相关，短期难题则是支付对奥斯曼帝国、英国、法国战败后的赔款，而这也与农奴相关。哈格迈斯特想出了一个巧妙的解决办法。俄罗斯帝国取消农奴制，将土地所有权交给农奴，由农奴来支付银行49年的抵押贷款。银行向农奴主发行长期债券，以赎买他们移交给农奴的土地。重要的是，对于有未还贷款的地主，国家则扣除其贷款余额。这是一次即时止赎。对于那些抵押农奴来贷款的农奴主贵族来说，通过该方案，他们的贷款将由那些获得自由的农奴来偿还。按照哈格迈斯特设计的还贷方式，农奴偿还的金额要比土地的估值高。因此，俄罗斯帝国的银行是农奴"解放"的最大受益方。[21]

这一巧妙的解决方案似乎将小麦与农奴制分离开来，而俄罗斯政府则无本万利。[22]农奴会得到自由，但他们的土地需要赎买，而为了挣到赎买需要的卢布，数十万曾经的农奴会在麦熟时走遍大平原，充当他人农场里的麦客①。全世界的大部分粮食似乎并非来自小农持有的土地，而是来自美国历史学家所谓的"边境农庄"（frontier estates）和经济学家尼古拉·康德拉蒂耶夫（Nikolai Kondratieff）所谓的"占有式农场"（vladel'cheskikh）。在美国，这些农场的面积在500—1 000英亩。在俄罗斯帝国，大多数农场规模与之相似，由农民经营，其中许多农民以前是农奴，他们申请贷款、雇用劳力、使用机械设备清理了数百万英亩草地，为欧洲各城市生产粮食。[23]

1861年，在哈格迈斯特完成这个结束农奴制的特别计划后不久，亚历山大二世就解雇了他。根据沙皇的说法，是因为他曾在国外谈到俄罗斯帝国"即将破产"。[24]最终，亚历山大二世对农奴的"解放"更像是一场骗局，目的在于为国家隐藏债务、维护信用。农奴的赎金为重农主义战略提供了资金，而那些获得自由的农奴从草原经黑海输出大量粮食，其身份却是无地的雇员而非有地的农民。基辅、沃里尼亚、波多利亚和现在的白俄罗斯等小麦产区的农奴制已经受到严重削弱。如今在整个俄罗斯，粮食和农奴制已经分离开来。[25]

随着农奴制的废除，小麦生产中心也沿着"黑色之路"转移。越来越多的农民开始在敖德萨北部和东部的第聂伯河左岸种植小麦。定居点自西向东的扩张，使尼古拉耶夫、马里乌波尔和罗斯托夫等黑海沿岸的粮食贸易港逐渐成为敖德萨的竞争对手。

---

① 在麦熟季节外出替人收割麦子的人。——译者注

　　与美国不同的是，俄罗斯帝国之前被束缚的那些人实际上得到了土地，虽然对小农来说，他们要花超过一代人的时间来偿还赎金。美国南方解放后并没有进行这样的重新分配，如此一来就限制了奴隶解放后至今其家庭财富的增长。美国与俄罗斯帝国一样，在废除奴隶制后，小麦生产地发生了转移。美国内战后，粮食大多来自五大湖地区周边，而不是原来的弗吉尼亚州、马里兰州、密苏里州和肯塔基州等粮食产区。[26]美国南方被荒废的粮食产区和俄罗斯帝国以前的封地越来越像，世界上最有价值的广袤土地却被日渐衰落的乡绅阶级占据着。[27]俄罗斯帝国在克里米亚战争中打了败仗，使其有契机和理由解决农奴制问题，但美国南方一直以来依赖于信贷，土地也未能重新分配，这阻碍了南方粮食作物的种植，也导致该地区的棉花种植模式根深蒂固。[28]

　　在俄罗斯帝国，随着农奴制的废除，以粮食为焦点的新型政治结构逐渐形成。为了解放农村地区，沙皇建立了新型县级结构，俗称"米尔"①（mir）。多个米尔组成了叫作"地方自治组织"（zemstvo）的管理机构，该机构经过缓慢而艰难的发展，逐渐承担了当地政府的职责。米尔组织农户进行家庭粮食种植，如此一来农民便掌握了少量权力。尽管沙皇统治依旧存在，但是农民可通过地方自治组织选举当地的领导、表达不满以及要求救济。农村公共领域就这么建立起来了，这样的领域在欧洲寥寥无几。尽管沙皇曾考虑赋予农奴个人土地所有权，但是该计划的最终草案规定，土地由米尔集体管理，而且不定期由米尔重新分配。[29]

　　农民经营的农场在粮食生产方面不如边境农庄成功。随着时间的推移，当美国、印度、澳大利亚和加拿大纷纷进入国际市场时，这些国家

---

　　① 俄罗斯帝国时代的一种村社组织。——译者注

对边境农庄的做法如出一辙。这些庄园密集分布，归私人所有，规模在500—1 000英亩，收获时节需要大量劳动力。这些农场不是在19世纪70年代建好后很快因为铁路出现而被淘汰的两万英亩的"高产"农场，而是由富裕家庭经营的大型农场，这些家庭在此定居后，就修建围栏并雇用民工。那些位于当今乌克兰边境的农庄深深依赖于季节性民工，这些民工因为赎回制度获得自由，也因赎回制度被迫进入现金经济社会。[30]

尼古拉斯以农奴军占领伊斯坦布尔的美梦破碎了，俄罗斯帝国变成了一个不堪一击、几近破产的国家。他的儿子为了避免破产，废除了农奴制。1855年签订的《巴黎和约》限制了俄罗斯帝国向外扩张。该条约设立了独立的国际机构，掌管多瑙河途经黑海的粮食贸易线。在之后几年里，欧洲列强找到了突破多瑙河出口的办法，并放任新兴产粮国罗马尼亚成为俄罗斯帝国的小号对手。[31]最后，反俄同盟禁止了俄罗斯帝国军舰通过伊斯坦布尔海峡。随着农奴制的废除以及俄罗斯帝国扩张能力的削弱，英法认为它们已经驯服了俄罗斯帝国。

俄罗斯帝国的过度扩张唤醒了大西洋彼岸沉睡的巨人——商业新贵集团，他们也逐渐对约定奴工感到不满。当克里米亚战争导致伦敦和利物浦的粮价几乎翻番时，诸如约翰·默里·福布斯（John Murray Forbes）这样的北美商业新贵注意到了这点。这些贵族对草原土地未来的设想与俄罗斯沙皇及其大臣的稍有不同，但是他们认为，无论19世纪50年代弗吉尼亚州出口了多少面粉，奴隶制和粮食出口都是互不相容的。正如福布斯和其他人所预见的，将粮食出口至欧洲面临的最严峻威胁不是苏丹也不是沙皇，而是中西部麦农和南方棉花种植者之间日益扩大的政治鸿沟。从政治角度来看，这在他们所谓的"奴隶制政权"中是显而易见的。[32]

他们是对的，国会中存在着奴隶制势力。凭借资历，南方国会议员掌控了参、众两院的大多数主要委员会，从而进一步掌控了国家的钱袋子。在欧洲"饥饿的40年代"之前，纽约和新英格兰的商业新贵几乎毫无凝聚力，但是到了19世纪50年代，他们为共和党的诞生做出了巨大贡献，而西半球的重农主义能沿着凯瑟琳大帝的愿景扩张，共和党功不可没。渐渐地，商业新贵要求出台激励措施，将家庭劳动力投放到美国草原上的小麦农场里。他们协助打造了西部的免费土地平台，修建了联邦政府补贴的州际铁路，设置了专管农业的内阁席位，并赠地给高等教育机构，以便提高粮食的亩产量。1854年，他们的南方反对者认定，北部大平原的西进运动进度过快，需要加以遏制。[33]

这些铁路大亨和粮商将在共和党内掌握巨大的政治权力。从加利福尼亚州到芝加哥，从纽约州到宾夕法尼亚州，该党的许多富有阶层支持者并非来自工业资产阶级，而是对粮食感兴趣的商人和铁路从业者，以及服务于这两者的律师。[34]将他们联系在一起的根本利益是连贯东西、用以进行粮食贸易的运河和铁路。

虽然这些人在当时被称为"强盗男爵"，但是在我看来他们更像"铁路大王"。中世纪的强盗男爵对途经他们堡垒周边的粮食征收通行费，而这些"铁路大王"则想方设法降低通行费，缩短西部粮食运至欧洲各城市的时间，降低成本，同时收取快速运输的费用。正如该地区在1700—1818年粮食贸易鼎盛时期所做的那样：从东部到西部的交通需要向西部定居点提供货物和信贷；从西部到东部进行的贸易则需要征收粮食，以便在国内和国际市场上出售。用发展经济学的话说，他们希望促进中西部粮食的前向关联和后向关联。南北战争赢得了一条向西直达加利福尼亚州的废奴铁路走廊，也成为协调国家与"铁路大王"根本利益的契机，这些"铁路大王"致力于贯通和校直美欧之间的粮食贸易线。[35]

与战时共和党的其他许多积极分子一样，大卫·道斯（David Dows）职业生涯的第一份工作是在奥尔巴尼做一名粮食店店员，负责将从伊利运河运来的粮食运往哈德逊河和纽约市。19岁那年，大卫成了哥哥的帮手——他哥哥是曼哈顿的一名货运代理和代销商。通过这份工作，大卫学会了如何使用信贷。1844年，哥哥去世了，当时30岁的大卫·道斯接替了哥哥的位置。他利用自己在五大湖区的人脉，在1846年和1857年的粮食贸易低迷期大赚特赚。[36]

从这一点来说，欧洲对小麦的需求波动以及信息滞后的问题是当时美国粮食贸易或萧条或繁荣的根源。1845年，爱尔兰陷入饥荒的消息导致粮食价格在一年时间里居高不下，但是后来罗伯特·皮尔取消了部分谷物法，又导致粮食价格下跌。克里米亚战争阻断了欧洲至俄罗斯帝国的粮食贸易通道，于是粮食价格暴涨，这也激起了共和党重要粮商的胃口。1854年，约翰·默里·福布斯对他的兄弟保罗（Paul）得意地说："我们的西部公路一直收入颇丰，我认为伊利诺伊州的肥沃土壤和畅销英格兰的粮食可以养活西部所有的高级公路。"[37]但1856年3月战争结束后，利物浦的粮价于4月再次暴跌，引发了美国1857年的"大恐慌"。即便如此，其贸易额仍具有极大潜力。

与福布斯家族一样，道斯家族能在美国粮食贸易的涨落循环中保住家族财富，依靠的是从粮食运输业衍生出的其他附属产业，包括铁路业、仓储业、五大湖区的轮船运输业，以及海上保险业。道斯改进了粮食运输方式，也从中收取税费。早在19世纪40年代，道斯就确定运输粮食的铁路走廊是扩张的关键。铁路的出现并非要取代运河及河船，而是要在轮船无法抵达粮仓（例如在爱荷华州）时，在"最后一英里"发挥关键作用。[38]从一定程度上来说，通过向乡村铁路沿线的农民放贷，1861年的道斯已成为纽约最重要的粮商之一、纽约农产品交易所（New York Produce Exchange）的负责人之一，也是世界顶级富豪之一。[39]

通过政治和贸易，道斯与纽约的其他贵族商人关系密切，这些商人成为铁路大亨，穿越平原的交通成本降低了。例如，化学银行（Chemical Bank）的詹姆斯·A. 罗斯福（James A. Roosevelt）在进口欧洲平板玻璃的同时向远在美国内陆的五金供应商提供贷款。他是早期的运河投资商。威廉·E. 道奇（William E. Dodge）是纽约的另一名"商业新贵"，他既是五金商，也是进出口商，还是忠诚出版联盟（Loyal Publication League）等共和党组织的董事会成员；内战后，他也通过铁路行业发了大财。杰克逊·S. 舒尔茨（Jackson S. Schultz）是最重要的皮革出口商之一，他从遥远的内陆畜牧场收购皮革，并在如今布鲁克林大桥曼哈顿一侧的"纽约沼泽"进行晾晒。收购、晾晒并出口西部的皮革是他发家致富的源泉。[40]

约翰·默里·福布斯起初在中国进行鸦片贸易发了大财。但到了19世纪40年代，他全身心投入了粮食行业，并掌控了密歇根中央铁路公司（Michigan Central Railroad）。到了1855年，他通过提供贷款接管了多条从芝加哥向西延伸的铁路。1854年，当堪萨斯州的自由移民和奴隶主移民发生冲突时，他已是新英格兰移民救助协会的主要出资人，该协会将全副武装的新英格兰人派往堪萨斯州，以打败那些企图使堪萨斯州实行奴隶制的南方人。[41]到了1860年，他已成为"秘密六人组"的成员，该组织协助约翰·布朗（John Brown）尝试在弗吉尼亚州发动奴隶起义。

那些纽约和波士顿共和党的"铁路大王"有诸多共同立场和利益：他们憎恨银行，因为银行对信贷影响过深；他们认为棉花产业已受到银行掌控，因此毫无兴趣；他们力求铁路能够连接西部地区和城镇，这样他们就可以给当地店铺放贷，为城市中心区域收购粮食和皮革，并扩大他们对西部铁路的掌控权，以获取稳定收益。在与边远地区进行贸易往来时，铁路公司收取运费，运费用于还清修路需要的贷款。铁路收入还清贷款之后就带来了稳定的收入，即粮食转运过程中产生的租金。到了1880年，在通过干线向东运输的所有货物中，粮食占了差不多3/4。[42]

铁路是宽50码[①]（45米）、长数百英里的狭窄轨道，是一种主权实体。各州和联邦立法机构授予铁路公司土地征用权，这样铁路公司就可以根据工程师认为的能效最高的路线征用土地。铁路公司的主权迅速扩张，很快便拥有了自己的警察部门。[43]铁路公司经常需要像埃德温·M.斯坦顿（Edwin M. Stanton）、彼得·H.沃森（Peter H. Watson）和年轻的亚伯拉罕·林肯这样的律师来追讨债务、起诉试图封锁铁路桥梁的城镇、就土地纠纷和业主打官司，或在铁路横穿的市区，对当地市领导进行安抚。[44]

私营铁路公司是这个时代的技术奇迹，更是一种绝妙的合法敛财手段。尽管“黑色之路”如印第安人的大小道路一样，在铁路出现之前早已存在，但私营铁路公司还是在低摩擦运输走廊上实现了垄断。[45]修建铁路是为了按照里程征税，铁路里程似乎成了一种无形的商品。

铁路的独特之处在于它是“黑色之路”的化身，印第安商人、猎人、车夫、牛和马曾在“黑色之路”上运输货物，如今他们都被利用蒸汽驱动、由火车头和火车车厢组成的垄断“巨兽”挤了出去。正如历史学家

---

①　1码≈0.9米

劳伦斯·埃文斯（Laurence Evans）所言，铁路公司既是道路本身，也是道路的独家代理商，它对传统供求曲线的经济模型逻辑发起了挑战："铁路这种商品无法储存，若不用就会浪费其价值；除非供应商付出巨大代价，否则无法从市场上移除；要实现市场和经济的利益最大化就不能满效率运行。经济学家要如何理解这种商品？"[46]

　　在许多国家，面对由道路垄断产生的难题，政府的应对措施是将这些铁路公司国有化。如我们所见，美国内战给欧洲带来廉价粮食的10年后，普鲁士和俄罗斯帝国通过出台一些有趣、反常的激励措施，接管了大部分铁路公司。调整铁路运价可以增强或减弱关税的影响，鼓励财政过度扩张，也会诱使政界精英实施"国家俘获"①（state capture）。

　　然而，美国在内战前一直采用私有制，因而出台的一系列激励措施并不相同。由于经济与政治权力相互纠缠，铁路干线依旧掌握在商业新贵手中，这就使他们的资产得以继续增长且更加多样化。从一开始，那些沉迷于探寻铁路客户需求的商人就化身为社会工程师，这样铁路公司就可以仔细校准来往运输的每样商品的运费。对农民、工匠和制造商来说，铁路运输价格的微小变化可能会强化或抑制每项作物激励政策的效果。例如，粮食通过铁路运输经过中西部平原地区时，运费价格是最便宜的四级价格，所以对于大平原周边的农民来说，种植粮食明显是最佳选择。对于改种收取一级或二级运费的作物，农民们则会三思而后行。这些垄断走廊只针对单一货物制定低运价，从而推动了单一作物种植——中西部的小麦和南部的棉花。铁路公司还在走廊沿线经营煤矿和

---

　　① 国家俘获是少数利益集团对国家机构施加不正当影响的一种大规模腐败形式。——译者注

铜矿，并频繁向竞争对手收取更高费用，以降低其收入。[47]将工业制品运往西部的运费价格高昂，所以农村地区的居民就自己制造替代品，但如果突然降低进口商品的运费价格，铁路公司就能够摧毁内地制造商。这些在铁路沿线种植单一作物的美国农民并不鄙视资本主义，他们鄙视的是受到政府支持的私营铁路公司，这些公司自建立以来，就对他们与外界的每一次联系收取租金。[48]

然而，修建铁路费用惊人，这对那些有诸多投资选择的商人来说是一种风险。从1850年开始，美国铁路推动者们偶然发现了一种巧妙的扩张模式：铁路土地出让。该模式可利用联邦政府来大幅削减在内地修建铁路需要的前期资金。就像汇票和纸券一样，铁路土地出让使粮食的长途运输方式发生蜕变。美国宪法中的财产条款赋予了国会世界上最强大的资金来源：从美国内地原住民手中剥夺而来的所有未经登记的西部土地。根据1850年出台的第一项土地出让法案，国会在铁路沿线以棋盘格的模式将土地出让给铁路公司。想象一下一条有着棋盘格花纹的蛇，差不多就是这个样子，铁路公司得到白格的土地，而国会则保留黑格的土地。修建铁路之后，土地的价值几乎翻番，因此，国会出让一半土地也毫发无损。[49]

在出让土地上修建铁路这个方案的独特之处在于，铁路推动者只需要准备极少的前期资金。在铁路仅修建了几英里后，内政部长就授权联邦政府，出让完工路段的土地。铁路公司将这些土地出售给来自其他国家，特别是欧洲国家的移民，他们的贷款期限为4年。铁路土地销售商在欧洲农村地区到处张贴传单、发放报纸广告和小册子，向移民者承诺巨额财富。之后，抵押贷款成了主要的支付方式。一旦签订抵押贷款，这些贷款就与铁路债券绑定，而铁路债券是可以在欧洲出售的。换言之，大部分国外出资人购买的铁路债券将由负债累累的农民来偿还，其中许多人也是外国人。这笔外资使伊利诺伊中央铁路公司（Illinois Central）得以从伊利诺伊州南端向北延伸至五大湖，而无须承担在草原上修建铁路需要的高昂前期费用。[50]该计划效果显著，大批欧洲移民涌入该州草原各县，从事小麦种植。

但到了1852年11月，奴隶制抬头了，一个由南方国会议员组成的名为"街头混混F"（F Street Mess）的团体拦截了所有建议在西部草原修建铁路的提案。这些南方国会议员担心短时间内大量移民涌入北方各州将削弱各个蓄奴州的权力。此外，该团队里一名成员反对出让西部土地则是出于个人财务原因。1852年6月，参议员戴维·赖斯·艾奇逊（David Rice Atchison）提议了一项西部土地出让计划，用于修建铁路走廊，这条铁路走廊贯穿实行奴隶制的密苏里州的汉尼拔和圣约瑟夫，但在同年10月，"铁路大王"约翰·默里·福布斯夺取了该铁路走廊的控制权。[51]

奴隶主与草原铁路工程之间的问题，既是经济问题，也是政治问题。像伊利诺伊中央铁路公司的这种铁路土地出让吸引了移民者，并迅速发展起来；而同样的铁路在蓄奴区，如莫比尔和俄亥俄州，则不会出现这种情况。艾伯特·派克（Albert Pike）是阿肯色州的一名蓄奴派律师，他对铁路土地出让政策作出预测："从大陆另一端不断涌入的人口，将构成一条不断延伸的警戒线，把自由州从'自由'的土地上接连切割开来；这将赋予北方梦寐以求的国会选票，为他们的道路保驾护航，就像新埃及的尼罗河一样，为他们提供来自国库的援助，以及联邦政府的支持和鼓励。"[52]到了1852年11月，"街头混混F"利用他们在参、众两院的资历，阻挠了国会转让平原土地法案的通过，有效阻止了他们称为"腐败分子"的"铁路大王"。[53]

到了1853年1月，"街头混混 F"变本加厉，要求将内布拉斯加州这个自由州，分割成堪萨斯州和内布拉斯加州，且堪萨斯州要向奴隶主开放定居。阿伯拉尔·格思里（Abelard Guthrie）是维安多特印第安人中反奴隶制的代表，他在堪萨斯河上有自己的土地，当他为内布拉斯加州的地位寻求联邦资助时，"街头混混 F"中的一名成员直白地告诉他，"他宁愿看到内布拉斯加下地狱，也不会愿意投票支持这个州保持自由"。[54]1854—1859年，堪萨斯州奴隶主和非奴隶主之间的枪战拉开了美国内战的序幕。[55]

纽约、波士顿和费城的共和党商业新贵都非常清楚，为什么穿过蓄奴州密苏里州的铁路方案会惨遭失败。如我们所见，奴隶制造就了一个这样的社会，其中，中产阶级人数并不多，大多是些东部商品的经销商和消费者。贫穷的奴隶买不起那些布匹、剃刀、平板玻璃以及硬糖果。如果没有强大的中产阶级消费者，就没人在内陆地区开设商店销售东部的商品。纽约的百万富翁会嫉恨腰缠万贯的奴隶主，虽然这很讽刺，但这正是"铁路大王"与奴隶制之间存在的问题。自由土地党和共和党建立以来，虽然这些重要商人宣称奴隶制贬低了劳动力、奴隶和自由，使社会变得极度不平等，但他们痛恨奴隶制是因为经济原因，而非出于道德。[56]共和党演说家、爱荷华州人詹姆斯·格莱姆斯（James Grimes）认为，自由社区拥有"人口稠密、繁荣昌盛的村庄和城市"，但如果南方国会议员强制一些生产力很强的州，如内布拉斯加州实行奴隶制，那么西部将丧失发展的可能性。"难道要让毫不情愿白做工的苦力绝望而麻木地拖着他疲惫无力的双腿逃离这个州，让土地加速贫瘠并放任它荒芜下去吗？"[57]只要共和党人能帮上忙，这种事就不会发生。

　　和朱利叶斯·哈格迈斯特一样，共和党人将奴隶制视为小麦种植业的障碍。共和党人认为，截至19世纪中叶，奴隶制在南方已形成了封建寡头政治，该问题与俄罗斯帝国的农奴主问题一样严峻。奴隶主打压公立学校，限制言论自由，在蓄奴地区搞政治集权，同时限制了白人和黑人发展经济的机会。事实上，由于宪法相关条款 ① 规定，在计算代表权时，只算成年男性奴隶人口的3/5，许多南方州小麦种植者的投票权得到了加强。各蓄奴县拥有大量奴隶人口以及具有超高代表权的少数白人选民。[58]

　　共和党人反对南部地区不平等，背后有着非常强烈的经济动机。[59]在蓄奴州成立的铁路公司，无论是通过土地出让还是国家资助，都只能艰难盈利以向投资人支付欠款。1851年，孟菲斯和查尔斯顿的首席工程师查尔斯·F. M. 加内特（Charles F. M. Garnett）指出，一年内途径马萨诸塞州的乘客人数是该地区人口的5倍多。"为什么？"他问道，"为什么这里和马萨诸塞州差别如此大？"在表扬了佐治亚州一些因修建铁路而经济略有增长的城镇之后，他承认尽管经济增长可能会"东边不亮西边亮"，"南方可能有一些制度不太利于城镇的快速发展"。[60]

　　奴隶制与铁路公司，以及奴隶制与资本主义之间的紧张关系不仅仅体现在政治上。大多数南方铁路公司都面临着严峻的回程问题：火车满载着奴隶生产的主要农作物——棉花和香烟向东行驶，但是蓄奴州对五金、干货、制成品和进口商品的需求微乎其微。从东部返回西部的火车大部分是空的，这也就使从西部运往东部的商品价格翻了一番。南方铁路公司董事会将该问题称为回程问题，里士满、查尔斯顿和萨凡

---

① 美国1787年宪法规定，黑人的选举权按3/5的比例折算。——译者注

纳等南方城镇因此从未修建像波士顿、奥尔巴尼或纽约市那样数量繁多的交通通道。[61]

1860年，人口普查对土地持有情况的调查表明，在实行蓄奴制的南方，不平等问题非常严重。南北方自由家庭的土地持有价值均值和土地持有价值中位数之间的差距异常惊人。例如，在明尼苏达州，1860年土地的平均价值为871美元。因此，明尼苏达州所有的土地，如果由所有家庭平均分配，每个家庭就会得到价值871美元的宅基地。土地持有价值中位数为500美元，中位数与平均数接近，表明明尼苏达州的土地分配有个大中间带 ①。中产阶级是存在的。

我们再看看1861年仍属于联邦的所有州，包括新泽西州和纽约州等拥有数十万无地家庭的州，会发现土地持有价值的平均数与中位数之比为5.2∶1。中西部偏北的各州比值较小，最高是3.9∶1（伊利诺伊州），最低是1.7∶1（明尼苏达州）。在南部邦联，这一比例异常惊人，为10∶1。换言之，南部邦联的土地分配极不平等，中间带的白人家庭仅拥有平均土地价值的10%。在路易斯安那州，地产的平均价值高达5 258美元，中位数则为零。[62]

19世纪50年代，自由白人居民的土地分配模式极不平等，共和党人深知这一点，尽管当时国会中的南方奴隶主对具体数值提出过质疑。历史学家们往往将共和党对南方经济的批评视为子虚乌有。[63]纽约的共和党商业精英比我们更加关注土地、交通、生产率和铁路股票价格，对他们来说这个问题很好表达。不到9万名奴隶主就占有了南方绝大多数奴隶和大部分珍贵的土地。[64]由于南方百分之一的人掌握了如此巨额的财富，

---

① 即持有特别多土地和特别少土地的家庭都比较少。——译者注

所以除了新奥尔良、查尔斯顿和里士满，其他南方地区都不存在中产阶级消费者。南方奴隶制捍卫者一再指出，北方的无地人口多于南方。当然，这个观点的逻辑说得通，因为1770年后南方的人口比北方少。但商人与南方之间问题的关键在于，南方每英亩贫困白人的相对数量与北方人口的相对数量比较，大多数白人农民要么没有土地，要么土地太少，没有钱去消费，而商人们想要的正是消费者。

因此，内战虽然是围绕奴隶制问题展开的斗争，但是可以理解为一场关于资本主义与不平等问题的战争。南方地区当然也有资本积累，但奴隶制中的不平等问题极其严峻，以致奴隶制若向自由领土扩张，将对中西部草原上利润丰厚的铁路定居点造成生存威胁。

在中西部偏北地区建立运河和铁路系统为这些商人创造了巨大的财富，但铁路的成功依赖于稳定、平衡、有来有回的贸易，这不仅让他们获得原材料，而且让他们销售的产品有了一大批稳定的客流。像大卫·道斯这样的粮商发现，基础设施投资的稳定性可抵消商品价格涨跌引发的风暴。换言之，商人资本家的现代投资组合需要多样化，不仅包含大宗商品业，还包含粮食供应业、基础设施行业和保险业。19世纪50年代和60年代，自由定居者的生产和消费要比南方种植园的大农场更多，这才是行得通的模式。在19世纪50年代的一段短暂时间里，商业新贵发现他们的利益与自由劳动的家庭体系联系在了一起。他们想要的是缺鞋、缺帽、有中等规模农场的家庭，他们既准备好了出售商品，也准备好了购买商品。[65]为什么北方家庭和南方家庭的收入存在差距？在某种程度上，这反映了主要作物的差异。北方的运河和铁路向西扩建的前提是，种植粮食并将其运到港口城市以换取制成品和进口商品。如此一来，港口城市的食物会变得更加实惠，因为那里有面粉厂和面包作坊。小麦胚芽与干草混合，可以喂养马、猪，甚至牛，肉类因此更便宜。[66]为了养家糊口，无地工人往往定居在食物运输沿线的城市，尤其是那些租金较低的城市。[67]因此，中西部铁路会使纽约、费城和波士顿等东部港口城市火爆扩张。[68]

有人可能会认为，以家庭生产小麦、燕麦和玉米为基础的西部扩张，要求在种植粮食的西部各州建立更加平等的社会，同时会在消费粮食的东部各州造成更大的不平等。[69]纽约州和新泽西州的土地持有价值的平均值略高于2 000美元，而土地持有价值的中位值为0。在由港口主宰的各个州中，无产阶级占多数，部分是因为廉价食品的吸引，而这些食品有朝一日将会远销大西洋彼岸。

到了19世纪50年代，欧洲各大城市嗷嗷待哺，消耗了越来越多由俄罗斯帝国大草原上所产的麦子制成的面包。欧洲的港口城市迅速发展，成为积累财富的中心。敖德萨是始发港口，而伊斯坦布尔海峡则是未来的"压力阀"。英法意识到俄罗斯帝国垄断黑海周围麦地会对其造成威胁，因此，拼命阻止俄罗斯帝国控制为欧洲各城市供应粮食的这一"全球性阀门"。俄罗斯帝国小麦经马车运至敖德萨，经轮船穿过博斯普鲁斯海峡，经由欧洲的风车和水车变成面粉，在欧洲20多个大城市的10万个烤炉中发酵、变酸并烘焙成面包，最后到了数以百万计的欧洲仆人、士兵、妓女和银匠的肚子里，消化一空。这些聚集粮食的城市后来也成为资本的聚集地，包括小投资商的资本。这些城市拥有的资本之多，以致在附近投资都难以盈利，因此推动了国际金融业的发展，提高了对粮食生产国的投资。到了19世纪50年代末，欧洲各大城市的欧洲银行已经开始在世界各地寻找投资项目。

当俄罗斯沙皇试图控制所有运出黑海的粮食时，英法两大帝国对此进行了抵制。出于对俄罗斯帝国独家垄断的担心，英法后来才保护奥斯曼帝国免受"恶棍窃贼"尼古拉斯一世的侵害。[70]俄罗斯帝国经过旷日持久的战争，最后蒙羞惨败，沙皇之子亚历山大二世面临着自彼得大帝时代以来最严重的财政危机。内阁会议巧妙地将奄奄一息的金融工具——俄罗斯帝国土地银行转型为救助农奴主的机构，同时吝啬地将土地分配给农业劳工。英法联军利用蒸汽船和大炮，在试图阻止俄罗斯帝国占领伊斯坦布尔时，终结了其农奴制，尽管这完全是无心之举。这并不是资本主义者结束旧式奴役制的英勇努力，而是一场帝国之间靡费国帑的战争，旨在争夺通往小麦产地的"黑色之路"。这场斗争诱使俄罗斯帝国在战争中耗尽国力，接着打破奴役和束缚，以争取日后卷土重来。

资本主义与奴隶制之间的斗争在美国更为尖锐，虽然没有英勇的资本家冲锋陷阵，但是注定会彪炳史册。相反，"铁路大王"这一新出现的食利阶层发现南方奴隶制贵族阻碍了他们从铁路垄断中榨取财富的计划。他们梦想有一条低摩擦的铁路，连接粮食产地和港口，将小麦运到世界各地。但他们依然是另一种意义上的革命者。他们的自由雇佣意识形态的矛头直指蓄奴与土地不均等问题，这点足以震惊上议院的贵族败家子、法国的巴拿马主义骗子以及无能的波旁王朝。

俄罗斯帝国对欧洲口粮的垄断计划就像农奴制一样"寿终正寝"。西半球因不平等和强迫劳动问题而引发的冲突将改变全世界粮食的贸易路线。一旦美国南方脱离联邦，南部邦联的棉花被封锁，联邦内阁和国会就会知道，为了打击分裂势力，他们需要种植新的外汇作物。美国战争部的人意识到，如果美国的道路能够改造良好，能比乌克兰的丘马克更高效地运输小麦，他们也许就能把密歇根湖变成另一个黑海，把芝加哥变成另一个敖德萨，世界粮食的贸易路线就可能会再次发生改变。1863

年12月，彼得·H.沃森和大卫·道斯开发了一项新技术，即期货市场，可将燕麦和小麦送至驻扎在千里之外的军队。一个以小麦出口为基础的新格瓦斯帝国即将诞生。

微信扫码
◎ 对话本书作者
◎ 寻迹博弈细节
◎ 纵览历史变迁
◎ 探秘粮食暗战

第六章

『美洲谷神』

1861—1865 年

彼得·H.沃森高大健壮，蓄着红色的、像阿米什人一样的胡须，因为这些特点，他在1863年华盛顿特区的战争部①办公室里格外扎眼。在成为战争部助理部长之前，沃森是一家公司的律师，曾在1855年短暂雇用过亚伯拉罕·林肯解决专利纠纷。众所周知，沃森向来冷酷无情，他曾给收割机上的木头做旧，从而使其客户的产品看起来比实际的要旧得多。他还傲慢自大。据称，他曾斥责年轻的林肯为"来自西部荒野的一介樵夫"。然而，在内战开始时，他却竭尽全力摧毁南部邦联。沃森知道，最近战争部刚扩充，通风良好的办公室里挤满了为南方邦联军和承包商效命的间谍。这两群人都想知道联邦军的规模、部署和方位：南方邦联军负责阻击他们；当联邦军队陷入困境时，承包商就会向他们漫天要价。因此，出于安全考虑，沃森经常在火车上工作，沿着自己的和其他公司

---

① 美国战争部（United States Department of War）是一个已经废除的美国内阁部级单位，负责管辖美国陆军并维护其装备，直到1947年9月18日才分成美国陆军部和空军部。另外，还有一部分和海军部一起组成了"国家军事机构"（National Military Establishment），并于1949年改名为"美国国防部"。——译者注

注：约1863年，格兰特的"饼干补给线"将中西部粮食产区与查塔努加、谢尔曼"向大海进军"的路线，以及连接中西部粮食产区与大西洋海岸的四条干线连接起来。(凯特·布莱克默绘)

的铁路从一个地方辗转到另一个地方。他的大部分命令都是通过电报传送的，电报由他亲手交给他的副手或用密码传送。他作为最高级别官员，负责建立美国通往世界各地的长距离粮食贸易走廊，但由于他的保密工作滴水不漏，历史学家对他几乎一无所知。[1]

1863年底，如何给饥肠辘辘的马儿喂食成了亟待沃森解决的问题。战争部拥有20多万匹马。这些马分散在得克萨斯州、纽约州和佛罗里达州，但大多数驻扎在弗吉尼亚州亚历山大市、宾夕法尼亚州葛底斯堡的骑兵前哨站，或者陪伴在正实施进攻的联邦军身边，当时联邦军位于被包围的田纳西州查塔努加市 ①（Chattanooga）。[2]漫长的补给线从亚历山大的东部主仓库和印第安纳州杰斐逊维尔 ②（Jeffersonville）的西部主仓库开始，穿过南部邦联的领土，直抵全国各地数百个冬季军事营地。

占领查塔努加这个天然要塞是联邦军取得战争胜利的关键，而他们对此心有余而力不足。9月，当联邦军正在该战略要地休整时，却在查塔努加市以南的奇克莫加河（Chickamauga）惨遭失败 ③。联邦军将军威廉·罗斯克兰斯（William Rosecrans）意志消沉，被迫将指挥权交给了他的一位军团指挥官乔治·托马斯（George Thomas）。在查塔努加，

---

① 查塔努加市位于田纳西州东南部，四面环山，田纳西河穿城而过。——译者注

② 杰斐逊维尔为美国印第安纳州克拉克县的一个城市，是克拉克县县治所在地，坐落于俄亥俄河畔。——译者注

③ 奇克莫加之战是美国内战期间的一次战斗。联邦军将领罗斯克兰斯在占领田纳西州的查塔努加后，向东追击南部的布雷格军。1863年9月19日，两军在佐治亚州奇克莫加河岸对阵。20日，联邦军在右翼被击溃，其将领乔治·托马斯坚守左翼，避免了全军崩溃，之后全军退至查塔努加。参战双方的人员伤亡率均为28%。——译者注

被围困的联邦军队势力已经只剩几名军官。南部邦联军切断了进入该市的所有补给，迫使这些指挥官因饲料匮乏而放弃了数十匹马和骡子。一名二等兵曾这样形容这座空城："查塔努加城里空无一人，只有饿马上的肩带随风飘荡。"[3]沃森逮捕了美国军需部队（US Army's Quartermaster Corps）的两名腐败军官科林·弗格森（Colin Ferguson）和威廉·斯托达德（William Stoddard）及其同谋，可他担心如果补给所剩无几，查塔努加无法解围，那么联邦军将不得不彻底放弃查塔努加，甚至会输掉战争。[4]

弗格森和斯托达德的犯罪手段既复杂又巧妙。作为军需助理，斯托达德设计了一个骗局，他收到了按合约送到亚历山大仓库的干草，然后投诉货物不合格。他命士兵将这些遭投诉的干草倾倒在附近的码头，直到承包商派来的马车车夫离开。在斯托达德的批准下，弗格森随后将货物运回，用风选机对货物进行清理，重新打包，然后接收这批货物，并将运费支付给当地"承包商"弗朗西斯·罗兰（Francis Rowland），这位先生实际上是他的叔叔。另外，虽然弗格森、斯托达德后来都不承认，但是弗格森的确在草料中掺了假。由于干草价格低而燕麦价格高，弗格森会购买少量燕麦，将其与大量干草混合，假装是军队需要的干草和燕麦等比例混合的饲料，然后付钱给罗兰。要知道，马匹若以干草为主食会缺乏营养，变得弱不禁风。[5]

12月7日，沃森得知这起诈骗案的消息后，派出了他新组建的秘密警察部队，即国家侦探队（National Detectives），闯入弗格森和斯托达德的办公室。在那里，他们发现每名官员都藏匿了一个秘密保险箱，里面装着已签署的合约表格以及美元和美国债券，总价值超过86 000

美元。[6]取证和逮捕涉案人员花了一周多的时间,追回了逾17.5万美元。根据合约,战争部每月需订购250万蒲式耳燕麦来喂养联邦军的马匹,但在调查结束后,战争部没有履行合约。[7]运送燕麦的承包商目睹军队陷入窘境,此时他们开出的运费价格是上一年的2倍多。这位代理军需部长面临着一场危机。

沃森面临的难题并不新奇,自有战争起就有了这个问题:如何在敌人的地盘为我军人马提供补给。为了改革现有的承包制度,他手下的腐败官员们设计了漫长而脆弱的补给线,以运输马匹饲料、食物和其他物资。在此之前,情况一片混乱。从1861年4月叛乱爆发到1862年1月,在前战争部长西蒙·卡梅伦(Simon Cameron)的领导下,各州州长及其朋友借着相互重叠和相互矛盾的州级补给制度,经手了数百万美元,随后这些钱就"不翼而飞"了。[8]沃森正在战争部艰难实施改革之时,共和党主导的国会已经介入,试图通过立法制订自己的解决方案。1863年6月,国会建立起一个新型的全国远程集中采购系统。亚历山大仓库将为东部军队服务,路易斯维尔和邻近的杰斐逊维尔则为西部军队服务。相关人员需要宣誓投标,并签署一式五份的协议。如果平民承包商未能交付货物,就会面临军事法庭的审判。沃森利用1863年出台的法律起诉了弗格森、斯托达德及其承包商,但国会建立的严格集中的系统使得现有承包商入狱后,能够真正交付货物的投标人少之又少。[9]正如1768年苏丹在卡古尔的军队一样,查塔努加要塞的联邦军依赖着漫长而不稳定的补给线,敌人还控制着河流和道路。

凯瑟琳大帝成功发行了纸券,用以支付她与奥斯曼帝国战争的经费,而联邦军发行的纸币却让沃森感到头疼不已。1862年2月后,战争部用美国财政部的法定货币（Legal Tender Notes）——绿背美钞①（greenbacks）来购买补给物资。与战前银行发行的美元不同，这些绿背美钞没有黄金或白银储备作为支撑。所以，1美元绿背美钞仅能兑换35美分。因此，在战争期间，商品往往有两种报价方式：金币的低价以及绿背美钞的高价。此外，潜在承包商还面临另一个问题——时间。由于政府用绿背美钞偿还债务，如果在政府审计员批准购买时货币贬值，那么与政府签订合约可能会有亏损风险。更糟糕的是，1863年1月中旬之后，军需部长办公室不再向承包商支付支票，而是用"借据"（certificates of indebtedness）来支付，承包商可凭该证明在未来的非指定日期得到货款。[10]当然，如果联邦军在开票和付款之间的过渡期打赢了一两场重要的仗，绿背美钞的价值就会升高，承包商便可以从中获得暴利。[11]如此一来，间谍在战争部收集的情报便很有价值。燕麦价格与购买燕麦支付的票据价值的快速波动意味着与政府签订合约存在风险。1863年，愿意承担风险的承包商数量减少，补给品价格上涨。[12]

　　沃森知道，即便弗格森和斯托达德被捕，补给品的集中配送、对承包商的苛刻要求，以及模糊不清的付款方式都让人有机会密谋贪污腐败之事。当时全国只有十几个商人有能力出价购买10 000蒲式耳的燕麦，而要与政府签订合约，这个数目是标准。[13]正如军需助理塞缪尔·L. 布朗（Samuel L. Brown）上尉所说，"大量的人力和财力被投入到了掌管军队燕麦和玉米供应的工作中"。这十几个商人随后"要求提高粮食价格，

---

　　①　1861年7月，国会授权财政部发行一种活期的无息票据，可根据持票人的需求用金银赎回。由于其反面是绿色的，所以叫"绿背美钞"。根据1862年的《法定货币法案》，联邦政府开始发行可被用于支付公共和私人债务的纸币（关税除外），总额为4.5亿美元。——译者注

并且保持粮食价格持续上涨"。[14]因此，1863年12月，当弗格森、斯托达德和他们的承包商被捕并移送到旧国会大厦监狱（Old Capitol Prison）时，燕麦的市价上涨了2倍多，从每蒲式耳不到30美分涨到了每蒲式耳1美元以上，而军队的马匹每月仍然需要250万蒲式耳的燕麦。[15]

　　沃森为马匹和士兵（需要粮食的不仅仅是马匹）设置的长途补给线降低了军队的效率。联邦军的口粮体积大、分量重，几乎是法国士兵配给量的两倍。南部邦联军意识到联邦军的弱点在于补给线。在南部邦联军将军厄尔·范多恩（Earl Van Dorn）、内森·贝德福德·福里斯特（Nathan Bedford Forrest）、约瑟夫·惠勒（Joseph Wheeler）和约翰·亨特·摩根（John Hunt Morgan）的领导下，机动突击队时常破坏联邦军的仓库，在战争的头两年削弱了联邦军队的实力。补给问题使美国联邦将军格兰特围攻维克斯堡的行动计划推迟了数月。类似的突发事件也推迟了联邦将军威廉·罗斯克兰斯夺取查塔努加的初步计划。西部军队则更频繁地"抢粮"（forage），向当地民众强行征购所需物资来"喂马"。为了争夺粮食，联邦军不得不留在南方较富裕、生产力水平较高的地区，或靠近港口的、补给线防御能力良好的地方。若要穿越东田纳西州和北乔治亚州的贫困地区进行协同作战，则需要一条更稳定的长途补给线。[16]

　　为了削弱那十几个商人的垄断势力，以合理成本养活军队和马匹，沃森提出了一个解决方案，就此改写了国际粮食贸易史。凯瑟琳大帝利用纸券和汇票来实现远程补给，尼古拉斯一世通过增加卢布发行量来实现补给，而沃森则将汇票拆分成数百份小型、可强制执行的合约，每份合约代表1 000蒲式耳补给品。

　　1863年12月20日，沃森命令塞缪尔·布朗上尉前往纽约市百老汇113号的一座办公楼，那里离纽约农产品交易所只有几个街区。布朗在纽约的一个电报站安顿好之后，粮商大卫·道斯协助他向芝加哥期货交易所（Chicago Board of Trade）发送了一系列加密电报。[17]美国政府要求提交并最后批准了100多份燕麦合约，交货期为一个月。一周后，战争部向布朗发了一份50万美元的汇票，以履行这些合约。道斯随后指示他在芝加哥的代理人[可能是芝加哥商人纳撒尼尔·费尔班克（Nathaniel Fairbank）]将燕麦装上芝加哥码头的船只，穿越五大湖区，然后经水路运往亚历山大的陆军主要补给仓库和弗吉尼亚州门罗堡①（Fortress Monroe）的前方仓库。其他货物则运往印第安纳州的杰斐逊维尔，那里的军需部长获得授权，可根据需要签订临时合约，以养活在查塔努加和整个西部战区的马匹和骡子。[18]

从广义上来看，这个方案是符合美国国会规定的。1862年，美国国会规定了政府合同的详细条款，但同时也授权"在公共紧急情况下，需要进行公开采购或签订合同时"可暂不执行这些规定。[19]战争部助理部长和代理军需部长都证实当时的确处于"紧急情况"——马匹饿得半死、十几个商人垄断了补给线。就布朗而言，他意识到他的交易显然无法做到光明正大。他在报告中称，沃森命令他"买断"燕麦市场。[20]"买断"是一个中世纪出现的术语，意思是囤积商品，随后转售出去。100年前，买断商人、扒手、伪造犯和妓女都是受公众唾弃的对象。[21]但那天，布朗为了部队买断了补给品，他签订了100多份世界首批现代期货合约。无论是华盛顿特区附近火车车厢里的沃森，还是纽约电报站里的布朗上尉，都想不到在几十年内，在芝加哥转手几纸期货合约就能打乱各个帝

---

① 门罗堡位于美国弗吉尼亚半岛的老波因特康弗特，附近是汉普顿锚地和切塞皮克湾的河口。——译者注

国的秩序。

期货合约并不完全是新鲜事物。19世纪中叶时，远期合约早已存在，且已有几十年的历史。在合约中，当事人会商定好未来交货时间、指定货物价格和数量，其中部分流程已有几百年的历史。1859年，一位来自巴尔的摩、信誉良好的代销商萨基特（Sackett）与印第安纳州的农场主蒂勒（Tiller）先生签订了一份合约，并基于之前的销售情况，约定在收货季向前者供应253蒲式耳的本国小麦。萨基特向蒂勒支付这笔货物的现金预付款，这笔钱可以用于购买更多土地、种子和其他必需品，也可以用来购买收割设备。接着，该合约可能会出售给面粉厂运营商或经纪人，甚至会被再次出售给其他经纪人。根据手头的合约证明，银行当然会贷款给萨基特。蒂勒和萨基特的合约可能会经四五个人之手，而知道即将发生小麦荒的投机商可能会花更高的价格来购买合约。如果价格下跌，投机商可能会很快将合约出售给其他人。几个月后，最后一轮销售将在巴尔的摩进行，萨基特会得到5%的佣金。最后一位买家将在萨基特旁边检查样品或整个包装。蒂勒先生的名字会出现在合约上，萨基特先生的名字也会出现在粮袋上。在转交合约给新买家时，合约持有人应在合约背面完成背书。最后一位买家在巴尔的摩收到粮食后，萨基特会扣除佣金、现金预付款和运费，向蒂勒支付合约金额。

但军队的期货合约呈现了新的特点：交货月份是固定的；各方为担保合约而支付固定百分比的"保证金"（margin）；质量需经第三方检验且符合标准；数量需符合（或低于）标准数量（100蒲式耳或1 000蒲式耳），数量确定后"合约"就会达成；由第三方仲裁机构（芝加哥期货交易所）收取保证金；若买方或卖方毁约，仲裁人有权依法惩罚毁约方。

伊利诺伊州的一项章程确保了董事会的仲裁委员会有权管理这些合约。最严厉的制裁是从贸易委员会除名。[22]

虽然蒂勒和萨基特的远期合约具备其中的某些特征，但需要在1864—1865年针对整套合约（1864年，芝加哥期货交易所首次称其为"时间合约"）制定新的规则。[23]内战结束后，蒙特利尔、利物浦、纽约和伦敦的商人立即注意到芝加哥期货合约既别出心裁又令人费解，是匪夷所思而又独具特色的美国式银行业务，吸引了资本家来投资远距离食品贸易。[24]其他城市的商人花了十多年时间才淘汰了旧的"远期"合约（人们仅依据样品来买卖大批货物），并享受了严格的芝加哥期货合约规定带来的好处。[25]最终，纽约农产品交易所（1874年）和利物浦谷物交易所（Liverpool Corn Exchange，1883年）也采用了芝加哥的谷物交易规则。[26]1884年，大英帝国为孟加拉、马德拉斯①（Madras）和孟买制定了期货合约，这些合约实际上就是芝加哥合约的复制品。[27]

对沃森来说，期货市场的一个关键优势是买卖双方可匿名进行交易，因此便能掩盖军队面临的困境。芝加哥期货交易所从买家和卖家那里获得保证金，并按照自己的标准来确定交易的等级。相比之下，在蒂勒与萨基特的远期合约中，买方必须确定萨基特是个可靠的农民兼合法的经销商，并且合约的双方都必须执行合约。[28]期货合约属于"自动执行"，因此，没有必要判断对方交易伙伴的信誉。在期货合约中，唯一的变量是日期和价格。

经济学家准确指出，期货市场的运作方式与银行相似，是粮食或其

---

　　① 马德拉斯是印度东南部的港口城市。——译者注

他商品的"银行"。对于那些参与粮食交易的人来说,期货合约能带来"便利收益率"①(Convenience Yield)与银行账户余额相当,而与蒂勒和萨基特的合约不同,这种期货合约可立即在流动性市场上出售。期货市场也会为大宗商品的价格波动采取保护措施:蒂勒可以卖出两三份商品数量为100蒲式耳的期货合约,以保护自己免受价格下跌的影响;面粉厂可以购买期货合约,以防范价格上涨带来的影响。针对100蒲式耳这种相对增量较小的合约,通过解读所有可能影响未来价格的消息,资产较少的投机商可以押注涨跌。买卖双方数量的增加提高了市场流动性,根据新古典经济学理论,这可以防止价格剧烈波动,从而改善每个人的生活。[29]

交易所的历史表明,到1863年12月时,仅有美国军队以这种方式购买粮食。不过,此后几年,更多人加入其中。[30]起初是一系列临时的秘密电报,这些电报挽救了陷入绝境、运作着千里补给线的联邦军,最终它们变成了一个契机,供人们猜测未来粮食的供需情况。期货合约具备的显著特点催生了新型交易方法,包括现在所说的宽跨式套利(strangling)和双限(collaring)等。[31]这些方法使价格上涨时利润增加成为可能,而且押注于波动,或押注于适度的上涨,同时防范下跌。

期货起源于电报通信,这意味着期货市场最根本的特征是压缩了交货的成本。19世纪50年代以前,信息传递和商品运输的速度大致相同。随着电报的发展(如布朗使用的电报),买卖双方可在货物到达之前谈妥价格。但谈判和交货之间的时间差损害了佣金商②的利益,他们往往

---

① 便利收益率是指持有资产的非货币收入。——译者注

② 佣金商是指对产品具有控制力并参与交易谈判的代理商。——译者注

是购买货物并将其存放在仓库中以备将来出售，这一过程会把相当大的成本转嫁给买方。同样重要的是，任何长途运输的商品（如粮食），其最终价格都包括样品检验费用、仓库租金、装卸费、损耗、保险费用以及商户自身10%—40%的毛利。但是，如果价格谈判可以在交货之前进行，则轮船或随后的火车车厢都可充当仓库，以便预先安排买方在货物到达之日接收货物。[32]

那十几个向军队出售燕麦时漫天要价的商人似乎不能如愿以偿了，但粮食贸易线上可能影响市场的因素依然存在。当然，控制住大型粮仓仍然很重要。精明的经营者能抓住高价卖出合约，涉及的总量比他囤积的粮食还要多，等到价格下跌时再悄悄买回。[33]"人力与财力"的问题促使沃森说服芝加哥期货交易所制定了一系列相同的标准化合约。此后，任何一个拥有足够仓单（warehouse receipts）的店主或小型买家手上都有一个筒仓粮食的合约，价格稍微上涨时，他们可能会出售这份合约。十几个商人在市场上的势力也许更引人注目，因而更容易被摧毁，但单个大买家或大卖家对于市场上的其他人来说是隐形的。

如果没有战争本身带来的粮食贸易路线的重大变化，将会对国际贸易产生持久影响的这个期货市场将无法发挥其影响力。战争带来的第一个重大变化是1861—1863年南部邦联军封锁了密西西比河，这彻底改变了美国的贸易模式。南部邦联军在新奥尔良、维克斯堡和孟菲斯的防御工事切断了粮食产地伊利诺伊州、印第安纳州、俄亥俄州与南方市场的联系，以及粮食通过新奥尔良进入国际市场的路线。这种封锁最初迫使大部分粮食贸易向五大湖区转移，因此，1859—1862年，布法罗接收的粮食数量增加了2倍。[34]

战争初期，封锁密西西比河的最大受益者是一家垄断企业，它是一家受制于战争部的铁路公司。就在战争前，宾夕法尼亚州参议员西蒙·卡梅伦收购了连接马里兰州和宾夕法尼亚州的北方中央铁路（Northern Central Railroad）。当卡梅伦被林肯总统任命为战争部长时，他将北方中央铁路收归宾夕法尼亚铁路公司（Pennsylvania Railroad）的掌控之下，届时宾夕法尼亚铁路可以从华盛顿一直延伸到密歇根湖。卡梅伦物色了他的第一任助理部长（沃森的前任）：宾夕法尼亚铁路公司副总裁托马斯·A.斯科特（Thomas A. Scott）。作为战争部助理部长，斯科特规定了运送部队和物资的费用；作为宾夕法尼亚铁路公司的副总裁，他收取了这些费用。在重组的宾夕法尼亚铁路公司的努力下，一条铁路干线很快从亚历山大延伸到俄亥俄州、印第安纳州和伊利诺伊州的麦田。

随后，更多的腐败案件相继发生。国会调查报告称，托马斯·斯科特犯下了多起明目张胆的诈骗案，数百万美元不翼而飞，国会和宾夕法尼亚州立法机构对他提出了指控。[35]丑闻发生后，林肯任命彼得·H.沃森担任新一届战争部长。然而，沃森拒绝了这个低薪的政府职位，并推荐了自己的得力助手、律师兼政治家埃德温·M.斯坦顿。沃森劝说斯坦顿，成为战争部长对于他这样的爱国人士是一种责任。斯坦顿上任几个月后，对沃森说了同样的话，请求沃森取代腐败分子斯科特来担任他的助手。沃森勉强接受了。[36]

沃森的第一项任务是打破斯科特对沿海地区铁路运输的垄断。[37]斯坦顿说服国会授予总统权力，以便在战争需要时控制铁路。1862年2月下旬，战争部长与存在竞争关系的各铁路公司的高层举行了一次会议，会上提出了一项计划，即发展和合并中西部与东部之间处于竞争关系的铁路，并为军事运输提供折扣。

　　总统战时的管理方式就是"胡萝卜加大棒"[①]。铁路公司应根据要求在公开运费价格的基础上给予政府50%的折扣，否则将面临被行政查封的风险。作为回报，他们得到了战争部对合并管理、规范标准和共享车厢的授权。制度制定者无视了所有州和地方的法律，这些法律25年来阻碍了中西部和东部沿海的州际合并。到1863年，四条延长线路在合并管理下得到了扩张，它们分别是：伊利铁路、宾夕法尼亚铁路、纽约中心铁路以及巴尔的摩和俄亥俄铁路。这些铁路扩张后，很快将中西部的产粮州与东部港口连接起来。[38]即便到1873年，人们去纽约市一般还是通过湖泊和运河。

　　纽约中央铁路公司的科尔内留斯·范德比尔特（Cornelius Vanderbilt）、宾夕法尼亚铁路公司的埃德加·汤姆森（Edgar Thomson）和俄亥俄铁路公司的约翰·加勒特（John Garrett）被誉为内战后修建州际铁路的功臣。但是军队的行进能力早在战争期间就已显现出来。实际上，彼得·沃森、斯坦顿和道斯是"铁路大王"的代表，他们在林肯当选以及随后的南方分裂时开始掌权。沃森既是建设者又是革命者。1837年，他还是个孩子的时候，便与父亲伦纳德（Leonard）参与了加拿大叛乱（Upper Canada Rebellion），共同反抗与王室结盟的托利党人。王室官员将他父亲关进了监狱，并扬言要绞死他的父亲。当托利党人派歹徒突袭他们家时，沃森在邻居的掩护下逃往了纽约州北部。

　　沃森在华盛顿接受了教育。1854年，作为一名专利律师，他成为 J. H. 曼尼（J. H. Manny）公司的首席法律顾问，该公司生产小麦收割设备。

---

　　① "胡萝卜加大棒"是一种奖励与惩罚并存的激励政策，是指运用奖励和惩罚两种手段诱使人们按要求行事。——译者注

不久后，J. H. 曼尼公司就面临一个持有专利的对家的诉讼。第二年，沃森聘请了埃德温·M.斯坦顿和亚伯拉罕·林肯协助他处理这一专利大案。当时沃森年近40岁，自高自大、粗鲁蛮横，一见到林肯就立即否定了他。在与林肯共事几个月来处理这起案件后，沃森才改变了对他的看法，并建议斯坦顿继续聘用这位年轻的共和党律师。从一定程度上来说，多亏沃森的影响和关照，林肯才很快成为一名成功的铁路行业律师。彼得·沃森是林肯走上总统之路的幕后领路人。[39]

铁路大亨、粮商及他们的代表——雄心勃勃的律师，这三大群体联系紧密，并因共和党而团结在一起。他们的力量不容置疑。从加利福尼亚州到芝加哥，从纽约到宾夕法尼亚州，共和党中最富有的支持者多是商人、铁路工人以及他们的律师。正是在沃森的协助下，总统利用权力合并了跨越各州的铁路，塞缪尔·L.布朗走进纽约电报局，国际贸易史得以改写。

1863年，联邦军的便携式口粮并不是自动出现在军营中的。在内战的前两年，联邦军的行动遭遇重创。在乔治·麦克莱伦（George McClellan）领导的半岛战役（Peninsular Campaign）中，10万多名士兵抵达弗吉尼亚半岛，这是美国军队有史以来规模最大的两栖登陆行动。[40]军队有一台用于发布命令的印刷机，近15 000匹马，以及1 200多辆马车，用于运送家具、食品和装备。[41]这支庞大的军队行动异常缓慢，以至于花了3个多月的时间才在半岛上前进了40英里。许多军事史学家都曾反复分析，麦克莱伦的战役之所以失败，在很大程度上是因为他的部队行动能力太弱。南方邦联军行动、侦察速度比联邦军更快，这使联邦军围攻里士满的计划屡屡受挫。其中一个关键问题是联邦军使用的补给列车运转不灵。

1863年中，正当沃森的联邦政府支持修建的东西铁路走廊初具雏形时，陆军总司令部将每班8名士兵重组为一支"飞行纵队"，这多少有点效仿法国的模式。士兵配备的是重量较轻的背包，而不是背囊。按照要求，毯子或大衣他们只能带一样，另外，要随身携带步枪和60发子弹，以及足够吃8天的腌肉、饼干、大米和水。大多数士兵还携带了炊具。[42]随着小麦和玉米等商品运抵路易斯维尔和亚历山大，除了包装好的蔬菜和肉类外，联邦军需部长还可将这些口粮集中打包，以便在8天行军途中没有补给时用来充饥。[43]

在加快口粮运送速度方面，杰斐逊维尔、路易斯维尔和亚历山大还有一个重要优势：他们能利用自由黑人的廉价劳动力。随着奴隶越过联邦军的防线实现了自我解放，这些城市在战争期间急速发展。起初在西部战区，在格兰特将军的领导下，联邦政府回收了此前废弃的土地，然后将其再次出租给自由民，以安抚补给线周围地区的人们。[44]此外，数以万计的自由民成为卡车司机、铁路轨道工和临时工。[45]他们修建并重建了从路易斯维尔向南延伸到南方邦联核心地带的设防铁路走廊。

1863年10月，格兰特在查塔努加整编西部军队时，发现有大量的自由民可用作劳动力，他可以集中精力建设他所谓的"饼干补给线"（crackerline），以确保他的士兵和马匹不会挨饿。为了加强和保卫从纳什维尔外的中央火车站到查塔努加前沿基地的每寸河流和铁路，格兰特依靠林肯授予的至高无上的权力来没收、改造和重组联邦军经过的每一条南方铁路。为此，1863年中，美国军用铁路公司（US Military Railroad）强征8 000名自由民，以拆除并重建路易斯维尔和列克星敦铁路（Lexington Railroad）上的轨道[46]，亚历山大和路易斯维尔仓库的货物才得以深入南方邦联，给邦联军提供源源不断的补给。[47]

但这只是开始。1863年9月14日，铁路公司经理兼工程师丹尼尔·麦卡勒姆（Daniel McCallum）被任命为联邦铁路负责人，获得了联邦政府拥有的所有铁路以及南方邦联所有铁路建设和重建的主导权。[48]1864年初，共有1.2万名正式员工在美国陆军运输部工作，负责监督维护和常规操作。还有6 000人在施工部工作，负责勘测、建造和重建被邦联军队摧毁的轨道。这些部门重新铺设了所有南部铁路，轨道符合标准轨距，即56.25英寸①（约140.63厘米），并在之前交通中断的城镇之间修建了铁路。[49]待到战争结束时，这些铁路总长度达2 105英里。[50]

1863年10月，纽约新闻记者L. A. 亨德里克斯（L. A. Hendricks）将军队对铁路走廊的实质性合并②描述为内战中"本该被载入史册的篇章"。"铁路，"他写道，"是军队的肠道；铁路是军队获取食物和营养、得以生存的通道；有了铁路，军队得以生存、前进、形成规模；切断铁路，军队就会完蛋。"[51]亨德里克斯指出，亚历山大仓库占地200英亩，纳什维尔和杰斐逊维尔的仓库则规模相当。截至1863年，纳什维尔仓库拥有500万份配给口粮，每天向联邦军士兵、难民以及为部队和铁路走廊工作的自由民提供30万份配给口粮。西部军需部长亨利·克莱·西蒙兹（Henry Clay Symonds）宣称，他在纳什维尔也"经营着一家饼干店，每天需400桶面粉；一家面包店，每天需150桶面粉；一家士兵休息室，每天需1—5 000份饭菜（有一次提供了15 000份饭菜）；三家猪肉店，每

_____

① 1英寸≈2.5厘米

② 实质性合并是企业的合并，即将多个关联企业视为一个单一企业，在统一财产分配与债务清偿的基础上进行破产重整或清算程序，所有企业同类债权人的清偿率原则上相同，各企业的法人人格在破产程序中不再独立。——译者注

家每天打包约1 000头猪；一家罐头厂，每天生产6 000加仑①（约22 800升）罐头，每天接收约1 000头牛"，此外，"还为21家医院的两万名病人提供服务"。[52]

1863年12月，西蒙兹已经拥有了一条安全且供应充足的铁路走廊，这条走廊从杰斐逊维尔—路易斯维尔补给站延伸到查塔努加的前沿补给站，再从查塔努加前沿补给站延伸到西部战区的联邦军队。类似的还有从亚历山大的补给站延伸到弗吉尼亚州北部的前沿补给站的线路。在这些"饼干补给线"完工后，威廉·特库姆塞·谢尔曼（William Tecumseh Sherman）将军那众人皆知的"向大海进军"计划才可能得以实现（该计划预计在1864年11月至12月期间实施）。[53]虽然许多军事历史学家和教科书认为是谢尔曼切断了士兵的补给线，他们因此不得不靠土地生活，但事实上，在整个"向大海进军"的计划和穿越卡罗来纳州的战役中，他的士兵都得到了双倍口粮。[54]

本章开头展示的是从杰斐逊维尔—路易斯维尔的主要仓库到查塔努加的路线。从布里奇波特（Bridgeport）到查塔努加的铁路路线于1863年中被南方邦联军切断，直到同年10月人们才利用汽船和浮桥对铁路进行了修复。格兰特将这条短线称为他的"饼干补给线"，我用这个名称来指代整个联邦的补给路线。

要喂饱联邦军忍饥挨饿的马匹，需要整合各种情况：堵塞的密西西比河，组织严密的铁路大亨团队，南部1%的敌人，以及新型军事物流模式。这些因素加在一起，使沃森得以给马匹运送成吨的燕麦，接着给查塔努加的士兵运送大量的小麦。这点很重要，它使联邦军获胜成为可能。

---

① 1加仑 ≈ 3.8升

拥有集中仓库系统的期货市场在联邦军的东部和西部战区均拥有统一的指挥权，这使西部的谢尔曼和东部的格兰特得以包围、消灭并最终吞并南方邦联军。美国北部的水上东西航线、供应货物的期货市场以及延伸至南部内陆的铁路走廊，最终使联邦军能喂饱士兵和马匹，从而大大提高军事单位的机动性。

战争结束后，商人和铁路公司董事会将继承联邦军的基础设施。从政治的角度来看，他们的当务之急就是要建设为世界各地供应货物的民用物流通道。[55]加利福尼亚州和弗吉尼亚州的商人和铁路公司董事会已对便携式硝化甘油进行了试验，可将其用于山体爆破、开通隧道，以及为铁路开辟通往深水港的通道。彼时，作为开办伊利铁路公司的一分子，彼得·H. 沃森已经"飞黄腾达"，成了伊利铁路公司的总裁。

1873年，纽约州参议员罗斯科·康克林（Roscoe Conkling）在蒙特利尔贸易委员会（Montreal Board of Trade）进行演讲。在隐晦地提及联邦军在内战中的成功后，他强调了对美国未来的最大担忧。他有个兄弟是纽约的一名粮商，因此，他对相关数据了如指掌。

在我们大陆的各个水域之间，有一座粮仓，盛放着全世界的粮食……我们有一个2 000英里（约3 220千米）长、1 400英里（约2 254千米）宽的盆地，那里生长的粮食、饲养的牛群，加上英属北美生产的粮食和牲畜，足以养活所有基督教国家……现在，鉴于俄罗斯帝国为大不列颠供应粮食，我们满腹狐疑地讨论着与俄罗斯帝国摇摆不定的贸易差额。为什么？因为把1蒲式耳小麦从芝加哥运到大西洋海岸我们需要花30美分。俄罗斯帝国可以以同样低廉的价格做到这一点，且该价格已经包括生产成本。你们，还有我如何改变这一切？在圣劳伦斯河上找一条路线，或通过其他任何渠道，只要能以15美分1蒲式耳的运费到达沿海地区即可。

如此一来，俄罗斯帝国就不能再在世界市场上争论不休……一场无情的叛乱使我们欠下了大笔债务，给国家和人民增加了负担，好在我们坚定而勇敢地走出了这个困境。只要我们能知道，如何将西方的粮食以低成本运输到纽约港，我们的债务就不值一提了。由此可见，降低运输成本的确是当前我们要考虑的最重要的问题。[56]

换句话说，如果粮食运输成本下降，那么当时的美国可能会威胁到俄罗斯帝国作为世界粮食中心的地位。

康克林在发言时，并没有意识到他的梦想正在成为现实。到1873年，一条"廉价"的铁路已经存在，这条铁路可将"全世界的粮食"从中西部通过纽约运到欧洲的内陆港口。事实上，美国正在彻底挑战"与俄罗斯帝国摇摆不定的贸易差额"，所有苦难都将烟消云散。

第七章

繁荣阶段

1866 年

很快，一些欧洲城市开始利用炸药把城市修建成粮食集散地（gullets），以便收集和加工美国小麦，用来养活欧洲工人。从1866年开始，一条模仿联邦军运输走廊建成的普鲁士物流通道，很快将小麦输入安特卫普。四年后，借助这条通道，普鲁士吞并了阿尔萨斯 – 洛林（Alsace-Lorraine），击败法国并统一了德意志帝国。1866年后，美国和欧洲的水域上航行着数以万计的粮船，这些船上的粮食将由四家粮食贸易公司支配。要知道为什么会发生这样的变化，我们可以考虑一下巴拿马港口这一看似不太可能的选项——位于中美洲 ① 的巴拿马港口出现了一些端倪，表明廉价食品将引发乱局。

1866年4月2日上午7点，"欧洲人"号轮船（SS European）向南驶入有木结构港口的繁荣小镇科隆（Colón），这个小镇位于巴拿马地峡（Isthmus of Panama）上的新格拉纳达（New Granada）。轮船从汉堡和利物浦出发，停靠在巴拿马铁路公司（Panama Railway Company）经营的

① 中美洲是指美国以南、哥伦比亚以北的美洲大陆中部地区，东临加勒比海，西濒太平洋，也是连接南美洲和北美洲的狭长陆地。——译者注

400英尺长的码头上。巴拿马铁路公司首先卸下了当地的货物。第二天早上，铁路职员、装卸工和铁路工人在镇上的地标建筑之一 ——巴拿马铁路公司的石板和石头筑的棚里等待着来自西海岸的火车。然而，进站列车晚点了。预计火车即将到达，装卸工便开始卸载国际货物。他们把数百个木箱从轮船上转移到棚里。火车到达并装载货物后，从棚子向南驶出，穿过巴拿马地峡，在太平洋码头卸货，驶往旧金山和其他太平洋港口的轮船在那里等待它们的到来。但是这一天，一切都没有按计划进行。

那天早上7点左右，船上有一个箱子掉了下来。几秒钟后，小镇南部的职员和港口官员听到了巨大的轰隆声，随后开始躲避"欧洲人"号爆炸后四处飞射的铁块。船上的金属支架向四方射出，在码头上砸出一个200英尺的圆坑，并撞坏了货棚的柱子。在爆炸中心，弹片朝着四面八方射出数百英尺。一瞬间，货棚的石板屋顶坍塌，压死了20多名工人。两名铁路职员迅速跑到已经变弯但没有断裂的门框下，幸免于难。爆炸非常猛烈，一英里外一座教堂的窗户都被震碎了。一位目击者称爆炸声"像西奈半岛的雷声一样可怕"，他说的是《圣经》中上帝命令摩西和以色列人接受十诫的故事。[1]

几分钟后，英国皇家邮政公司（Royal Mail）的"塔玛"号（Tamar）轮船试图将冒烟的"欧洲人"号残骸从一片狼藉的码头上拖离，但破损的船体再次爆炸，导致"欧洲人"号的残骸沉入利蒙湾（Gulf of Limón），海水淹没了烟囱。一名记者哀叹道，"到处都能看到残缺不全的尸体或尸体碎片"。事实证明，确定伤亡人数是不可能的，因为大部分尸体都已落入水中，用一名利物浦记者的话说，它们"很快就被鲨鱼叼走了"。那一周，在旧金山和纽约以及中央太平洋铁路轨道上都发生了类似的事件，每起爆炸都神秘、迅速而猛烈，在强大的冲击力下，数百英尺外的旁观者都会被遇难者的骨头碎片划伤。[2]

　　爆炸的起因是硝化甘油。硝化甘油被倒入锌管，装进盒子里，用蜡密封起来，并小心地存放在装有锯末的木箱中。这些箱子被运往旧金山外的内华达山脉（Nevada）实施控制爆破①。如果用足够大的力量摇动这样的一根管子，管子可在几微秒内释放275 000个大气压的氮气。相比之下，最好的火药的膨胀速度只是硝化甘油炸药的1/1 000，而且冲击力只有其1/50。[3]然而在1866年，人们对这门科学知之甚少。1866年3月，在俄罗斯帝国接受过训练的工程师阿尔弗雷德·诺贝尔（Alfred Nobel）和他的助手在汉堡郊外的板条箱上小心地贴上了封条，他们那时还未考虑到硝化甘油会渐渐泄漏。只要一茶匙硝化甘油泄露出来，汇聚成一小摊液体，在高温和猛烈撞击的情况下都可能引发一场小型爆炸。如果爆炸发生在离箱子较近的地方，小型爆炸产生的力量便足以导致所有的锌管立即爆炸。[4]1866年4月，硝化甘油（尽管还不太稳定）的到来重塑了现代世界。一位爆破手称，"诺贝尔……向我们展示了，如何束缚并引导曾经看似过于强大而无法控制的洪荒之力"。[5]

　　这些装着硝化甘油的木箱注定从根本上改变人类与地壳的关系——地壳是我们生存的岩态行星的最外层。硝化甘油与泥土混合后变得稳定②，这种方式于1867年获得了炸药专利，开启了化学家、历史学家瓦茨拉夫·斯米尔（Vaclav Smil）所谓的"跳跃式"进化，这是人类与自然

---

　　① 指通过一定的技术措施严格控制爆炸能量和爆破规模，使爆破的声响、震动、飞石、倾倒方向、破坏区域以及破碎物的散坍范围在规定限度以内的爆破方法。——译者注

　　② 诺贝尔发现泥土吸收了硝化甘油后也相对稳定，进而深入研究，因此发明了用硅藻土吸收硝化甘油的这种既有威力又安全可控的新型炸药，后被命名为"达纳炸药"，又称"黄色炸药"。——译者注

界关系的一次飞跃。1867—1914年，人类对生物、物理和化学世界的理解相互促进，由此产生了瓦茨拉夫·斯米尔所谓的"协同时代"（Age of Synergy）。这个时代有许多发现，包括对植物呼吸的认识以及元素周期表的发明等，这些发现使人类开发了许多新技术。即使到了21世纪，这些技术也是现代生活的基础，抗菌药物的作用机制、食品的长期保存，特别是合成肥料的生产，使人类得以从生物圈中获取更多的食物。这些发现将终结因物质条件有限而引发的饥荒，转而使我们这个时代的人类饱受肥胖的困扰。[6]在化学领域，很少有发明像完善的便携式炸药这样，对人类生活影响如此深刻，带来如此大的繁荣。

人类可以利用硝化甘油爆炸时产生的近275 000个大气压的力量，粉碎页岩、石灰石或板岩中的分子键，这些键由行星和星际的作用力产生，这种作用力在每平方英寸上有数百万磅（1磅 ≈ 0.45千克）。土木工程师本能地想到，这种新型炸药可以在全世界的山脉上炸出山洞，在岩石上炸出通道，从而建造穿越山脉的铁路隧道，并将内陆沿河城镇变成海港。安特卫普、鹿特丹和阿姆斯特丹等小城市将成为这个星球的大门户。在科隆事故发生后的五年里，承包商在水下引爆了数千个装着硝化甘油的容器。这些工程增加了港口水深，缩短了港口之间的距离并对粮食运输路线进行了彻底重组，对国际贸易产生了巨大影响。

诸多粮食进口城市很快成为美国廉价粮食的接收地和集中地。与伦敦隔着英吉利海峡遥遥相望的安特卫普，几个世纪前曾辉煌一时。在16世纪的大部分时间里，这座港口城市一直是西欧的贸易中心。斯海尔德河（Scheldt River）沿岸的码头聚集着英国羊毛、西班牙从美洲运来的白银、印度胡椒和加勒比白糖，是查理五世（Charles V）的西班牙帝国帆船的停靠港和补给站。当时安特卫普有10万多居民，是欧洲最富有的地方之一，鲁本斯 [①]（Rubens）和彼得·布鲁格尔 [②]（Pieter Bruegel）在此进行艺术创作时曾受到资助。[7]

但西班牙、法国和荷兰帝国之间的宗教战争和帝国竞争使安特卫普惨遭不幸，在此后的3个世纪里成为战利品和战场。经过16世纪和18世纪的多次围攻，安特卫普当地的人口减少了一半。这座城市陷入了困境。在拿破仑战争期间（1792—1815），拿破仑·波拿巴利用安特卫普建立了一支旨在摧毁大英帝国的舰队。由于安特卫普正好与伦敦隔着英吉利海峡，被拿破仑称为"一把抵在英格兰头上的手枪"。[8]拿破仑战败后，维也纳会议 [③]（Congress of Vienna）上的欧洲盟国认为，安特卫普这把"手枪"太重要了，不能让任何一个陆地帝国得到。安特卫普及其附近的腹地（其食物来源地和制品目的地）将脱离荷兰，成为一个名为"比利时"的独立国家。荷兰随后封锁了安特卫普的深水港口，设置了物理屏障和高额关税，以阻止其他武装力量进入，包括西班牙、法国和德国。但1846年后，由于致病疫霉降低了关税，安特卫普计划对城市进行第三次重建。19世纪60年代，安特卫普成为美国廉价粮食入侵的起点。[9]

安特卫普的商人比大多数人更了解廉价粮食是如何改变欧洲的。美国内战结束后，安特卫普商会（Antwerp Chamber of Commerce）利用诺贝尔的新型炸药拓宽了斯海尔德河并将其开凿成运河，随后，拆除了历史悠久的城墙，修建了一个近3英里长的码头。安特卫普成为一个大型海

---

① 鲁本斯（1577—1640）是佛兰德斯画家，是欧洲第一个巴洛克风格的画家，其绘画具有巴洛克艺术的壮丽风格，是巴洛克画派创始人之一。——译者注

② 彼得·布鲁格尔（1525—1569）是荷兰和佛兰德斯文艺复兴时期最重要的艺术家之一，他的作品以风景画和风俗画而闻名。——译者注

③ 维也纳会议（1814—1815）是在拿破仑战争之后召开的改组欧洲的会议。——译者注

洋港口，足以为来自世界各地的深海船只提供服务。用帕尔乌斯的话说：
"这个大城市，脱掉了国家这个外壳，成为世界市场的中心。"[10]安特卫
普成了一个消费密集型城市。数世纪以来，来自腹地的农产品，如面粉、
牛奶、鸡蛋和奶酪都运至该市，以换取来自美洲的热带商品。然而，在
致病疫霉暴发之前，安特卫普的食品价格仍高于农村地区。高昂的过路
费或罗得岛州立法者所谓的"团队合作"，使有马或马车的农民不得不在
运送粮食时走坎坷崎岖的道路，粮食与城市的距离每增加1英里，粮价都
会随之上涨。高昂的食品价格自然限制了城市的发展，减少了城市中的
工作岗位，使那些想要进城工作的移民望而却步。

　　到了19世纪60年代，随着奴隶制和农奴制的终结，美国开始出口世
界上最廉价的商品粮，贸易差额因此发生了变化。为了储存大量的廉价
小麦，安特卫普的商人开始租用小型的宽底驳船存放来不及碾磨的余粮。
这些驳船在斯海尔德河上一停就是数月或数年，许多传统粮商因此大为
恼火。安特卫普的驳船不仅比仓库便宜，而且粮食装在驳船上，方便大
型轮船或帆船快速卸载数百吨小麦和面粉后，在再次出发前快速找到新
的货物。驳船大大缩短了装卸时间，安特卫普因此成为粮船停靠的首选
目的地，在粮食价格较低时更是如此。河流和蜿蜒的运河使安特卫普得
以从水路深入法国和德国的"心脏地带"。[11]

　　来自安特卫普的新一轮竞争促使荷兰政府建造了自己的"安特卫
普"。荷兰斥资300多万荷兰盾①（1 200多万元人民币）炸毁了"荷兰
角港"②（Hook of Holland），将内陆城市鹿特丹变成了一个可停靠轮船

---

①　1荷兰盾≈4元人民币。——译者注
②　荷兰角港为荷兰西部的城镇，濒临北海，位于新水道运河北岸。——译者注

的港口城市。1871年，这条航线开通后，鹿特丹（与莱茵河沿岸嗷嗷待哺的德国城市近在咫尺）开始与安特卫普争夺欧洲大陆最大粮食贸易港的地位。[12]

硝化甘油将城市改造成巨大的粮食集中地，其功劳再怎么高估也不为过。海运费用最多只有陆路运费的1/30，像安特卫普这样的内陆城市，因为建造了深水港，其腹地远远扩张到了欧洲边界之外，腹地面积增加了30倍。对城市贸易委员会来说，港口建设是大势所趋。有了深水港，城市工匠、批发商和工厂就可以集中商品，将其销往另一个更大的市场。他们可以借此压低小城市和小企业的开价。廉价食品推动了小国比利时的工业化，使荷兰商人更接近于大西洋市场的中心。[13]1870—1900年，欧洲城市的粮食价格下跌约40%，这是有史以来粮价下跌持续最长的时期。[14]

对于接收粮食的港口来说，这种廉价粮在所谓的"最后一英里"运输成本更低，因此其优势进一步得到增强。在中世纪，"最后一英里"这个表达指的是旅程的结束或死亡的到来。20世纪70年代开始，军火供应商和贝尔实验室的工程师重新定义了这个词。在试图将运输成本降至最低时，他们确定了商品运输的"最后一英里"为耗时最长、成本最高的一段路程。无论是送电、送水还是送面包，"最后一英里"消耗的成本占商品送到消费者手中消耗的总成本的80%。"最后一英里"的成本五花八门又不可避免，包括店面租金、送货费、通信费和开具发票的费用等。整个过程需要人力资源、谈判协商以及结算账单。因为"最后一英里"的成本过高，美国农村地区在19世纪最晚用上电话，在20世纪最晚用上电力，在21世纪最晚用上宽带互联网，是美国最晚启用这些设施的地区。[15]

如果粮食交付的"最后一英里"包括研磨和烘焙，那么你手中一块面包的价格将是制作这个面包所需粮食价格的100倍以上。然而，由于"最后一英里"在很大程度上决定了商品价格，因此降低漫长供应链末端的成本是意义深远的——用便宜的麦子制作便宜的面包，在深水港地区更是如此。19世纪50年代，伦敦市内一个4磅重的面包平均售价为8.5便士，但到了1905年，售价仅为5便士多一点。[16]对于伦敦、利物浦、安特卫普和鹿特丹等新一批消费密集型城市来说，"最后一英里"的消费者能享受到面包的最低价。几个世纪以来，工薪阶层仅购买食品就花费了一半工资，1868年后，港口城市的廉价食品成为工人无法抗拒的选择。爱尔兰和苏格兰的家庭纷纷搬到了利物浦和伦敦，安特卫普吸引了来自比利时、荷兰、法国和德国农村的码头工人。与美国中型城市相比，19世纪30年代至50年代在美国铁路的作用下，纽约、费城和巴尔的摩等美国港口城市的规模激增，因此，这些受益于自由贸易、通过控制爆炸建造的欧洲港口开始比其他欧洲城市发展得更为迅猛。1846年，安特卫普的人口仅有88 000多人；到1900年，其人口达到了273 000人。[17]美国的粮船将安特卫普带入了国际市场。

随着所谓的粮食前向关联的爆发式发展，这些新兴城市也开始消化粮食。安特卫普码头附近的鲁汶修建了4座面粉厂，这些面粉厂生产的面粉比莱茵河沿岸的风力和水力磨坊生产的更便宜。[18]在一定程度上，由于面包师人手不足，欧洲城市很快开始想方设法来应对廉价粮食的流通。1873年，来自斯图加特（Stuttgart，位于莱茵河畔，是安特卫普的经济腹地之一）的一名工程师为了加快"最后一英里"面包的交付，申请了"揉面机"专利。这台机器对面包制作中最费力的步骤进行了改进：酵母菌在湿润的面团中扩散，最后将面团分解。这个改进使城市里的面包师及其学徒能够在一天内生产出更多的面包。[19]

"最后一英里"的另一个成本是烤箱，其次是大批量面包的烘烤。如果使用带有蒸汽管道、窄加热元件和活动板（移动板）的机械烤箱，一小群工人在一个多小时内平均能烤出100个面包。1883年，比利时社会党[①]首次购买"博尔贝克"（Borbeck）烤箱，这是一个名为乌鲁特（Vooruit，意为前进）的消费者合作社的核心设备。该设备降低了从商品到餐桌耗费的劳动成本：合作社可为工人提供廉价食品，为罢工工人提供食物，甚至将剩余食物用于资助社会主义报社。合作社认识到一起分面包吃能产生动力，策划了"面包运动"，因此，团结了以往互生嫌隙的手工业工会。[20]

1864—1884年，由于美国廉价小麦的流入，安特卫普的贸易额增长了6倍。[21]在海运方面，该市从1860年的无足轻重到1880年成为欧洲大陆最繁忙的港口。[22]

跨国运输粮食使安特卫普成为一个粮食集散地，一个可以为欧洲大部分地区消化和再出口粮食的城市。安特卫普面粉厂厂长在港口附近成立了面粉厂，以购买廉价的外国小麦。粮食磨成白面后剩下的所有残渣，称为糠或麦麸，可以喂猪和牛。安特卫普和莱茵河及其支流沿线的农民用犁换猪圈，用田地换牧场，用植物换动物，成了养猪人和养牛人。比利时的猪和牛充当了廉价美国饲料的"流动再加工厂"。不到10年时间，比利时因生产的商品廉价、耐储存而在欧洲远近闻名，部分商品的美国血统被掩盖在比利时食草动物的肉中。欧洲工人开始消费以前只有富人才能吃到的食物，包括黄油、熏肉、奶酪和巧克力。伦敦、利物浦、鹿

---

①　1879年1月在比利时布鲁塞尔、根特、安特卫普等地的社会主义小组联合成立的全国性政党。——译者注

特丹和汉堡郊区的农村居民也是如此。来自美国的粮食经过分解，养活了欧洲的牲畜，数百万欧洲工人在不知不觉中食用了这些牲畜的肉。

　　帕尔乌斯认为，这些粮食集散地重新对欧洲的阶级进行了划分。在粮食贸易港口城市，庞大的贸易和服务阶级发展起来；在城市之外，莱茵河沿岸邻近工厂的城镇，消耗粮食的工人阶级逐渐壮大。经济学家将这种现象称为"工业化"，就好像工厂诞生于工厂，但粮食行业的人知道，突然涌入的廉价"卡路里"在运输走廊流转（这些运输走廊把廉价的食物带到安特卫普的海港），其结果就是机械化普及。运河和铁路将粮食和动物制品运至人口密集的地区，如阿尔萨斯－洛林、威斯特伐利亚[①]（Westphalia）和莱茵地区。一些地方原材料丰富、食物便宜，火车或轮船可以把食物运来并把制成品运走，工业因此而诞生。最令德国和法国地主不安的是，廉价的美国粮食有可能使欧洲农村的土地租金下降。1866年的爆炸事件是一场意外，但硝化甘油对连接粮食种植者与消费者的"黑色之路"造成的长期影响在短短几年内给欧洲农业带来了危机。[23]

　　致病疫霉和后来诞生的炸药使食物源头更接近欧洲的人口中心。通常情况下，快速的技术变革（如廉价运输工具和廉价食品的出现）会带来大量收益，但对于欧洲的许多粮商来说，规则变化得太快了。几个世纪以来，商人会把粮食储存放在港口城市，指望将来价格上涨。其他拥有帆船且在敖德萨有人脉的人可以购买粮食，并坚信会额外获得约20%

────────────

　　① 威斯特伐利亚，又名"西伐利亚"，是德意志西北部的历史地区，相当于德意志联邦共和国北莱茵－威斯特伐利亚州全部及下萨克森与黑森两州部分地区（加上前利珀邦）。——译者注

的收益。私人资本家和商业银行允许买家签发6个月的汇票来购买敖德萨的粮食，最后的款项在粮食到达时结算。[24]自中世纪晚期以来，私人汇票一直是西方世界资本主义贸易网络的基础。然而，就在人们利用硝化甘油来拓宽世界各地的港口时，半年期汇票的支付方式已成明日黄花。

自热那亚时代以来，半年期汇票的支付方式一直支撑着远洋航行贸易，有两个因素共同终结了它，一个是水下电报，另一个是苏伊士运河。200年以来，咖啡、棉花和糖等主要农产品的交付依赖于长期融资，而长期融资则依赖于知名商人组成的俱乐部。这些商人或租用整条船或只租船的一部分，他们握握手就能完成1万磅糖的交易，在私人商业交易所，如伦敦波罗的海交易所，买卖也是如此进行。这些人彼此之间非常熟悉。俱乐部成员在世界各大洋都拥有船只，知道彼此商品或船只的优势，还可以依靠交易所本身来淘汰掉骗子。例如，进入波罗的海交易所，需要花费10 000英镑或更多入场费。在欧洲大陆的马赛、阿姆斯特丹、汉堡和敖德萨也有类似的交易所。交易双方握握手，买入的交易员会派人到附近的银行借取10 000英镑或更多的汇票，以便满足卖家在任意城市付款的需求。据了解，使用汇票依靠的是商人在银行的地位，但也代表着咖啡、糖或小麦从一个港口运到另一个港口。如果商人违约，那些潜在的商品就是担保，货物将属于最后一个将汇票带到银行的人。最后的汇票持有人在违约时会有所损失，但不是损失全部。这些期限为6个月和9个月的汇票在1600年之前（甚至在此之前的几个世纪）就已经消耗了伦敦的大部分流通资本。[25]

在美国内战期间，伦敦货币市场的可用信贷增加了1倍，部分原因是，一旦美国南方的棉花被封锁，兰开夏郡①的纺织品制造商就能坐拥贸易商所谓的"大量的闲置资本"。因此，伦敦的银行在英格兰银行投票，要求降低标准利率。银行家明白，在这样的艰难时期，高利率会使借款人望而却步，并迫使黄金进入银行，最后什么也赚不到。但是，为了利用货币市场的低利率，伦敦的奥弗伦 – 格尼公司（Overend, Gurney & Company）策划了一个方案，用"阴险"的方法算计这个市场。据交易员称，这就是所谓的"猪与培根汇票"。

"猪与培根汇票"是一种假汇票，通常用来进行可疑的投资。奥弗伦 – 格尼公司向自己公司的其他分支机构发行半年期汇票，然后将这些汇票以小幅折扣出售给其他银行。这些看似和普通汇票一样的票据，并不代表任何流动的商品。银行是在向自己借钱（类似于用猪换培根），实际上并没有运输商品。当旧票据到期时，公司便将其换成新票据。这个过程类似于在一张低息信用卡上积累负债，然后每隔几个月把余额转移到一张新卡上。奥弗伦 – 格尼公司擅长交际，依赖于俱乐部对远距离贸易市场的信任，这种信任支撑了几个世纪的商品交易。奥弗伦 – 格尼公司利用廉价的短期信贷借了数百万英镑，购买了基本从未运营过的骗子公司的股份，大都会铁路公司（Metropolitan Railway）和大西洋皇家邮政公司（Atlantic Royal Mail Packet Company）就是其中两个例子。真实的铁路和邮政公司往往拥有特定贸易通道的垄断权，它们害怕这样的骗子公司，无论这些公司的成立资料看起来多可疑，它们都会买下这些公司，以防止它们运营。骗子公司在被收购和注销前几天，股价会从1便士涨到1英镑。奥弗伦 – 格尼公司通过出售这些骗子公司的股票获得了巨

①　英格兰西北部之州。——译者注

额利润，随后便继续寻找新的机会来创建假公司。美国内战结束一年后，跨大西洋电报工程完工。交易员缩短了他们的账户交易期，旧汇票变得越来越不必要，利率也短暂上升。奥弗伦－格尼公司有数百万英镑的商业票据在流通，却无法支付其巨额债务，最终破产了。[26]

在此后的10周里，汇票的利率从4%增加到10%，增加了1倍多。这导致至少6家主要银行倒闭，其中，许多银行一直在从事同样的业务。1866年，奥弗伦－格尼公司倒闭，22家从事国际贸易贴现汇票业务的跨国银行也相继倒闭。据经济学家徐辰子[①]（Chenzi Xu）估计，奥弗伦－格尼公司崩盘造成英国海外商业信贷损失约12%，阻碍了众多进出口关系几十年来的发展。[27]

半年期汇票支付方式曾使大宗商品得以在世界各地流通，而硝化甘油则使这种支付方式加速走向下坡路。硝化甘油带来的最大变化是修建苏伊士运河，它开辟了印度洋和地中海之间的一条路线，该路线绕过了非洲南端的好望角。[28]1869年，苏伊士运河修建完工后，乘坐轮船从伦敦到加尔各答的时间从6个月缩短到不到30天。[29]这段可连续乘船的路线也可以取代陆上丝绸之路以及要在埃及换船的两段式客运路线。

苏伊士运河以这种方式打破了传统的商业路线，从根本上改变了国际航线的时间和距离。1869年，当苏伊士运河正式通航时，非洲之角[②]（Horn of Africa）取代南非成为欧亚之间世界贸易的海洋走廊。奥斯曼帝

---

① 美国华裔经济学家，现为斯坦福大学助理教授。——译者注

② 非洲之角，有时按照其地理位置，又称"东北非洲"。非洲之角位于非洲东北部，是东非的一个半岛，在亚丁湾南岸，向东伸入阿拉伯海数百千米。它是非洲大陆最东的地区，非洲大陆最东端的哈丰角也位于该地区。——译者注

国对黑海东部港口的管控大幅减少，而奥斯曼帝国控制的非洲之角对欧洲和亚洲之间的贸易突然变得极其重要。欧洲列强并不想增强奥斯曼帝国的实力以抵抗俄罗斯帝国的扩张，而更想削弱他们对重要的红海贸易路线的垄断。

苏伊士运河对美国粮食贸易产生了惊人的影响。最重要的是，帆船无法借风穿过狭窄的苏伊士运河。一些超大型的帆船（东印度帆船、黑壁护卫舰和大型商用帆船）曾是茶叶和香料贸易的主要运载船。根据英国人查尔斯·马尼亚克（Charles Magniac）的说法，苏伊士运河的修建"实际上毁掉了"这些帆船，使其200万英镑的运载容量失去用武之地。[30]

马尼亚克的观点过于武断。苏伊士运河并没有阻拦四桅和五桅帆船。1869年，因蒸汽船可通过苏伊士运河，茶叶和香料贸易转而使用蒸汽船运输，但蒸汽船无法主宰大西洋贸易。对于长距离航行，直到19世纪末都是帆船的效率更高。19世纪60年代，一艘以煤作为动力来源的蒸汽船，每天至少消耗100吨煤，每吨煤的成本为15美元。蒸汽船上的煤炭约占一艘大西洋贸易船重量的一半，发动机则占了船只总体积的一半。[31]随着煤炭消失在锅炉中，蒸汽船不得不停船取水以维持船速和稳定性。相比之下，帆船的成本更低，航程更长。直到20世纪20年代，人们依旧使用帆船来将煤炭运往岛上的装煤站。

粮食适合用大西洋帆船运输，粮食的高密度使帆船能在穿越深海时保持稳定。虽然苏伊士运河建成后，欧亚之间不再需要数百万磅载运量的帆船，但对大西洋和太平洋粮食贸易来说，速度并不是那么重要，因此需要这样的帆船。虽然粮食可以通过蒸汽动力工具来运输，但是美国铁路公司修建蒸汽运输路线的尝试屡屡受挫，因为蒸汽运输在长途运输中的使用效率低下，而未充分利用的帆船则有成本低的竞争优势。1850—1874年，英国蒸汽船的吨位增加了10倍，从19万吨增加到200万吨，但同期帆船吨位反从400万吨增加至近550万吨。[32]

为什么速度对粮船不重要？ 1866年，海底电报设备完工并平稳运行，与帆船运粮的方式完美互补；水下电报与期货合约配合使用，的确改变了货物的订购和付款方式。正如沃尔特·白芝浩[①]（Walter Bagehot）所说，"电报使经销商和消费者能够根据不同的需求精确地调整商品的数量"。粮商可在纽约订购粮食，或在抵达前将其出售，或让船长等船停靠在马恩岛[②]（Isle of Man），再确定粮食是销往赫尔、利物浦、伦敦、安特卫普还是鹿特丹。

然而，对于伦敦商人来说，更令人烦恼的是，一旦粮食得以流通，粮仓在物价高昂的城市就变得多余了。如果粮食价格下跌，粮食可能会停留在芝加哥、明尼阿波利斯[③]（Minneapolis）和密尔沃基[④]（Milwaukee）等供应城市等待出售。在海上"漂浮"的运往欧洲的数千蒲式耳的粮食，也可能在运输途中被订购。正如战时辛辛那提[⑤]的小麦和燕麦交易商可能会被联邦军使用的期货市场和电报订单击败一样，从事大宗生意的粮

---

① 英国著名的经济学家、政治社会学家和公法学家。——译者注

② 马恩岛是位于英格兰与爱尔兰间的海上岛屿，距离两国都只有50千米。——译者注

③ 明尼阿波利斯是美国明尼苏达州最大城市，位于该州东南部，横跨密西西比河。——译者注

④ 密尔沃基是威斯康星州最大城市和湖港，位于密歇根湖西岸。——译者注

⑤ 辛辛那提是美国中部俄亥俄州西南端的一个工商业城市，被誉为"西方皇后"，有俄亥俄河河港，运河连通伊利湖。——译者注

商可能无视英国交易商，使用电报在芝加哥交易所（Chicago Exchange）订购10万蒲式耳粮食，并在同一天将其售出，以在伦敦或利物浦进行远期交货。在同一天买卖商品有效消除了价格变化的风险。1866—1873年，由于粮食数量大幅增加，粮食贸易的"利润"（粮商买卖价格之间的差额）从20%下降到1%—2%。对于贸易商来说，这意味着没有必要为了产品6个月或9个月的流通期而借款。已经出售了所购粮食的资深粮商更无须再借款。[33]

在海上"漂浮"的大量粮食不仅使城市变成了"粮食泵"，还改变了战争规则。年纪轻轻又雄心勃勃的普鲁士军官对小麦的贸易情况了如指掌，并希望军队能借助铁路更快速地行动。内战期间，美国借助铁路和轮船将无数的小麦和燕麦运到军队前线附近的仓库，这使他们印象深刻。联邦军在印第安纳州杰弗逊维尔等河港修建了内陆仓库，以支持威廉·特库姆塞·谢尔曼的"向大海进军"等陆上快速战役的粮食供应。普鲁士军事专家派军官到美国搜集情报。联邦军队在美国南部使用铁路时掌握了一些经验教训，丹尼尔·麦卡勒姆将军就此发布了一份最终版报告，普鲁士军队立即翻译了这份报告。普鲁士的数十篇技术论文（其中，许多是绝密的）都是在麦卡勒姆发布他的报告之后发表的。普鲁士军队1866年修建了一个工地轻便铁路部门（Field Railway Section），就是模仿了联邦军的军用铁路建设兵团（Military Railroad Construction Corps）。美国的铁路建设兵团雇用的工兵大多是手持斧头的非洲裔美国人，而普鲁士军队的铁路部门雇用的则是携带步枪的德国青年。在1866年与奥地利的短暂战争中，这些德国青年迅速抵达奥地利，占领了其火车站，掠夺了他们能找到的所有发动机和汽车，削弱了奥地利对于德国入侵的防御能力。

虽然普鲁士人在与奥地利的短暂战争中取得了胜利，但实际上普鲁士军队无法利用他们夺取的奥地利火车来向部队运送食物，部分原因在于他们无法操作火车引擎。[34]普鲁士人重新审视了美国的计划。1869年8月10日，一项普鲁士皇家法令决定建立独立的铁路部队（Eisenbahntruppen）。这些部队更像联邦军的铁路建设兵团，部队拥有建筑工程师、工兵、铁路工人和后备助手，他们负责修建和摧毁轨道，并操作俘获的火车来运送士兵和物资。[35]处理好了铁路的问题，帝国就能大步前进了。普鲁士军官借用法语中的"阶段"一词，建立了他们所谓的"多段式补给制度"（Etappen System）。经协调的多段式"路线"每隔80—120英里就有"补给站"，从战场延伸到司令部（Kommandanturen），即位于柏林零英里标记处的指挥总部。每个分段的"补给站"都有委任官员、带仓库的火车站、交通协调员和电报站。[36]

1870年，考验普鲁士对联邦运输体系升级效果的机会来了，普鲁士与法国之间的著名战争，即"普法战争"爆发，该战争于1871年结束。德意志帝国首相奥托·冯·俾斯麦（Otto von Bismarck）通过煽动法国皇帝宣战，开启了这场战争。普鲁士的军队采用多段式补给制度，动员速度更快，行动也更快。法国军队主要利用由国家控制的铁路系统来集结军队，但补给情况一塌糊涂。可怕的是，法国交通一片混乱，士兵经过长途跋涉到达他们的部队，却发现制服、武器和食物都没有送到。当两军在边境附近相遇时，全副武装、补给充足的德意志部队面对的是人数不及其1/4的法国军队。法国军队很快就被击败，撤退到了有防御功能的塞丹古堡（Sedan）中。[37]

普鲁士司令官有一句众所周知的名言："与敌人首次交锋后，计划肯定要更改。"到1866年，运输行业已经彻底改变，内部补给线并不是总能正常进行。1870年，当普鲁士军队进驻法国时，不得不修改其多段式补给制度。虽然普鲁士在东部有食物，但军队对食物的需求超过了对所有其他物资的需求，两者比例接近100∶1。由于粮食和军队朝同一方向前进，食物和饲料在前往补给站的路上被耽搁了。肉类和面粉到达通往法国的铁路沿线火车站时，都已经变质了。德国入侵法国，有可能重现克里米亚战争时英法两国面临的补给问题。

但1866年后，各个大洋似乎与以往有所不同。几周后，思维敏捷的德国将军就违抗了命令，他们没有等待德国粮食沿着补给路线从东边运来，而是预订了数十万吨美国粮食从西边中立的安特卫普运来。1870年，从安特卫普进口的粮食总量几乎翻倍；1871年，又增至原来的3倍。[38]进口粮食从安特卫普经莱茵河上游的运河运到离法国最近的补给站，在那里被制成面包，然后面包沿着普鲁士军队的铁路补给走廊被运送到部队。[39]普鲁士军队的食物补给来源与谢尔曼军队的食物来源相同，都来自伊利诺伊州。考虑到海运运费仅仅是陆路马车运费的1/30，将伊利诺伊州的粮食运送到巴黎之外的德国士兵手中，与送到查塔努加境内的联邦士兵手中相比，成本可能只高出少许。

简而言之，普鲁士军队已经开始依赖国际粮食通道来赢得战争，普鲁士人对此深恶痛绝，因为这使粮商对他们的军事胜利变得至关重要。冯·戈尔茨（von Goltz）男爵回忆道："好几个师的军粮供应商都派出了他们的代理人。他们纷纷涌向同一地点……因此，国家自己引狼入室……大城镇中最豪华的酒店也因此挤满了陌生人……签订合同的过程中遇到的重重障碍，以及为了保证合同合理执行遇到的相关难题自不必赘述。"[40]

普鲁士需要外国粮食来打一场战争，大家对此都有目共睹。那些没有头衔的人，原本因为他们的名字中没有"von"而不为人知，可他们了解德国军队的分配制度。没有哪位德国官员能命令这些在豪华酒店里轻松快活的粮商提高工作效率。随着成千上万的船只通过海路运送粮食，战争局势已然发生了变化。补给线往往位于帝国外部，内部补给线不再是军队最有效的食物补给通道。此外，军队胜败的消息决定了其食物的价格。海上有粮使法国、英国、意大利、德国和比利时军队入侵其他地方的可能性变大，因为它们不必过分担忧找不着当地供应商，或需要使用造价昂贵、燃料效率低下的战舰来供应粮食。从某种程度上来说，多亏了美国的粮食，欧洲帝国才能对于1866年后帝国主义的未来胸有成竹。

不过，外国粮食不仅降低了入侵沿海国家的难度，也加大了各国被入侵的风险。粮食接收港（伦敦波罗的海交易所、利物浦的谷物交易所、勒阿弗尔和马赛的交易所）宽敞的交易大厅中都有"新闻编辑中心"，它们紧跟每支军队的步伐，采集欧洲各国的消息。贸易商通过电报接收最新消息，这远比报纸或总参谋部的消息要早。粮食交易所记录下了诸多风云变幻——风暴袭来、革命爆发、士兵补给受延误、战争失败、干旱发生，也记录下了这些事件造成的物价飙升。

虽然这些交易商对冯·戈尔茨来说是无名小卒，但他们无所不知。他们根据军队的成败进行交易，在粮食到达港口之前买卖成船的粮食。战争激活了粮食贸易，而粮食的缺乏可能会阻止战争发生。欧洲各个城市在同一交易所与军队展开竞争。城市依赖于最新消息和国际市场来确保食物供应，因此，帝国和士兵都受到谴责。这就是粮商知道的世界，即普鲁士军队鄙视的世界。伦敦波罗的海交易所、柏林交易所和敖德萨的布尔扎（burzha）也收到了许多类似的报纸和杂志。几个世纪以来，这里一直是世界多语言新闻中心、真正的权力中心、世界的神经。在未来几年，普鲁士人将急需粮食贸易方面的人才，尽管这让军官们感到非常恼火。

当普鲁士的军队依靠国际粮食交易所来养活自己时，加固后的粮食走廊成了他们最大的优势之一。这些新建的外部补给线可以说比任何地方都重要，此处讨论的是从安特卫普到前线的补给线。1870年，法国北部就像1863年的东田纳西州一样，普鲁士军队在每一英里的轨道上都驻扎了军事连队，并将当地名人要员安置在补给列车上，以阻止游击队的袭击。[41]安特卫普码头的粮食走廊稳固后，普鲁士军队得以快速阻断了法兰西帝国在阿尔萨斯－洛林的东部边缘部分。路易·拿破仑投降后，俾斯麦要求法国交出法国部分的新补给走廊，该走廊延伸到他新建立的德意志帝国。由安特卫普供粮的阿尔萨斯－洛林将成为德意志帝国最重要的工业中心之一。有了粮食，只要新成立的德意志帝国能养活居住在莱茵河沿岸嗷嗷待哺的工业工人，它就有希望成为以牺牲法国为代价的伟大工业强国。

跨大西洋电报与美国期货市场结合，降低了利物浦、伦敦、安特卫普和阿姆斯特丹港口对仓库的需求，虽然这控制了美国和欧洲价格之间的差距，但没有完全消除风险。事实上，这有利于使粮食贸易集中在少数粮商手中。在大多数主要收货港口设有办事处的公司可根据多个市场的预测价格使用加密通信协调采购。无数的障碍可能会使粗心之人落入陷阱。例如，利物浦和安特卫普的买家接受美国托运人的评级标准，但伦敦市场要求向独立董事会提交样本。如果存在等级下降的风险，则需要投保专门的保险。安特卫普合同与伦敦合同略有不同，而伦敦合同与阿姆斯特丹合同则有天壤之别。合同涉及多种语言，如有纠纷，则需要多个国际法庭来裁决。因此，虽然利润率下降，交易量会增加，但是相对而言，很少有公司能同时了解多个市场的详细情况，并靠着薄利发展起来。在旧市场瓦解以及新市场拒入的过程中，少数公司占了上风。[42]

一个新的国际粮商集团，利用大西洋两岸贸易规范的差异，控制着长途粮食贸易中距离最长、货物量最大以及最有利可图的运输业务。他们利用美国期货市场进行采购，然后在伦敦或阿姆斯特丹凭样品出售。这些粮商成为世界上最重要的粮食贸易家族：洛桑的安德烈（André）、安特卫普的邦吉（Bunge）、纽约市的大陆谷物（Continental）、明尼阿波利斯的嘉吉（Cargill）和巴黎的路易达孚（Louis Dreyfus），即如今的 A、B、C、D 四大粮商。[43]除个别公司外，这些公司依然是世界上发展最繁荣的（多为私营）公司，由世界上最富有的家庭经营。

A、B、C、D 四大粮商很快就把握了世界贸易的脉搏。邦吉、大陆谷物和达孚在安特卫普的"粮食漏斗"附近开始了莱茵河上的发展，但它们在敖德萨也有仓库，为来自俄罗斯草原的粮食提供信贷服务。[44]鉴于农民文盲、铁路匮乏之类的问题，农民和仓库之间往往需要两个或两个以上的中间人来回奔波。这些中间人大多是犹太人，在1860年亚历山大二世的农民改革中，他们被赶出了邮递市场且不允许运营邮政公司。由于不是贵族，这些当地商人几乎无法出入银行，而是依赖于邦吉和达孚仓库的信贷服务，他们通过这种方式在内陆农场预支资金用于购买粮食。根据犹太律师和社论家伊利亚·奥桑奇（Ilya Orshansy）的说法，"傲慢自负又懒惰无能的土地所有者对犹太商人的鄙视深入骨髓，但没有这些犹太商人，他们做买卖时又寸步难行"。大多数内陆犹太粮商与航运公司相似，尽管因为没有期货市场，他们无法应对价格的大幅下跌。他们如果预付了太多资金，且商品价格下跌，那么可能不得不向土地所有者贷款，或者试图利用法院完成破产程序。希腊商人曾经因控制着从敖德萨到利沃诺再到利物浦的粮食供应链，于1791—1861年发家致富，却最终发现自己被要价过高的仓库运货商和与内地农场联系更为紧密的犹太商人踢出局。[45]

　　就这样，利用硝化甘油进行的地形改造、通信技术带来的巨大变化、数千艘未得到充分利用的帆船的突然出现，以及薄利多销的机会，使一代新贵脱颖而出。19世纪70年代至20世纪70年代，A、B、C、D四大粮商主导但从未控制过大西洋的粮食贸易。记者丹·摩根（Dan Morgan）称，为了有效运作，他们"在全球各地运营情报机构——从不公布任何消息的私人新闻机构"。[46]他们投资发展了经济学家所谓的粮食的前向和后向关联产业：仓储业、精炼厂和加工厂。如果粮食价格发生轻微变化，他们就可能失去一切，也可能会大赚一笔，因此，他们投入了数百万美元用于收集信息。相比之下，欧洲帝国领导人则望尘莫及，而且往往对他们获得的少量信息反应过度。由于军队打仗将越来越依赖于大洋彼岸的粮食，利物浦、安特卫普、纽约和敖德萨的粮食交易新闻编辑中心的新闻比伦敦、圣彼得堡、柏林、维也纳和巴黎等帝国首都来得更快。这使各个帝国变得偏执多疑、草木皆兵。

第八章

怎么办

1866—1871 年

　　在古代世界，高昂的粮食成本引发着人们对于世界末日的联想。即便19世纪50年代之后粮食更为富足，大西洋两岸停满粮船，激进分子和反动派还是不可避免地反复重申、修改和反思末日预言。代表饥荒和物价飞涨的黑马什么时候会引出代表死亡的灰马？ 1866年后，新一批的末日政治运动（其中有一些规模极小）开始尝试利用手枪和硝化甘油来分裂帝国。为了应对这些"恐怖主义"运动的威胁，帝国领导人纷纷投资秘密机构来调查这些小型阴谋组织。与此同时，新一批经济理论，包括对马克思主义理论的修正，尝试从数学的角度预测1846年后大量农产品涌入欧洲的原因和极限。1871年，巴黎的一场革命使共产党员与其他社会民主党党员分裂开来，也促使秘密机构投入时间和精力来消灭这些激进团体，寻找可能会威胁帝国和结束帝国统治的力量。社会主义者和共产党员都不是恐怖分子，但这些秘密机构的逐渐渗透迫使社会主义运动采取应对措施，包括加强实力、巡查边界和揪出各个帝国安插在他们中间的特务。

　　在科隆发生硝化甘油爆炸的同一天，25岁的大学生德米特里·卡拉科佐夫[①]（Dmitry Karakozov）踏入了沙皇亚历山大二世在彼得格勒的夏宫花园[②]（Summer Garden）。当时正值下午，沙皇在公园里散步。卡拉科佐夫着红色普通衬衫，伪装成农民，衬衫里面其实是贵族子弟穿的细白亚麻服饰。显然，这名年轻人引起了旁人的关注，因为他大汗淋漓、浑身发抖。当沙皇转身进入他的马车时，卡拉科佐夫突然掏出一支燧发枪[③]对准他。一名警察大喊一声，于是站在旁边的帽匠在卡拉科佐夫开枪之际打掉了他的手枪。据说，人们迅速抓住了这名年轻人，沙皇问他："你是波兰人吗？"沙皇和他的私人警卫认为，俄国人民中并没有亚历山大二世的敌人，唯有一名波兰民族主义者可能会因为3年前俄罗斯帝国对独立运动的残酷镇压而怀恨在心，要想方设法杀死亚历山大二世。

　　卡拉科佐夫经过几天的折磨，服软了，警察发现他们最担心的事情发生了。这名年轻人加入了一个秘密社团，旨在根据革命小说《怎

---

① 德米特里·弗拉基米罗维奇·卡拉科佐夫，俄国民粹派分子，伊舒京小组成员，曾在喀山大学和莫斯科大学学习。1866年4月4日行刺亚历山大二世未遂被捕，旋即被判处死刑。——译者注

② 夏宫花园（俄语：Петероф）位于圣彼得堡西南约30千米处，它面向芬兰湾，占地面积400多公顷。分为上花园和下花园，由富丽堂皇的皇家宫殿、金碧辉煌的雕像喷泉、美丽奢华的公园组成，是世界上最大的喷泉园林，被誉为"俄罗斯的凡尔赛宫"。——译者注

③ 燧发枪，由1547年出生在枪炮工匠、锁匠和钟表匠家庭的法国人马汉发明，在转轮火枪的基础上改进而成，取掉了发条钢轮，在击锤的钳口上夹一块燧石，传火孔边设有一击砧，射击时，扣引扳机，在弹簧的作用下，将燧石重重地打在火门边上，冒出火星，引燃火药击发。燧发枪大大简化了射击过程，提高了发火率和射击精度，使用方便，而且成本较低，便于大量生产。——译者注

么办？》①（*What Is to Be Done?*）的风格将俄国社会重组为一批自治公社。这部小说是一名毕业于神学院的学生于1863年撰写的，主要讲述了一位名叫薇拉·巴甫洛夫娜（Vera Pavlovna）的女性的故事。这位女主人公逃避包办婚姻，放弃自己的特权，一生无私奉献，追求与公社中其他人的开放式关系，并将毕生投入革命。小说还提到一个配角人物，即一位名叫拉赫梅托夫（Rakhmetov）的苦行僧革命者，他一度杳无音信，但将于1866年必要之时回到俄国。小说还提到了艾萨克·牛顿（Isaac Newton）的预言，即1866年将是末日般的一年。卡拉科佐夫大学时读过《怎么办？》这本小说，后因参与革命活动被学校开除。显然，他决定杀死沙皇，然后吞下士的宁②，为的是使小说的预言变成现实。他以为如此便能带来他所希望的社会的彻底重组。1

　　艾萨克·牛顿是否预言了1866年的末日灾难和革命性变革，这是一个悬而未决的问题，但这样的故事已在一个多世纪的时间里反复出现。在牛顿生命的最后几十年里，他确实仔细阅读了《但以理书》《保罗书信》和《启示录》。2要得出1866年这个年份，需要用到让人半信半疑的阐释学，即将1260与606相加。1260的由来很简单。在天主教、东正教和新教的最后一本圣经《启示录》中，一位天使向一个名叫保罗的人描述了世界末日。在异象中，神拿着一卷或一本书，上面有7个封印，每

---

①　《怎么办？》是俄国著名作家、批评家车尔尼雪夫斯基的代表作，于作者被囚禁彼得保罗要塞时写成，在俄国文学史中是一部独特的、具有社会政治意义的革命小说。——译者注

②　士的宁是一种中枢神经兴奋剂，首先是兴奋脊髓的反射功能；其次为兴奋延髓中的呼吸中枢及血管运动中枢，并提高大脑皮质感觉中枢的功能。但是由于士的宁药物毒性较大，过量服用会产生中毒反应。——译者注

个封印都与地球上的磨难或审判有关。代表征服的白马和代表战争的红马将引出一匹黑马，这匹黑马要求买一小份小麦要付1便士的高价。在此之后，灰马带来了死神。七次磨难中的第六次出现在"巴比伦大淫妇"[①]的统治时期，她骑着一匹七头马，手里拿着一杯圣徒的血。在第六次磨难中，两名拥有上帝权威的证人将花1260"天"来为她做见证，但他们披着麻布，几乎无人注意到他们。《但以理书》中的一句话提到，一天可算作一年。[3]

巴比伦大淫妇的统治始于公元606年，开启这一政治篇章也需要强大的心理与权谋。早在17世纪以前，新教徒就认定天主教会是巴比伦大淫妇，并将自己视为与她对立的见证人。几个世纪以来，激进分子，包括德国的城市行会、隐士弥赛亚、马丁·路德（Martin Luther）、奥利弗·克伦威尔（Oliver Cromwell）、贵格会教徒（Quakers）、游骑兵（Rangers）、掘地派（Diggers）、第五王国派（Fifth Monarchy men）和艾萨克·牛顿，都把罗马天主教会称为"巴比伦大淫妇"，尽管他们对于如何解读随后出现的征兆存在分歧。[4]俄国东正教信徒翻译了一些新教徒的作品，特别是牛顿的作品。如果大淫妇就是天主教会，那么人们可以认为大淫妇的统治始于公元606年，当时拜占庭皇帝福卡斯（Phocas）宣布罗马天主

---

① "巴比伦大淫妇"，又译"巴比伦大妓女 / 大娼妓"，是《新约圣经·启示录》中提到的寓言式的邪恶人物，是一个身穿紫色和朱红色衣服的女人，骑着一匹七头十角的兽。常见于一些基督教人士（尤其是加尔文派、安息日会和一些攻击性较强的新兴教派）的文章中，指的是传统基督宗教各教派，特别是天主教。由于部分基督教人士非常敌视天主教关于圣母的信仰，他们甚至以此描述圣母玛利亚。——译者注

教教皇凌驾于君士坦丁堡东正教牧首①（patriarch）之上，将教会分为较强的西方分支和较弱的东方分支。[5]

因此，公元606年这个年份，再加上要经历1260年的斗争，使一些新教徒（以及俄国和希腊东正教的一些成员）预计这场磨难将于1866年进入可怕的高潮阶段。根据《启示录》，地震会发生，月亮会变红，星星会落下，而"一切山岭和海岛也都从原处被挪开了"。有钱有势的人会躲在他们的山洞里，呼唤岩石来掩护他们。然而，所有人都将面临"羔羊之怒"。正如一些新教徒在1866年科隆的剧烈爆炸中看到了末日一样，在俄国观察家看来，卡拉科佐夫显然是通过耶稣会士和波兰民族主义者与巴比伦大淫妇（天主教会）建立了联系。屈打成招后卡拉科佐夫的供述揭开了更令人不安的事实：卡拉科佐夫是一个自称为"地狱"的秘密革命团体的成员。[6]

自1825年十二月党人②起义以来，推翻沙皇的运动就时有发生，但在经费充足的俄罗斯秘密警察的镇压下，这些运动不得不转为地下运动。不过，形形色色的人悄然加入了反对沙皇的势力，他们包括俄国东正教贵族、旧派信徒（Old Believers）、乌克兰新教徒（Ukrainian Protestants）和俄国犹太人，这样的组合属实有趣。最早的一批人，包括虚无主义者、

---

① 牧首是东正教的最高教职，又称"宗主教"。东正教在历史上从未有过统一的中心和首脑，在拜占庭帝国灭亡之前，该教的日常事务由君士坦丁堡牧区、亚历山大牧区、安提阿牧区、耶路撒冷牧区的四大牧首共同管理。在各自主教会成立之后，君士坦丁堡牧首名义上具有首席地位。——译者注

② 十二月党人指19世纪20年代俄国一批从事革命活动的青年军官。1825年12月，青年军官发动了俄国历史上第一次试图推翻沙皇专制制度的武装起义，因而被流放，故名"十二月党人"。其成员主要为参加过1812年卫国战争的一些军官，其中著名的有佩斯捷利、穆拉维约夫-阿波斯托尔、雷列耶夫等。——译者注

革命无政府主义者、民粹派民意党人以及后来的社会主义革命者，成为地下运动成员，试图通过暗杀君主来推翻君主制。

1871年后，激进的知识分子了解到，一个具有化学专长的工匠，可以依据详细的说明书来制造硝化甘油，并用于除开凿运河和建设粮食贸易港以外的其他目的。他会制造一种更高效的手持式炸弹，如果准确投放，可杀死皇帝。手持式炸弹并不新鲜，真正新鲜的是能起作用的炸弹。硝化甘油和革命政治小组在19世纪70年代和80年代初的一系列爆炸中实现了结合，地主阶级贵族、英国国会议员和帝国统治者在这些爆炸事故中丧生。[7]

面对各类激进知识分子的威胁，帝国和其他激进分子不得不改变策略，因为俄罗斯帝国警方最终认定卡拉科佐夫不是波兰人，而是一名受过大学教育的知识分子，他决心以手持装备改变世界。情报机构、帝国秘密法庭、刺客和激进知识分子存在的时间至少与第二次十字军东征①持续的时间一样长，但在1866年，亲帝国派和反帝国派对于末日灾难的思考都发生了重大变化。

1866年之前，帝国面临的最大威胁不是来自知识分子，而是来自"烧炭党"②（carbonari）。烧炭党人是秘密军事组织的成员，他们宣誓效忠于组织，有组织、有计划，并且有能力推翻一个帝国。[8]在1848年的革命中，烧炭党人就曾协助发动叛乱，其中有一些叛乱取得了成功。他们的

---

①　第二次十字军东征（1147—1149）是在第一次十字军东征成功占领耶路撒冷之后，为了响应耶路撒冷王国的请求与教廷号召，由路易七世（Louis VII）和康拉德三世（Konrad III）率领发起的保卫圣地耶路撒冷的军事行动。——译者注

②　烧炭党是19世纪前期活跃在意大利各邦国的秘密民族主义政党，追求成立一个统一、自由的意大利，在意大利统一的过程中发挥了至关重要的作用。——译者注

书面计划和预备演习很容易打草惊蛇。当时，朱塞佩·马志尼（Giuseppe Mazzinis）、约瑟夫·贝姆（Józef Bems）、拉约什·科苏特（Lajos Kossuths）和朱塞佩·加里巴尔迪（Giuseppe Garibaldis）不仅有宣传册，而且接受了军事训练，有秩序井然的军队，还有推翻帝国统治者的方案（有些方案有点异想天开，但总是紧扣主题）。但相比之下，卡拉科佐夫那类人拥有的是一个使命、一本小说、一种可以瞬间消灭一个或多个国家元首的手持装备（手枪或炸弹）。他们努力加快变革步伐：处决国家元首可粉碎其主权并引发变革。"这种活动旨在使政府失去威信，"俄国民意党①（Narodnaya Volya）于1879年宣布，"如此便可以培养人民的革命精神。"[9]帝国现在恐惧的不是贵族，而是大学生和持不同政见的群体。

为了应对卡拉科佐夫这类业余刺客的威胁，各个帝国成立了规模巨大、费用高昂的情报机构，专门阅读帝国评论家撰写的小说、小册子和文章。这类机构会阅读邮件，派间谍参加会议，并针对潜在的拉赫梅托夫分子建立了时间跨度长而复杂的档案。他们资助了诸如费奥多尔·陀思妥耶夫斯基（Fyodor Dostoevsky）这样的前激进分子撰写反革命小说。这些机构不断推出新的检测威胁的模型，以此来测试知识分子：谁将提供暴力革命的下一个模型？谁的小说和文章应该受到禁止？谁应该被收买？在接下来的50年里，激进分子和帝国你进我退，你退我进。帝国制定了策略以衡量知识分子的威胁，特工和侦探跟踪了知识分子及其组织（知识界）。欧洲的小说家将评估威胁的监督员塑造成为夏洛克·福尔摩

---

① 俄国民意党是一个有组织的革命团体，以沙皇俄国为基地，是俄罗斯刺客兄弟会的一个分支。——译者注

斯（Sherlock Holmes）这样的英雄。这些机构跟踪世界各地的激进分子，将自己视为"白细胞"，抑制试图完成末日使命的无政府主义者"病毒"，而无政府主义者将末日使命称为"用行动进行宣传"。[10]

1866年后的"天启四骑士"意味着会发生非比寻常的事情。"天启四骑士"的故事可以说是由面包匮乏引发的一系列灾难，因为占领领土而引发战争、粮价上涨，最终导致死亡。不过，到了19世纪50年代，欧洲和北美对饥荒的恐惧有所减少。但是在革命者眼里以及试图阻止革命的帝国的想象中，末日灾难造成的威胁似乎变得越来越严峻。各式各样的激进团体通过向农民和工人描述末日灾难来鼓动其毁灭巴比伦。帝国看到了骑兵、破损的封印和恶魔阴谋环绕其间。

1848—1870年，与无政府主义者、民族主义者和农村革命者相比，卡尔·马克思（Karl Marx）和其他社会民主党人对帝国的威胁似乎比较小。在报纸编辑和图书出版商看来，马克思及其追随者协助拉拢的激进派学生、专业人士和工匠都值得尊敬，即便俄罗斯沙皇及其委员会都对他们持鄙视态度。毕竟，这是一群知识分子，他们拒绝民族主义，主张自由贸易，主张缩短工作时间。他们最"危险"的想法是对女性的看法。就像《怎么办？》中的角色一样，马克思主义者不认同传统家庭生活对女性的奴役。这是一个多元化且不断发生争吵的群体，他们影响了工人阶级社群，特别是技术工人工会和专业人士社群。马克思雄心勃勃，希望能够总览世界历史，为整个世界的经济建立一个解释模型，这个模型可同时解释多个现象：工人的异化、丈夫的专横、精英阶层的阶级仇恨、宗教的失败、贫困的难题、帝国的残暴、童工的恐怖经历以及奴隶制的罪恶。

马克思对世界和未来的理解源于他对"李嘉图悖论"的理解。古典经济学家、辉格党人大卫·李嘉图（David Ricardo）惊讶于粮食生产取得的进步。19世纪20年代，李嘉图尝试用一个数学公式来解释这些变化。粮食生产中的一些进步包括加强作物轮作、使用粪肥、在较小面积的土地上种植更多的作物，还包括犁和脱粒机越来越先进、需要的劳动力越来越少。[11]但有一个悖论使李嘉图感到困惑。他说，地主享用了这些进步，但效率的提高可能会损害他们这个集体的利益。土地得到了节省，这意味着种植粮食需要的土地越来越少，在所有条件相同的情况下，将导致租金下降。节省劳动力导致的后果也很糟糕，因为需要的工人越来越少，地主就不必借那么多钱来雇用工人。因此，利率（用他的话说就是"货币租金"）也会下降。问题就出在这里。农业的发展为地主个人带来了短期利益，但对于那些作为土地承租人和放贷人的土地所有者，他们的集体利益受到了损害。

虽然这样单纯通过数学来计算有些不妥，但李嘉图的观点不无道理。《谷物法》被废除后，农业、粮食储存和运输方面的技术改进将降低英国和欧洲大部分地区的农田租金。不过，李嘉图的理论也存在问题，因为1845年后，随着工人涌入食品廉价的城市，并不是所有地方的租金都会下降。例如，港口和城市的房价普遍上涨。支持提高土地税的自由党经济学家指出，城市租金上涨证明李嘉图的模型有问题。[12]

虽然李嘉图之后的其他经济学家不再关注这些问题，但是马克思在"李嘉图悖论"的基础上构建了一套完整的理论。改善人民生活的根本性进步（这些进步无处不在）可能会激励个别地主和资本家。马克思认为，地主终究还是要做地主。技术进步将威胁到靠租金赚钱的"食利者阶层"。接着，马克思做出了一个巨大的、有趣的、合乎逻辑的飞跃。马克思认为，"李嘉图悖论"推动了人类历史向前发展。土地所有者在社会发展的各个阶段都占统治地位。在古代社会，土地所有者是奴隶主；在农奴制时期，土地所有者是领主；在资本主义社会，土地所有者是资本家。根据马克思的观点，在社会进步发展的每个阶段，"生产力"都在提高：古代奴隶制变成了中世纪农奴制，后来变成了现代资本主义。在每个阶段，生产力都达到了顶峰，此后，现有的产权关系变成压迫关系。随后，社会变革通过"矛盾"来实现：奴隶崛起、农民起义以及工人与雇主的斗争。如果说"生产力"是改善每个人生活的新途径，那么"生产关系"就是等级制和掠夺（租金），这两者是每种社会形式的核心。但纵观历史，一种新型的高科技社会一直严阵以待。工人的抗议推动了旧社会的终结和新社会的开启。最后一种社会形式将彻底不再需要资本家和"食利者阶层"。

美国廉价食品对欧洲的影响越来越深，这点似乎符合马克思的模型，因为新型生产方式下的食品生产和运输交付确实保证了人们的食物自由。1860年前后，工人的生活条件得到了改善，在很大程度上是因为面包成本下降了，如此，他们便有了购买更多商品的资金。马克思于1883年去世，在此之前，他一直相信租金下降（利润率下降）会导致危机。欧洲得到了廉价食品，这个突破性变革似乎为人们指明了前进的方向。马克思汇报了克里米亚战争和美国内战的情况，他认为，这两者都代表着理性的资产阶级对抗反动阶级的胜利。显然，凯瑟琳大帝和托马斯·杰斐逊对家庭生产小麦的未来有"乌托邦式"的想法。马克思和他的追随者也是如此。他们认为，美国内战是一场伟大的革命，这场革命是正义的、具有前瞻性的，是资产阶级反对根深蒂固的半封建奴隶主阶级的革命。许多马克思主义者将美国理想化了，认为美国是一个不断扩大的家庭农场社会。[13]很少有人意识到，美国最高产的小麦农场是占地500—1 000

英亩的大型农场，在收获时节，这些农场雇用的移民劳工总数达到数百万。[14]很少有人看到美国向印第安领土发起西进运动、占领土地与俄国向南部和东部扩张、侵占黑海北部哈萨克人和卡尔梅克人①（Kalmyks）的草原之间的相似性。鲜有人想到将1862年俄罗斯帝国对穆斯林切尔克斯人②（Circassian）的驱逐和种族灭绝与1830—1850年美洲印第安人的"泪水之路"③进行比较。马克思认识到，对原住民土地的掠夺其实是"资本的原始积累"，但他倾向于将粮食生产理想化，这点在他早期的著作中尤为明显。[15]

马克思和许多马克思主义者生活在城市，因此对农业不甚了解。他们明白粮食生产革命正在重塑俄罗斯帝国和美国的平原，但不知道同样的革命很快会改变阿根廷、澳大利亚和印度。然而，他们可以看到并感受到廉价粮食在城市中引发的革命。食品价格的降低吸引了农民家庭迁往城市中心，并使工业化成为可能。

欧洲的消费积累型城市成为马克思主义思想传播的理想地点。一群通晓多种语言的工人正渐渐聚集起来。1860年后，生活成本降低，工人才有条件组织工会，争取缩短工作时间。对于英国和工业发达的其他欧洲地区的工人来说，1860—1890年这个时期确实是一个"黄金时代"。[16]工作时间缩短使工人有了阅读的时间，并产生了集中在消费积累型城市

----

① 在俄罗斯，卡尔梅克人是伏尔加河下游、里海西北沿岸的俄罗斯卡尔梅克自治共和国的主体居民。此外，还有部分卡尔梅克人分布在阿斯特拉罕、伏尔加格勒、罗斯托夫和斯塔夫罗波尔等地。——译者注

② 切尔克斯人，又称"契尔卡斯人"，主要分布在俄罗斯、土耳其、叙利亚、约旦和伊拉克，原住高加索黑海沿岸至库尔德斯坦地区。——译者注

③ "泪水之路"指1830年北美印第安人被驱赶到俄克拉荷马所经的路线。——译者注

的自学者群体。工作时间缩短还为工人提供了一个机会，让他们在集体组织中团结起来，见证一个新世界的出现，而不是一个血腥帝国或种族排他国家的诞生。马克思主义理论作为世界历史及其未来的模型，其一致性既吸引了女性也吸引了男性，以及民主人士、社会主义者、"乌托邦式"的规划者、工程师和来自分裂帝国的难民。虽然马克思反对暗杀行为，但他认为，要结束所有分裂的体制，就需要一场暴力动乱。这有点像一个千年预言，作用类似于《但以理书》《保罗书信》《启示录》。马克思主义理论的一致性使不堪一击的帝国将马克思主义视为威胁其生存的存在。

1871年后，一些自称马克思主义者的社会民主党人对帝国的威胁越来越大。1870年9月，路易·拿破仑在普法战争中投降，法兰西第二帝国 ① 走向终结，但战争并没有结束。法兰西随后成为一个共和国，其政府在巴黎经历了4个月的围困。巴黎面临的核心问题是如何吃上面包。由于通往农村的道路被普鲁士军队截断，巴黎人面临着古代社会受到围攻时面临的难题：从哪里获取粮食？饥肠辘辘的巴黎人先是被迫吃他们养的马，接着吃动物园里的动物，最后甚至吃城里的老鼠，可就连老鼠也寥寥无几了。1871年1月，法兰西第三共和国被迫向普鲁士军队投降。

法兰西第三共和国投降后，战争仍未结束，这可能导致了马克思主义者队伍的严重分裂。巴黎国民警卫队（the Parisian National Guard）受到冲突的影响，变得激进，他们与巴黎的男女工人联合起来，成立了巴

---

① 法兰西第二帝国，于1852年12月2日建立，是法国历史上最后一个君主专制政权。——译者注

黎公社。他们占领了杜伊勒里官 ① （Tuileries Palace）和巴黎市中心的大部分地区。但巴黎公社占领的是一个无粮的首都，因此并没有维持很久。1871年5月，激进的国民警卫队在法国和德国军队的包围下，采取了最后一次反抗行动，用石油和火药摧毁了杜伊勒里官。投降后的一周非常血腥，数千名巴黎公社社员被迫在公墓的墙边站成一排，接受枪决，而许多自由主义者为此鼓掌。巴黎公社的传奇经历和公社社员的殉难使新的社会民主党激进团体诞生了，他们是马克思的追随者，自称"共产主义者"。

而巴黎公社的遗产保留了下来。帕尔乌斯让人将烧毁的杜伊勒里官的一根柱子运到了他位于柏林城外万塞区的前院。这根被烧毁的柱子象征着法国君主制的结束、巴黎公社革命者的殉难以及一种新政治主张的诞生。帕尔乌斯认为，一个聚焦资本主义社会市场的天才知识分子可能会引发国际革命，并导致帝国崩溃。弗拉基米尔·列宁去世时，也要求用法国公社的旗子作为自己的裹尸布。

俄罗斯秘密警察 [最初在俄罗斯被称为"第三处"（Third Section），后来改名为保卫部（Okhrana）] 执行了一系列危险且具有破坏性的行动，这迫使激进组织发展起来，甚至那些鄙视暗杀行为的人也行动了起来，因为帝国的每位批评者都可能成为猎物，被流放或被杀害。幸存下来的激进分子自发形成了政治小组，他们行事谨慎，称呼彼此时使用代号，还设置了投递点，用隐形墨水传递秘密信息。到了19世纪80年代，大多数革命者已经放弃了恐怖主义，但无政府主义者和俄罗斯社会主义革命

① 杜伊勒里宫曾是法国的王宫，位于巴黎塞纳河右岸，于1871年被焚毁。——译者注

者长期的末日阴影迫使他们转入地下。他们以小组为单位运行组织，每个人都知道大计划的一部分，但不知道全部的计划；每个人都认识一些组员，但不是认识所有组员。

俄罗斯帝国主义者视所有社会民主主义（共产主义或其他主义）为威胁，因为这些人有一个信条，那就是从根本上反对专制制度并预言专制制度即将走向灭亡。由于帝国特工不断渗透，识别、逮捕、处决或流放俄罗斯社会民主党人，后者不得不自创出一套独特的语言，很快社会民主党人就能相互识别这种语言。马克思主义的专用术语变成了这样一种隐秘的语言："矛盾""辩证法""生产力""生产关系""资本的有机构成"。为铲除间谍而对组织进行的纪律性自查，推动了一系列持续的、令人焦虑的威胁测评，这可能会违背社会主义者建立民主兄弟关系的基本原则，并使社会民主党越来越成为自我监督的先锋队。

列宁认为，需要一个小型、团结、能自查的知识分子群体来教育工人，将他们的工联意识转变为政治意识。他在1902年的一本小册子中阐述了这一点，这本小册子的名字取自著名的革命小说《怎么办？》。拥有充足资源的知识分子可以制订一个病毒式的"一揽子"计划，以此压垮帝国，并通过工人运动取而代之，在结束临时的专制统治后，将控制权交给工人。据称，临时的专制政权只是为了使君主主义者、工厂主、将军或反革命者的组合群体不会借政局不稳来破坏工人国际组织的建立和扩张。列昂·托洛茨基（Leon Trotsky）对革命政治小组的生存提出了一个稍有不同的模式，即"不断革命"。他认为，只有国际主义意识形态在每个邻国都不断扩张，国际革命才能取得成功。革命旨在推翻帝国，但为了使自身持续下去，革命需要不断扩张。

共产主义的革命分配模式不同于无政府主义模式。马克思主义者试图用马克思的理论教育工人，让他们了解先进的生产力（如炸药、深水港和轮船）是如何颠覆现有的财产关系，并彻底终结帝国的。例如，与许多俄罗斯帝国和波兰激进分子一样，罗莎·卢森堡①（Rosa Luxemburg）观察到她周围的世界在发生变化。与无政府主义者、社会主义者和社会主义革命派一样，她的民粹主义基础也来自小说《怎么办？》。对她来说，这部小说讲述的是一位反对资产阶级传统、组建激进公社和共产主义家庭的女性。这位女性反对刺杀行为，和成千上万像她一样的人一起加入了社会民主运动。民粹主义运动中的无政府主义革命者则拒绝了这样一场旨在教育工人的社会主义政治运动。恐怖分子斯捷普尼亚克·克拉夫钦斯基（Stepnyak Kravchinsky）在给他的前同志维拉·扎苏利奇（Vera Zasulich）的信中写道："社会主义就像豌豆从墙上弹起一样，从人们身上弹开了。""他们倾听我们的人民，就像倾听牧师一样。"[17]尽管共产党员和无政府主义革命者走了不同的道路，他们都因为刺杀行动的威胁而被迫转入地下。

1881年3月，俄罗斯帝国民粹主义运动中俄国民意党的一个派系最终成功杀死了沙皇亚历山大二世，实现了卡拉科佐夫的末日愿景，但这并没有引发革命。相反，一系列应对措施接踵而至，保卫部变得越来越强大，因为它旨在摧毁世界各地的激进派政治小组。1883年左右，学生革命者帕尔乌斯加入了一个与之对立的运动派系，该派系旨在通过教育和工人组织而非暗杀来推翻沙皇政权。但由于刺客和帝国在共同进化，想要杀死刺客的沙皇特工，也将耗费自己的余生。

---

① 罗莎·卢森堡（1871年3月5日—1919年1月15日），国际共产主义运动史上杰出的马克思主义思想家、理论家、革命家，被列宁誉为"革命之鹰"。——译者注

新教徒和东正教基督徒预见的1866年的末日灾难从未到来。牛顿关于重力的观点是正确的，而关于《启示录》的观点则不然。一个小型政治组织成功刺杀了亚历山大二世，但对圣彼得堡帝国造成长期威胁的不是一个枪手，而是数千英里外的一次爆炸。科隆的剧烈爆炸表明，在激进的地形改造中，没有一块岩石或一小块土地能够安然无恙。缩短世界港口之间的通道将摧毁俄罗斯帝国在世界粮食市场上的地位。山脉晃动，岛屿移位，此时，苦难才真正开始。

微信扫码
◦ 对话本书作者
◦ 寻迹博弈细节
◦ 纵览历史变迁
◦ 探秘粮食暗战

第九章

粮食大危机

1873—1883 年

　　当"李嘉图悖论"于1873年轰然落下时，欧洲爆发了一场戏剧性的金融危机。随着硝化甘油、大西洋电报、苏伊士运河和期货市场重组了世界粮食港口的等级制度，粮食种植的边际发生了变化。美国堪萨斯州的麦田变得比克拉科夫 ①（Cracow）和赫尔松 ②（Kherson）的农场更靠近伦敦。400年来，商人借贷市场一直是个相对稳定的"平衡轮"，但随着全球粮食贸易模式的转变，借贷市场的平衡被打破了；随着贸易线打通并贯穿了世界各地的海岸线，伦敦对信用的肆意操弄造成了世界经济的混乱；随着期货市场部分取代了数百年来的商业信贷体系，粮食生产的金融化也发生了转变。新的信贷"支线系统"（line system）从期货市场一直延伸到农民的家门口。当这一新的信贷制度引起的激烈竞争及其带来的粮食给白俄罗斯、赫尔松和敖德萨造成双重冲击时，帕尔乌斯尚在襁褓之中。帕尔乌斯对于纠缠不清的国际贸易线如何导致危机的理解，促使他修正了卡尔·马克思的理论。帕尔乌斯对理论的完善深化了他对全球贸易走廊的理解，他深入了解了降低贸易走廊成本可产生巨大的生

---

　　① 克拉科夫位于波兰南部，是克拉科夫省首府、直辖市。——译者注
　　② 今乌克兰南部港市。——译者注

产过剩，使工人的生活更加轻松。他游走于瑞士和德意志帝国，并受到俄国和德国的暗中追捕，他在面向工人阶级大众的报纸上撰文完善了自己的论点。帕尔乌斯的理论将为罗莎·卢森堡的经济"世界体系"理论、弗拉基米尔·列宁的帝国主义理论以及列昂·托洛茨基的不平衡与综合发展理论奠定基础。帕尔乌斯后来对这一理论的阐述显示了激进分子是如何将战争转变为革命的。

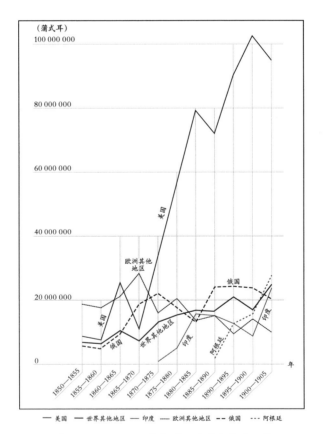

图9-1　1850—1905年各国及地区小麦进口量

注：英国小麦和面粉的年平均进口量（蒲式耳），面粉已换算成小麦。（凯特·布莱克默绘）

　　陡峭的192级"敖德萨阶梯"^①直通大海。如今，在阶梯的东边，21世纪的列车可直接开往停满轮船的开阔海湾。列车车厢里的粮食将运往卡塔尔或利沃诺的磨坊，同时这些粮食可轻松运至中国香港、南非或日本东京。如今这种布局的效率简直高得惊人。站在敖德萨阶梯的东边，就像站在一艘大型宇宙飞船之后，飞船的使命是出口数百万吨的货物。当然，对于游客来说，他们看到的是铁路和轮船上空密布的起重机，这使敖德萨比过去少了几分浪漫气息。这些建设工程主要在1991年后竣工。敖德萨已再次为世界贸易整装待发。

　　但在19世纪60年代，对于便携式硝化甘油炸药对世界粮食贸易线的改变，俄国粮港敖德萨有些措手不及。在过去70多年的时间里，帆船驶向敖德萨码头，购入俄国、波兰和乌克兰的小麦。除了当地的粮仓外，第聂伯河、德涅斯特河和南部巴格河上的驳船上还装载了数以千计的"粮袋"，这些粮袋每袋重33磅，等待着被装上这些帆船。但1866年后，对于新造的适合短途航行的"大型货运轮船"来说，敖德萨变成了一个棘手的停泊港口。这种轮船装有复合发动机和螺旋推进器，载运量约为2万吨，对它来说，敖德萨城外波涛汹涌的水域和狭窄的港口极具挑战性。[1]甚至帆船在敖德萨也面临难题。来到这里的船长对工人协会、海关的官僚作风和敖德萨银行造成的延误充满怨念。[2]英国向敖德萨派驻了官员以协助这些船长，但这些官员对船长既不愿抽空理睬，也无丝毫尊重。1869年，英国领事尤斯塔斯·克莱尔·格伦维尔·穆雷（Eustace Clare Grenville Murray）满腹牢骚："在所有港口中，到敖德萨的船长几乎是最低级

① 通向海边的"敖德萨阶梯"始建于19世纪三四十年代，因纪念1905年"波将金"号军舰起义而被称为"波将金阶梯"。"波将金阶梯"共有192级，台阶自上而下逐级加宽，与市中心半圆广场上的城市奠基者里舍利耶大公的雕像遥相呼应。——译者注

的。"5/6的船长是来自西尔兹港①（Shields）或桑德兰②（Sunderland）、未受过教育的运煤船水手。"他接着抱怨，最差劲的是那些"受过点教育的，在水手当中以'海上律师'闻名的麻烦精"。³格伦维尔·穆雷被免职了，敖德萨的商人则证实，无论船长是否了解法律，都将面临重重困难，造成这些困难的人包括粗心大意、玩忽职守的总督和港口官员。⁴

此外，船长还苦于君士坦丁堡狭窄的通道，在战争、饥荒或叛乱爆发时，奥斯曼帝国都有可能会封锁这条通道。海峡可能会征收额外关税，文书也可能会有所延迟，商人因此总是持观望态度。⁵鉴于所有这些原因，1869年，将1蒲式耳小麦从敖德萨运到欧洲港口的费用至少为25美分。同样数量的小麦从美国运输的费用不到20美分，尽管从敖德萨出发的路线更短，花费的时间更少，而且无须驶过海洋最深处。⁶1870年后，廉价的美国粮食和面粉开始取代俄国的粮食成为欧洲城市工人阶级的食物。

正如"李嘉图悖论"预测的那样，随着美国粮食的大量进口，欧洲的地产业率先崩溃。柏林的一位观察家称，早在1870年，"报纸上就随处可见出售地产的广告和新公司的公告"。⁷法国的农业则更加多样化，运河业务也更加完善，而相比之下，瑞典、德国、英国和爱尔兰等国家在边际土地③（marginal land）的粮食生产地位更加举足轻重，因此，土地价格下跌得更快。⁸

现行信贷关系下，不只是资金短缺的农民的信贷出现问题，甚至银行的信贷也是如此。到1872年11月，柏林和维也纳等首都城市的一些银

---

① 英国英格兰北部的工业城市和港口，位于北海沿岸、泰恩河口。——译者注

② 英国英格兰东北部港市。——译者注

③ 边际土地是指在一定的生产条件下，生产收益正好足以补偿所需费用（包括开垦土地的垫付费用和投资，以及生产过程中的各项生产费用）的土地。——译者注

行已几近崩溃。这些银行与1866年的英国银行面临着同样的问题。金融公司利用汇票为长期负债项目借款，在首都城市蓬勃发展的房地产市场尤其如此。工业和铁路业推动者也曾成功地在货币市场上开展贷款服务，用于长期的（有时是投机的）项目，还款期限设定为3个月或6个月。[9]用20世纪会计师的话来说，在德国和美国，最先破产的公司往往是因为"借短贷长"。这些公司的操作手法与1866年的奥弗伦–格尼公司大同小异。从热那亚和威尼斯时代起，商人就在货币市场上借贷，用于粮食贸易。如果利率上升，他们的信用额度就会耗尽。[10]

英格兰银行担心维也纳和柏林的银行体系不够健全、稳定，于是在1872年11月、1873年6月和1873年10月至11月的3次"冲击"中，将汇票的实际利率从3.5%提高了1倍，使之高达7%。第一次冲击对敖德萨的银行打击最大，第二次冲击击垮了柏林的银行，第三次冲击则击垮了美国的银行。要分辨具体原因很困难：高利率似乎既是这些恐慌的原因，也是其后果。例如，英格兰银行将大幅加息归咎于维也纳和柏林的银行体系不够稳定，并以向濒临违约银行贷款存在风险为由为大幅加息辩解。但是，在货币市场贷款用以长途贸易的银行则认为，突然加息导致它们很难向买家发行其发货需要的信贷。货物被迫滞留在出发港，因此，它们无法支付货款。无论如何，先是几十家敖德萨银行破产了；随后，1873年5月至年底，维也纳的大部分银行和柏林1/3的银行都倒闭了；同年11月，纽约最大的两家银行也倒闭了。3年内，美国的商业损失达到了6.5亿美元。[11]

汇票是国际粮食贸易和银行间贷款的基石，而世界各地银行的破产则永远地改变了这一点。《经济学人》的主编沃尔特·巴杰特（Walter Bagehot）于1873年去世，就在去世前几天，他建议英国财政部（British

Treasury）发行短期国库券以取代半年期汇票。[12]发行虚假的"猪与培根汇票"实在太容易了，该汇票会让长期借款人累积短期债务，然后在利率上升时倾家荡产。

恐慌始于1873年，两年后，商人查尔斯·马尼亚克总结了粮商面临的问题以及它们是如何导致危机的："苏伊士运河连同蒸汽动力和跨洋电报"淘汰了"所有旧的机制——仓库、帆船、资本、半年期汇票以及英国商人"。[13]帆船幸存下来了，但粮商、仓库和短期汇票确实过时了。1873年，英国破产案首先使乡村商人债台高筑，其次击溃了依赖汇票的投机企业，包括工程师和铸铁厂厂主。[14]随着各港口和城市之间食品运输方式和食品价格的变化，使用汇票的全球商业基础体系轰然倒塌。[15]

硝化甘油大大缩短了运输时间，运输费用因此暴跌，人类由此进入经济史学家所谓的"首次全球化浪潮"，该浪潮从1871年持续至1914年。17世纪以来，人们已开始跨大西洋运输价值超过每磅50美分的殖民地产品，如咖啡、糖、白银和棉花。随着自由贸易发展、电报即时共享价格以及昂贵的交通成本壁垒被硝化甘油打破，对于像小麦、牛肉和煤油等价值低于每磅15美分的大宗低值货物来说，海运运费已变得足够低廉。到19世纪80年代，美国和乌克兰的农民也在使用硝化甘油炸毁树桩，击穿岩石，他们还常常用硝化甘油平整土地，以便在耕地边缘进一步扩大小麦的单一种植规模。

跨大西洋运输的粮食数量已超出人们的理解范畴。从美国运往欧洲的小麦第一次出现数量激增是在南北战争之前。1855—1859年，安特卫普5年内的平均小麦进口量仅为2万吨。1860—1869年，该数值几乎翻了两番，达到7.5万吨，大部分小麦来自北美。1870—1874年，年均值几乎又翻了两番，达到平均每年27.6万吨，几乎所有增长的小麦进口量都来自美国。用一位研究欧洲运输的史学家的话来说，显然，"美国将成为西欧的大粮仓"。[16]

面对美国粮食出口量的激增，俄国出口市场已疲于应对。1871—1880年，美国向欧洲出口的所有食品价值从320亿美元增至2 310亿美元，增长了约611%。出口量最大的商品是小麦，小麦的年出货量增加了约3倍，从3 100万蒲式耳增加到1.54亿蒲式耳，相当于生活在莱茵河以西的每个欧洲人每年都有2蒲式耳。[17]《莫斯科时报》(The Moscow Times)对比了两个年份的数据以呈现俄国的命运。1867年，英国进口的粮食有44%来自俄国，而只有14%来自美国。1873年，44%的英国小麦来自美国，而来自俄国的小麦仅占了21%。[18]经济学家和当代人都强调了1845年后欧洲关税的取消、金本位制在欧洲的推行以及蒸汽船的出现是促使美国粮食大量涌入的因素。[19]但他们通常忽略了生态和政治背景：致病疫霉的传播迫使各帝国打开了国门，硝化甘油的使用重塑了港口布局，汇票的衰退和期货市场的兴起降低了交易成本。这三个因素加剧了欧洲贸易竞争，降低了小麦的仓储利润，并创造了一个全球化的食品市场。

除了对金融业和商业产生影响外，运输成本降低还产生了重要的次生影响。最值得注意的是，在"小麦浪潮"的回流作用下，人类进行了两次大规模迁徙。在接下来的40年里，3 000多万欧洲人穿越大西洋来到美洲。

事实上，欧洲人是伴随着美国粮食进行的移居。他们乘坐的是同一艘运粮的船，当船只抵达欧洲时，粮舱就改装成客舱，大多数人就待在这种廉价的"下等客舱"里。同一时期，数量相当的人离开中国和印度北部前往亚洲其他地区、太平洋岛屿和美洲工作（许多人是做契约佣工）。

从农村迁到城市的欧洲人甚至比这些漂洋过海的人还要多，部分原因在于城市的食物竟史无前例地变得比农村还要便宜。根据一位历史学家的说法，在这一时期，"欧洲人口每增加7个人，就有1个人出国，四五个人进城"。[20]

曾经以汇票为基础的商业信贷被粮食信贷的"支线系统"取代，该制度于1873年后得名，依赖的是使用期货市场的粮食经纪人[①]。芝加哥期货市场的诞生是为了解决联邦军后勤运输的难题：粮食的远距离输送。绿背美钞的不稳定，再加上美国陆军部对于找到基于市场的解决方案的决心，促使芝加哥期货交易所创建了期货市场，使买家和卖家能够在快速变化的市场中防范价格的暴涨、暴跌。粮食买家可以成为期货卖家，粮食卖家也可以成为期货买家。如果对动荡市场的另一方合理押注，就可以将价格剧烈波动的危险性降至最低。

但美国期货市场提供的不仅仅是价格方面的保险，它还成为粮食信贷体系的基础，可以为欧洲的粮食供应提供资金。美国铁路公司已经具备了银行的一些特征。自19世纪50年代以来，铁路公司就为其路基沿线的土地提供了抵押贷款。到了60年代，铁路公司发行了粮仓收据，这类收据像货币一样能用于交易。随后，到了70年代，银行与铁路公司合作，向"支线公司"提供信贷，这些公司派遣"粮食专员"到农场门口，向农民发放贷款，以换取未来的粮食。

几个世纪以来，商业信贷一直是港口间的往来。不那么正式的第二类信贷系统从银行经由乡村商店延伸到了农民。这种制度与美国殖民地

---

① 粮食经纪人是活跃在粮食经营领域，以收取佣金为目的，为促成他人交易而从事粮食购销和经纪（居间、行纪、代理）服务的自然人、法人和其他经济组织。——译者注

一样年代久远。[21]从1873年左右开始，仅此一种信贷工具可以从港口一直通往农民的家门口。在某种程度上，这些"支线公司"就像中央银行的支行，为"支线公司"提供流动资金的中央银行则是芝加哥期货交易所。"支线公司"中有抱负的年轻商人居住在西部城镇，利用以粮食偿还的贷款引诱附近的农民。在运作这种贷款的头几年里，他们给农民开出支票，换取已签字的未来粮食合同。

"支线公司"与铁路公司关系密切。每个"支线公司"都在铁路走廊沿线运营，为铁路走廊沿线的粮仓收集粮食。在签订合同后的一天内，公司将凭借合同在芝加哥期货交易所上出售同等数量的小麦期货，偶尔会购买一小部分作为对冲。到19世纪70年代初，中西部铁路走廊沿线的农业可以在一个金融循环中运作，欧洲城市的几十个不知其名的债权人购买粮食期货，用以支付数千名不知其名的美国农民种植粮食的费用。[22]致力于刺激西部扩张和拓展农产品长途贸易的铁路大亨，终于想出了如何结合跨海金融工具、银行贷款和赊账购货来打造一种金融工具，从而促进农业发展。这些"支线公司"拥有银行资本，可以诱使农民为越来越遥远的市场种植粮食。

几乎没有作家比帕尔乌斯更能理解这种转变。1871年左右，他的家人作为白俄罗斯第一波大屠杀（progrom，来源于grom，俄语中"雷声"的意思）的受害者逃离了该地区。大屠杀以一帮东正教基督徒开始，他们举着印有圣徒肖像的横幅，游行着闯入犹太人聚集区那逼仄的、狭窄的街道。"雷声"则来自哥萨克人的马蹄声响，哥萨克人虽然声称要维护和平，却冲在"反犹"的最前面。帕尔乌斯后来写到，当时4岁的他在玩具和家人的簇拥下，根本理解不了这场骚乱。他后来才了解到，他在白俄罗斯的最后一晚欣赏到的美丽光亮是东正教基督徒点燃的大火，所有犹太人，包括他的家人都被迫流离失所。

帕尔乌斯的父母首先搬到了库班（Kuban）的农业社区。但正如帕尔乌斯后来写的那样，犹太人"在政治上受到迫害……挤在寥寥几个城市里，行动自由受到极大限制，并被剥夺了许多公民权利"。[23]这家人很快就从库班搬到了为数不多的犹太难民庇护所之一，即粮食贸易城市敖德萨，他的父亲长大的地方。他的父亲或哥哥可能是在从事粮食贸易的家庭支持下也成了一名粮商。这个家庭应该是从小粮商（skrupchiki）开始发家的，他们利用粮食仓库的信贷向内地农民放贷，类似于"粮食经纪人"，但由于没有期货市场，如果粮食价格下跌，他们就会承担更多风险。[24]最终，帕尔乌斯一家决定留在敖德萨交易市场工作。从他们在该城市的身份来看，帕尔乌斯的家庭，即格尔方德①（Helphand）家族，此后将跟着国际粮食金融和分配的节奏发展了。

格尔方德家族在白俄罗斯遭到袭击的那一年，敖德萨犹太区的居民也经历了一场大屠杀。敖德萨大屠杀始于1871年3月21日，这天是"圣枝主日"②（Palm Sunday），当时在敖德萨的希腊人发现教堂丢失了一个十字架，便指控是犹太人偷走了它。此类冲突虽有许多根源，但都或多或少与粮食有关。自19世纪60年代以来，尽管敖德萨的粮食价格不断下跌，但犹太小粮商和仓库经营者在粮食贸易中逐渐取代着希腊人的地位。换言之，希腊人在敖德萨实施的大屠杀针对的不是粮商，而是那些挤

---

① 格尔方德是帕尔乌斯的本名。——译者注

② 圣枝主日，也称"棕枝主日""基督苦难主日"，是圣周开始的标志（因耶稣在本周被出卖、审判，最后被处十字架死刑）。——译者注

入市中心以西和以南犹太区的最穷苦、最弱小的犹太人。19世纪70年代又发生了几次大屠杀，而这些大屠杀是帕尔乌斯在孩提时代就目睹过或听说过的。[25]

据帕尔乌斯同时代的人说，格尔方德家族虽说算不上很富裕，但可以说是衣食无忧。而敖德萨的大多数犹太人都很贫穷，大屠杀的主要目标是聚集在市中心附近的贫穷犹太人。帕尔乌斯后来写道，由于犹太人"被政府人为地孤立和压迫"，他们必须在敌人面前表现得团结一致。他写道，"团结就必定显得更加强大"。然而，帕尔乌斯知道，工人阶级犹太人和像他父亲那样的商人之间的差距就像一条鸿沟。帕尔乌斯在很小的时候，也许是十几岁的时候，就更加认同犹太工人，而非自己的家人。"在犹太人中，确实有很小比例的放债人、制造商、商人、雇主和类似的剥削者，"帕尔乌斯写道，"但犹太人中更多的人是无产阶级者啊。"

尽管帕尔乌斯和他的父亲一样是从国际贸易的视角来认识世界的，但他更认同被东正教暴徒袭击的无地工人，这也许是因为他的家人曾在白俄罗斯遭到过袭击，也许是由于他的朋友是较穷的犹太人，也许是因为他的家人曾经是无产阶级。帕尔乌斯来自资产阶级，他生活优渥，受过高等教育。然而，像其他激进的知识分子一样，他更认同与自己不同的人：在暴徒手中受苦的工人，受雇于专横的俄国贵族的水手，以及因帝国对农场的苛捐杂税而陷于贫困的农民。作为沙皇的激烈反对者，帕尔乌斯很快就成为国际共产主义者，跻身20世纪最重要的知识分子之列。[26]

当帕尔乌斯一家抵达敖德萨时，他们目睹了美国新铁路走廊的修建和硝化甘油的发明给敖德萨的国际粮食贸易通道带来的变化。这一全球性的变化能验证帕尔乌斯对国际经济的理解是否正确。为了适应来自美国的新一轮竞争，需要仔细分析如何以及何时向日益扩大的世界市场销售粮食，如何以更低廉的方式运输粮食，如何快速应对价格的微小变化，以及如何获得足够的信贷来销售如此之多的粮食，多到人们靠着2%的利润率就能发家致富。就像美国的大卫·道斯和彼得·沃森一样，帕尔乌斯的父亲对这一行业了如指掌，成功对未来押注，并发家致富。然而，俄国的政治结构与美国的政治结构截然不同，加上帕尔乌斯一心追求激进变革，使他得以接触到迥然不同的世界观。

帕尔乌斯早先是在一所中学（预科学校）接受教育，但在民意党人刺杀亚历山大二世之后，1882年通过的《五月法令》（May Laws）将几乎所有犹太人赶出了俄国的学校。他的亲戚争先恐后地寻找受过大学教育的家教来教他历史、文学、古代语言和数学。[27]大约在同一时期，十几岁的帕尔乌斯加入了一个名为"黑土地再分配"①（Black Repartition）的分裂组织。[28]"黑土地"指敖德萨北部的黑土，"再分配"指的是尼古拉斯一世承诺会将土地重新分配给农民。"黑土地再分配"组织称，沙皇亚历山大二世的大臣违反了尼古拉斯的承诺，修改了他最后的公告，从而减少了分配给农民的土地份额，增加了农民的赎回付款额。而我们现在知道了，这一切指控都是真的。[29]

1883年后，16岁的帕尔乌斯开始在家接受古典文学和经济学的教育，他把老师奉为"学术教育导师"。[30]19世纪80年代，一位认识帕尔乌斯的作家指出，当时格尔方德家族已经很富有了，其通过从敖德萨出口粮食

---

① 该组织成立于1879年，是一个革命平民组织。——译者注

和兽脂积累了大量财富。[31]帕尔乌斯努力隐瞒了自己的出身，后来才承认自己是资产阶级的孩子，尽管他从未解释过他父亲从事的行当。[32]帕尔乌斯后来写到，敖德萨给他留下印象最深刻的是一个典型的敖德萨商人，这个商人穿着长袍，留着边缘参差不齐的碗状发型，用亚麻籽油把头发抹亮，身上有一股俄国皮革的味道，这是一种皮革固化油的气味，现已成为该市的一种香水。帕尔乌斯与像他父亲这样的商人打了几年交道，很可能从他们那里学到了国际贸易的第一堂课。[33]

帕尔乌斯所在的革命组织试图招募工人加入反对沙皇的运动。1885年，帕尔乌斯负责组织敖德萨海滨的技术工人，他利用无政府主义革命进行宣传，虽然他嘴上说着一套陈词滥调，但他发现其实自己也在质疑无政府主义革命。1887年12月，革命者受到镇压，帕尔乌斯和其他许多人借机逃离了这座城市。20岁时，帕尔乌斯越过边境进入德国，用他的话说，是"为了解决他的政治疑虑"，他一心想要解读和剖析自己周围的经济环境。他摒弃了以农村为中心的"黑土地再分配"组织的政治立场，成为一名马克思主义者和共产主义者。他在敖德萨的那些年促使他将读到的抽象的马克思主义经济学与敖德萨商人的世界相匹配，那些敖德萨商人关注着贸易的相关新闻，并在通往俄国粮食的道路上、在买卖粮食的交易所内、在了解每日国际价格的仓库里验证他们听到的消息的真假。[34]

帕尔乌斯在苏黎世短暂居住过，21岁时入读伯尔尼①的一所大学。

---

① 伯尔尼是瑞士的联邦政府所在地，位于瑞士伯尔尼高地，是仅次于苏黎世、日内瓦和巴塞尔的第四大城市，也是伯尔尼州的首府。——译者注

他很快进入了研究生的学习阶段，师从巴塞尔大学①（University of Basel）的卡尔·毕歇尔②（Karl Bücher），在他指导下开始撰写一篇与政治经济学有关的论文。卡尔·毕歇尔是一位研究古代历史、报业、公共领域和政治经济学的德国学者。22岁时，帕尔乌斯加入了普列汉诺夫③（Plekhanov）的圈子，这是一群马克思主义革命者，他们相信，尽管在以农业为主的俄国，工人阶级的规模很小，但俄国的工人阶级依然是推翻沙皇的关键。在瑞士，帕尔乌斯翻遍了他能找到的每一本革命小册子和书籍。[35]他发现自己在某种程度上偏离了卡尔·马克思对国际经济的理解。在马克思未完成的多卷《资本论》中，这位德国共产主义者创建了一个经济学数学模型，模型中只有一个资本家、一个车间，几十名工人聚集在一起生产商品。马克思计算出，一个工人只工作半天多就已创造出足够养家糊口的财富，但剩余的工作时间被资本家给偷走了。资本家的权力来自其掌握的生产资料，尤其是工厂。帕尔乌斯基本同意这个观点。[36]

　　但帕尔乌斯认为马克思的模型是不完整的。帕尔乌斯在敖德萨认识的码头工人将货物——通常是袋装的干燥粮食——从仓库运到船上。在

----

①　巴塞尔大学是瑞士历史最悠久的大学、享誉国际的研究型大学，坐落于瑞士巴塞尔城市半州首府巴塞尔市。——译者注

②　卡尔·毕歇尔是德国19世纪末20世纪初著名的国民经济学家，也是德国新闻学的倡导者与实践者。他发表了重要的新闻学论文《报业的开端》，并从经济学的视角，将报纸角色与功能研究置于经济发展理论的语境中，产生了巨大的影响。他在莱比锡大学创建了德国第一个新闻学研究所，探索新闻研究的理论体系与方法论，设置了第一个正式的新闻学教授职位。在其努力下，新闻学作为一个学科正式获得承认并得以快速发展。——译者注

③　格奥尔基·瓦连廷诺维奇·普列汉诺夫是俄国社会民主工党总委员会主席，早年是民粹主义者，在1883年后的20年间是俄国马克思主义政党的创始人和领袖之一，是最早在俄国和欧洲传播马克思主义的思想家、俄国和国际工人运动著名活动家。——译者注

敖德萨港，大多数工人干的就是运送货物之类的活。这些工作包括制造或修理船闸、建造仓库和修理船只。码头工人可能会对马克思关于单个工厂的说法持怀疑态度，因为他们亲身经历过，所以知道，物流成本可能占国际市场上商品最终价格的一半或更多，特别是诸如粮食之类的廉价大宗商品。最大的成本来自丘马克商队，他们用牛拉着粮食从赫尔松、叶卡捷琳诺斯拉夫^①（Ekaterinoslav）和陶罗夫（Taurov）的农村地区的古老"黑色之路"进入敖德萨的仓库。作为一名马克思主义者，帕尔乌斯一心想要重组俄罗斯帝国社会，但作为一个组织者和世界的观察者，他的"政治疑虑"迫使他对马克思的单一工厂模型做出了修改。

在离开敖德萨仅仅4年后，年仅23岁的帕尔乌斯提交了博士学位论文。他果敢地断定，劳动世界在空间上是围绕着贸易路线建立起来的。在帕尔乌斯看来，工人生产了数百种商品；随后，企业家们找出多种多样的商品（他称为 membra disjecta，拉丁语，意为分散的碎片），将它们输送到港口城市。这些商品的生产或组装尽可能聚集在"消费圈"（Consumeptionkreise）附近。例如生铁床就立在钢铁厂之外，服装厂就聚集在商业区周围，面包店就等候在工厂门口。工人会在工厂里组装货物部件，但在那里生产商品通常只是全球分销过程的第一步。帕尔乌斯指出，马克思认识到商品生产是一个全球化过程，但他没有将物流运输纳入他的模型，而没有物流运输，模型就无法发挥作用。[37]

帕尔乌斯认为，组装这些部件的企业可能会找到新办法来降低远途商品配货或交付的成本。他自己渐渐形成了关于我所谓的"通行费"的

---

① 叶卡捷琳诺斯拉夫省是俄罗斯帝国的一个省，范围大致包括乌克兰东南部的卢甘斯克州、顿涅茨克州、扎波罗热州和第聂伯罗彼得罗夫斯克州的一部分。——译者注

观点，联合国和世界银行现在用"美分/（吨·千米）"来作为通行费的单位。帕尔乌斯用一位当代人类学家描述的奥斯曼统治苏丹地区被奴役工人的例子来证明他的观点。这位人类学家指出，埃及奴隶主穆罕默德必须缴纳粮食税以养活位于喀土穆①（Khartoum）的奥斯曼军队，穆罕默德的粮仓以北数百英里就是喀土穆。为了缴纳税款，穆罕默德派了一支由20多名奴隶和牛组成的商队来运送粮食。为了生存，奴隶和牛吃掉了他们运输的粮食。帕尔乌斯指出，如果距离足够远，粮食最后总会被吃个精光。苏丹的劳动力很廉价，但根据喀土穆帝国官员的要求，从粮仓到面粉厂的运粮路程已经被拉到了极限。奥斯曼帝国内部需要的巨额通行费意味着奴隶主向喀土穆运送的粮食比奴隶收割的所有粮食多得多，这只是为了确保奴隶和牛能将货物运达并返回。[38]

如果马车好驾驶、道路平坦、船只便宜、码头够深，或有穿越欧洲大陆的捷径，那这些中间商品的通行费便会随之降低，整个社会可享用的珍贵商品的数量将大大增加。通行费的降低可能不会改变工厂或磨坊的劳动流程，只会影响商品的交付。但是，如果可以将国际贸易路线缩短或取直，那么马克思模型中的生产场所就会扩大，劳动分工会增加，甚至会产出更多的价值。还是同样的问题：谁受益了？帕尔乌斯和马克思一样，认为工人没有得到公平分配的报酬。[39]

这就是帕尔乌斯很看重贸易路线的原因。小麦是欧洲工人阶级的食物，也是他们预算中最大的一笔开支，如果可以从帝国边境以更便宜的价格进行运输，那么无论是从乌克兰的大草原、南苏丹②（South Sudan）

---

① 喀土穆现为苏丹共和国的首都。——译者注
② 南苏丹共和国，简称"南苏丹"，是东非的一个内陆国家。——译者注

的沼泽还是堪萨斯的平原运输过来，整个欧洲社会都会受益。使用有升降机设备的谷仓、铁路、深水港和可爆破山体的硝化甘油，可最大限度地减少从商品到磨坊再到面包坊的通行费。缩短商品的运输路线产生了巨大的社会效益，可以将数百万人从马克思那悲惨的单一工厂模型中解救出来，在这种模型中，资本主义生产的发展加剧了工人的贫困。

因此，帕尔乌斯是一位"另类"的马克思主义者，他研究了世界各地的商品运输路线体系，他认为，这个体系比资本主义还要古老。他还认为，无论是通过降低关税、改良粮食的干燥方法、修建有升降机设备的谷仓，还是加深港口，把世界"变小"对每个人而言都有好处。如果能真正共享廉价易得的面包，那么数百万工人可能会结束暗无天日的劳苦生活。在试图把敖德萨的工人组织起来之后，帕尔乌斯意识到他们的时间和金钱一样重要，甚至比金钱更为重要。帕尔乌斯认为，降低粮食配送的通行费为大家带来的好处应该体现在物质和时间上。更短、更笔直的路线可能会将标准的12小时工时缩短为10小时，随后缩短为8小时。帕尔乌斯模型的国际范围与草原一样广袤，与海洋一样深邃，简单来说，这个模型可以吸引工人参加国际运动。的确，十分有必要进行一场国际运动；否则，贸易路线将万里之遥、不同国家的工人集中在同一个工场，他们就需要相互竞争。

帕尔乌斯对农业的看法与许多马克思主义者不同。虽然他认为应该剥夺俄罗斯贵族在"黑土地再分配"中拥有的土地，但他对农民集体所有制能否解决俄罗斯帝国面临的问题持怀疑态度。相反，帕尔乌斯知道，在他小时候居住的库班，最肥沃的土地是由农场家庭耕种的土地。他20多岁时居住的东普鲁士也是如此。面积超过100英亩的农场可以使用机械设备来降低收割成本，这是对国际市场的彻底变革。作为马克思主义者，他相信工厂集体所有制。但他认为，就粮食而言，家庭劳动力在大面积土地上的劳动产出比地主或集体管理的土地产出更高。[40]就这样，帕尔乌斯借鉴了他在"黑土地再分配"组织中接触的革命民粹主义，但他觉得，靠公共农业生产粮食是行不通的，他可能比他那一代的任何其他马克思主义者都更了解这个情况。

　　1891年夏天，当帕尔乌斯来到德国时，他还带来了瑞士报纸上的一些新闻剪报。他的目标是成为一名有革命精神的报纸编辑。1894年夏天，帕尔乌斯成为莱比锡一家颇受欢迎的工人阶级报纸的编辑，取笔名为 Parvus（帕尔乌斯），拉丁文意为"穷"或"少"。他的灵感可能来自 Parvus Johan（帕尔乌斯·约翰），这是小约翰（Little John）中世纪时期的名字，他是一位身材高大、学识渊博的僧侣，加入了"罗宾汉和他的快乐伙伴"①，这是个有革命精神的团伙。帕尔乌斯和小约翰一样，是个晚年发福的大块头，他无疑是一名学者，会说俄语、德语、乌克兰语、拉丁语、一点希腊语，甚至还会古教会斯拉夫语②（Old Church Slavonic），他懂意第绪语③（Yiddish），可能也懂希伯来语。据他的朋友说，帕尔乌

---

　　①　罗宾汉是英国民间传说中的英雄人物，人称汉丁顿伯爵。他武艺出众、机智勇敢，仇视官吏和教士，是一位劫富济贫、行侠仗义的绿林英雄。"罗宾汉与他的快乐伙伴"（Robin Hood's Band of Merry Men）中"快乐伙伴"指罗宾汉犯罪集团的同伙，罗宾汉是这个团伙的队长。他们住在森林里，抢劫经过他们领地的富人。小约翰是其中最有名的"快乐伙伴"，是罗宾汉最亲密的朋友，也是他们行动的得力助手。——译者注

　　②　主要是以帖撒罗尼迦（Thessalonica）周围地区的马其顿诸方言（南部斯拉夫诸方言）为基础的斯拉夫语，公元9世纪时传教士圣西里尔与圣美多迪乌斯曾用这种语言布道并译写《圣经》。——译者注

　　③　意第绪语，是一种日耳曼语，属于西日耳曼语支，原出自中古德语，通常用希伯来字母书写，约有300万人在使用，大部分的使用者为犹太人，而且主要是阿肯纳西犹太人。——译者注

斯在20多岁的时候也很穷困潦倒。不管这个名字的来源是什么，帕尔乌斯把一生都献给了一个使命，这个使命将理解粮食在世界各地的流通方式和激励工人终结帝国和资本主义结合了起来。在工会运动的圈子之外，很少有人知道他的真实身份。

就像罗宾汉寓言中的小约翰一样，帕尔乌斯一生中的大部分时间都在逃亡。俄罗斯秘密警察保卫部得知了他于1887年从敖德萨逃走，但自由开明的瑞士不会因为他离开俄罗斯来读大学就起诉他，无论他的政治立场如何。然而，当帕尔乌斯搬到德国时，俄罗斯秘密警察保卫部与旨在清除柏林激进分子的柏林秘密警察第五部门（Department V）分享了关于他的大量文件。柏林秘密警察第五部门的威胁监测人员（threat readers）称帕尔乌斯为"文学流氓"，并很快将他驱逐出了莱比锡、萨克森（Saxony）、德累斯顿（Dresden）、巴伐利亚（Bavaria），最后又将其赶出了柏林。[41]

其他许多作家也追随了帕尔乌斯的脚步。这些作家也使用笔名，因为他们是来自俄罗斯帝国的逃犯，可能会受到势力不断扩张的俄罗斯秘密警察保卫部的威胁。这些作家的笔名更加为人所熟知。1891—1917年，罗莎·卢森堡（Rosa Luxemburg）（"朱尼厄斯"、列夫·达维多维奇·勃朗施坦（Lev Davidovich Bronstein）（"托洛茨基"）和弗拉基米尔·伊里奇·乌里扬诺夫（Vladimir Ilyich Ulyanov）（"列宁"）是帕尔乌斯最亲密的伙伴。当德国警方将帕尔乌斯驱逐出莱比锡时，他建议他的密友、波兰出生的马克思主义者罗莎·卢森堡接替他的位置。罗莎·卢森堡在莱比锡作为一名波兰民族主义的国际主义批评家开始了她的文学生涯。19世纪90年代，她起初作为该运动的"非正统"左翼人士与帕尔乌斯一起参加了德国社会民主党 [①]（German Social Democratic Party）的会议。她像帕尔乌斯一样，因新闻阐释者的身份而声名鹊起。那些支持他们的人认为他们是知识分子，评论家称他们为宣传家，而帕尔乌斯则认为他们必须兼顾这两种身份。[42]

抵达德国后不久，帕尔乌斯阅读了德国马克思主义者爱德华·伯恩斯坦 [②]（Eduard Bernstein）的著作，他是马克思和弗里德里希·恩格斯（Friedrich Engels）的密友。帕尔乌斯认为，在德国社会民主党再次合法化的过程中，伯恩斯坦歪曲了马克思的思想，以推动该党在国家改革问题上与德国自由主义者和民族主义者找到共同的发展道路。伯恩斯坦似乎认为，工人对国家机器的控制可以通过投票来实现。帕尔乌斯和罗莎·卢森堡在伯恩斯坦的观点中发现了德国民族主义，认为这对国际运动有害，于是便在报纸上抨击他。帕尔乌斯在19世纪90年代创造了"修正主义者"一词，用以抨击伯恩斯坦和其他人，帕尔乌斯认为这些人背离了马克思对革命的初心，也没有看到自己从敖德萨看到的联系紧密的国际粮食经济体系。德国社会主义政治家奥古斯特·倍倍尔 [③]（August Bebel）描述了他们对朋友的批评有多么严厉："帕尔乌斯像鱼刺哽住了

① 德国社会民主党（德语：Sozialdemokratische Partei Deutschlands，简写为 SPD，简称社民党）始建于1863年，是德国现存最古老的政党，也是世界上最古老、最大的政党之一。——译者注

② 爱德华·伯恩斯坦（1850年1月6日—1932年12月18日）是德国社会民主主义理论家及政治家，德国社会民主党成员，也是进化社会主义（改良主义）的建立者之一。——译者注

③ 奥古斯特·倍倍尔（1840年2月22日—1913年8月13日），德国社会主义者，德国社会民主党创始人之一，该党40多年来最有影响和最受欢迎的领导人，西欧社会党历史上最受欢迎的杰出人物之一。——译者注

他们的喉咙，让他们无话可说。你无法想象该党对帕尔乌斯和罗莎的敌意有多深。"[43]

比帕尔乌斯小3岁的列宁，通过帕尔乌斯对伯恩斯坦的尖锐抨击首次了解到了他的观点。1899年，列宁强调，社会民主党人要理解帕尔乌斯对于廉价粮食如何催生新型欧洲港口城市的观点，他还强调俄罗斯帝国的农业问题只能从"世界资本主义的总体发展"的角度来理解。[44]就这样，先是帕尔乌斯，随后是卢森堡、列宁，最后是托洛茨基，都偏离了马克思的理论，他们认为世界面临的最大威胁不仅是单纯的资本主义，还有与帝国结盟的资本主义。

马克思主义者开始效仿经济自由主义者，使用和改造"帝国主义"一词。1872年之前的帝国主义是指专制君主军事夺权。因此，1848年，英国记者称路易·拿破仑夺取政权是帝国主义行为。1872年，英国首相本杰明·迪斯雷利①（Benjamin Disraeli）在水晶宫②（Crystal Palace）发表演讲，承认英国是一个幅员辽阔的帝国，随后，英国自由主义者用"帝国主义"一词批评本杰明·迪斯雷利和保守党人痴迷于跨越海洋、耗资巨大而一无所获的帝国主义统治。例如，大英帝国位于印度和加勒比海的领土就属于无法取得回报的"帝国主义"式冒险。[45]

"帝国主义"，对于创造这个词的自由主义者来说，描述的是19世纪那些借用古代帝国的"外壳"却没有真正像帝国那样运作的国家。这些

---

① 本杰明·迪斯雷利（1804年12月21日—1881年4月19日），犹太人，第一代比肯斯菲尔德伯爵（1st Earl of Beaconsfield），英国保守党领袖、三届内阁财政大臣，两度出任英国首相（1868年、1874—1880年）。——译者注

② 水晶宫与世博会于1851年同时诞生，水晶宫是英国伦敦一个以钢铁为骨架、玻璃为主要建材的建筑，是19世纪的英国建筑奇观之一。——译者注

"外壳"对财政毫无意义。毕竟，粮食不再是从一个帝国的内环收集而来，以养活帝国首都及其军队。自由贸易结束了这种局面。世界范围内的资本主义农业分工确保了世界粮食的共享。

帕尔乌斯和追随他的新马克思主义者沿袭了自由主义者对帝国主义的批判，认为工人应该从世界粮食经济中受益。帝国之间跨越海洋争夺非独立殖民地的竞争与资本家对外国市场的渴望异乎寻常地结合在了一起。资本主义和帝国的结合变成了帝国主义，这样的结合引发了毫无意义且代价高昂的战争，例如，对祖鲁人（Zulus）的战争和后来在南非对波尔人（Boers）的战争。他们的马克思主义者对手——伯恩斯坦——对这种关于欧洲帝国在非洲冒险的恐怖言论表示强烈反对，称"文明人"对世界各地的"非文明人"负有责任。[46]

帕尔乌斯对国际粮食经济的阐述也激励了托洛茨基，托洛茨基最初并非俄罗斯社会民主党人士。与帕尔乌斯一样，托洛茨基也来自乌克兰，在不断变化并发展的粮港敖德萨作为组织者开始了他的政治教育。托洛茨基比列宁年轻10岁，比帕尔乌斯年轻13岁，于1902年成为俄罗斯社会民主党人，一年后，他们围绕着在帕尔乌斯公寓里印刷的报纸组建了自己的阵营。在帕尔乌斯对农业的分析的启发下，托洛茨基认为在欧洲帝国瓜分世界和黑海农业的密集资本化过程中，资本主义的进程已经发生了根本性的变化，他因此一举成名。马克思曾错误地谈到在东方专制主义制度下，有些国家的君主用铁腕统治着国家。相反，俄罗斯帝国、非洲和中东是一个"不平衡和综合发展"的破碎体系。帝国主义与资本主义的融合可产生具备先进生产力而适合革命的地区，如乌克兰，以及自中世纪以来发展几乎停滞不前的落后农村地区，如伏尔加河（Volga River）周边地区。[47]

无论他们在世界如何变化方面有何分歧，帕尔乌斯都是卢森堡、列宁和托洛茨基最钦佩的经济学家，他们的许多立场都是以帕尔乌斯的观点为基础的。帕尔乌斯最有先见之明的观点是，欧洲社会民主党人需要停止内斗，因为一个拥有廉价粮食的世界意味着每个人的生活都会变得更轻松。侵略成性的欧洲国家将发动战争，以控制运输粮食、石油和其他大宗商品等战略物资的道路。与帕尔乌斯一样，卢森堡、列宁和托洛茨基密切关注着19世纪中后期英国、法国、荷兰和比利时帝国进行的实力悬殊的帝国战争。欧洲帝国当时正在非洲、奥斯曼帝国和中国瓜分势力范围。作为共产主义者，他们认为这只是这些帝国之间发生全球性、内灾难性冲突的开始。[48]

帕尔乌斯希望，利用自己对世界粮食贸易和1873年恐慌的革命性影响的理解，为摧毁俄罗斯帝国做出贡献，并推动建立新的革命政权，包括在废墟之上建立现代土耳其和社会民主国家。帕尔乌斯修正了马克思的理论，但世界各地的共产主义者开始将他的修正视为"正统的"马克思主义，部分原因是苏联的官方学说后来吸收了列宁对帕尔乌斯论点的解释和延伸。帕尔乌斯对1873年农业危机①（Agrarian Crisis）的理解是马克思主义理论、世界体系理论和帝国主义理论的基础。他促成了政治变革，尽管变革的方式超乎他的想象。

---

① 农业危机，是资本主义国家发生的农产品生产过剩危机，主要表现是：农产品长期滞销，价格持续下跌，农场主收入锐减，农业工人失业增加、工资下降，大批中小农户破产，农业劳动者的生活更加贫困等。——译者注

第十章

欧洲粮食的力量

1815—1887 年

　　1815—1914年，欧洲"大国"地位的转变表现在三个看似无关的方面：德国和意大利四分五裂的公国合并成为两个实力强大的国家；奥斯曼帝国和奥地利帝国的影响力日益衰微；这些重组的欧洲帝国随后就亚洲、非洲和太平洋的帝国统治权而争斗不休。[1]对于这些变化，有许多似是而非的解释。大多数人把注意力转向欧洲国家，包括种族民族主义的盛行、多民族组成的联邦国家固有的弱点、全民征兵制的影响、远见卓识的政治家的诡计以及南欧和东欧的"落后"。但是，德国和意大利的崛起，奥地利和奥斯曼的衰落，以及欧洲对帝国的瓜分，都与流入欧洲的廉价粮食有关，而大多数学者都没有意识到这一点。[2]列强并非在真空中毫无阻力地运作，它们的部分动力来自粮食。列强的深水港口吸收了大西洋和黑海海域的食物，解放了工人，使他们涌入城市，并使欧洲粮食集散地周边的河流和运河的工业化成为可能。一些欧洲国家为了适应粮食富足的新常态，而对一部分盈余粮食征税，为建造战舰而掏空工人的腰包。塞满廉价粮食的欧洲帝国很快向世界其他地区出口工业制成品，包括加工类食品。与此同时，大型港口城市对欧洲各帝国的扩张变得至关重要，这种扩张是各个帝国面临的最大威胁。这就是感染致病疫霉后世界的运转方式。

学生和学者均认为，他们知道了国家、首都和国王的名字，就能了解世界。若是研究过地图（几乎图上的每个颜色都代表着一个国家），就会更确信这一点。但地图上标有颜色的国家只是世界的一个简单模型。对于粮商来说，了解世界并不意味着要数出帝国和首都的数量；了解世界其实意味着要找到食物聚集的大城市，再向外拓展。要了解人类世界，重点不是这些地图上的色块，而是，而且一直都是人类赖以生存的食物通道——"黑色之路"。

把世界看作一条跨越海洋、河流和港口的路线是很困难的，但对那些从事粮食贸易的人来说，这点至关重要。帕尔乌斯认识到欧洲列强依赖于来自大洋彼岸廉价粮食提供的能量，并设想了对欧洲的重组，以及欧洲与世界其他地区的关系。1896年，帕尔乌斯提出，国际社会要了解欧洲必须基于这样一个事实，即连接欧洲和大西洋的路线经过伦敦，而连接欧洲和太平洋的路线则经过巴尔干半岛。虽然苏伊士运河缩短了东西方之间的通行路线，但伊斯坦布尔仍然是西部粮食集散地和东部粮食产地之间的门户，因此，任何重大的世界冲突都将从那里开始。[3]欧洲的外交官是一群自视甚高的人，他们自以为是地相信，世界是围绕着列强之间的关系而运转的，有太多的历史学家认同这种逻辑。帕尔乌斯知道，没有比粮食更强大的力量，也没有比控制粮食贸易路线更具决定性的力量。每部以欧洲为中心的第一次世界大战史均以欧洲战壕为主题，帕尔乌斯知道，真正的世界大战将在博斯普鲁斯海峡爆发。当第一次世界大战开始于巴尔干半岛时，奥斯曼帝国控制了加里波利附近的两条海峡，使英国和法国的城市难以自给自足，事实证明帕尔乌斯是正确的。

19世纪，奥地利帝国的衰落可能是最容易解释的。鼠疫暴发之前，奥地利的未来建立在向欧洲其他地区出口面粉的基础上。奥地利于1867年成为奥匈帝国，有着重要的优势。粮食在匈牙利肥沃的巴纳特地区[①]（Banat）长势良好，在布达佩斯的多层面粉厂变成了面粉，在德国、巴黎、伦敦和巴西的顶级面包师和甜食商中找到了市场。早在1879年，奥匈帝国就利用其农业优势（尤其是面粉），获得了数百万美元的外汇。[4]

　　布达佩斯的磨坊依赖于1820年引进的多级粮食碾磨工艺，因此，其一直小心翼翼地保护着这个工艺。1820年之前的20个世纪里，全世界都在使用石磨：两个水平旋转的磨石将小麦磨碎，磨石旋转，将磨碎的小麦沿着凹槽推入料斗；凹槽很快会被小麦粘住，需要不断清洗；而且这些石头需要定期打磨。

　　布达佩斯的磨坊主找到了一种不用凹槽的方法。用手将松散的粮食倒在两个反向旋转的玻璃、陶瓷或铁制成的长圆筒之间。间隔紧密的圆筒将粮食碾成碎屑，而不是将其碾成粉末。在第一个圆柱体下面还有其他圆柱体，每个圆柱体之间的距离越来越近，接着谷粒便轻轻弹出，从坚硬的外壳中剥离出来。因重力弹出的谷粒及其外壳向下掉落，而风扇和筛子将白色胚乳与外层的棕褐色麦麸和里层的褐色胚芽分开。将谷物送入圆筒并筛出残余物需要用到大量劳动力。经过适当筛选，可得到12个不同等级的面粉：每个等级分别对应奥匈帝国不同的社会阶层。人们将颜色最白的面粉称为皇帝级面粉（Kaiserauszug）或皇帝级小麦精华[②]（Kaiser）。皇帝级面粉含有极少量麸皮，价格高昂，可以一直运到里约

---

　　① 巴纳特是中欧的地理和历史地域，现时是三个国家的领土。其东部属于罗马尼亚，西部位于塞尔维亚，北部少量土地属于匈牙利。

　　② Kaiser 源于恺撒，德语里指神圣罗马帝国（962—1806）、德意志帝国、奥地利帝国皇帝。——译者注

热内卢而不变质。1878年，布达佩斯的佩斯①一侧的工厂每天为伦敦、利物浦和南美市场生产3万桶面粉。这些面粉比美国面粉每桶的售价高出50美分。[5]

随着食品在帝国内运输，对食品征收的苛捐杂税使食品业承受了巨大的压力。正如帕尔乌斯所说，奥地利"就像一件乞丐的外套，由一块块布料七拼八凑而成……这件外套毫无版型可言，松松垮垮，袖口里伸进了无数萎缩的上肢，但这些肢体没有头，没有手臂，不能行走，不能站立，也不能活动"。[6]欧洲的每位粮商都了解这个农业帝国粮食运输系统中的"七拼八凑的布料"和"臃肿的版型"的含义。各省之间的贸易课以重税——粮食进货时要纳税，面粉出货时要征税，如果粮商利润率过高，那么他们可能会被捕。粮食的内部贸易路线，甚至是效率极高的多瑙河，都因复杂的通行规则而乱成一团。经济学家维克托·海勒（Victor Heller）表示，对犹太粮商的极度怀疑严重影响了奥地利的内部贸易法规。[7]

皇帝还未垮台，奥地利"皇帝级面粉"就已经跌落神坛。1877年，圣路易斯明尼阿波利斯和威斯康星州拉辛②（Racine County, Wisconsin）的磨坊主们参观了布达佩斯的工厂，试图效仿匈牙利的方法，而执行这个方法需要数千名工人并调用工业规模的水力。威斯康星州参议员罗伯特·霍尔·贝克（Robert Hall Baker）详细描述了他在布达佩斯的窥探行为。1878年，他发现"这里有一位工程师向我兄弟展示了一些平面

---

① 布达佩斯在历史上并不是一座城市，而是两座城市，分别名叫"布达""佩斯"。两座城市隔多瑙河相望，布达位于多瑙河左岸，佩斯位于多瑙河右岸。1873年，布达和佩斯合并组成了一座城市，名字为"布达佩斯"。——译者注
② 拉辛是美国威斯康辛州东南部的一个城市，东临密歇根湖。——译者注

图，他正在美国建一家大型磨坊"。"我想，"他阴郁地说道，"这是给明尼阿波利斯修建的磨坊。"[8]工程师首先在美国尝试了蒸汽动力粮食磨坊，但他们失败了。冒着火花的发动机离面粉太近，可能会将面粉烧成火球，将城市街道夷为平地，就像1878年明尼阿波利斯市中心的沃什伯恩（Washburn）磨坊发生的事件那样，18名工人因此命丧火海。[9]1881年，在发生了一系列爆炸性故障后，美国人研究出一个半自动化的匈牙利工艺，并在伦敦和利物浦销售了几十万桶面粉。面粉价格很低，英国和澳大利亚的公司指责他们向英国市场"倾销"。到1885年，消费积累型城市中的欧洲人在专门为外国粮食修建的新型磨坊中，对省力机械设备进行了逆向设计。在利物浦、赫尔和伦敦，以及欧洲大陆的安特卫普、鲁汶和鹿特丹，都出现了根据匈牙利磨坊工艺修建的港口磨坊。[10]匈牙利的秘密被泄露了，受到严格保护的奥地利出口业也陷入了困境。奥地利政府继续向面粉业注资，也不过是把奥地利变成了"乞丐的外套"。奥匈帝国确实渐渐变得"松松垮垮"。1905年11月，制粉业全面崩溃。[11]

奥斯曼帝国是一个农业帝国，与奥地利帝国一样，通过固定的粮食价格、警察监管，以及大型面粉厂和面包师行会来对内部贸易进行征税。但两大帝国之间有着重要的区别。奥地利出口面粉，而奥斯曼帝国将粮食留在国内，主要出口烟草和椰枣。18世纪80年代，凯瑟琳大帝采用了一个新方法——利用粮食市场击败奥斯曼帝国，导致苏丹的财务顾问放弃了固定军粮采购价格的方案。尽管如此，在1911年之前，对内部粮食贸易征税还是帝国维持自身的一个主要手段。[12]帝国内部高企的粮价削弱了帝国实力。走私到帝国的廉价进口粮食仍然是奥斯曼帝国面临的难题，尤其是在铁路部门允许廉价的美国面粉绕过国内海关，使面包中间商受益的情况下。[13]

更重要的是，奥斯曼帝国的衰落与其说与面粉制造的秘密有关，不如说是与它无法管控本国的税收有关。奥斯曼帝国失去自治权有一个更直接的原因是大英帝国。1838—1911年，奥斯曼帝国被迫成为英国的敛财工具。1833年，困难接踵而至，当时，苏丹马哈茂德二世① (Mahmud II) 要应对埃及总督穆罕默德·阿里② (Muharomad Ali) 的叛乱，这次叛乱将奥斯曼帝国置于危亡之中。只有俄罗斯帝国急急忙忙地进行干预，阻止了阿里夺取伊斯坦布尔。在威胁之下，马哈茂德二世寻求英国海军的支持。1838年，他与英国签署了不平等的《巴尔塔利曼条约》③ (Treaty of Balta Liman)，使奥斯曼成为英国的财政附庸。英国商人可以自由进入奥斯曼市场，奥斯曼却无法进入英国市场。为了回报这一巨大优惠，英国帮助奥斯曼帝国击退了埃及军队，史上最著名的要数1840年英国对耶路撒冷阿克里 (Acre) 的轰炸。此后，英国商人进口的廉价外国面粉和纺织品不断削弱着奥斯曼帝国的国内产业，奥斯曼帝国无力减缓进口的态势。于是，奥斯曼帝国在余下的日子里进口量多于出口量。为了弥补关税损失，奥斯曼帝国提高了对巴尔干国家的税收，为塞尔维亚、保加利亚、瓦拉几亚和摩尔达维亚的独立运动起到了推波助澜的作用。后来，

---

① 马哈茂德二世（1785年7月20日—1839年7月1日）是奥斯曼帝国的第三十任苏丹，他出生于伊斯坦布尔托卡比皇宫，是阿卜杜勒·哈米德一世 (Abdul Hamid I) 的儿子，是奥斯曼帝国滞止时期的一位君主。——译者注

② 穆罕默德·阿里（1769年3月4日—1849年8月2日），全名穆罕默德·阿里·本·易卜拉欣 (Muhammad Ali ibn Ibrahim)，出生于卡瓦拉（今属希腊共和国）。埃及近代政治家，奥斯曼帝国驻埃及总督，穆罕默德·阿里王朝的创立者（1805—1848年在位）。——译者注

③ 《巴尔塔利曼条约》是奥斯曼帝国与英国于1838年签订的条约，条约规定奥斯曼帝国将市场开放给英国和法国，以换得政治支持和军事援助。——译者注

英国在此事中体现的避开帝国关税的能力成为从亚洲、非洲和太平洋榨取资源的典范。[14]

来自国外的廉价粮食、国内高昂的粮食税以及外国进口的税收优惠并不能道明奥斯曼和奥匈帝国在19世纪欧洲的命运。然而，由于廉价粮食分别于19世纪40年代从黑海和19世纪60年代从大西洋运抵，这两个农业帝国都经历了直接和间接的竞争。随着这两个帝国从本国粮食贸易中获取资源的能力下降，曾经强大的帝国实力也随之减弱。

其他欧洲帝国从中学会了如何大量进口粮食，并成为强权。德国和意大利建造了深水港口，并对国内铁路网络进行补贴，以促进外国粮食和其他利用港口工厂的后续食品（包括猪肉、黄油和牛肉）的进口和分销。修建铁路和低关税壁垒是意大利总理卡米洛·奔索·加富尔①明确出台的政策。然而，到了19世纪80年代，为减轻"李嘉图悖论"（农业用地价格下跌）的负担，这些国家又开始对进口粮食征收关税。进口小麦税减缓了农业租金的下降，尽管限制国外价格竞争可能会削弱这些国家的农业创新能力。[15]但对1846年后进口的大量粮食征税，也增加了这些国家和其他粮食进口国的财政预算。

虽然重农主义俄罗斯帝国和美国的财富大部分集中在国家边缘地区，但像德国和意大利这些消费廉价粮食并对廉价粮食征税的欧洲国家，将财富集中在了首都。那些靠廉价食品繁荣起来的粮食集散城市试图进行反击。起初，欧洲粮食集散城市的磨坊主和其他粮食加工商抵制粮食关税，但随后同意建立一个复杂的新制度，对粮食进行排除和转换。各个

---

① 卡米洛·本索·加富尔（1810—1861）是撒丁王国首相（1852—1859、1860—1861）、意大利王国第一任首相（1861年）、意大利统一时期自由贵族和君主立宪派领袖。——译者注

国家对用于制作出口面粉的所有粮食实行"退税"政策。例如，在法国，一位在1892年向法国殖民地出口1万袋面粉的磨坊主收到了2 900美元的退税证书。粮食贸易商购买该证书是为了减少关税开支，通过这种方式，如果在粮食集散城市生产的面粉、面包和饼干能出口到欧洲以外缺粮的地区，粮食税就可以降低。[16]粮食关税将用于修建铁路和生产战舰。争夺亚洲、非洲和太平洋的潜在市场，加工来自大洋彼岸的食品并将其销往国外成为欧洲国家的新兴业务。

有时很难觉察到粮食与帝国之间的密切联系，尽管体现这种关系的里程碑随处可见。1701年，普鲁士将首都从柯尼斯堡[①]（Königsberg）迁至柏林时，建筑师建造了一个巨大的大理石柱。这个石柱标志着帝国中心的里程碑起点，类似的标记具有深刻的历史意义。公元前20年，皇帝恺撒·奥古斯都（Caesar Augustus）在罗马树立了一座石碑，名为"金色里程碑"[②]。每接近罗马边境1罗马里[③]，就立一块小石碑，所有的道路都通向罗马，军队就是这样修建道路的。公元330年，拜占庭的罗马总督君士坦丁目睹了罗马的衰落，他在拜占庭建造了一个新的柱子。这座城市很

---

① 柯尼斯堡是加里宁格勒的旧称。加里宁格勒位于桑比亚半岛南部，由条顿骑士团北方十字军于1255年建立，先后被条顿骑士团国、普鲁士公国和东普鲁士定为首都或首府。——译者注

② 罗马帝国的第一代皇帝奥古斯都在古罗马广场（Roman Forum）树立了一块中央石碑，将其作为世界的中心，以此为起点，每隔千步置一石碑，碑面刻有皇帝的大名，并标明到某地的距离。罗马的"千步"距离在拉丁语中是 mille passus，合写为 milliarium，大约等于1.48千米。在古罗马广场中央的那块石碑则被称为"金色里程碑"（Milliarium Aureum），是古罗马广场的著名景点之一。——译者注

③ 罗马里，简称罗里，古罗马的长度单位，一般以5罗尺为1罗马步，1 000罗步为1罗马里。1罗马尺合29.6厘米，1罗马步合149厘米，1罗里合1 490米，即1.49千米。——译者注

快被重新命名为君士坦丁堡——君士坦丁的城市，并成为罗马帝国的新首都。

大约1 000年后，法国和普鲁士的国王均声称自己是罗马的后裔，在各自首都建立了类似的用来作为标记的石碑，尽管他们可能没有完全理解这些石碑的意义。意大利依靠的是罗马的古代里程碑。法国的里程碑伫立在皇室官邸杜伊勒里宫附近的圣母院大教堂前。柏林的金色里程碑则建在一座桥上，靠近一座坚固的城堡遗迹。1730年，宫廷在那里立起了精美的雕像，并将该地命名为"登霍夫广场"（Dönhoffplatz），以纪念亚历山大·冯·登霍夫（Alexander von Dönhoff），他是西班牙王位继承战争^①中的一位普鲁士英雄，他带领的军队击退了路易十四（Louis XIV）领导的法国军队。一直到2000年，德国绘制的欧洲地图上均标明了每个城市与柏林里程碑的距离。德国每次取得重大突破，其作战计划都得益于这些地图。直到2000年，也就是东西德统一后，德国政府才将金色里程碑改为"勃兰登堡门"^②（Brandenburg Gate）。

这些末代皇帝可能不会理解，罗马里程碑标志的并非与权力中心的距离，而是与帝国"五谷丰登"的粮食储存地——粮仓的距离。公共粮仓，当时人称"horrea"，就聚集在金色里程碑周围。最初，1罗马里是罗马士兵的1 000罗步，1罗步相当于成年人走两步的距离。古代军事战略

---

① 西班牙王位继承战争（1701—1714）是因为西班牙哈布斯堡王朝绝嗣，王位空缺，法国波旁王朝与奥地利哈布斯堡王朝为争夺西班牙王位而引发的一场欧洲大部分国家参与的大战。战争实质是为了遏制法国吞并西班牙而再次独霸欧洲的局面，从而引发了半个欧洲组成新大联盟对抗法国。——译者注

② 勃兰登堡门（德语：Brandenburger Tor），位于德国首都柏林市中心菩提树大街和6月17日大街的交会处，最初是柏林城墙的一道城门，因通往勃兰登堡而得名。——译者注

家很少使用地图，而是利用旁边标有里程数的一长串前哨站来制定策略。终点以罗马里为单位标出了从罗马粮仓到敌军的距离。就像帕尔乌斯说的一样，因为奴隶和运粮的牛都要吃粮草，粮食便会逐渐消耗殆尽。出于这个原因，罗马的军事战略学家利用里程碑来衡量到达目的地所需要的通行费。这些里程碑可同时用于衡量距离、劳动力、时间和界定帝国的疆域，距离罗马的粮仓——中央广场金色里程碑越远，哨所的防御成本就越高。[17]

　　古罗马是一个贸易城市，但到处都是无地工人，为了避免发生骚乱，一个福利型国家诞生了。每年有数百吨粮食涌入罗马帝国，到达中央里程碑。大约在粮食收割一个月后，在一场名为"岁调"①（annona）的活动中，相关人员对首都的粮食进行清查。在公元前3世纪，所有公民和士兵每月都会收到一枚硬币，之后可以用这些硬币来换取粮食。到了公元2世纪，帝国将面包作为每月配粮，免费发放给罗马公民。那时，里程碑的周围已经形成了一个综合市场，可购买额外商品。罗马帝国把军用道路（capita viarum）延长至首都，这些公路则在扩张战争中向外输送士兵、物资和食物。尽管柏林和巴黎自诩是伟大的帝国，但它们缺乏粮食供给，也缺乏海上交通，在考古学家和历史学家眼中，海上交通对罗马这样的古代帝国至关重要。[18]

　　普鲁士的里程碑起点现在是一个杂草丛生、几近荒废的公园，到处都是垃圾。现代德国人放弃这一金色标记并不难理解。20世纪30年代，当纳粹上台时，阿道夫·希特勒（Adolph Hitler）设想了一个从柏林的金

---

　　① 罗马帝国的一种粮食征收方式。——译者注

色里程碑向外辐射的第三帝国 ① （Third Reich），因此，他将总理府建在了离金色里程碑几个街区的地方。

希特勒战败后，苏联军队迅速占领了第三帝国的中心。随着苏联的"铁幕"降临整个欧洲，苏联政府要求第三帝国的里程碑在苏联统治的城市一侧。在苏维埃占领的东柏林部分，这座纪念碑保留了40年之久。到20世纪60年代，德意志民主共和国已经拆除了所有纪念国王和王公的雕像。1989年，柏林墙倒塌后，欧洲版图再次发生了变化。里程碑旁边的一块破损的牌上写着：当柏林重新统一时，柏林市议会（Berlin Borough Assembly）决定保留"登霍夫广场"一名，但将里程碑重新送给一位自由派异见人士，她是普鲁士军官的后裔。20世纪30年代，纳粹入侵时，玛丽昂·登霍夫（Marion Dönhoff）伯爵夫人离开了大学，随后可能参与了暗杀希特勒的计划。第二次世界大战后，她曾担任柏林一家自由派报社的编辑。一些旧的里程碑纷纷被运回广场，随后被塞进一个小角落，因此，公园看起来像一个墓地，而杂役心不在焉地移动着这些"墓碑"。

这种改善内部粮食运输渠道的愿望，从1871年开始就激励着普鲁士政府。普鲁士军队一旦占领阿尔萨斯－洛林，就面临着一个尴尬的问题。阿尔萨斯－洛林的大部分地区从比利时的安特卫普获取粮食，而安特卫普的粮食又来自大西洋。虽然军队意识到德国在建国之时依赖的是外来粮食，但是他们认为国家的延续取决于延缓进口粮食的速度。1870年，安特卫普是一个开放的港口城市，既可以养活德国军队，也可以养活其他任何军队，甚至可以充当通过陆路入侵欧洲大陆的仓库。英国明白这

---

① 第三帝国，即纳粹德国，也就是纳粹党执政的德国。——译者注

一点。事实上，就在德国正欲入侵法国之际，英国向双方宣布，比利时（其粮港位于安特卫普）作为中立国，已禁止入境，3万名英国士兵准备登陆以保持港口的开放。如果普鲁士或法国入侵比利时，英国发誓将与之抗争到底。80年前，拿破仑·波拿巴控制了安特卫普，并将安特卫普这把"手枪"瞄准了英国的心脏。英国不会让自己再次陷入险境。[19]

罗马、安特卫普、伊斯坦布尔和纽约等粮食集中港有获取大量粮食的潜力，这让欧洲帝国焦虑不已。对于欧洲帝国来说，安特卫普港周围的小国是安全的，伊斯坦布尔周边不断衰落的帝国也是安全的。[20]欧洲帝国的历史学家认为，在19世纪80年代对非洲大陆的"争夺"中，非洲的分裂遵循了这个原则：先找港口城市，再找河流。这可能是一个强国的基础。因此，历史学家认为，英国和其他欧洲帝国确保了河流成为"自由区"。任何一个非洲国家（或声称拥有非洲领土的帝国）不能同时控制大片农业地区和一条主要河流的两岸。非殖民化后，敌对国家之间的分界线多以河流为主，埃及是唯一的例外。[21]因此，虽然安特卫普的粮港对1871年统一的德意志帝国来说是一个诱人的战利品，但是在其他帝国，尤其是英国、法国、西班牙和荷兰的眼中，它既是战利品，也是一种威胁。

对于以前供应粮食的德国和意大利部分地区的地主来说，美洲廉价食品的泛滥是一个长期存在的问题。以大西洋为中心的新国际分工降低了国际粮食价格，压低了欧洲土地的价值，使普鲁士的土地所有者和农民陷入了进退两难的境地。"李嘉图的悖论"一语成谶：土地改良将降低地租。德国东部的地主们对土地危机后的新常态进行了一番辛辣的讽刺。据说，勃兰登堡的每个农民都需要学习新型作物轮作技术：小麦、黑麦、抵押贷款、手枪。[22]

　　地主要求对进口粮食征税，并对铁路征收特殊税率。德意志帝国像乌龟一样向内收缩，利用国有化铁路的廉价运费支持国内贸易，同时，放慢粮食进口速度并从泛滥的廉价食品中获利。德意志帝国试图通过这些方法来应对大西洋廉价食品带来的困境。[23]1876年，一个新的反自由贸易地主联盟成立了德意志保守党[①]（German Conservative Party）。后来，批评者嘲讽建立新政党的工业家和地主为"钢铁和黑麦的联盟"，因为他们对进口金属和粮食征税，使制造商和农民从中受益。

　　粮食关税最直接的反对者是工人，特别是社会民主党人，他们对大西洋对岸的廉价食品表示强烈支持。现代学者往往会忘记，全欧洲的马克思主义政党都极度支持自由贸易，只有最保守的工会才支持关税。1878年，德意志帝国第一任总理奥托·冯·俾斯麦以无政府主义者试图杀害威廉一世为借口，禁止社会民主党竞选、发表演讲或经营报社。总理对社会民主党下达的禁令打破了德国的政治平衡，使德国可能向其工人的食物征税。[24]

　　保守派重建以柏林为中心的德意志帝国的计划经过了仔细的调整。俾斯麦说，除了"为帝国提供新的收入来源"，对进口粮食征收关税实施起来也很容易。他的提议是：用关税封住帝国的入口，通过提高运输成本来抵制进口产品的冲击，随后为国内的粮食运输提供补贴。[25]1878年，通过安特卫普和鹿特丹等深水港减缓食品进口速度变得困难重重，因为

---

　　① 德意志保守党（德语：Deutschkonservative Partei，DKP），德国容克地主阶级政党。其前身为1848年普鲁士国民议会中反对革命的极右保王派"十字架报派"，又称"普鲁士保守党"。该党代表普鲁士、萨克森和波美拉尼亚容克、军阀官僚和路德宗上层教士的利益，主张保持普鲁士封建残余和反动的政治制度，在普鲁士领导下统一德意志。——译者注

不仅是粮食，面粉、冷冻牛肉和罐装肉类也威胁着欧洲地主。

1879年，新成立的中右翼政府对德国国内贸易实施了更多干预。该政府将中央铁路走廊国有化，同时对进口粮食征收关税。政府认为，私有铁路绝对不会将国家利益放在心上。自由党和保守党的反犹太主义者认为，犹太人掌握着最重要的走廊是1873年经济萧条的罪魁祸首。[26]"我认为，"俾斯麦宣称，"因为缺乏保护，我们正在慢慢流血而亡……让我们关紧大门，竖起层层壁垒，这样才能至少为德国工业守住国内市场。"[27]

帝国的保守派试图提高柏林里程碑以东的粮食产量，但遗憾的是，该地区粮食产量还是不足。1881—1883年，普鲁士政府对美国的粮食种植和销售进行了广泛调查，随后成立了普鲁士定居委员会（Prussian Settlement Commission）。该委员会将收购柏林以东的大片波兰土地。这是18世纪90年代波兰分裂时被占领的土地，位于现在的波兰格但斯克和波兹南（Poznan）之间。按照美国中西部农场规模，这些土地被划分成每个约35英亩的农场，最后分配给德国农民。这是一个失误：这些农场面积太小，因而无法开展机械化作业。该计划旨在与美国直接竞争，建立一个帝国式的中间地带，将粮食从东方运往柏林。到1918年，该计划耗资超过10亿德国马克①（Reichs Mark），即便如此，对普鲁士粮食供应来说仍是杯水车薪。[28]

---

① 马克，德意志联邦共和国货币单位。1948年6月20日，德国西占区实行货币改革，并发行联邦德国马克，正式取代1924—1948年通行的德国马克。两德统一后，1990年7月1日起马克通行全国。辅币是芬尼（Pfennig）。1德国马克等于100芬尼。流通中的纸币面额有5马克、10马克、20马克、50马克、100马克、200马克、500马克及1 000马克，铸币面额有1马克、2马克、5马克、10马克以及1芬尼、2芬尼、5芬尼、10芬尼、50芬尼。2002年7月1日起马克停止流通，被欧元取代。——译者注

随后，德国的保守派学者相继重新定义古代帝国的历史，以顺应帝国自给自足的新学说。历史学教授、普鲁士国会议员海因里希·冯·特赖奇克①（Heinrich von Treitschke）精心编写了一部世界帝国的历史，为德国转向高关税政策提供了理论依据。他发表了颇具影响力的演讲，后来集结出版在《政治学》（Politics）一书中。在演讲中，他说马其顿超越了希腊人，因为希腊人过于国际化。他接着说："罗马帝国后来衰落了，因为它从非洲进口了廉价粮食。如果针对亚洲和非洲粮食进口的保护措施在适当的时候出台，旧的农业阶级就不会灭亡，社会状况也会保持健康。相反，罗马商人被迫购买廉价的非洲粮食，因此给意大利农民带来了痛苦……这使得这个国家的心脏地带坎帕尼亚②（Campagna）变成了沙漠。"他继续说，世界主义和国际贸易使新旧帝国摇摇欲坠。特赖奇克赤裸裸地利用反犹太主义来坚定他已经动摇的主张，他说："对每个古代帝国来说，犹太人都起到了毁灭性的腐蚀作用，这群人身上潜伏着一股危险的分裂力量，他们能够戴着任何民族的面具来伪装自己。"[29]

---

① 海因里希·冯·特赖奇克，德国历史学家、政论家，普鲁士学派主要代表之一。生于德累斯顿一高级军官家庭，就读于莱比锡大学和波恩大学。他积极支持俾斯麦的内外政策，坚持以史学研究来推进德意志的统一事业，颂扬普鲁士的武力统一政策；仇视法国大革命，反对社会主义，鼓吹种族主义、沙文主义；力主对外扩张，建立一个能够争夺世界霸权的强大的君主制国家。他被列宁称为德国"官僚警察历史学家"。其五卷本《十九世纪德国史》常被德国反动势力用来鼓吹沙文主义和军国主义。法西斯德国曾隆重纪念其诞生一百周年。另著有《政治学》《普鲁士主义的起源》等。——译者注

② 坎帕尼亚位于意大利半岛南部、亚平宁山脉南麓，濒临第勒尼安海。北起利里河，南至波利卡斯特罗湾，包括阿韦利诺、贝内文托、卡塞塔、那不勒斯与萨莱诺五省；面积约为1.36万平方千米。——译者注

除了谴责犹太人和自由贸易外，德国保守派还谴责运输公司：私营铁路公司通过将大量美国粮食带到欧洲城市中心来实现盈利。商人们从安特卫普沿着莱茵河运输外来粮食，铁路不辞辛劳地将这些"危险的"廉价食品输送到工业城市中心，特别是在德国联邦共和国的西部各州。保守派希望，国家对铁路的全面控制来缓解来自德国境外廉价粮食的压力，并维持柏林金色里程碑的地位。[30]

然而，由于国家间的最惠国协议，德国对粮食征收新税的政策不能轻易或立即实施。关税势必征收，各国外交部长也将不得不慢慢撤销德国与本国签订的错综复杂的双边协议。

对泛滥的外来粮食征税不仅是为了让地主安心，还可用于增加国家的财政收入，促进国家建设。关税和铁路运费共同构成了普鲁士预算中两大收入来源。这两种粮税——关税和外国粮食经过德国时高昂的铁路运费给帝国带来了一笔资金，用来收买抵制德意志帝国权力的较小联邦公国。[31]当时的德国经济学家证明了粮食关税具备军事优势，而不是经济优势，尽管作为经济学家，他们知道，廉价食品惠及所有没有土地的人。这些经济学家指出，到1881年，廉价食品和廉价交通的"双重危险"使英国的农业人口减少到不足总人口的8.5%，而欧洲的平均水平在35%—69%。只有对廉价粮食征税，德国才能在战争时摆脱饥饿的威胁。[32]同样重要的是，对外来廉价粮食征税使得德国和意大利在不增加土地税收的情况下增加战争预算。廉价粮食造就了欧洲国家，也为这些国家展开杀戮提供了资源。

普鲁士经济学家进一步强调，给予国内贸易优惠税率有助于在工业和农业之间形成协同作用。工业副产品和化肥确实在一定程度上提高了作物产量。[33]哈伯法[①]是一项具有突破性的工艺，进一步细化了人类对氮循环的理解，在德国对农作物产量的深入研究中得以发展。但关税有助于提高生产力的理论经不起仔细推敲。要想利用哈伯法来提高产量，还需要几十年的时间。即使用了氮肥，勃兰登堡州的沙土也永远无法变成堪萨斯州或波多利亚州的黑土。[34]德国征收粮食关税28年后，帕尔乌斯遗憾地宣布，关税使帝国脱离了世界市场，因此，普鲁士农业的发展落后了25年之久。"这就是一个鲜明的例子，"帕尔乌斯怒斥，"资本主义国家的政治如何与资本主义发展的利益相矛盾"。[35]

龟缩于金色里程碑周围会对德国以外的地方产生不良影响。德国的粮食关税对欧洲其他农业帝国的粮食出口造成的阻碍比对美国的阻碍还大。德国港口城市的商会表示，征收粮食关税后，从俄属波兰地区或经汉堡等德国港口通过铁路运抵的货物几乎都逐渐停运了。越来越多的俄罗斯粮食绕过德国的粮食封锁路线以及国家管控的铁路，运往德国东北部和西南部。[36]1871年，靠着外国小麦生存的普鲁士军队吞并了阿尔萨斯-洛林，并巩固了德意志帝国。一旦国家稳固，普鲁士国家就像传说中的傻瓜国王卡努特（King Canute）一样，试图命令海洋停止涨潮。虽然新型税费和铁路运费养活了这个国家，但这加剧了国家内部的紧张局势，通过收买的方法永远无法完全缓解这种紧张局势。南部和西部工业地区喜欢安特卫普的廉价粮食，因为这些粮食降低了劳动成本。粮食种植区主要分布在普鲁士北部和东部，那里的欧洲地主继续抱怨外来粮食仍在流入。关税非但没能阻止大西洋食品涌入普鲁士，反而产生了意料之外

---

① 哈伯法（也称"哈伯-博施法"，德语：Haber-Bosch-Verfahren，英语：Haber Process，也称 Haber-Bosch process 或 Fritz-Haber Process）是一种通过氮气及氢气产生氨气的方法。——译者注

的效果。1879年的德国关税最初是粮食总价的10%，后来上升到30%，但这样只起到了减缓进口的作用。[37]

　　法国农民和地主对来自美洲的廉价粮食深恶痛绝。法国于1881年确定的关税最初与德国一样，大约为粮食总价的10%，于1885年再次上调，1887年又一次上调。[38]到19世纪末，法国、意大利和德国对外国粮食征收的是港口价格1/3的税费。与德国一样，法国将这笔来自国外的资金投入基础设施建设。法国公共工程部长夏尔·德·弗雷西内①（Charles de Freycinet）发起所谓的"弗雷西内计划"（Plan Freycine），为40多亿法郎的债券做担保，这些债券用于修建铁路和运河，将农村地区与法国城市连接起来。与德国一样，对美国和俄罗斯帝国粮食征税，以改善连接法国城市中心和偏远地区的"黑色之路"计划，既增强了国家实力，也得到了农村地区的大力支持。[39]

　　粮食可以推动列强的国土扩张，但对进口粮食征税只能延缓"李嘉图悖论"的影响。欧洲农村地区土地价格下跌，始于美国内战结束、粮食涌入欧洲之时，一直持续到19世纪末。[40]以蒸汽为动力的粮食收割机将继续在俄罗斯帝国南部的大草原、美国北部平原收割最廉价的小麦，很快，加拿大、阿根廷潘帕斯草原和澳大利亚东部与西部边缘地区也出现这番景象。粮食种植技术日益成熟，以及由此引起的粮食价格下降，在19世纪40年代到70年代，最大的受益者是工人。在19世纪90年代的土地危机之后，最大的受益者则是所谓的欧洲列强。这些"欧洲粮食强权"在本国与金色里程碑之间修建铁路，资助乡村和城市之间的道路修建，

---

　　① 夏尔·德·弗雷西内（1828年11月14日—1923年5月14日），法国政治家，曾在12届不同政府中任职，包括4次出任法国总理。他制订了著名的交通改造的"弗雷西内计划"，还是19世纪最后10年的重要陆军改革的主要负责人。——译者注

并对别国实施军事行动，得寸进尺地从中牟利。

1879—1881年，德国和法国的关税政策极大地改变了世界的粮食供应路线。德国政府对从东部过境的粮食征收高额关税，并收取较高的铁路运费。当德国试图将廉价外国粮食的收益收入囊中时，贸易商们采用巧妙的方法调整了"黑色之路"，避开了德国对外国粮食征收过高的铁路运费。为了避开这些高昂运费，俄罗斯帝国粮商渐渐将粮食向北运至波罗的海港口，然后通过水路运往波罗的海和北海的港口。结果，曾经通过俄德边境直接向德国供应的粮食，现在靠的是有补贴的俄罗斯帝国路线来运输，离开波罗的海上的俄罗斯帝国港口，再回到德国港口。俄罗斯帝国供应粮食中水路距离的增加使德国如遇战争，变得不堪一击。

此外，新的关税除了使欧洲国家有收入来生产昂贵的新型战舰外，还使这些国家图谋不轨，抢占非洲、亚洲和中东的市场。因为如果磨坊主和面包师将粮食制品再出口，他们进口的粮食就可以避开德国和法国的关税，港口城市的磨坊主就钻了这个漏洞。如果欧洲国家能找到欧洲面粉的出口市场，他们就可以继续进口廉价粮食。例如，欧洲出口的面粉制品——软点心、意大利面和饼干，获得的关税减免数额超过了生产这些产品所需要粮食的价值。[41]这样一来，进入欧洲的粮食要么通过关税刺激欧洲军事实力的增长，要么通过向港口面粉厂和工厂提供出口奖励金（如果它们向帝国控股公司出口面粉、饼干和意大利面）补贴欧洲的海外扩张行动，受益者是面粉再出口商、腐败的海关基层和帝国的军事力量。法国、德国、荷兰、奥匈帝国和比利时港口城市的商会里，帝国的梦想在尽情绽放。

安特卫普和鹿特丹采用的是匈牙利的制面粉方法，这使德国越发难以减缓大西洋廉价粮食的进口速度。到19世纪80年代，这些城市生产的面粉比德国或奥匈帝国的面粉便宜很多。随着粮食价格和租金的进一步下降，1882年秋季开始，德国遭遇了"第二次大萧条"。到1885年，德国和法国的粮食关税翻了两番。为解决粮价低迷采取的措施引发了德国和俄罗斯帝国之间的全面关税战，这场战争在1885—1890年不断升温。到1887年，德国出口俄罗斯帝国的粮食总额比1880年下降了近50%。[42]

从1878年左右开始，各个帝国开始向外扩张，里程碑也无法阻止其扩张的步伐。当然，欧洲觊觎海外殖民地并实施暴行，这并不新鲜，但在1879年之后，以开放市场为名挑起的暴行却让人大跌眼镜，其中，包括1879年的祖鲁战争[①]（Anglo-Zulu War），1881年的法国征服突尼斯战争，1881年俄罗斯帝国从伊朗手中夺取里海以东地区、1882年英国占领埃及，以及荷兰持续对印尼亚齐（Aceh）发动的战争。欧洲国家在亚洲、非洲和中东建立了残暴的殖民统治，这是对非洲的瓜分，是对亚洲的瓜分，是在中东进行的大博弈。繁荣的欧洲国家为了争夺市场而争斗不休。

然而，这场帝国争夺战的好处似乎是虚幻的。自由贸易经济学家约翰·A. 霍布森（John A. Hobson）有力地证明了这点，瓜分非洲、亚洲和中东好处不多，但要付出巨大代价。他估计，1900年，英国与非洲、亚洲和中东的英国属地或附属国的贸易总额仅为900万英镑，"而为了夺取、管理和防守这些属地所直接或间接花费的费用，是一笔无法估量的巨额资金"。[43]从整体来看，在非洲、中东和亚洲实行帝国主义可能没有什么经济意义，因为欧洲最好的贸易伙伴是美国、俄罗斯帝国和其他欧洲国家，而约翰也不完全理解海关基层是如何为帝国的非正当扩张创

---

① 祖鲁战争发生于1879年，是在大英帝国与南非的祖鲁王国之间爆发的大规模军事战争，也称作"英祖战争"。——译者注

造动机的。

如果欧洲帝国找到了方法来应对廉价食物的承诺和前景——组建军队和海军，那么奥斯曼帝国和大清帝国的情况则截然不同，这两个国家抵制廉价外国食物，因为这些食物耗尽了本国的黄金和白银。大清帝国，尤其是港口城市的国民，购买了大量的加州面粉及其制品，导致城市居民饮食从米饭或面条变成面包和糕点。[44]这两个帝国已在国际债券市场抵押了未来收入。为了与德国、法国、英国和意大利等帝国竞争，奥斯曼帝国和大清帝国发行了债券，铺设了超长的铁路，修建了深水港，并资助了贸易舰队。他们肆无忌惮地一次又一次进行借贷。[45]为了支付日益增长的基础设施建设费用，奥斯曼帝国和大清帝国允许国际企业接管他们的税收工作，它们距离危险又近了一步。严格来说，中国海关总税务司（Chinese Maritime Customs Service，成立于1854年）是由国际企业掌管的，但税务司里几乎所有的代理人都是英国人。税务司的官员对穿越黄海的中国帆船征税，却对英国的轮船免税。奥斯曼国债管理处（OPDA）成立于1881年，是一个由英国、法国和德国债券持有人选举产生的组织，尽管根据帕尔乌斯的说法，法国的管理者在该组织中势力最强大。每个税务机构设有自己的警察部队，在国家范围内几乎完全自治。奥斯曼苏丹可以查看奥斯曼国债管理处的盐和烟草垄断企业的账簿，清朝皇帝也可以检查中国国内的海关，但这两种做法都不能改变征税的形式和方法。这两个帝国实际上成了受欧洲控制的征税实体——国中之国，两个帝国慢慢偿还作为农业帝国欠下的债务。帕尔乌斯后来发现了奥斯曼国债管理处是如何有效控制奥斯曼帝国并使其走向毁灭的，这成为罗莎·卢森堡和弗拉基米尔·列宁的帝国主义危险论的关键。[46]

面对廉价美国粮食的威胁，专制的俄罗斯帝国做出了不同的反应。

与奥斯曼帝国和大清帝国的机构一样，成立于1895年夏天的华俄道胜银行 ① (Russo-Chinese Bank) 在其不断扩张的东部属地收取铁路费用、货运费用和海关费用。虽然严格来讲，该银行是法国债券持有人在俄罗斯帝国的亚洲各省的对接机构，但是沙皇要求对该银行的行为拥有否决权，俄罗斯财政大臣谢尔盖·维特 ② (Sergei Witte) 确保所有银行往来信件都使用俄语。尽管国中之国的运转方式阻碍了俄罗斯帝国和大清帝国的发展，但华俄道胜银行的代理人成功地为俄罗斯谋取了帝国利益。华俄道胜银行的精心安排迫使日本放弃在中日战争 (Sino-Japanese War) 中从中国手中夺得的领土，即黄海上至关重要的辽东半岛。[47]但正如我们即将看到的那样，俄罗斯利用强大的债券持有人身份来获取其在太平洋地区的利益，这个策略将彻底失败。尽管到第一次世界大战时，这些独立的征税个体使其走向毁灭，奥斯曼帝国、大清帝国和俄罗斯帝国还是努力地加强建设其内部的粮食物流渠道。到了1914年，这些帝国都土崩瓦解。

一个由来自世界各地革命家组成的、以帕尔乌斯为首的小团体，设想了一个不同于罗马和伊斯坦布尔、柏林和巴黎的帝国标记的世界中心。

---

① 俄罗斯帝国和法国对中国进行殖民掠夺的金融机构。1886年由俄、法与清合股组成，总行设在彼得堡，十月革命后改设在巴黎。享有在华发放贷款、发行货币、税收、经营、筑路、开矿等特权。1926年停业。——译者注

② 谢尔盖·维特（1849年6月29日—1915年3月13日），俄罗斯帝国末期的保守改革家，曾任俄罗斯帝国交通大臣（1892）、财政大臣（1892—1903）、大臣委员会主席（1903—1905）和第一任俄罗斯帝国大臣会议主席（1905—1906）。维特是俄罗斯帝国工业化进程的重要政策制定人，也是俄罗斯第一部宪法的前身《十月宣言》（October Manifesto）的起草者。——译者注

帕尔乌斯的"标志物"位于哈弗尔河①（Havel River）的一座小岛上，距离登霍夫的雕像约13英里。虽然没有出现在任何的德国旅游地图上，但这根有趣、另类、代表激进主义的柱子，直插世界的中心。尽管这根柱子立在帕尔乌斯的房前，但柱子旁边的牌子上写着卖给他土地的开发商的名字。实际上，很难证明这个标志物是帕尔乌斯的，因为他在离世前销毁了与自己相关的记录，但这个标志物本身就像是一座纪念碑，因为它是从法国皇宫杜伊勒里宫搬来的。杜伊勒里宫曾在1789—1792年、1830年、1848年、1870—1871年被革命党占领，其间巴黎公社社员将皇宫夷为平地。对帕尔乌斯来说，这座被毁坏的帝国"根基"象征着他世界革命的金色里程碑，也标志着以粮食为发展动力的欧洲大国的终结。

1922年，帕尔乌斯在距离他家柱子数百英尺的地方去世，在去世之前，他重新改变了世界各地的节点、港口和首都。在这方面，他比任何法国或德国的皇帝做得都多。他几乎没有亲自动手，但他比同时代的人更明白，因为帝国依赖于进口粮食的无形贸易线，所以这些帝国并没有外表看起来那么强大。世界的支点不是通过声明甚至是战争来确定的；相反，这些支点就扎根在往返各个帝国的道路上。这些支点标出人们的食物在哪里，以及需要多长时间才能送到士兵和公民手中。除非这个基本的后勤问题得到解决，否则，帝国的人民将会忍饥挨饿，从而爆发革命去推翻帝国的统治。

从他1891年的论文，到1895年的文章《世界市场和农业危机》（"The

---

① 易北河右岸支流，在德国东部。源出梅克伦堡高地，河源东南距新施特雷利茨约10千米。向南流经北德低地的沼泽谷地，至柏林接纳施普雷河。——译者注

World Market and the Agrarian Crisis"），帕尔乌斯认为，廉价的美国食品改变了世界的粮食贸易路线，并于1873年给欧洲带来了危机。当他在1892年抵达柏林时，就明白这些自称帝国的国家正在通过建造战舰和潜艇来应对这些粮食贸易路线的改变。大量粮食可从敖德萨、纽约或旧金山流向任何可以用黄金付款的海港，在这样一个世界里，农业帝国，特别是俄罗斯帝国、奥斯曼帝国、清帝国和哈布斯堡帝国可能均无法生存。

第十一章

俄罗斯帝国与欧洲

1882—1909 年

在古代帝国时代和帝国主义时代，战争依赖于以各种形式囤积的能量：首先是粮仓，其次是银行，再次是纸券，最后是债券。在古代地中海地区，军队依赖于帝国内环的生产力。粮食外运给陆军和海军；粮食内运至粮仓，即金色里程碑周围的"粮食银行"。金色里程碑是帝国的中心，帝国若被围困，则靠它来养活帝国城内的守军。随着意大利资本主义城邦的出现，粮食和银行分离开来，粮食变得越来越抽象化。汇票代表运输中的粮食。商人买卖汇票，在粮食到达仓库前的几周，汇票价格会上涨，偶尔也会下跌。在凯瑟琳大帝的统治下，纸券成了一种新型货币，这种货币是对俄国军队的胜利下的赌注。银行对帝国来说至关重要，银行的纸币在城内流通，银行承诺会将困于港口和海上的粮食售出，就如麦粒从壳中脱落。到了19世纪后半叶，在环绕欧洲的粮食输送领域中，粮食种植和国家扩张已经交织在一起。在俄罗斯帝国，粮食收获带来的是饥荒和暴力。

19世纪50年代，廉价食品开始在世界各地流通；19世纪60年代，农奴制结束之后，两位俄罗斯帝国财政大臣为种植和收获粮食开辟了新的信贷渠道。越来越多拥有大片土地的麦农使用耕作机器在俄国大草原上进行播种，并雇佣大批农民收割粮食。这些农民需要信贷，之后很快，他们就获得了类似于美国"支线系统"的信贷，该系统连接了支线代理商、粮仓、铁路、银行和粮食经纪人。在俄国南部，独立代理商被人们称为"放债人"（skrupchiki），可为小农户提供未来粮食所需的信贷。而对于拥有最大耕作土地的粮农来说，未来粮食销售所需的信贷则来自大型粮食贸易公司的城市代理商。到19世纪80年代，这条支线系统为俄国的扩张提供了信贷援助，并降低了将粮食运往海上所需要的通行费。

大约在1881年，俄国财政部试图改善、吞并和控制这一支线系统。该系统向距离铁路枢纽最近的农民发放信贷，在国际市场上出售铁路和帝国债券，并依靠极其高明的报账手段让这一切发生得悄无声息。这个紧密啮合的粮食出口机器提高了俄国在欧洲粮食市场的竞争地位。但财政部严苛的税收制度榨干了农民微薄的储备金，让1891年伏尔加河沿岸的旱灾最终演变成了饥荒。帕尔乌斯和其他俄国社会民主人士勇敢地揭露了俄国这台专制的粮食输送机器，而财政部开启了它有史以来最大胆的计划：修建一条从西伯利亚一直延伸到辽东半岛的粮食运输铁路。当日本帝国决心遏制俄国的扩张时，危机降临了。日本的军事干预和俄国的耻辱性惨败导致俄国革命爆发了。

俄罗斯帝国粮食扩张需要的信贷来自一个看似最不可能的地方：俄罗斯帝国以前的敌人——共和制的法国。法国的金融合作机构亟须扶持。法国的合作银行并没有使法国免受1870年德国入侵和战争的影响，但在皇帝退位、法国重新成为共和国后，它的确让法国迅速重整旗鼓。德意志帝国发动了战争，却要求法国对战争进行赔偿。法国公民超额认购债券，很快付清了赔款。1870年，约130万名法国公民持有法国国债；6年后，440万名法国公民持有这些国债，其中，很大一部分是首都巴黎人。[1]法兰西共和国主要通过其公民的储蓄和投资银行，在战败后跻身强国之列。法国报复德国的欲望不断滋长，但与沙皇结盟让许多法国共和党人心生寒意。过剩的资本不断累积，法国公民热衷投资以获得长期收益，而法兰西共和国永远无法完全将之消化吸收。1850年，法国投资者的外国资产占到该国国民收入的53%，这一比例比英国还高。到了1890年，法国海外投资占到国民收入的110%。[2]

俄罗斯帝国虽鄙视法兰西共和国，但它需要投资。与法国相比，即使在19世纪70年代的农业危机导致沙皇不再特许成立新银行之前，俄国为贸易筹集资金的私人银行仍然少得可怜。[3]18世纪末，以敖德萨为中心的粮食市场已经形成，但1861年后，在经历了一番拉锯战之后，农奴制才被正式废除，这使市场发生了天翻地覆的变化。沙皇的解放计划要求农奴以卢布来赎买他们的自由和土地，这迫使农民出售粮食，或者出售劳动力。这一转变的受益者是一小群有文化、有机械相关知识、雇佣数百工人的农学家，他们利用这些工人改善了荒芜草原的地质。[4]

其中一位种粮农民是大卫·莱昂蒂耶维奇·勃朗施坦（David Leontyevich Bronstein），他是赫尔松省的一位犹太农民，拥有超过250英亩的草原，并从附近的土地所有者那里租了400多英亩土地。几十年后，他的儿子取名为列昂·托洛茨基。对于年长且经验丰富的勃朗施坦来说，在一个缺乏熟练技工的地区种植、收割和销售数十万磅小麦需要的是资金。经营一家机械设备车间可能需要投入最大的单一成本。托洛茨基出生时，这里几乎是一片人迹罕至的大草原，勃朗施坦农场的主要业务是修理拖拉机、雪橇和磨犁，并被作为一个半自动化农场的总部经营。很少有犹太人是农民，但勃朗施坦的父母在农民解放时期便开始从事农业活动。

　　乌克兰许多富裕的农民都是初来乍到的新人，有些曾是遥远北方的农奴，有些是一个世纪前逃离德国宗教迫害的"俄裔德国人"，还有些是哥萨克人。他们从养蜂业和放牧业转向耕种业。南俄（现在的乌克兰）与俄国其他地区截然不同，在1860年解放前，在它的草原上超过2/3的农民获得了自由身。[5]

　　在某些方面，这些俄国大草原上的农民与在北美大平原上成功建造草皮屋的农民机械工相似。由于俄国大草原上树木稀少、四面环草，农民不得不在缺乏木材的情况下建造房屋。托洛茨基记得勃朗施坦农场有"两个几百英尺长的巨大棚子，一个是用芦苇做的，另一个是用稻草做的，形状就像山墙屋顶①（Gabled Roof）直接放置于地面之上，没有墙。新鲜粮食就堆放在这些棚子里面，当下雨或刮风时，工人们便用簸箕和筛子劳作。棚子后面是打谷场，山涧另一边有个牛棚，牛棚的墙壁完全是用干粪砌成的"。[6]

　　托洛茨基把他在乌克兰平原上的第一个家称为"俄国版的美洲"，把他父亲那样的农场称作"小麦工厂"。[7]形容这个阶层的富裕农民的俚语是库拉克（kulak），俄语中意为"拳头"或"爪子"。俄罗斯帝国经济学家称这些富农为"经济实力雄厚的农民"，因为很少有人能拥有土地所有权或农奴。[8]

　　这些农民需要劳动力。每年，富农集体雇佣数十万年轻农民，其中包括1861年赎买后试图还清自己土地欠款的农奴。他们的儿女同他们一起来到这里。每年5月，他们离开赫尔松省以北的农场，在南部各省奔波四个月，从事收割工作。托洛茨基回忆道："他们中的一些人携长队从家

----

　　①　山墙屋顶是一种斜屋顶，屋顶的两半相交形成一个尖顶，位于房屋两端的三角形墙顶上。——译者注

乡而来，花了整整一个月的时间走到这儿，靠面包皮维生，晚上则在集市里过夜。"就像美国中西部的无地劳工一样，这些在美国被称为"割麦人"的人，随着小麦丰收季的到来，来到麦田收割和捆绑小麦，再被贩卖至远方的市场。[9]托洛茨基表示，俄国割麦人的住所显然是临时搭建的。"天气晴朗时，旷野就是他们的家；天气恶劣时，他们则躲在草堆下。午餐时他们会喝蔬菜汤和粥，晚餐则喝小米粥。他们从来没有吃过肉，只能获取一丁点蔬菜脂肪。"割麦人经常罢工，但托洛茨基回忆说，这些罢工往往没什么用。"然后，我父亲会给他们一些酸牛奶、西瓜或半袋鱼干，他们就会回去工作，而且经常是哼着歌回去的。所有农场的情况都是这样。"托洛茨基辩解道。随后，割麦人于10月1日启程回家。[10]

为了支付机器和劳动力的费用，富农们渐渐开始依赖金融中介机构的信贷，包括粮仓和银行，尽管与欧洲和美国其他地区相比，俄国的银行基础设施非常少。俄国境内的银行业务仍然是非正式的，有多个中间人，部分原因是俄国的识字率太低。在敖德萨的放债人中，有许多是犹太人，他们是信贷链的第一个环节。他们在收获季到来之前来到南俄的农村地区，用纸币卢布换取农民未收割的粮食。放债人付费并监督小麦是否正常运抵敖德萨、尼古拉耶夫、罗斯托夫或美国的塞巴斯托波（Sebastopol）。

业务繁忙的仓库主人是信贷链中的下一个环节。仓库主向放债人（skrupcbiki）发放贷款，拿到准备收割或运输的小麦存单①（varranty）。这些存单类似于期货合约，但形式没那么统一。仓库主不是在开放空间里进行交易，而是将这些存单带到商业银行以获得更多贷款，尽管这些

---

① 仓库给货主的单据。——译者注

存单直到19世纪80年代才成为可执行的合同。像勃朗施坦这样特别富有或有文化的农民会绕过放债人，直接与仓库主进行交易，如果他有成千上万蒲式耳的粮食，则会直接与敖德萨的佣金代理人交涉。

仓库将粮食装入袋子，每袋33磅重（1袋33磅的粮食统称为1俄石 ①），10袋一组，将其出售给佣金代理商，佣金代理商再将其出售给长期驻扎在敖德萨和其他黑海港口电报站附近的粮食经纪人。1865年后，许多粮食经纪人，包括柏林的路易达孚公司（Louis-Dreyfus & Co.）、邦吉集团（J. Bunge & Co.）和M. 诺伊费尔德公司（M. Neufeld & Co.），通过在城市附近购入专属仓库，绕过了代理商和仓库这两个环节。

"买家—经纪人—代理商—仓库—放债人—农民"这样的供应链比美国的更长，但如果价格上涨或库存量不足，有胆量的经纪人或代理商总能绕过其中一两个环节。富有冒险精神的代理商可能会到乡下与最大的粮食农户会面。经纪人偶尔会充当自己的代理人。这些交易中，有一部分会通过敖德萨证券交易所或商品市场进行。虽然敖德萨交易所制定了当地的合约价格，但不像芝加哥期货交易那样具有权威性。但与芝加哥期货交易所一样的是，敖德萨的交易所根据100多笔交易公布每日价格，允许谈判者以稍微高于或低于当天挂牌价的价格签订合同。[11]

这种由多个买家和卖家组成的系统将风险分摊给合作伙伴，而这些合作伙伴是否赢利取决于利率和卢布汇率是否稳定。事实证明，这两者是无法在19世纪70年代的激烈竞争中保持稳定的。敖德萨最大的莫斯科贷款银行（Moscow Loan Bank）一直在向富庶的土地主发放贷款，希望他们能出售更多粮食。1873年粮价暴跌，莫斯科贷款银行最终于1875

---

① 俄罗斯容量单位，约等于5.96蒲式耳。——译者注

年关门，结果整个俄罗斯帝国的银行纷纷倒闭。莫斯科贷款银行最惊人的损失是向铁路建设发起人贝瑟尔·亨利·斯特劳斯堡（Bethel Henry Strousberg）提供的巨额贷款，他已经完成了一条铁路的部分建设工作，将粮食从俄国南部和西部向北运至普鲁士的柯尼斯堡港口。俄罗斯帝国为了寻找经济低迷的替罪羊，于是逮捕了斯特劳斯堡，并以夸大信用和公布不合理资产负债表的罪名对他进行了审判。随着俄国银行倒闭的消息传开，卢布贬值。可转让票据的持有人，无论他们持有的是存单还是已签署的协议，在其存款银行倒闭时都会破产。一些粮食购买者从卢布的下跌中获益，但随着卢布的暴跌，敖德萨的富商囤积了黄金，导致金融危机后俄国在粮食贸易中缺乏信贷，卢布因此持续贬值了10多年的时间。[12]

在19世纪80年代之前，像美国银行那样能完成复杂业务的银行在俄国寥寥无几，这些银行充当着粮食贸易贷款的中间人。俄国央行（Bank of Russia）是一家中央银行，但19世纪60年代在俄国特许成立的银行大多只向贵族提供抵押贷款，鉴于帝国禁止出售贵族的土地，这一提议略显荒谬。仓库和代理商可以在俄国央行获得汇票的信贷，但富农往往不在这个信贷系统内。俄国央行给出的解释似乎合理：农奴会为他们的解放买单，贵族会用这笔钱在俄国的银行积累资本，而银行可以用这些资金来改良土地。然而，在实践中，贵族地主阶级在19世纪70年代和19世纪80年代无力偿还贷款。于是，银行家真的把几十个贵族家庭的拒付汇票钉在了各家俄国银行的门上。1873年后，成千上万的地产易手。尽管存在信贷问题，但土地市场依然十分活跃——土地价格在1873年到1890年翻了两番。在这次改组中，一些农民，如托洛茨基的父亲，成了大片地产的持有者。19世纪60年代，俄国出现了一批新的银行，但大多数银行在1872年始于敖德萨，又在1873年蔓延至欧洲的恐慌中倒闭了。[13]

在1883年，就在农业危机即将解除时，"人和"遇到了"天时"。更准确地说，两位俄国知识分子接管了俄罗斯帝国的财政，为俄国在乌克兰的富农提供了信贷。1883年后，他们把名片放在法国银行家的家门口，而这些银行家正急于寻找收益率超过5%的债券。探究伊万·维什内格拉茨基（Ivan Vyshnegradsky）和谢尔盖·维特的职业生涯，将有助于我们理解俄罗斯帝国从金融危机到快速增长（尽管不稳定）的转变。

伊万·维什内格拉茨基是俄国首位非贵族出身的财政大臣。他先是在神学院受训，后在学校教书，在欧洲学习数学和物理，最后回到圣彼得堡担任机械工程专业的教授。因精通火炮、蒸汽机和货物装载，他接手了该市所有重大的工程项目。[14]1878年，他加入了西南铁路公司（Southwestern Railway Company），正是在那里结识了谢尔盖·维特，一位身材高大、肩膀宽厚的贵族，也受过数学和物理方面的训练，时任初级经理。

作为一名贵族，谢尔盖·维特比起维什内格拉茨基拥有很多优势，包括他与沙皇密切的关系。在1877—1878年的俄土战争期间，维特将米哈伊尔·切尔尼亚耶夫（General Mikhail Chernyayev）少将的志愿军（一支伪装成塞尔维亚民兵的俄国部队）从大草原送往俄国各个港口，以此来对抗奥斯曼帝国。维特没有参战，而是稍稍违反了铁路规定，先后将士兵和食物送往前线。就这样，维特赢得了军队和沙皇的关注。战争结束后，维特升任新成立的西南铁路公司的业务经理，这家私人公司继承了斯特劳斯堡连接敖德萨和柯尼斯堡及其他波罗的海港口的在建走廊。到1881年，维特成为西南铁路公司的总经理，从而控制了通过铁路（包括黑海和波罗的海沿岸的铁路）运离俄国的大部分粮食。[15]

维什内格拉茨基和维特的共同努力使俄国有望实现粮食出口量的翻

番，以此来对抗美国的恶意竞争。就在美国铁路大力降低运价，将小麦运出西部、将棉花运出南部之际，维特暗中效仿了美国和欧洲铁路规划师的做法，他称这些规划师为"铁路之王"。

1881年后，随着亚历山大二世被暗杀、沙皇内阁的混乱以及随之而来的一系列事件，很快加强了维什内格拉茨基和维特的势力。1882年5月，沙皇颁布了《五月法》(*May Laws*)，刚开始将其作为一项"战争手段"，而后将其确定为长期政策，奠定了此后历代沙皇排犹的法律依据。《五月法》禁止犹太人在没有加入限制性贸易行会的情况下进入农村地区或从事贸易。不久之后，沙皇将预科学校和大学的犹太学生控制在入学人数的5%以下，圣彼得堡和莫斯科则将其控制在3%以下。在其他大大小小的方面，帝国都试图禁止犹太人参与俄国的社会和商业活动，乐此不疲地歪曲这些法律，以禁止农村犹太人更换房屋或将农村土地交给他们的孩子。[16]当时的财政大臣尼古拉·本格（Nikolai Bunge）起初坚决抵制这些变革，包括保守派试图收回农民权利或限制犹太人参与经济活动。他甚至创建了一个土地银行（经营土地抵押业务的银行），为农民提供信贷。但在1887年，本格提议通过向贵族土地征税来解决俄国的财政问题。沙皇内阁中的保守贵族们逼迫他下台，维什内格拉茨基则是替代他的完美候选人。他首先通过在战略上与所谓的格瓦斯爱国者结盟，吸引了圣彼得堡保守派贵族的注意。格瓦斯爱国者是保守派，积极对抗1860年的农民和犹太人解放。保守派认同维什内格拉茨基的论点，即应该对农民征税，自由主义者则赞赏他在铁路、工程和港口建设方面渊博的学识。

当维什内格拉茨基进入财政部工作时，维特则在西南铁路公司升了职。维特为粮食长途运输提供了大幅折扣，并重新安排了铁路时间表，以便在收获季节将粮食迅速运往边境。1883年，西南铁路公司拥有1 500

英里的轨道（仅占俄国总里程的10%），运载了13 862节车厢，占俄国车厢总数的一半，数量惊人。[17]与内战时期的美国一样，俄国的政治权力将从行政部门（沙皇）转移到与帝国物流路线相关的商人和工程师。如果说维什内格拉茨基是俄国版贪污腐败、工于心计的西蒙·卡梅伦（Simon Cameron），那么维特就是俄国版的垄断体系的奠基人托马斯·A. 斯科特（Thomas A. Scott）。

迫使帕尔乌斯和其他犹太人离开预科学校和大学的同一批法律，也禁止犹太人在农村地区购买或租赁任何新地产。小麦贸易中的犹太放债人无法再拥有甚至租赁农村土地，这使得他们更难获得未来需要的粮食。犹太商人也不能拥有或租赁铁路走廊沿线城镇的重要仓库。1883年，在五月危机之后，维特写了一篇著名的文章，标题平平无奇——《货物运输的铁路运价原则》（Principles of Railway Tariffs for Cargo Transportation）。他辩称，"俄罗斯帝国可以通过不干涉像他运营的这样的私人铁路公司来进行扩张。但是，如果帝国将运价控制权从铁路部转移到维什内格拉茨基的财政部，"他继续说道，"那财政大臣就可以有选择地修改铁路运价，以提高俄国的粮食出口，阻碍外国相应产业的发展。这种模式在美国和普鲁士都很奏效。"

1884年，维特试图取代农村的犹太放债人，从而进一步加强铁路对小麦供应链的控制。首先，铁路开始向粮食种植者直接发放贷款，直接与放债人竞争。因此，他的目的是通过巩固铁路中放债人、粮商和承运人的角色，取代农业危机中脆弱的信贷链。[18]相比之下，在美国，芝加哥、密尔沃基、大急流城（Grand Rapids）和布法罗等供应中心，为了仓储设施展开了激烈的竞争。残酷的竞争诞生了像乔治·阿莫尔（George Armour）和伊拉·V. 穆恩（Ira V. Munn）这样的粮食大亨。在一些地方，铁路公司取得了胜利；在其他地方，A、B、C、D 四大粮商获胜；在其他国家，那些了解粮食且知道如何保存粮食的企业家取得了胜利。相比之下，维特成功击败了他的潜在竞争对手。维特不仅排犹，还贪婪无比：他把夺取这条从俄国大草原延伸到黑海的粮食走廊视为一种使命，彰显他的爱国情怀。早在1870年，俄国外汇中有一半以上来自黑海小麦出口，另一个重要的来源是向北运往德国波罗的海港口柯尼斯堡的粮食。维特控制着这两条路线。[19]

维特对西南铁路的重组缩短了连接欧洲与俄国西部和南部省份的世界粮食通道。此次重组使俄罗斯帝国再度把目光瞄准了乌克兰富饶的土地：秩序井然的铁路走廊消除了纷争，农场和港口之间的通行费被削减，这是美国粮食出口制度的专制版仿品。西南铁路为种粮者提供信贷，使用专门的铁路车厢卸货，并在主要港口设置粮仓。[20]到19世纪80年代，维特真正的竞争对手只有路易达孚公司和邦吉集团，这两家公司在乌克兰境内拥有自己的粮仓和合约。瓦兰吉之路（Varangian Way）是公元5世纪维京人和希腊人之间的一条道路，维特开设了一条部分循着瓦兰吉之路的俄国专线（即有着俄罗斯民族脊梁之称的西伯利亚铁路）。维特计划的路线是一条缓慢的 S 形路线，从敖德萨经过基辅，然后从布列斯特 – 立托夫斯克（Brest-Litovsk）到达德国的柯尼斯堡和俄国的里堡①（Libau）。相比之下，伏尔加河，这个在11世纪和18世纪之间界定俄国的古老的中央粮食走廊，其重要性有所下降。[21]

维特控制俄罗斯帝国粮食出口的阴谋并不算是一场政变，但这个阴谋仍然以铁路时刻表般的精确度实施着。1887年，担任财政大臣的维

① 今拉脱维亚的利耶帕亚。——译者注

什内格拉茨基降低了粮食运费，以解决俄国尴尬的预算问题。当时，由于农业危机和1877—1878年与奥斯曼的战争，帝国出现了5 200万卢布的赤字。尽管他的上一任曾主张提高对贵族征收微薄的财产税，但维什内格拉茨基选择增加对农民和城市的税收。他对酒精、烟草、环烷和邮票征收新的关税，同时要求办理新的商业许可证和征收新的城市财产税。他不顾自己财政委员会的抗议，出资挖深了俄国在波罗的海的港口，以大幅增加出口。[22]

维什内格拉茨基借鉴了美国和德国利用关税建立国家基金的做法。他提高了进口生铁、钢铁用焦炭和船舶的关税。然而，这些高昂的关税阻碍了英国和德国廉价工业品的进口，进口速度也放缓了，所以没获得多少关税收入。然后，到了1888年，维特的信贷系统和维什内格拉茨基对铁路运价的调整开始生效，大量粮食出口使得铁路收入激增。[23]两年内，俄国政府巨额的赤字被近5 000万卢布的盈余取代。[24]俄国政府很快就买回它在19世纪70年代卖掉的铁路。[25]

维特继续利用国家权力作为杠杆，努力将俄国的粮食出口。1889年，俄罗斯帝国和德意志帝国终止了两国铁路之间所有的廉价货运协议，迫使粮食只能通过俄国在波罗的海和黑海的港口来运输。随着俄国的财政赤字变成预算盈余，卢布汇率暂时稳定下来，因此，维特有时间将俄国纳入金本位制度。维特和维什内格拉茨基一起将俄罗斯帝国以铁路为基础的粮食出口系统变成了一个"水龙头"，水龙头奇异地流出了一股朝两个方向流动的小麦流，新收入则沿着俄国的新路线、新的脊梁——俄国专线，即西南铁路——回流。[26]

德意志帝国和大英帝国对俄国的新征关税感到震惊，尽管德国有很高的工业税和农业税，没有什么理由抱怨。1887年，德国总理奥托·冯·俾斯麦对维什内格拉茨基的铁金属关税做出回应，表示将向俄国关闭柏林资本市场。俄国既不能在柏林或汉堡的公共交易所出售铁路股票，也不能出售帝国债券。这一命运攸关的决定切断了俄国和德国之间的许多投资关系，人们称该决定为通过财政手段引爆第一次世界大战紧张局势的关键一步。[27]这种遏制进口、大量出口，以及试图压制竞争对手仓库的做法，在几年里屡试不爽，直到1890年才开始失去效力。随后，伏尔加河沿岸的风刮了过来。

俄国平原上的冬小麦通常能在厚厚的雪下存活两个月，在大多数年份，冬季融雪与雨水混在一起，为春季和冬季种植的小麦和黑麦提供养料。但在1890年的冬天，降雪量本就有限，刺骨的东风又吹走了积雪，因此，这场"冬季杀戮"之后是一场春旱，干旱尤为严重。在寒冷干燥的冬季和春旱的共同作用下，俄国古老的贸易通道伏尔加河沿岸地区受到了最严重的打击。与前几年相比，俄国中部古伯尼亚州的作物产量跌幅惊人，达到了50%—75%。[28]

在这里，维特为夺取西部地区的信贷和粮食储备设施，付出了惨重的代价。通常，东部的大地主每年要储存多达总粮食10%的作物，以应对歉收，并为下一季的种植做准备。但是，在1891年春收之后，伏尔加河沿岸仓库里的小麦和黑麦被抢购一空，这些粮食被装上轮船，向北驶往波罗的海市场。大部分粮食被卖掉，以支付俄国贷款、维什内格拉茨基的新征税和要求农奴支付的赎买费。由于维特的铁路公司控制了西部最大的仓库，并且《五月法》禁止犹太人拥有仓库，因此，人们不会出于经济动机而储存粮食，更何况储存粮食会遇到许多障碍。俄国老东区的大多数仓库都是空的，甚至没有足够的粮食供应下一季的种植。[29]

最初维特和维什内格拉茨基就像7个世纪以来的沙皇一样，对贫瘠的田地做出举措：为受灾地区提供贷款和减免税收。然而，维特建议借出卢布而不是粮食，这导致当地的黑麦价格上涨得比国际价格还要快，这让农民和农村劳动者陷入了所谓的价格剪刀差①。由于伏尔加河沿岸的农民传统上种植小麦供出售，种植黑麦供家庭食用，收成不佳导致收入减少，而黑麦储藏量的减少使得黑麦价格飙升，导致1891年大多数农村工人的食品成本增加了两倍。[30]1891年春天，农户纷纷拆掉茅草屋顶来喂马，逼迫孩子在城里乞讨面包，最后还吃掉自家的马。古代解决歉收的方法是拔除生长在黑麦中的滨藜属杂草（orache）。少量的滨藜属杂草可以与黑麦一起磨碎，制成一种其貌不扬但容易饱腹的黑面包。吃了这种面包往往会对胃造成刺激，连续食用几天，会导致腹泻和免疫力下降等。饥荒过后，霍乱接踵而至。生活在17个省份的3 500万人口中，有50万人直接或间接死于霍乱，人口大幅减少，这在全国人口普查中是显而易见的。[31]

人们将此次厄运归结为十几个原因。一些人将其归咎于砍伐森林，另一些人则将其归咎于过度开发黑土。列夫·托尔斯泰（Leo Tolstoy）伯爵目睹了饥荒，他认为铁路才是罪魁祸首：铁路从农民种植者那里夺走了大自然的恩赐，农民把粮食放在棚里，而铁路工业家则把粮食装进了铁路车厢。审查人员不允许托尔斯泰的作品在俄国和国外发表。[32]最终，人们认为1891年饥荒的罪魁祸首是维什内格拉茨基。报社批评的不是他新征的税收或基于卢布的救济，而是他迟迟未能采取行动来阻止俄国黑麦出口。最残酷的讽刺是，快人快语的谢尔盖·维特扳倒了他的前靠山，

---

① 工农业产品交换中，工业品价格高于价值、农产品价格低于价值所形成的差额。——译者注

他告诉沙皇维什内格拉茨基已中风，无法继续辅佐。维特提出，俄罗斯帝国只有进行借贷额外款项才能解决国内局面混乱的问题。维特说，他会在别人跌倒的地方重新站起来，贯彻"积极向上的进取精神"。[33]

维特提议向法国银行寻求新的铁路贷款。帝国不再依赖自克里米亚战争以来就不太稳定的帝国债券，而是按照动产信用公司（Crédit Mobilier）的模式发行铁路债券。在这种模式下，不再需要帝国印章（沙皇的"债券"）。19世纪40年代，美国违约以及1854年俄国险些违约之后，债券永远地改变了。相反，公司"债券"意味着铁轨、机车车辆和发动机室的实物资产将作为贷款的抵押品。凭借这点，美国为联合太平洋铁路公司（Union Pacific Railroad Company）和中央太平洋铁路公司（Central Pacific Railroad Company）成功筹集了数百万美元，法国则为苏伊士运河计划筹集了数百万法郎资金，法国的巴拿马运河建设似乎也成功筹集到了资金（尽管该项目从未完工过）。在以上例子中，帝国不再是担保人。相反，公司本身的基础资产以某种方式起到了承诺或印章的作用。[34]维特提议，修建一条横跨西伯利亚的铁路，就像美国新建成的太平洋铁路一样，可以为西伯利亚的粮食种植打开大门，并在符拉迪沃斯托克（Vladivostok）（可能还有满洲里）建立一个温水出口港。法国公众如果渴望得到可以作为城市退休人员退休基金的债券，那就必定会购买俄罗斯帝国、俄国铁路和俄国银行的债券。当债券价格下跌时，维特走上了动产信用公司在纽约以及南方的铁路公司在南方时走的老路：他贿赂金融报社，大肆吹嘘其公司的前景。他在巴黎付给金融报社记者数以百万法郎的报酬。[35]

接下来是帕尔乌斯的故事了。帕尔乌斯认识到，面对俄国的饥荒，若要取得突破性进展，革命者就必须对事件的新闻报道进行加工。帕尔乌斯曾是政治经济学和媒体学者卡尔·毕歇尔的学生。从毕歇尔那里，他了解到新闻报道具有悠久的历史。据毕歇尔的说法，新闻诞生于古罗马，当时元老们要求他们识字的奴隶参加元老院的会议，并在私人笔记中总结重要信息。随着时间的推移，奴隶们在各省大声朗读这些笔记，以便将这些信息传递给其他元老和公民。这赋予了复述元老院内消息的奴隶相当大的权力。尤利乌斯·恺撒希望能控制这种信息的传播，因此创建了公共告示牌。他在罗马设立了第一个告示牌，后来又在各省设立了其他告示牌。恺撒希望官方记录的元老院事务能比奴隶们的意见更有公信力。[36]

在这里，"知识分子"，即罗马奴隶，首先是信息传递者，但有点像立法者本人，既传达元老院内交锋情况的新闻，又将新闻加工成一个故事。虽然一些学者认为，启蒙运动见证了从"作为信息传递者的知识分子"到"作为立法者的知识分子"的转变，但毕歇尔认为，自始至终就不存在这样的轨迹。[37]通过传播新闻来调动政治力量，这个手段自罗马人诞生以来就已存在。俄国体制中的立法者是谁？显然是沙皇。但又是谁增强了帝国的实力，成为国家的领头羊？是谢尔盖·维特。而建立在铁路之上日益强大的帝国体制的软肋是什么？是新闻。

帕尔乌斯准确地找到了维特的死穴。因为，正如帕尔乌斯所说，"专制主义表现浮夸，全世界的人都在看它表演"，它是如此脆弱，如此不堪一击，"这位强大的沙皇和他所有肮脏的财富都会被瞬间清空。"[38]维特需要控制传到巴黎交易所的有关俄罗斯帝国的新闻，尤其是债券市场。数以万计的法国投资商对俄国铁路债券是青睐还是厌恶，直接影响维特每次发行新债券需要支付的利息。如果有人质疑维特"暴利"（gold-drenched）的债券不好，那么利率就会上升。"大饥荒"帕尔乌斯宣称，"并非偶然现象，而是一个长期受到侵蚀、最终被瓦解的过程的必然结局。"[39]
俄国饥荒之后，帕尔乌斯为数十万逐渐学会读书识字的工人整理、解读
关于俄罗斯帝国、奥斯曼帝国与整个亚洲的新闻，并深谙此道。

1895年初，帕尔乌斯前往莱比锡，成为《莱比锡人民报》（*Leipziger Volkszeitung*）的记者和编辑，该报由社会民主党资助出版的日报。没过
多久，他被挖到《萨克森工人报》（*Sächsischer Arbeiter-Zeitung*）报社。他
的写作风格逻辑清晰、语言生动又平易近人，使工薪阶层读者对萨克森
州（Saxony）以外的经济世界有所了解。以往的报纸上关于工会会议的新
闻都单调乏味，但帕尔乌斯通过扣人心弦的故事，解释了自19世纪60年
代美国粮食入侵以来，资本主义与帝国相互捆绑的演变过程。这是对国
际经济学的第一次讨论，此次讨论是世界体系理论①的雏形。正如伊曼纽
尔·沃勒斯坦（Immanuel Wallerstein）后来阐述的那样，世界体系理论
提出了资本主义的世界体系，在这种体系中，欧洲资本主义作为中心国
家在外围建立强大的专制国家，专制国家的工人受到虐待，国家长久地
处于落后状态，中心国家由此获利。[40]

相比这个世界体系理论，帕尔乌斯关于俄国作为无情剥削者必然倒
台的叙述更具戏剧性，也更具体。他写到，美国对粮食的竞争以及随之
而来的农业危机阻碍了俄国工业的快速发展。1877—1878年的俄土战争
使俄国付出了惨重的代价，形势更加恶劣。但1881年亚历山大二世遇刺，
他的继承人亚历山大三世（Alexander III）不得不与工业利益集团尤其是
维特结盟。维特协调了沙皇和资产阶级的利益，推动双方积极向亚洲扩

---

① 世界体系理论是美国社会学家沃勒斯坦首次提出的理论。他认为，世界体系是
资本主义生产的内在逻辑充分展开的结果，当今国际事务、国家行为和国际关系都是这
一逻辑的外在表现。——译者注

大铁路建设，但最终失败了。不列颠帝国、法兰西帝国和普鲁士帝国在扩张战争（我们称之为对非洲和亚洲的争夺战）中与工业资产阶级休戚与共，俄罗斯帝国也会如此。1896年5月，尼古拉二世（Nicholas II）登上王位，成为"资产阶级的领袖"。出于这个原因，帕尔乌斯向他的读者保证，俄国很快就会土崩瓦解，俄国盲目扩张的结局只能是战争。帕尔乌斯不同意卡尔·马克思的观点，即资本主义危机必然会以革命告终，首先发生的是战争，其次才是革命。[41]

帕尔乌斯很快就学会了德国农场主幽默易懂的土话。收购农产抵押贷款债券的项目无聊至极，甚至连"炉子后面的狗都不会多看一眼"。[42]他写到，波兰本可以在18世纪封锁俄国，但因为波兰从未建立"海到海"①的联系，自会有"友好邻邦"去"吞并它"。[43]他开玩笑说，"俄罗斯帝国总是拉着奥地利前进，但这并不妨碍奥地利偶尔会咬俄罗斯帝国的小腿"。[44]沙皇亚历山大二世和亚历山大三世总是对崛起于"杂货店、酒馆和屠宰场"的新兴资产阶级嗤之以鼻。只有尼古拉二世听取了他们的话：而他一旦与资产阶级联盟，就会垮台。[45]

帕尔乌斯不仅仅是一个对资本主义社会进行辛辣讽刺的幽默作家，他的神机妙算也令人颇为惊讶。帕尔乌斯在1896年的文章中向读者保证，俄国的扩张建立在对农民阶级的压迫之上，这些农民阶级已"完全瓦解，衣衫褴褛，受到摧残，并分裂成不同阶级，承受着数百万流民的沉重压力"，这意味着国家之舟将要倾覆。[46]俄罗斯帝国向亚洲方向修建铁路的后果是毁灭性的。此外，俄罗斯帝国想尽办法占领伊斯坦布尔，这将引发巴尔干半岛的国际战争。[47]帕尔乌斯的写作风格浮夸，德国社会民主

---

① 指波罗的海到黑海。——译者注

党称其文章基调粗俗不讨喜，但能保证报纸销量。[48]他使工人阶级读者了解到帝国之间的斗争，帕尔乌斯认为这才是更深层次的冲突。世界贸易有起有落，城市因此诞生和重生。帕尔乌斯没有把矛头指向犹太人或外国人，而是将他们的困境归咎于帝国本身。

帕尔乌斯的文章引起了年轻的弗拉基米尔·伊里奇·乌里扬诺夫的注意，他称帕尔乌斯是位"有天赋的德国记者"，因为他找出了1873年农业危机的起因。帕尔乌斯对德国小地主的批评与列宁对俄国民粹派（Narodniks）以及富农的批评不谋而合。俄国民粹派认为土地的集体所有权将解决一切问题，而列宁则认为富农是在剥削农民。[49]帕尔乌斯引起了奥匈帝国、德国和俄罗斯秘密警察的注意。俄国保卫部报告称，帕尔乌斯和他的妻子以及其他11人"参加了当地的无政府主义和社会民主主义会议，阅读了《前进》（Forward）和《社会党》（Socialist）等社会民主杂志，并在会议上发言以煽动群众。"[50]德国保守派称帕尔乌斯的文章就是激进分子的鼓吹，由于他的文章成功打击了君主和普鲁士议会，德国政府逐城追捕帕尔乌斯，将他作为非本国公民驱逐出境。

帕尔乌斯的第一篇分析性著作探讨了国际农业问题。1895年，他宣称德国社会民主党无药可救，也不应该与德国农民选民结盟，因为在俄国和美国粮食泛滥的国际市场上，他们注定要失败。农民希望对外国粮食征税，但这个策略只起到了拖延的作用，该发生的事必然会发生。只有随着租金的降低，资本主义的发展才能让家庭农场成功收购那些规模较小、效率较低的农场。只有这些家庭农场才能按照美国的方式实现粮食的机械化生产。虽然帕尔乌斯不喜欢富农，但与小农的政治联盟是一个失败的提议，因为他们的土地面积太小，无法从自动化中受益。[51]1898年9月，当萨克森州皇室政府强迫他离开该州时，帕尔乌斯说服社会民主党为他的报社任命一名新的编辑——罗莎·卢森堡，这名编辑通过假结婚获得了德国身份，她不会轻易被驱逐出境。后来，她因评论波兰劳工运动、为波兰独立积极奔走而广为人所知。[52]她还宣称，市场是国际化的，国家则是虚幻的。

1899年，帕尔乌斯从流经旧俄"脊梁"的伏尔加河沿岸上的饥荒灾区发来报道时，直接攻击了俄国的君主制。他认为，维特的公共财政系统（他称之为精心策划的骗局）是导致饥荒的罪魁祸首。在发表的一系列文章和1900年出版的《饥饿的俄国》（*Starving Russia*）一书中，帕尔乌斯仔细研究了维特公布的公共债务数据，并证实这些数据是伪造的。维特为俄罗斯帝国买断了铁路，然后将所有铁路运费作为收入计入资产负债表，但没有将铁路沉没成本或购买成本作为资本化成本。由于资产负债表上几乎没有成本的记录，盈利就显得轻而易举了；由于没有将铁路的损耗作为未来债务来计算，维特严重高估了铁路的未来前景。维特将法国投资者的美元用于偿还以前贷款的旧利息，而只将一小部分资金用于修建通往亚洲的铁路。[53]

帕尔乌斯不是奴隶，但就像古罗马的古代记者一样，他可以就俄国饥荒的起源讲述一个深入人心的故事。在《饥饿的俄国》中，他认识到问题出在物流上，并描述伏尔加河上旧的粮食运输路线注定要失效。但他将饥荒的悲剧描述为国际资本主义与帝国捆绑的悲剧，最终帝国将瓦解。在不到20年的时间里，他的预言就应验了。作为一名在流行报纸上撰稿的金融分析师，帕尔乌斯可以接触到更多远方的读者，而不是像维特或帝国代言人那样，只能在法国收买杂志社，让他们发表一些正面的新闻。帕尔乌斯就像古罗马的奴隶一样，是笔头兼口头的信息阐释者。他了解俄国和德国，也了解资产负债表和粮食贸易，可以描绘出维特企业核心的金字塔骗局①、虚假承诺和内部交易。

在帕尔乌斯心目中，维特的计划概括了他眼中国际资本主义的失败之处，他向读者保证，这个国际体系注定要失败。1899—1910年，他将对1891年俄国饥荒的分析延伸为适用于全球资本主义的理论，其中，包括世界性积累型城市、贸易崩溃和帝国战争的相关理论。早在1894年，他就宣称，20世纪后，俄国南部的粮食产区便可与美国中西部地区匹敌。他说，俄国和美国将发生冲突，而欧洲将只是冲突的战场。先是罗莎·卢森堡，然后是弗拉基米尔·列宁，最后是列昂·托洛茨基，都将这一分析拓展到了对世界资本主义的叙述当中。这些对粮食、帝国、铁路和国际债务的分析将改变世界。

俄国向西伯利亚、中亚和中国东北地区扩张，似乎不是对世界粮食市场的一种特别合理的反应。到1890年，将有更多的农业帝国加入为全球供应粮食的竞争。从奥斯曼帝国分裂出来的埃及、塞尔维亚、保加利亚和罗马尼亚已经开始大量出口粮食。阿根廷和澳大利亚农民种植的粮食足以温暖所有重农主义者的心。更令人不安的是，19世纪80年代，法国、德国、意大利和奥匈帝国开始对小麦和面粉设置关税壁垒，这将进一步抑制国际粮价。俄罗斯帝国出口小麦是为了偿还贷款和平衡预算，但这会导致其行动越来越不计后果。

1898年3月，俄国政府说服大清帝国租借了亚瑟港（Port Arthur，现为大连旅顺港，后文统称"旅顺港"），并留出空间在辽东半岛修建铁路走廊。这条中国东部铁路的南下"支线"——南满铁路（South

---

① 金字塔骗局也被称为"层压式推销"或者"层压式传销"，是最常见的一种传销模式。——译者注

Manchuria Railway），实现了俄国长久以来在黄海中部建造一个深水港口的愿望。随着时间的推移，中国政府最终完全放弃了对该地区的军事和民事控制权。[54]作为铁路融资工具的华俄道胜银行则全面控制了进出旅顺港的海关。[55]当英国人抱怨这笔秘而不宣的交易时，俄国政府则表现出敌对的态度："其他所有的海上大国都在中国海上有一个海军基地，为什么单单就俄国没有呢？要知道俄国的舰队规模庞大，而且两国领土也是相通的。"[56]随后，中国东方铁路①（China Eastern Railway）在哈尔滨靠近南满铁路的交会处设立了总部，首先占据了松花江（Songhua River）上的一家老酒厂。在短短几个月内，哈尔滨就成了一个新兴城市，因为俄国推销员发现了此地尚未被开发的木材和煤矿。而面粉厂使哈尔滨成为一个重要的内陆城市，可与芝加哥和密尔沃基相互竞争。[57]

俄国军事当局支持维特对金融控制权的主张。维特承认，他通过"潜规则"组建了一支由退役士兵和其他"暂时退役"人员组成的铁路卫队。1898年，这些伪装的俄国士兵驱逐了中国东北地区的部分居民，在其基础上扩建了一个自由贸易港口。[58]在向大连旅顺港收取关税时，俄国人对英国控制的中国海关总税务司表现得极度排斥，该税务司此前要求所有经过黄海的货物要支付关税，以偿还帝国的外国贷款。[59]俄国军队出现在严格来说仍属于中国的领土上，这无疑扩大了排外社会运动的范围，欧洲人称该运动的追随者为"义和团"（Boxers United in Righteousness）成员。这场发展迅速的运动始于德国控制的山东地区，义和团在那里招募拳会的年轻男性。到1900年7月，这场运动已经蔓延至中国东北地区。

---

① 中国东方铁路，简称"中东铁路"，是一条横贯东西的铁道线，西起满洲里，经哈尔滨，东至绥芬河；这条"T"字形的铁路框架铺展在东北大地上，构成了东北铁路最初的网络格局。——译者注

这支自称"公民"的民兵组织发展迅速，身披护身符以抵御子弹，并相信自己暂时被中国流行文学中的英雄附体，通过夺取和焚烧铁路终点站、拆除铁轨，最终抓获并斩首铁路工程师鲍里斯·韦尔霍夫斯基（Boris Verkhovsky），以对俄国的掠夺进行反击。[60]俄国政府向中国关东增派了军团予以回应。[61]到了月底，哥萨克军团开启了一场针对中国男女老少的大屠杀。他们用步枪和棍棒驱赶中国居民。其中大部分人是在阿穆尔河①（Amur River）修建铁路的工人家属，军团让他们"游回中国"。俄国士兵在两天内淹死了众多中国平民。[62]

1900年12月，在铺设通往黄海的铁轨时，一场反对俄国扩张的群众运动正在兴起。帕尔乌斯在慕尼黑的公寓成为一项革命计划的核心成员，该计划旨在向俄国规模较小但不断壮大的工人阶级带来帝国和革命的消息。一份名为《火星报》②（The Spark）的新报纸将传递帕尔乌斯对国际资本主义更深层次框架的理解，各个帝国和国家在此框架内相互争斗。帕尔乌斯提供了机械式印刷机，俄国的其他革命战友提供了资金。弗拉基米尔·乌里扬诺夫化名列宁，担任编辑。到1902年底，南满铁路从贝加尔湖到旅顺港路段一直有火车运行。中国的出口商品包括陶器（黏土和赤土陶器）、林产品、煤油和茶叶。哈尔滨的面粉厂希望其产品能与随处可见的美国面粉相媲美。[63]

从1898年12月初，帕尔乌斯最亲密的伙伴罗莎·卢森堡在一系列文章中开始拓展帕尔乌斯关于世界贸易体系与资本主义国家概念无意

---

① 阿穆尔河，即黑龙江。——译者注

② 《火星报》（俄语：Искра）是由列宁领导的，俄国社会民主工党的人士在德国所创办的一份政治性的报纸，系俄国社会民主工党中央机关报，是第一个全俄政治报。——译者注

义的观点，这些文章后来收集在她1913年出版的《资本的积累》（*The Accumulation of Capital*）一书中。卢森堡和帕尔乌斯均认为，经济已经突破了国家的边界，当俄国或美国、非洲或远东等新的地区进入世界市场时，经济就会出现繁荣；当制成品的数量供过于求时，经济就会随之崩溃。两人均认为经济危机会变得更加严重。[64]1905年，帕尔乌斯的合伙人列夫·达维多维奇·勃朗施坦（化名托洛茨基）将帕尔乌斯关于"积累"的论点引申为他所谓的"不断革命"理论，他不认为俄国等地的资产阶级会改善资本主义的发展情况，工农联盟可能会带来革命——尽管这需要革命不断向新地区渗透。

列宁的第一篇俄语公开文章出版在《火星报》上。在文章中，列宁抨击了俄国南部粮食产区的农民征用行为，并强烈批评了维特关于西伯利亚铁路沿线的土地分配制度。列宁认为，排斥犹太人和非俄国人，再加上对贵族的优待，将使维特的铁路计划不可避免地走向失败。[65]列宁在1916年出版的手册《帝国主义是资本主义的最高阶段》（*Imperialism: The Highest Stage of Capitalism*）中重申了帕尔乌斯和朱尼厄斯提出的论点。

在广泛出版的著作中，帕尔乌斯、朱尼厄斯、托洛茨基和列宁描述了欧洲各帝国的残暴，这是许多其他自由主义和社会主义作家的共同主题，他们还描述了国际资本主义如何使俄罗斯帝国、清帝国和奥斯曼帝国变得畸形扭曲。在俄国，他们呼吁人们关注维特伪造的资产负债表和非法债务，维特正是凭借这些建立了以铁路为基础的粮食出口帝国。到1904年，通往中国东北地区的铁路修建成本使俄国成为世界上负债最多的帝国，维特的承诺误导了法国投资商，价值数十亿黄金法郎的债券就这样砸在了他们手里。

1903年7月，当维特负责修建的铁路到达中国东北地区的旅顺港时，日本的社会主义者和自由主义者被激怒了。此前，第一次中日甲午战争①（1894—1895年）结束时，日本人曾占领并声称拥有旅顺港和整个辽东半岛，但在法国、德国和俄国共同施压，迫使他们放弃这些主张时，日本人将这些割让的领土返还给了中国。为了应对这三个国家干预日本帝国发展的情况，日本开始了疯狂借贷。它利用英国维克斯公司（Vickers & Co.）建造的最先进军舰集结了一支规模庞大的舰队。[66]尽管一些资金来自中国在中日甲午战争后支付的赔款，但日本帝国通过向纽约投资商出售债券为这支舰队筹集了大部分资金。这个项目的支持者包括纽约犹太人创办的资金雄厚的公司，他们痛恨俄罗斯帝国的扩张政策及其对俄国犹太人的暴行。凭借这支舰队，日本海军和陆军就可以在与俄国对战时为日本保驾护航。

1904年2月，日本发行量最大的报社宣称："俄国是欧洲的耻辱。""我们需要以文明、和平和人类的名义打败这个国家。"[67]当月，日本与俄国断交，并对俄国停靠在旅顺港的舰队发动了突然袭击，俄国舰队很快被歼灭。初期冲突发生在地面，似乎对俄国有利，但在1904年4月至12月期间，俄国试图征召后备军，引发了国内123起不同的骚乱，骚乱的主要目的是反对这场远在国外的战争。[68]日本人对俄国旅顺港大本营的围攻从1904年8月持续到1905年3月。1905年5月，俄国大西洋舰队终于抵达旅顺港，但日本海军只花费三天时间便将其摧毁。

俄国驻东京公使罗曼·罗曼诺维奇·罗森（Roman Romanovich Rosen）

①中日甲午战争，是指19世纪末日本侵略中国和朝鲜的战争。按中国干支纪年，战争爆发的1894年为甲午年，故称"甲午战争"。——译者注

大使在事后发现，由于俄国最终被迫放弃港口，用于修建西伯利亚铁路的数十亿法郎将永远无法偿还。俄罗斯帝国已然是"人财两空"，它将不得不为这条断头路拖欠长期债务，俄国已基本破产。罗森辩称，这个徒劳而耗资巨大的铁路扩建项目以及随之而来的投降，意味着俄罗斯帝国走向了终结。[69]

1905年1月，乔治·加邦（Georgy Gapon）神父率领一支主要由忠诚的工人组成的游行队伍，向沙皇递交请愿书，要求结束战争、改善工作条件，并制定8小时工作制。人群还未进入冬宫①（Winter Palace）前的广场，士兵就向他们开火，造成约200人死亡。[70]到1905年10月中旬，印刷厂的罢工已发展成为圣彼得堡和莫斯科的大罢工。到10月底，由铁路雇员和工人工会（Union of Railway Employees and Workers）领导的全国性铁路罢工已悄然酝酿。考虑到未来需要进行更广泛的革命，托洛茨基和帕尔乌斯前往圣彼得堡，他们在那里制作了第一份售价仅为两戈比②的俄国日报《消息报》（Izvestia）。这份廉价的报纸成为一个自称"工人代表苏维埃"组织的官方报纸，该组织开始从罢工的所有工会物色代表。在铁路工会（Railway Union）的大力财政支持下，苏维埃将多个工会集中在一个保护伞下，并取得了一些进展。[71]这主要是由帕尔乌斯制订的计划，即围绕苏维埃建立一种新的国家政权，而列宁当时就表示了反对。[72]少数民族的内乱危及维特建立的俄罗斯帝国的新脊梁，特别是波罗的海、俄属波兰以及乌克兰地区的铁路线几近断裂。华沙（Warsaw）、里加（Riga）、巴库（Baku）和其他许多城市的政府失去了控制。[73]10月12日，沙皇的

---

　　① 冬宫（俄语：Эрмитаж）坐落在圣彼得堡宫殿广场上，原为俄罗斯帝国沙皇的皇宫，十月革命后被开辟为圣彼得堡国立艾尔米塔什博物馆的一部分。——译者注

　　② 戈比（俄语：Копейка），俄罗斯等国的辅助货币，1卢布 =100戈比。——译者注

大臣们认定，预备役军人中的个别叛乱已"全面发酵"，俄国军队无法再平息帝国内部的冲突。[74]

圣彼得堡警方逮捕了苏维埃第一任主席后，帕尔乌斯成了新一届主席。作为彼得堡苏维埃最后一任主席，他最引人注目的活动是发表了《财政宣言》（*Financial Manifesto*）。这个宣言警告俄国各地的工人、工厂主和商人，俄罗斯帝国已经破产，国家发行的债券正在支付那永远无法还清的债务利息。"政府濒临破产。这个国家沦为废墟，尸横遍野。"他写道。他告诉农民不要再支付所有土地赎款，建议工人只接受"全额现金"作为报酬，并建议所有公民"从储蓄银行和国家银行提取存款，要求用黄金支付全部款项"。

帕尔乌斯的宣言几乎摧毁了俄国的银行；谢尔盖·维特迅速采取措施以截断宣言的传播，并威胁所有收到宣言副本的媒体。[75]沙皇随后颁布了《十月宣言》，承诺赋予公民权利并建立杜马（Duma，俄罗斯帝国时代的国会）。1905年10月至12月，随着军队开始对圣彼得堡仍在罢工的工人使用火炮，秩序似乎有所恢复。12月，相关部门特地寻找社会民主人士和社会革命者，并迅速展开了一系列审判和即刻处决活动。托洛茨基和帕尔乌斯于1905年12月下旬被捕，他们被送往圣彼得堡的彼得和保罗要塞①（Peter and Paul Fortress），十有八九要被处决。8个月后，帕尔乌斯通过贿赂他的警卫得以逃脱。[76]

---

① 彼得和保罗要塞坐落于圣彼得堡市中心的涅瓦河畔，是圣彼得堡标志性的古建筑。该要塞于1703年由彼得大帝在兔子岛上奠基，是彼得大帝较早破土动工兴建圣彼得堡的地方，至今已屹立了3个多世纪。——译者注

第十二章

东方快车行动之军

1910—1914 年

俄国、法国和英国担心德国会建成一条穿过伊斯坦布尔通往中东的走廊，它构成的威胁使这三个惴惴不安的国家从1914年开始结盟，成为协约国（Allied Powers）。1908—1914年，伊斯坦布尔的紧张局势，致使一批新的军官，即青年土耳其党①（Young Turks），在奥斯曼帝国内部重建土耳其军队和国家。这场建国运动非同寻常，成为20世纪世界各地革命的典范，特别是对于发生俄国革命数年后的俄国而言。青年土耳其党采用将军队转变为混合式军教结构的方法，使之成为对年轻人进行政治训导和文化思想灌输的工具。重要的是，军团内部设立的监督员将确保新诞生的革命理想得以维持，防止军官带头叛乱。这种军队组织形式将报纸、教育宣传与数学和工程方面的实践教育相结合，使土耳其得以在

---

① 青年土耳其党，又称"统一进步党"或"统一与进步委员会"。1894年成立于伊斯坦布尔。最初领导人是阿麦德·李萨。1889年5月，四名医科学校的学生建立了一个反专制统治的团体，取名奥斯曼同盟，后改名为同盟进步委员会，欧洲人称它为"青年土耳其党"。很快，许多青年学生、军官、知识分子和国外流亡者参加了该党。它代表资产阶级和自由派地主的利益，主张保持奥斯曼帝国的领土完整，反对专制制度，要求恢复1876年宪法。——译者注

巴尔干战争（Balkan Wars）期间重建，并在第一次世界大战期间在加里波利击败了俄国、法国和英国的联合部队。

1908年，青年土耳其党在伊斯坦布尔发动革命，这场革命从一开始就引起了帕尔乌斯的兴趣。两年后，帕尔乌斯来到伊斯坦布尔，让大家看到了他在财政领域的敏锐眼光，以及对于如何动员群众以获得理解与支持方面的见解。巴尔干战争一开始，帕尔乌斯的影响力就超出了他最初的预期。1910—1914年，青年土耳其革命①击退了试图摧毁奥斯曼帝国的巴尔干国家联盟。青年土耳其党学会将大炮安装在汽车上，以此来控制城市。在帕尔乌斯的从旁运作下，土耳其军队有了现代化军火，并重组了贸易路线，使其粮食供应变得现代化、灵活化。1910年，第一次来到伊斯坦布尔时，帕尔乌斯还是一位有着雄心壮志的知识分子。到1914年，在亲见青年土耳其的革命的进程后，他也因此积累资本和人脉来更加大胆地实施自己的计划，同时思考如果通过一场世界大战在俄国点燃革命的火花。

1910年11月，时年43岁的帕尔乌斯抵达奥斯曼帝国首都伊斯坦布尔，几乎可以确定他是乘坐著名的东方快车②（Orient Express）从维也纳来的。

---

① 青年土耳其革命，即1908—1909年青年土耳其党领导的资产阶级革命。1908年7月，青年土耳其党人在马其顿发动起义，随后向伊斯坦布尔进军，迫使苏丹阿卜杜勒·哈米德二世恢复1876年颁布的宪法。1909年4月，反动分子发动叛乱，青年土耳其党组织"行动军"，再次进军伊斯坦布尔，废黜阿卜杜勒·哈米德二世，立穆罕默德五世（Mehmet V，1909—1918年在位）为苏丹。青年土耳其党掌握政权。——译者注

② 东方快车是在欧洲的长程列车，主要行驶路段为从巴黎至伊斯坦布尔，横贯欧洲大陆，最初由国际卧铺车公司（Compagnie Internationale des Wagons-Lits）营运。历史上东方快车曾有不同的路线，但大致不离最初东西贯向的起讫点。——译者注

东方快车是从柏林到巴格达的快速客运服务（此前，东方快车线路已经修到了伊斯坦布尔），从北海港口汉堡途经奥匈帝国、塞尔维亚、保加利亚和土耳其，穿过伊斯坦布尔海峡，一直延伸至亚洲托罗斯山脉（Taurus Mountains）山脚的科尼亚（Konya）。帕尔乌斯知道，这条铁路走廊一直困扰着巴黎、彼得堡和伦敦的外交官和国王们，因为有了它，德国似乎就拥有了一条贯穿世界贸易关键咽喉要塞的全铁路枢纽。显而易见，德国欲通过铁路向土耳其进行快速的商业扩张。因此，帕尔乌斯认为，一场国际危机正在酝酿中。帕尔乌斯从小就知道，德国与土耳其之间传说中的黑海门户，是结束俄罗斯帝国"政治海难"的关键。[1]

因为被俄罗斯秘密警察保卫部通缉，他通过一个捷克化名和假地址来到这里。由于手头拮据，他在博斯普鲁斯海峡亚洲一侧的斯库塔里（Üsküdar）贫民窟租了一间房。[2]几乎可以肯定的是，他把自己那标志性的山羊胡子剃了，并收起那件俄国大衣，留下了那套整洁的西装和那双锃亮的鞋子。

从表面看，这座城市更像是一把锁，而不是钥匙。与之前的帝国开创者一样，奥斯曼帝国也不是从零开始的。他们只是重新调整了城市和农场之间的长途运输路线，而这些路线开辟的时间早就已经无从考证了。这座城市的城墙由之前古都的残垣断壁砌成，防御得当，就可以推翻沙皇的统治。自凯瑟琳大帝时代以来，俄国就野心勃勃，妄想通过粮食贸易进行全球扩张。然而，以粮食为基础的重农主义扩张需要打通国际市场。既然俄国失去了在中国东北地区的深水港，那黑海通往世界的出口就成了决定一切的基础。[3]

帕尔乌斯抵达伊斯坦布尔，寻求土耳其"统一与进步委员会"①（Committee of Union and Progress）的支持，该委员会的成员由改革官员和知识分子组成，他们试图重组奥斯曼帝国，让"土耳其"的民族认同感形成，以此在奥斯曼帝国日渐缩小的领土上保卫土耳其的家园。这些统一进步党中有一个派系，由一位名叫伊斯梅尔·恩维尔（Ismail Enver）的瘦小年轻军官领导，他希望与德意志帝国结盟。⁴恩维尔曾在著名的帝国军事学院（Imperial War College）受训，师从德国军官，曾在帝国边境协助招募穆斯林军团，与他的奥斯曼帝国"三巨头"②（Ottoman Third Army）合力对抗土耳其的敌人。最初，这些计划仿佛都只是空想。当帕尔乌斯到达伊斯坦布尔时，这座奥斯曼帝国的首都看起来像1453年一样不堪一击。1908年，大火席卷了整座城市，烧毁了数百座拥挤破旧的木质建筑，这些建筑曾安置了城西数万名穆斯林难民。这些难民因民族主义运动被从前奥斯曼帝国的土地上赶走，又因大火第二次沦为难民。但那年，伊斯梅尔·恩维尔受封为帕夏③，他与其

---

① 统一与进步委员会又称"统一进步党"，欧洲人称它为"青年土耳其党"。——译者注

② 奥斯曼帝国"三巨头"指的是第一次世界大战时奥斯曼帝国国内三位主要领袖，他们分别是恩维尔帕夏（Enver Pasha）、杰马勒帕夏（Jamal Pasha）、塔拉特帕夏（Talaat Pasha）。他们自青年土耳其党夺权执政一直到第一次世界大战帝国战败投降为止，一直都是该国的实际统治者；奥斯曼帝国卷入第一次世界大战与亚美尼亚大屠杀等事件均与他们有直接关系。——译者注

③ 帕夏，伊斯兰教国家高级官吏称谓，又译"巴夏""帕沙"。13世纪，塞尔柱王朝首先使用这一称号。奥斯曼帝国时，为苏丹授予军事最高统帅的称号，后用于称呼帝国高级文武官员。只属个人，不世袭。奥斯曼帝国在统治埃及、伊拉克等地时，将委派为该省区的总督也称"帕夏"。如派往埃及的总督穆罕默德·阿里帕夏。该称号一般置于名后。——译者注

他军官一起发动了青年土耳其革命，迫使苏丹阿卜杜勒·哈米德二世重开议会，希望能使奥斯曼帝国变成一个类似君主立宪制的国家。

恩维尔帕夏的联盟军官团是在奥斯曼帝国内部组建的一支类似外国部队的现代化军队。这支军队由训练有素的革命者组成，他们计划保卫帝国、防御敌人，而这些敌人就包括希望通过分裂帝国来完成自身扩张的巴尔干国家。像意大利和俄国的革命军一样，像恩维尔这样的联盟党军官也互相宣誓结为兄弟组织。入盟仪式经过精心策划，包括歃血为盟这一环节，士兵誓要保卫国家，使国家免受内忧外患的威胁。[5]这些青年土耳其党成员和恩维尔一样，大多是读过军校的"科班"军官，都是在帝国军事学院接受过新型作战法和国家建设训练的军官。他们明白，机枪、汽车和飞机等新技术能使训练有素的小规模部队抵挡住大规模部队的攻击。

但奥斯曼军队需要士兵，统一进步党要求扩大征兵的压力引发了一场危机。这些新式正规的科班军官反对那些非科班军官，后者是在帝国战争学院以外的地方晋升的，因此对苏丹唯命是从。青年土耳其人将土耳其军事上的弱点归咎于安纳托利亚青年，因为他们一直在伊斯兰教学校（madaris）学习。青年土耳其党人认为，大多数伊斯兰学校根本算不上学校。大约有1/3的安纳托利亚人是伊斯兰学校的毕业生，所以免服兵役。但据统一进步党官员称，这些毕业生大多数人甚至不识字。1908年7月革命开始后，统一进步党提议对宗教学校毕业生进行了一次简单的识字测试，那些没有通过阿拉伯语识字考试的毕业生将应征入伍，接受教育，保卫帝国。青年土耳其党要求快速扩张和重组军队，此举引发了由安纳托利亚士兵、伊斯兰宗教领袖和"非科班"官员发动的叛乱。苏丹阿卜杜勒·哈米德二世可能曾煽动或促成了他们发动叛乱。青年土耳其党的反对者指控他们雇佣杀手刺杀了反对派报社的编辑。这场针对青年土耳其党的反革命始于1909年，被称为"三三一事件"，叛党威胁要解散议会，将青年土耳其党人关进监狱，并让阿卜杜勒·哈米德恢复王位。[6]

为了反击，统一进步党摧毁了反对派报社，并利用后部装有装甲机枪炮塔的新型城市突击车包围了这座城市。统一进步党夺取政权后，将阿卜杜勒·哈米德流放到萨洛尼卡（Salonica）。新上任的苏丹穆罕默德五世①（Mehmed V）只是一个有名无实的苏丹。统一进步党加强了报纸宣传，越来越多地将军队与国家、国防直接联系在一起。[7]最重要的是，平民士兵的教育将从伊斯兰教学校中分离出来，由军队自己进行。土耳其将成为"全副武装的国家"（Volk in Waffen），曾在帝国战争学院设计军官培训计划的德国将军如是说。1909年后，统一进步党军官同时也是教师，在工程、数学和民族主义宣传领域对士兵进行训练，以挽救危在旦夕的国家。

通过社会主义左派的朋友，帕尔乌斯在伊斯坦布尔建立了人脉关系网。就像年轻时在敖德萨一样，他试图将码头工人组织起来。他们已发起一场声势浩大的抵制运动，初衷是惩罚侵略奥斯曼帝国的奥匈帝国。1910年，以土耳其民族主义之名，这些统一进步党人进一步抵制来自奥匈帝国、希腊和其他敌国的货物。他们拒绝卸载贴有这些敌国路标的货物，并强烈抵制奥斯曼帝国领土上由希腊公民开办的公司。与码头工人往来密切的帕尔乌斯开始在土耳其各个港口确立自己的影响力，同时也取代了在此拥有长期贸易关系的希腊人。[8]

---

① 穆罕默德五世（1844年11月2日—1918年7月3日），是第35位也是倒数第2位奥斯曼帝国苏丹（1909—1918年在位）。他是苏丹阿卜杜勒·迈吉德一世的儿子。在青年土耳其党革命后继承了他的兄弟阿卜杜勒·哈米德二世的苏丹之位。——译者注

帕尔乌斯随后开始和统一与进步委员会中最极端的民族主义者打交道。到1910年，该委员会已成为一个政府中的政府。统一进步党控制了大部分官僚机构，但各反对党组成了一个庞大而复杂的联盟来反对他们，这使得统一进步党在议会中并没有太多话语权。分裂运动旨在让奥斯曼帝国四分五裂，几乎没有人相信这个帝国能够幸免于难。帕尔乌斯知道，俄罗斯帝国海军（Imperial Russian Navy）已经在密谋夺取伊斯坦布尔，将其作为本国的西部港口。[9] "俄国现在学会了等待，"帕尔乌斯于1897年写道，"俄国确信自己的猎物——君士坦丁堡不会落入其他国家手中，终将成为自己的囊中之物。"[10]

帕尔乌斯与统一进步党分享了宣传方面的丰富经验，即如何用通俗易懂的语言撰写报刊文章，来打动工人和士兵。不到一年时间，他的公寓就成为一本新出版杂志的总部。该杂志有助于塑造大众的意识形态，围绕国家命运共同体来团结伊斯坦布尔的工人和士兵。与1900年促成国际主义运动的《火星报》不同，《土耳其家园》（Türk Yurdu）试图在奥斯曼帝国的中心发起一场声势浩大的民族主义运动。帕尔乌斯根据自己在斯库塔里了解到的新情况改进了自己的观点，为《土耳其家园》撰写了文章，将土耳其对外国控制、国家破产和战场失利的不满转化为国家复兴的经济战略。在协助筹备《土耳其家园》的过程中，帕尔乌斯成为教育士兵了解土耳其革命新意识形态的主力。在伊斯坦布尔，帕尔乌斯注意到，军队同时发挥着政治教育、思想灌输和知识传授的作用。在"三三一事件"后重组军队时，青年土耳其党在每个部队内部都设置了监督机构，每个团都有年轻的"科班"军官直接管理高级"非科班"军官。军纪依旧要遵守，但年轻的政治主官对年长的军事主官拥有否决权。

　　1910年底，帕尔乌斯来得正是时候，因为奥斯曼帝国不久后就遭遇了一场灭顶之灾。1911年9月，意大利入侵了埃及以西的北非，即现在的利比亚。奥斯曼军队的大批部队一前往北非，"巴尔干同盟"①（Balkan League）迅速成立，该同盟入侵并占领了奥斯曼帝国欧洲部分的所有领土。就在奥斯曼帝国逐渐瓦解时，第一次世界大战爆发了。[11]

　　帕尔乌斯已备好治疗帝国痼疾的药方。1911年，他在《土耳其家园》上发表了一系列文章，扮演了帝国法务会计的角色，就像他在《饥饿的俄罗斯》一书中做的那样。他研究了帝国的债务合同是如何签订的，利率是如何设定的，以及外国控制的机构是如何保证付款的。在仔细研究了奥斯曼帝国的账目后，他总结道，其债务问题始于克里米亚战争。为了使伊斯坦布尔免于俄国入侵，苏丹阿卜杜勒·阿齐兹（Sultan Abdulaziz）曾大量借款，随着债务到期，他的继承人逐渐将帝国最值钱的垄断产业（如烟草业）拱手让给了欧洲国家。根据帕尔乌斯的计算，欧洲控制的奥斯曼国债管理处可能已经征收了用于偿还奥斯曼债务需要的所有税款。然而，奥斯曼国债管理处继续控制着帝国的税收，通过诸如扩大印刷、出版、培训和对外关系机构的规模，从税收中直接扣除所需费用，以此便能轻易掩盖巨额税收。只要受外国控制的奥斯曼国债管理处负责向奥斯曼帝国征收获利颇丰的烟草税和盐税，并将收益用于巩固自己的根基，奥斯曼帝国就会一直受制于人。这与英国通过中国海关总税务司对中国内部贸易征收外部税如出一辙。

　　帕尔乌斯指出，1865年后，来自美国的廉价粮食削弱了农业帝国。

────────────

　　① 巴尔干同盟是指1912年时位于欧洲巴尔干半岛的四个东正教国家——希腊王国、保加利亚王国、塞尔维亚王国和黑山王国。它们联合对抗奥斯曼帝国的军事同盟。——译者注

1860—1890年，粮食价格减半，德国、法国、英国甚至意大利等"工业大国"受益，而俄国、奥斯曼和中国等"农业大国"受到了损害。这就是始于1873年的农业危机。[12]就在工业国家于19世纪80年代开始征收关税，以保护欧洲农民的利益免受廉价小麦的冲击，并巩固其大国地位时，农业帝国遭受了一次重创，受到了与美国竞争和欧洲关税的双重打击。改善奥斯曼帝国状况的唯一途径是废除奴隶制，结束农奴制，以及对人口和农业用地进行全面调查，从根本上改善农业。

帕尔乌斯还说，在国家内部，奥斯曼帝国需要改革，以加强供应线和与前后方的联系。奥斯曼帝国必须像英国、法国、德国、意大利和美国那样，在前景广阔但位置偏远的农业用地修建铁路。工人必须接受培训，以掌握现代农业机械的使用方法。从土耳其港口到粮食产地修建铁路，可大大增加帝国内部的互通往来。相比之下，俄国对通往黄海的铁路投入过多资金，对该地区的农业潜力过于乐观。正如尤利乌斯·恺撒时代的里程碑一样，帝国需要廉价、快速、高效的道路，将食物运往城市，并将制成品运回农村。苏丹在山区的运兵铁路上投入了过多资金，这使奥斯曼帝国的后勤物资运输过于昂贵，并且容易崩溃。帕尔乌斯担心永远无法收回这些成本。

帕尔乌斯支持的不是传统的经济民族主义和关税壁垒，而是建设从粮食产地到城市的基础设施，保护私人农业财产，扩大农民贷款范围，发行可在国际上兑换的货币，以及提高农田税收，从而改进农业生产。帕尔乌斯指出，保加利亚曾经是奥斯曼帝国的贫困地区，但它一旦获得独立，它出口的粮食就将远超奥斯曼帝国所产粮食，这样可以支付更高数额的税收。[13]帕尔乌斯观察到的结果，必定会让阅读他土耳其语文章的正统马克思主义者感到困惑。帕尔乌斯受到马克思主义的启发，制定了发展战略。该战略强调，要将农业私有财产与工业的公共控制和私人控制相结合。早在1895年，帕尔乌斯就为普鲁士政府开出了一剂"药方"。一个世纪后，尽管没有受到帕尔乌斯的直接影响，中国和越南也被同样的策略改变了。[14]

帕尔乌斯将1911年写的文章汇编成1914年出版的《土耳其的金融牢笼》（*Turkey's Financial Imprisonment*）一书，该书成为军校学生的教科书。时至今日，土耳其的现代史仍在使用该教材授课。该书的核心观点是资本主义的世界体系迫使外围国家生产初级产品，而允许中心国家生产工业产品，该观点在帕尔乌斯离世后多年依然盛行不衰。[15]在帕尔乌斯看来，青年土耳其党要明白，奥斯曼帝国最大的问题不在于它是俄国人的目标，也不在于其战火不休，更不在于其巨额债务，而在于它如何资助、生产、征税，在于它如何将粮食从农田分配到本国的各个港口，分配到狭窄的博斯普鲁斯海峡沿岸的首都。[16]

他告诉青年土耳其党人，美国人过去面临着与如今奥斯曼面对的同样的危机，而他们成功利用粮食打赢了内战。然而，到了1900年，由于美国城市地区对草原地区生产的粮食消耗量越来越大，这使东方粮仓开始占据优势地位，美国对世界小麦供应能力的贡献日益下降。随着美国长达40年的粮食霸主地位逐渐被动摇，伊斯坦布尔可能会再次关注欧洲粮食供应的情况。博斯普鲁斯海峡上的这座城市足以在即将到来的大战中切断俄国、法国和英国的粮食供应。

帕尔乌斯写到，美国通过将"大笔资本"（büyük sermaye）投入粮食生产和分配，使全世界有充足的小麦可吃。土耳其政府需要效仿美国。[17]他提议对帝国税收进行大刀阔斧的改革。烟草等奢侈品的征税举足轻重，但已通过奥斯曼国债管理处全部上交给英国、法国和荷兰。

几个世纪以来，对进入博斯普鲁斯海峡的粮食进行控制和征税一直是常规做法，但帝国需要摒弃这种做法。伊斯坦布尔的磨坊主向该市进口廉价粮食，对于经奥斯曼帝国麦地进入伊斯坦布尔粮仓，然后流入本国面粉行会和面包行会的面粉价格会受到打压。帕尔乌斯认为，对日益减少的粮食征税意义不大，而对于未得到充分利用的土地，土耳其政府需要通过修建铁路、农业补贴以及对运输征税的方法鼓励人们前去定居。与之相对应的是，美国出台《宅地法》①（*Homestead Act*）和修建横贯大陆的铁路。但奥斯曼人需要尽量减少对进口粮食的限制，因为廉价面包能养活奥斯曼的奴隶和农奴，可将他们解放到工厂工作。

1910年，"三三一事件"后，青年土耳其党击败对手，开始竞逐最高权力。大多数青年土耳其党人听取了帕尔乌斯关于如何拯救土耳其的开创性建议。在这一关键时刻，帕尔乌斯为奥斯曼军队购买了速射火炮。[18]作为奥斯曼军队的承包商，显然，他获得了黑海上所有奥斯曼帝国粮食运输的指挥权，同时也令城市粮食的运输方式更加现代化。帕尔乌斯还改善了贸易，从伊斯坦布尔进口西方粮食。1912—1913年的巴尔干战争使土耳其失去了从欧洲领土上获取的粮食，如今，这些粮食都被保加利亚、希腊和塞尔维亚占有。帕尔乌斯用美式粮仓取代了旧式粮仓，后者的物理结构仍然与古罗马和拜占庭的"粮食银行"（仍然有一个在斯库塔里）相似。帕尔乌斯并不是第一个明白土耳其需要向粮食生产商提供贷款的人。苏丹阿卜杜勒·哈米德二世统治时期，帝国利用其农业银行（Ziraat Bankasi，Agricultural Bank）向小麦种植者预付现金。但是，

---

① 《宅地法》为1862年美国国会制定的一项法律，旨在促进移民跨过密西西比河前往西部进行开发。该法规定，移民家庭的户主可获得四分之一段，即160英亩的土地，在这块土地上定居、耕种5年后即可获得土地所有权。——译者注

这家负担过重的银行虽然对帝国的粮食征税，但帝国经常搜刮该银行，为军事项目筹备资金。[19]

帕尔乌斯在国际市场上为伊斯坦布尔采购粮食。他仍然有家人在家乡敖德萨从事粮食贸易，因此有些粮食便来自那里。还有很多粮食来自美国。到1912年，他在博斯普鲁斯海峡两岸建立了粮食贸易码头。帕尔乌斯还在伊斯坦布尔地中海一侧的王子群岛①（Princes' Islands）上修建了一个粮食贸易码头、一家银行和一座富丽堂皇的私人住宅。俄国的反对派观察家称帕尔乌斯的关系网对粮食贸易的控制无异于"黑手党"行径；同时表明，通过与家人合作进行粮食贸易，并利用他扮演部队承包商的角色，在1911—1914年，帕尔乌斯经伊斯坦布尔这个"阀门"对黑海粮食实施了某种垄断。[20]

帕尔乌斯后来写道，"土耳其宣战（1914年10月）前，他从安纳托利亚和其他地方向君士坦丁堡运送食物，并以此赚取了巨额财富"。[21]他没有提到他曾在巴尔干战争期间向奥斯曼帝国（有说法称）和奥斯曼帝国曾经的敌人保加利亚输送枪支。1913年7月，巴尔干战争结束时，布尔什维克主义者帕尔乌斯已然成为百万富翁。[22]

---

① 王子群岛（土耳其语：Kızıl Adalar）位于马尔马拉海中，在土耳其的伊斯坦布尔的东南方约20千米。——译者注

第十三章

面包引发的一场世界大战

1914—1917 年

关于1914—1918年世界大战的叙述，往往以德国的侵略行为作为开端，但这场战争其实是由每年春夏漂洋过海养活欧洲工人阶级的廉价粮食引起的。土耳其—德国联盟对欧洲的粮食集散地造成了威胁：博斯普鲁斯海峡是粮食咽喉，能阻断俄国的粮食出口，德国 U 形潜艇堪称轮船杀手，而该联盟将二者结合在了一起。土耳其和德国联手则可以导致欧洲发生饥荒。

粮食几乎在第一次世界大战中的每个阶段都是关键。由于担心粮食出口受到威胁，俄国参与挑起了这场全球范围的冲突。战争期间，英国人低估了伊斯坦布尔的威胁，也高估了自己打败它的能力。由于这场冲突没完没了，同样饱受廉价面包匮乏之苦的德国，找到了一条获取俄国富足粮食的"曲线救国"之路。德国在1917年以及1918年大部分时间里取得的成功依赖于他最不可能的盟友：一个别有用心的共产主义粮商。第一次世界大战的特点是"大国"冲突。其中，德国扮演侵略者角色。一名塞尔维亚刺客杀害了奥匈帝国王储弗朗茨·斐迪南（Franz Ferdinand）大公，导致奥匈帝国向塞尔维亚宣战。俄国支持塞尔维亚，在奥匈帝国边境附近调兵遣将。对冲突求之不得的德国支持奥匈帝国，并要求俄国停止军事行动。俄国拒绝服从，德国入侵比利时，攻击法国，而法国是俄国的盟友和金主。同月，德国和奥地利在坦能堡（Tannenberg）附近袭击了俄国，歼灭了俄国第一军团和第二军团。德国入侵比利时后，英国加入了法俄协约国（Franco-Russian Allies）。两个月后，奥斯曼人才加入奥地利—德国同盟国（Austrian-German Central Powers）。[1]

　　这已经是老生常谈了，但对研究世界粮食运输路线的学者来说，实际上这场战争爆发的时间要稍早，位置也要更偏东。1911年，意大利从土耳其手中夺取了利比亚。争斗停止后的第二天，希腊、保加利亚、塞尔维亚和黑山趁机入侵了土耳其。随后，至关重要的是，土耳其停止了在博斯普鲁斯海峡和达达尼尔海峡的商业活动，封锁了俄国所有粮食和石油的出口。俄国人担心保加利亚或希腊可能攻占伊斯坦布尔，因此，他们的军队和黑海舰队进入戒备状态。当时主导沙皇议会的俄国农业部长亚历山大·克里沃希恩（Alexander Krivoshein）于1914年重组了俄国内阁，为全球作战做准备。从内阁的角度看，这场即将到来的冲突将是自凯瑟琳大帝统治以来的第七次俄土战争，也是保护俄国重要的粮食出口贸易的又一次尝试。

　　克里沃希恩在伊斯坦布尔目睹了一种生死攸关的威胁。他认识到，德国一面协助土耳其增强军事实力，一面又将伊斯坦布尔纳入自己的势力范围。俄国内阁充满疑虑，目之所及，处处是德国—奥斯曼帝国联盟的迹象。自1883年以来，德国军官一直在训练奥斯曼军队，普鲁士军官组织士兵在伊斯坦布尔和阿德里安堡（Adrianople）的城墙上部署了帕尔乌斯购买的火炮。最令人担忧的是，1914年7月，土耳其政府将收到其第一艘无畏舰，这是英国维克斯公司最先进的昂贵舰船，其他舰船也在订购中。这艘无畏舰是前几代战列舰的一次大规模升级，舰上的火炮比海上的任何船舰都要多。俄国担心自己重演黄海上的滑铁卢：一艘日本战列舰率领一支小型舰队摧毁了俄国的东部舰队，随后又摧毁了其西部舰队。一艘土耳其无畏舰，加上少量鱼雷艇护航，就可能会全歼黑海上的俄国海军。这种一边倒的战斗已经司空见惯。1898年，在美西战争（Spanish-American War）中，美国人对西班牙做了同样的事；1911年，意大利对整个北非也做了一样的事；在1912年和1913年的巴尔干战争中，希腊人对奥斯曼人也做了这样的事。俄国海军部长写道，只要一艘土耳其无畏舰穿过达达尼尔海峡，"毫无疑问，土耳其人便将占领黑海。"[2]

这一说法主要来自俄国历史学家肖恩·麦克米金（Sean McMeekin），他将俄国列为第一次世界大战的主要侵略者。由于担心土耳其在博斯普鲁斯海峡快速崛起，俄国想方设法找机会尽早与土耳其发生冲突。俄国担心，新的港口防御系统和无畏舰的结合将使通往黑海的通道坚不可摧，并对俄国的贸易造成威胁。弗朗茨·斐迪南遇刺，于是已经为冲突做好准备的俄国就有了在边境集结军队的完美借口。俄国人对保卫塞尔维亚并无兴趣，但他们知道在边境集结军队会刺激德国和奥匈帝国首先宣战，如果在土耳其的无畏舰到货之前开战，伊斯坦布尔就是俄国舰队的囊中之物。俄国希望德国的仓促进攻会激怒英国。然而，对土耳其发动的过早攻击有可能暴露俄国的"匕首"：占领伊斯坦布尔的强烈愿望。[3]

当然，无论是在获得信贷和粮食的渠道上，还是在防御工事上，帕尔乌斯都是土耳其日益强大的实力核心。许多资料显示，帕尔乌斯是维克斯公司和弗里德里希·克虏伯公司（Friedrich Krupp Corp.）在伊斯坦布尔的土耳其代表，负责安排长途信贷。[4]在他的协助下，伊斯坦布尔变得坚不可摧。

在这场聚焦于俄国的第一次世界大战视角中，德国和英国姗姗来迟。法国早就向俄国发出信号，表示将效仿俄国。俄国、法国和英国担心德国在伊斯坦布尔的势力可能会使欧洲断粮，连接土耳其和中东的德国铁路会对俄国、法国和英国通往阿拉伯半岛的线路造成威胁。按照这种观点，第一次世界大战从一开始就是一场争夺欧洲对中东地区控制权的战争。俄罗斯帝国首先发现了威胁，并动员各国挑起冲突。[5]

　　政治家们在地图上看到了彩色色块排成的直线；帕尔乌斯看到的是小麦的贸易路线。美国粮食出口在过去50年一直在猛增，但到1910年时，由于蓬勃发展的美国城市需消耗更多的粮食，因此，美国粮食出口已经出现萎缩。东边的俄国盛产粮食，西边则是制造军火的粮食集散地，而奥斯曼帝国就是处于二者之间的重要交会点。罗马尼亚的粮食若不经过博斯普鲁斯海峡，则无法到达法国。帕尔乌斯知道，这个海峡是世界的引爆点。只要防御得当，伊斯坦布尔就能将黑海小麦封锁起来；否则，这些小麦可能会供应给法国和英国。他知道，自1794年以来，这些国家一直在使用俄国粮食制作面粉。封锁伊斯坦布尔能阻止重要军事物资抵达俄国，使俄国的动员工作陷入瘫痪。

　　但德国的粮食供应几乎和英国一样脆弱。[6]毫无疑问，德国拥有大量的军火和出色的国有铁路物流制度——多段式补给制度。然而，德国西部地区的粮食供应依赖于大西洋，粮食主要通过安特卫普和鹿特丹运入。如果德国被完全包围，那么国内的粮食供应就会面临危险。穿过德属波兰地区的铁路聊胜于无，如果俄国和英国封锁波罗的海的贸易，来自波罗的海的粮食就可能会放缓交付或停运。从汉萨同盟时期起，波罗的海就一直在给德国东部输送和供应粮食。德国的关税并没有阻止这些粮食流入，只保证了俄国的大部分粮食通过水路运往德国。在过去30年中，德国花了10亿马克试图改善通往德属波兰地区的道路，但收效甚微。有了多段式补给制度，战争发生时，德国虽不能持久作战，但可速战速决。

因此，德国向俄国发出要求解除武装的最后通牒没有得到回应，战争宣布开始。我们习惯于从欧洲战壕的角度来看待第一次世界大战，但帕尔乌斯知道战争是为了粮食，谁在黑海和连接黑海与地中海的海峡争夺中获胜，谁就能赢得战争。

英国最初依靠的是简单的海军战略：通过在北海巡逻和布雷，将德国牢牢封锁。如果德国在前往法国的途中入侵比利时，那么它就不太可能及时夺取并控制安特卫普。如果没有安特卫普和鹿特丹，德国西部就可能会断粮。英国明确采用亚伯拉罕·林肯的扩大封锁战略，封锁一切可能供应给德国的商品，尤其是食品。英国将阻碍比利时和荷兰商人向德国出售粮食，要求他们提供高额的保税担保，保证在比利时和荷兰购买的粮食不会被转卖给德国。过去60年，欧洲的生存依靠的是大量的粮食，如今哪个军事联盟会首先断粮？

1914年8月至10月，作为土耳其统一进步党的主要经济顾问和粮食供应商，帕尔乌斯本应直接参与旨在推动奥斯曼帝国与德国结盟的棘手谈判。后来德国提供的信息表明，帕尔乌斯站在强烈支持德国一方的立场。其他共产主义者明确表示，他们不会支持任何一方。他们想革命，并且明白有色人种不会参与战斗。他们认为民族主义就是一种幻想，工人将成为这场帝国战争的炮灰。

帕尔乌斯的想法有所不同。他知道，在俄国，日俄战争期间和之后导致的贫困，使俄国士兵、工人和农民对沙皇很反感。事实上，俄国士兵不愿打仗，沙皇不得不签署《十月宣言》，成立了国家杜马。他知道俄罗斯帝国军队本身就是一个火药桶：1904年的中国东北地区，以及1905年的莫斯科和敖德萨郊外都发生过兵变，最著名的是在波将金号战舰

（Potemkin）上，贵族军官和普通俄国士兵之间的关系已是剑拔弩张。[7]俄国最大的弱点就是其等级森严、贵族主导的军队，正如弗里德里希·恩格斯解释的那样，现代战争使用的是步枪和步兵，这些战争很快就使工人了解到自己的贫困，并让他们感受到自己的力量。帕尔乌斯对此深信不疑，并经常在这个话题上引用恩格斯的话。帕尔乌斯在伊斯坦布尔的经历告诉他，如果对初级军官进行适当的"青年土耳其党"式的渗透，俄军可能会动摇。[8]

帕尔乌斯作为一名共产主义者对战争有着自己的理解和认识，作为粮商和军火商对战争又有着自己的经济利益，是很难将两者区分开来的。他以前的朋友当然会这么认为。到1915年，帕尔乌斯撰稿的德国报纸《死亡之钟》（*Die Glocke*，可能由德国资助）强烈支持德国进行战争，认为德国的胜利对工人阶级最有利，因为任何对俄国的支持都是对沙皇政体的支持。这种亲德立场致使列昂·托洛茨基发表了帕尔乌斯的"讣告"，标题为《致一位在世朋友的墓志铭》（Epitaph for a Living Friend）。这篇讣告直接针对帕尔乌斯，指责他是"民族沙文主义者"。他的前战友克拉拉·蔡特金 ①（Clara Zetkin）称他为"帝国主义的皮条客"。[9]罗莎·卢森堡、弗拉基米尔·列宁和大多数其他共产主义者都说过同样的话，此后也都与他绝交。但帕尔乌斯知道粮食的去向，他只需要时间和饥荒来为他正名。

英国认识到无畏舰可能会对来自黑海的粮食造成威胁。甚至在奥斯曼帝国宣布站队之前，温斯顿·丘吉尔（Winston Churchill）就逼迫维克斯公司在土耳其无畏舰抵达伊斯坦布尔前将其交给英国，因此，奥斯曼

---

① 克拉拉·蔡特金（1857—1933），原名克拉拉·艾斯纳，德国社会民主党和第二国际左派领袖之一，国际社会主义妇女运动领袖之一，德国共产党创始人之一，无产阶级妇女解放的灵魂人物 。——译者注

帝国的中立性被打破。而关于扣押该舰的原因，丘吉尔撒了谎。为了报复，两艘德国驱逐舰驶向伊斯坦布尔。在海上受到英国海军的威胁后，这两艘驱逐舰被匆忙许诺归奥斯曼帝国所有。几天后，同一批军官和士兵身着土耳其海军的制服，进入黑海，轰炸了敖德萨。[10]轰炸俄国的粮食中转站是土耳其站在奥德一方加入战争的第一个证据。

英国严重低估了伊斯坦布尔。英国人认为奥斯曼帝国的陆军和海军力量薄弱，于是迅速组织了一次两栖远征，以肃清连接英法粮食集散地与黑海海上粮食的重要路线。英国人担心，如果伊斯坦布尔严守海峡，在巴库开采的俄国石油将无法运出。"三国协约"①（The Triple Entente）认为，一支由驱逐舰和两栖部队组成的舰队将迅速击溃土耳其军队。1916年，协约国承诺在战争结束时将伊斯坦布尔移交给俄国。

但盟国得到了教训，这个教训十分古老，在该城成为君士坦丁堡或伊斯坦布尔之前，即拜占斯建立拜占庭时，他就知道。驱逐舰、潜艇、机枪和火炮丝毫无法改变这个真理。帕尔乌斯十几岁时就知道了这个真理。这个世界贸易的交会点是一座坚不可摧的堡垒；只要防御得当，没有几十年的精心策划，根本无法攻下这个堡垒。协约国试图在伊斯坦布尔以南的加里波利登陆。一波又一波的英国、澳大利亚和新西兰军队登上这片海滩，但面对的是一支补给充足、居高临下的土耳其军队。经过近一年的战斗，从1915年2月到1916年1月，盟军都未能攻占这座"城"（伊斯坦布尔），也没能开辟通往俄国的海路。英法两国对美国的粮食越来越

① 三国协约是英、法、俄三国在1907年签订的互相谅解和互相支持的协议。Entente是法文，意指谅解。1904年的《挚诚协定》及1907年的《英俄条约》签订后，英法、英俄的各种纠纷得以平息。这两个协约加上法俄同盟，便促使这三个国家走到一起。此外，它们都因为德国在欧洲的影响力不断上升而警醒。因此，英、俄、法便结盟，名为"三国协约"。

依赖。1915年，欧洲粮价翻了一番。

由于受到穿梭于大西洋和北海的德国新式潜艇的威胁，英法两国很快就面临着粮食短缺的困境。在第一次世界大战时，潜艇通过鱼雷在水下即可摧毁船只，但当潜艇浮出水面时，只需一发子弹就可以将其击沉。关键是，这意味着U形潜艇绝无可能安全捕获船只。因此，潜艇只能摧毁食物和其他物资，而潜艇对美国补给船的攻击有可能会使美国卷入战争。

德国很快就会更加缺粮。1914年，德国快速穿越比利时以及在坦能堡对俄国人的快速进攻证明，德国战争机器起到了决定性作用。但正如在美国内战中的彼得斯堡围城战（Siege of Petersburg）一样，士兵们在战壕中陷入了地面战。到1916年，反对德国的协约国已经协调了多次来自东部和西部的连续攻击，这迫使德国同时在两条战线上作战。同年1月，俄国袭击了奥斯曼人，占领了埃尔祖鲁姆[①]（Erzurum）和特拉布宗[②]（Trabzon），以及南部的穆什[③]（Mush）和比特利斯[④]（Bitlis）。同年3月，俄罗斯帝国对德国的进攻遭遇惨败，但6月的大规模布鲁西洛夫攻势[⑤]

---

① 埃尔祖鲁姆，位于今土耳其安纳托利亚高原的东部，是土耳其东部山区最大城市与军事要塞。——译者注

② 特拉布宗，土耳其东北部港市，临黑海。输出烟草和坚果等。始建于公元前8世纪。1204—1461年为科穆宁王朝特拉布宗帝国的都城，后被奥斯曼帝国吞并。——译者注

③ 穆什，位于今土耳其东部的一座城市，为穆什省省会。——译者注

④ 比特利斯，今土耳其东部城市，比特利斯省省会，位于比特利斯河峡谷中，海拔约1400米。控制从凡湖盆地通往美索不达米亚的交通要道，具有重要军事意义。——译者注

⑤ 布鲁西洛夫攻势是俄罗斯帝国在第一次世界大战期间获得的最大的军事胜利，也是史上伤亡人数最多的战争之一。这场战役始于1916年6月4日，是一次针对东方战线上同盟国军队的大型攻势。——译者注

（Brusilov Offensive）大获成功。德国的"芜菁之冬"①（Turnip Winter）始于1916年，德国经历了饥馑、士气低落和食物骚乱。[11]

从短期来看，德国在布鲁西洛夫攻势中损失最大。但这一系列代价高昂的战役可能完全摧毁了俄国的未来粮食生产，因为这场战役使俄国损失了大约100万名农民士兵。根据经济学家尼古拉·D. 康德拉季耶夫（Nikolai D. Kondratiev）的说法，这些士兵是从"收割机"上直接带走的，他们几十年来一直在乌克兰的"占有式农场"里收割粮食。[12]在法国战壕中，数十万年轻的工人儿子和农民儿子牺牲了，英法两国被掏空了，德国也遭受了粮食上的损失。

帕尔乌斯知道德国需要速战速决和粮食补给。在1915年1月前的某个节点，他接触了一个在德国外交部内部运作的绝密组织，该组织名为"抗敌的企业与鼓吹活动"（Unternehmungen und Aufwiegelungen gegen unsere Feinde）。人们对这个组织知之甚少，但该组织的目的显然是要在协约国发动革命，包括在爱尔兰、俄国、美国和中东地区。每个帝国都会得到德国人所谓"爬虫基金"（reptile funds）的资助，这些基金没有预算限制，可以用来贿赂帝国内部的政治支持者，同时在帝国外部煽动分裂活动。战争开始后，德国外交部拥有一笔数千万马克的巨额资金，用于在德国的敌国中煽动革命活动。其中一些计划，比如德国的中东行动，投入巨大但执行的内容却少得可怜。[13]但帕尔乌斯在革命者中拥有更广泛的关系网，给他花的钱更值。1915年1月，帕尔乌斯需要几十万马克，阿瑟·齐默尔曼（Arthur Zimmerman）外长不得不直接向戈特利布·冯·贾

---

① 芜菁之冬（德语：Steckrübenwinter 或 Kohlrübenwinter），又称"饥饿之冬"（Hungerwinter），是指第一次世界大战期间德意志帝国于1916—1917年冬天发生的饥荒。——译者注

戈（Gottlieb von Jagow）外长引荐帕尔乌斯。在介绍信中，齐默尔曼告诉这位外长，"格尔方德博士（帕尔乌斯）是著名的俄国社会主义者和宣传人士，也是上一次俄国革命的主要领导人之一。"他继续说，德国的目的和革命分子的目的几乎是一致的："彻底摧毁沙皇统治，将俄国分裂成各个更小的部分。"齐默尔曼继续说，帕尔乌斯认为，即使战争结束，"如果俄罗斯帝国不分裂成多个独立的部分"，德国就仍将处于弱势。[14]

1915年1月至3月，帕尔乌斯撰写了一份长达20页的备忘录，题为《为俄国大规模政治罢工做好准备》（Preparations for a Political Mass Strike in Russia）。除了炸毁铁路桥梁和油田、组织铁路工人和士兵罢工、迫使军队撤退到圣彼得堡和莫斯科之外，他几乎没有详细说明俄国到底会发生什么。从更广泛的角度来看，他承诺，只要德国能在芬兰和乌克兰境内资助一场宣传战，这些国家的分离主义者就会准备起来反对俄国。为了协调革命分子、帕尔乌斯和德国外交部之间的通信，需要有无线电报设施。最重要的是，如果俄国的反战社会主义者的激进出版物能在中立国瑞士印刷，然后偷运到俄国士兵手中，他们就可能会在军队中挑拨离间，进而破坏俄国的战争机器。俄国的革命将扰乱东线的战争，使德国能够将力量集中在西方，并在美国卷入冲突之前结束战争。到1915年12月，财政部长终于收到外交部关于所有支出的通知，他额外批准了100万卢布，以支持帕尔乌斯在乌克兰和芬兰的独立运动计划，以及在俄军内部进行宣传，但同时抱怨道，"他的计划真是异想天开。"1916年2月，帕尔乌斯第一次尝试发动革命，但以失败告终。[15]

帕尔乌斯的计划并非异想天开。虽然难以置信，但俄国的粮食终会消失。

第十四章

粮食即权力

1916—1924 年

战争期间，亚历山大·克里沃希恩掌管的农业部试图改变粮食供应的基础设施，但他对俄国的"黑色之路"进行了干预，导致粮食价格上涨。他希望用国家实体取代粮食市场，但这破坏了帝国向城市的粮食供应，助长了不稳定因素并引发了革命。二月革命[①]后，三个团体——新的临时政府、铁路工人委员会和粮食运输代理商——均努力使"黑色之路"恢复秩序。布尔什维克破坏了临时政府和工人委员会为运送粮食付出的努力，即使在布尔什维克夺取政权后，粮食收割时的场面依然混乱。

第一次世界大战开始后，克里沃希恩的部门明确指出，为陆军和海军供应食物是帝国的第一要务。由于不愿与承包商合作，他将黑海沿岸产量最高的粮食产区标记为供应区，专门用于供应军粮。他允许私人出售粮仓的粮食，但前提是先满足政府的需求。农业部提出需求并定好军队囤粮价格，但由于陆军和海军方面粮价受到人为压制，粮农需要想方

---

① 二月革命，是指1917年3月8—12日（儒略历2月23—27日）俄罗斯帝国爆发的革命运动，推翻了罗曼诺夫王朝，结束了君主专制的统治。二月革命后出现了两个政权并立的局面，俄国临时政府（俄罗斯共和国）和苏维埃政权。——译者注

设法弥补损失，于是剩下的民用粮食价格飙升。到1915年10月，据说俄国659个城市中有500多个城市出现粮食短缺。克里沃希恩支持俄国军队的粮食供应计划使俄国城市陷入断粮状态。[1]

在俄国各省之间，民间机构互相竞争，以取代现有为城市供应粮食的粮食贸易和信贷网络。名为"地方自治会联盟"（Union of Zemstvos）的政府农业组织同时成立了供应部、储存委员会、仓库委员会和运输委员会，这些部门都是为了协调粮食供应和制定粮食价格，但职能有所重叠，它们不断相互倾轧。[2]

1916年下半年，地方自治会联盟试图建立统一的粮食垄断机制。这一机制对粮食采用垄断价格而对工业品采用非垄断价格，进一步加剧了南部和东部粮食产区与北部和西部粮食消费区之间的紧张关系。莫斯科和圣彼得堡这两个粮食消费城市濒临动乱。[3]

到1916年，俄国的粮价上涨速度已超过了世界粮食市场，这对一个原本粮价如此低廉、战前出口了自身一半粮食的国家来说是一个惊人的转变。为了应对粮价快速上涨的问题，粮食交易黑市出现了。各省长随后对他们所在地区的粮食出口征收关税，并最终实行禁运。很快，各省长和俄罗斯帝国民兵就开始竞相封锁开往俄国各个城市的粮车。当世界各地（包括粮食富足的美国）的粮价翻了一番时，俄国面包的价格从1916年春天到1917年春天之间就上涨了10倍以上。[4]

1917年3月8日（俄历2月23日），对圣彼得堡食物配给制的抗议引发了暴乱。部队没有像1905年那样镇压暴乱，而是转而将矛头指向了部队军官。几天后，沙皇尼古拉斯二世退位。帕尔乌斯曾在长达20页的备忘录中预言了这一点，他突然引起了德国陆军部的强烈兴趣，告诫德国不要向俄国现任杜马压价，也不要把俄国搞得四分五裂。他写道，这两种行动现在只会让俄国反对派变本加厉并使战争持续。[5]他还知道,这些行动会加强民族主义者、自由主义者和制造商的权威。帕尔乌斯仍记得巴黎公社社员的命运,也记得于1905年被俄国处决的朋友们,对他来说,这样的结果是无法接受的。

相反,帕尔乌斯表示,德国政府需要花更多的资金,也许是额外的5 000万马克,将一列布尔什维克和孟什维克①(Mensheviks)的封闭火车送到圣彼得堡郊外的芬兰站。德国人将不得不继续输送手枪、炸药和药品。帕尔乌斯可以安排从波罗的海的俄国仓库向德国运送粮食。他在中立国丹麦的代理人会通过无线电报联系圣彼得堡和波罗的海其他地方的代理人。帕尔乌斯已经控制了悬挂丹麦和瑞典国旗的中立国船只。[6]

帕尔乌斯承诺,布尔什维克和许多孟什维克将会接受战败,而另一些俄国社会主义者是支持这场战争的。这些俄国的社会主义爱国者是在冲突中支持俄国的一方,需要用反宣传的方法打败他们。他承诺布尔什维克和孟什维克将允许乌克兰和芬兰独立,并在东线投降。[7]他在哥本哈根和其他波罗的海港口之间的新一批贸易机构将得到社会主义船坞工人的支持,并获得在波罗的海进行贸易的许可。俄国粮食将用来交换德国的弹药和药品。[8]这很像巴尔干战争期间帕尔乌斯在黑海组织的贸易。德国军队将有面包可吃,这是胜利的象征;而俄国将发生革命。

---

① 孟什维克,是地处欧洲东部和亚洲北部的俄国早期工人运动中的资产阶级改良主义派别。俄文音译,意为"少数派"。1903年7月、8月召开俄国社会民主工党第二次代表大会期间,以列宁为首的马克思主义者同马尔托夫等在制定党章时发生尖锐分歧。大会在选举中央领导机关成员时,拥护列宁的人得多数票,称布尔什维克(意为"多数派");马尔托夫等得少数票,称孟什维克。会后,孟什维克发展成为俄国社会民主工党内主要的右倾机会主义派别,其观点称为孟什维克主义。代表人物有马尔托夫、波特列索夫、策烈铁里等。——译者注

1917年，有5 000万到2亿马克从德国流向布尔什维克。帕尔乌斯的高效走私行动使援助资金成倍增加。其中大笔资金用于报纸的传发。正如青年土耳其党于1909年抵御苏丹的反革命活动一样，1917年中布尔什维克得到了机枪和大炮，因此，他们具备了军事实力，可以抵御杜马和拉夫尔·科尔尼洛夫 ①（Lavr Kornilov）将军领导下的反革命活动。1917年中，杜马试图将弗拉基米尔·列宁、列昂·托洛茨基和其他人当作德国特工进行审问。检察官在报纸上宣布，他们掌握了相当多的证据，表明列宁和帕尔乌斯通过第三方进行了电报通信，也证明了德国的资金是如何资助布尔什维克的。十月革命叫停了此次审问，相关文件也不翼而飞。⁹

布尔什维克成功的主要功臣不是机枪。"和平、土地和面包"（Peace, Land, and Bread）是布尔什维克的口号，而很大程度上，获得成功与面包和对俄国境内新粮食运输通道的控制有关。1917年，随着俄国粮食从波罗的海沿岸的港口流向德国军队，革命形势发生了变化。

价格低廉、发行量充足的报纸是布尔什维克采用的关键手段，用于展示他们对解决俄国持续性问题的看法。1917年爆发二月革命，沙皇尼古拉斯二世退位后，杜马成为俄国的官方政府。然而，杜马只能与苏维埃共享权力，而苏维埃是布尔什维克和孟什维克提倡的工人代表大会。苏维埃在城市拥有更高的权力（包括警察权），以及更为活跃的媒体机构。

---

① 拉夫尔·科尔尼洛夫（俄语：Лавр Корнѝлов），俄国临时政府时期的最高统帅。科尔尼洛夫事件的主角。第一次世界大战爆发时任西伯利亚第9师师长，不久转任第48师师长，他使该师有了"钢铁48师"的称号。《俄语报》把他的秘密电报公开出来后，一时之间，他成了资本主义和有产者的救星。1917年7月19日，他被任命为俄军最高统帅。他要求授予他近乎独裁的权力。——译者注

　　媒体机构对布尔什维克掌权至关重要。例如，列宁4月份乘火车抵达时，发表了自己撰写的《四月提纲》①（*April Theses*），称现政府是资产阶级政府，而一切权力应归苏维埃。列宁呼吁"革命失败主义"②（Revolutionary Defeatism），宣称俄国在失败中比在胜利中获得更多。他呼吁将所有俄国银行国有化，并取消陆军和海军。6月，德国阿瑟·齐默尔曼国务秘书向在伯尔尼（Bern）的国务部长保证，布尔什维克的新发行报纸《真理报》③（*Pravda*）已经印刷了30万份。10帕尔乌斯在斯德哥尔摩的出版社翻印了列宁的文章。随后，德国政府通过第三方秘密机构将列宁的《四月提纲》偷偷运给前线的俄国士兵。11"七月危机"④（The July Days）期间，士兵、水手和工人参加了反对杜马的武装游行，打破了杜马与苏联之间不稳定的力量均势。国务秘书理查德·冯·库尔曼（Richard von Kühlmann）向外交部联络官吹嘘说："如果没有我们的一

---

　　① 《四月提纲》，又称《论无产阶级在这次革命中的任务》，是列宁在1917年4月17日全俄工兵代表苏维埃会议的布尔什维克代表会议上作的报告。——译者注

　　② 革命失败主义是从马克思主义的阶级斗争衍生而来的概念，是列宁在第一次世界大战时倡导的。列宁宣称，由于无产阶级无法享受任何战争胜利的成果，帝国主义的统治者才是无产阶级的真正敌人。将战争转向为针对统治者的内战，然后扩大到国际革命，反而能让工人在他们祖国的失败中获得好处。——译者注

　　③ 《真理报》（俄语：Правда），最早由俄国社会民主工党领导人托洛茨基于1908年10月3日创建于奥地利维也纳，针对俄国工人发行。早期的《真理报》为避免沙皇政府的新闻管制，全部在国外刊印，再偷运入俄。《真理报》是1918—1991年间苏联共产党中央委员会的机关报。《真理报》在1991年被时任俄罗斯联邦总统的叶利钦下令关闭，但同名的报纸不久后就开始发行。——译者注

　　④ 从1914年6月28日萨拉热窝事件发生到7月28日奥匈帝国向塞尔维亚宣战，这段时间在外交史上称为"七月危机"。"七月危机"是第一次世界大战前夕国际危机和局部战争危机的延续，并最终酿成了世界大战。在这段日子里，英国玩弄了一种狡猾的外交阴谋，把德国诱入战争的深渊。先前英国一直伪装恪守中立状态，诱使德国挑起战争。——译者注

贯支持，这场布尔什维克运动绝不可能有今天的规模和影响力。各种迹象表明，这一运动将继续蔓延。"[12]

但粮食是布尔什维克取得胜利的关键因素。甚至在2月份之前，由于俄国内部的粮食供应出现问题，工人合作社和城市各个协会就开始向南部和西部的大草原地区派遣工人。工人们用卢布、银子，甚至是制成品，从经营面粉厂的农村、城镇换取一袋袋面粉。随后，这些中等技术工人（mesochniki，装袋工）将一袋袋面粉当作行李带回火车上。[13]从某种程度上来看，这些中等技术工人就像是20世纪的丘马克商人，他们带回了制作面包的各种配料——不仅已经一起磨成了面粉，而且他们乘坐的是火车，比丘马克商人的行进速度要快得多。然而，这些中等技术工人重走了他们的祖先丘马克商人在过去7个多世纪中走过的道路，丘马克商人首先沿着"黑色之路"将这个国家联结在了一起。这些中等技术工人出发时甚至带着武器，但是带的是手枪而不是锋利的棍棒，以保护自己免受强盗或民兵的攻击。这些城市装袋工人具备养活工人合作社的能力，这有助于提高苏维埃的权威和自主性，以便与临时政府的权威抗衡，同时表明后者没有能力养活自己的人民。

正如彼得·沃森所理解和谢尔盖·维特所计划的那样，向城市输送粮食的铁路是国家的象征。因此，连接帝国各个地区的国有铁路走廊成为布尔什维克、孟什维克和杜马之间争夺权力的重要战场。1917年3月至7月，保守派、自由派和孟什维克试图改善俄国南部和东部（主要在今天的乌克兰）的粮食产区与北部和西部的粮食消费区之间的交通联系。大部分的组织力量来自1917年3月开始在俄国铁路工人队伍中成立的所谓的"革命路线委员会"。这些搬货工人和修理工人一心支持苏维埃和临时政府，逐渐从沙皇退位后弃职的沙皇官员手中接手了铁路管理权。革命路线委员会重点瓦解了前一年在铁路上设置路障的俄罗斯帝国民兵。他们通过交换零件来组织火车发动机的重新组装工作，并大多取得了成功。[14]

然而，到了当年5月，布尔什维克试图渐渐削弱铁路路线委员会的权力，认为这些委员会是危险的、具有竞争性的政治权力中心。尤其是格奥尔基·普列汉诺夫，他是著名的孟什维克领导人，也是所谓的俄国马克思主义之父，各个路线委员会都在他的引领之下。普列汉诺夫比列宁更了解马克思，他强烈反对列宁的《四月提纲》，并公开批评列宁手下的布尔什维克党人通过帕尔乌斯获得了德国的资助，但他没有具体证据。普列汉诺夫负责的铁路路线与司法部长亚历山大·弗多洛维奇·克伦斯基[①]（Alexander Fyodorovich Kerensky）和临时政府总理兼内务部长格奥尔基·叶夫根耶维奇·李沃夫（Georgy Evgenyevich Lvov）亲王[②]（自由主义者）的密切合作体现了跨党派的团结，而布尔什维克对此种团结持拒绝态度。

革命路线委员会可替代布尔什维克成为国家权力机构，因此，为了打击革命路线委员会的实力，布尔什维克利用了铁路兄弟会内部的阶层矛盾——扳道工总是比搬运工和修理工低一头。布尔什维克就将扳道工

---

① 亚历山大·弗多洛维奇·克伦斯基（1881年5月4日—1970年6月11日），俄国社会革命党人。1917年，俄国二月革命以后，任格奥尔基·叶夫根尼耶维奇·李沃夫临时政府司法和军事部长。李沃夫垮台后出任总理。他拒绝让俄国退出第一次世界大战，国内经济又陷入困境。十月革命中布尔什维克推翻了他的政府，其后流亡巴黎。1940年，移居美国，以教书和著述为生，直到去世。他小时候的朋友和长大以后的政敌列宁称其为"小拿破仑"和"小牛皮家"。——译者注

② 格奥尔基·叶夫根耶维奇·李沃夫亲王（俄语：Гео́ргий Евге́ньевич Львов，1861年11月30日—1925年3月7日），立宪党人，俄罗斯临时政府首任总理（1917年3月15日—7月21日）。——译者注

组织起来，批评革命路线委员会里是一群既傲慢又自私的搬运工和修理工，因为他们声称自己代表所有铁路工人。布尔什维克又分别游说了自视甚高的"绶带工会"（成员为工程师、制动员和消防员），他们在铁路等级制度中位于那些革命路线委员会成员之上，认为这些工人主张加薪只对他们自己有利，而对熟练工人不利。"七月危机"发生期间，针对革命路线委员会的一系列影响极坏的罢工已经开始，一直持续到10月。这些行动大大降低了国营铁路的效率，减缓了向城市运送粮食的速度。虽然自由主义者、社会主义革命者、孟什维克和布尔什维克之间的派系仇恨可能是俄国无法解决的问题，但布尔什维克显然将国家铁路作为争夺目标，以破坏和削弱国家杜马，并防止作为国家权力来源的铁路对自己构成威胁。随着俄国铁路陷入混乱，布尔什维克提出的以军事手段解决粮食供应问题的主张越来越具有吸引力。[15]

二月革命——社会主义者、自由主义者、布尔什维克和孟什维克的合作成果——被十月革命推翻，布尔什维克得以掌权。二月革命后的一些问题可能依旧难以解决。正如经济学家尼古拉·康德拉季耶夫指出的那样，俄国士兵在战争中大量牺牲，如果不将数百万名城市工人引到农村，俄国粮食就无法完成收割。没有哪一个粮食分配体系成功地喂饱过俄国。换言之，十月革命使原本就很糟糕的粮食分配体系雪上加霜。

布尔什维克的"土地法令"（Decree on Land）将所有土地收归国有，然后宣布重新分配这些土地。虽然土地的重新分配减少了无地农民的数量，但使俄国主要的粮食来源"边境农庄"变得四分五裂。出于各种原因，在500—1 000英亩的大面积庄园上种植小麦，成本可能是最低的；同样出于各种原因，在草原上种植粮食可能需要更大块的土地。在高低起伏的平原上进行高效的粮食耕作和收割需要重型设备；干旱的平原需要协调良好、距离较长的灌溉系统；长期以来，平原一直采用四圃轮作制①，每季度需要留出许多的闲置土地。[16]

显然，这场革命暴露了依靠农民庄园生产粮食会遇到的其他困难。俄罗斯农业经济学家亚历山大·恰亚诺夫（Alexander Chayanov）在革命后立即对农民的生产力进行了仔细评估。他指出，根据这些细致的研究，农民对市场的反应并非常人所想。他不同意大卫·李嘉图的观点，认为土地、劳动力和资本的这三个要素对农民来说并非可以相互替代。由于农民家庭可以自给自足，他们对苦役的抵制是指数型增长的。距离全家人能完成工作量的最大值越近，农户对苦役的抵制情绪就越强。在这种情形下，如果粮价像1918年和1919年那样上涨，一个家庭就可能不会为了获得更多的资本或土地而投入更多的劳动力来生产更多的作物。相反，粮价上涨时，农民实际上可能会减少粮食生产，因为不增加资本或土地，农民就可以通过相对较轻松的工作量来获得满足感。他还发现，有孩子后农民干活最卖力，孩子长大后他们在农场的总工作时间逐渐降低。决定他们行为的是家庭生活周期，而不是价格。相比之下，"边境农庄"更像是资本家的公司，因为农民可以在粮价高时购买额外的土地、劳动力和资本。布尔什维克反对恰亚诺夫对农民经济的评估意见，因为这个评估似乎偏向于富农，并认为农民从事农业无法拯救俄国。1930年，恰亚

---

① 四圃轮作制，18世纪30年代出现在英国诺福克郡的新式耕作方法。此种耕作法是将耕地分成四份，每年在不同的份地上种植一种作物，如小麦、芜菁、大麦和三叶草等，轮番种植，即四年轮换一次，以保持地力。这种农作制度，加速了土地利用的周转，提高了土地的利用率，也提高了农业的收益。在一定程度上满足了日益扩大的对农产品的需求，也推动了农业生产关系的进一步变化，加速了资本主义农场的建立。——译者注

诺夫因莫须有的罪名被捕，并被流放到哈萨克斯坦。1937年，他再次被捕，并在同一天被枪决。[17]

十月革命后的一个月，帕尔乌斯和德国政府分道扬镳。法国和德国战壕中的叛乱可能使他相信那里正在上演一场工人革命。帕尔乌斯寄希望于1917年9月在瑞士举行的第三次齐美尔瓦尔德会议[①]（Third Zimmerwald Conference），他希望这次会议能团结欧洲的社会民主人士，创造一种独立的由社会主义领导的和平氛围。但社会主义者的团结局面很快就被布尔什维克与孟什维克的决裂打破了。在德国，帕尔乌斯站在德国社会民主党（他们并非毫无保留地支持保卫战）一边，反对斯巴达克派（试图在战壕和德国主要城市发动总罢工的革命共产主义）。为了镇压斯巴达克派，德国社会民主党人与军队和极右自由军团（Freikorps）结成了生死同盟。自由军团围捕并杀害了数百名斯巴达克派成员，包括罗莎·卢森堡和卡尔·李卜克内西[②]（Karl Liebknecht）。据说，帕尔乌斯知道他们在哪里，但不愿透露具体位置。自由军团还是找到并杀害了他

---

① 第三次齐美尔瓦尔德会议，又称"斯德哥尔摩会议""国际社会党人第三次代表会议"。1917年9月5日至12日在瑞典斯德哥尔摩举行。列宁主张布尔什维克退出齐美尔瓦尔德国际，立即着手组织第三国际。但俄国社会民主党（布）第七次全国代表会议根据季诺维也夫（Zinovyev）的报告，以多数票通过了关于布尔什维克参加这次代表会议的决议。会议的参加者多数是中派分子，他们对社会沙文主义者采取调和态度。会议通过了一份宣言，号召采取无产阶级的行动来结束战争，并要求共同举行国际性的群众罢工运动，但没有指出实现这一决定的方法和步骤。——译者注

② 卡尔·李卜克内西（1871—1919），德国社会民主党和第二国际左派领袖之一，德共创始人之一。威廉·李卜克内西之子。早年参加社会主义运动，为1907年社会主义青年组织国际联合会创始人之一。1912年，当选国会议员。1916年，与其他左派领袖组织斯巴达克同盟。同年，因组织反帝国主义战争的游行示威，被判处苦役。被释放后，积极领导了十一月革命。从事创建德共的工作。1919年1月15日，与卢森堡等一同被害。——译者注

们，最后把尸体扔进了运河。

布尔什维克于10月在俄国夺取政权时，试图结束战争，但与孟什维克和其他国家的社会民主主义者缺乏第一次世界大战线。1917年12月至1918年3月，在布列斯特—立托夫斯克铁路枢纽举行的德俄和平谈判对布尔什维克来说是一场惨痛的失败。德国人不仅要求俄国军队从芬兰和乌克兰撤出，还要求控制从柯尼斯堡到敖德萨的整个瓦兰吉粮食走廊。该地区生产了俄国的大部分粮食，同时，贝瑟尔·亨利·斯特劳斯堡和谢尔盖·维特在这里建设了俄罗斯的新脊梁。革命分子只能占领旧的伏尔加河走廊。德军在"拳击行动"①（Operation Faustschlag）中开始向俄国阵地推进时，新组建的赤卫队（Red Guards）无法将德军击退。托洛茨基未能完成在布列斯特—立托夫斯克的任务，被迫签署和平协议。

在布列斯特—立托夫斯克谈判结束之前，波兰和乌克兰就已与俄国分道扬镳。乌克兰人民共和国（The Ukrainian People's Republic）签署了一份单独的"面包与和平"协议（Bread Peace），承诺向同盟国②（Central Powers）出售粮食。德国军方将"和平"视为入侵乌克兰的邀请函，进军乌克兰，占领基辅、敖德萨和该地区大部分主要城市。[18]乌克兰和波兰脱离俄国保证了除同盟国外，任何国家都无法获得俄国产量最高的粮食出口地区。在这里，凯瑟琳大帝通过粮食生产进行边缘扩张的重农主义政策证明俄国失败了。由于俄国所有财富都在西部和南部边缘地区，德国对这些边缘地区的侵占使俄国的粮食供应更加困难。

---

① "拳击行动"，也称"十一天战争"（Eleven Days' War），这是同盟国在第一次世界大战中发动的一场进攻，也是东方战线中最后的一场大型作战。——译者注

② 同盟国是第一次世界大战中，由德意志帝国、奥匈帝国、奥斯曼帝国、保加利亚王国四国组成的军事同盟。——译者注

当托洛茨基回到俄国新首都莫斯科时，他很快成为红军（Red Army）政委，计划招募50万名士兵。为了应对地方苏维埃和退役士兵武装团伙夺取火车的情况，托洛茨基组建了由士兵、水手和失业工人组成的"飞行小分队"（flying detachments），试图停止"装袋工人"的工作。[19]俄国新成立的粮食委员部（Commissariat of Food）随后宣布进入粮食紧急状态，并前往农村攫取所有肉眼可见的剩余农产品。[20]

在红军的组织方面，帕尔乌斯于1911—1913年在土耳其的发现对其起到了启发作用。1918年，托洛茨基上任时采用青年土耳其党人的混合式军事教育结构。帝国高级官员由职位为"政委"的年轻政治军官管理。托洛茨基在一辆行驶中的火车车厢里待了三年多，而红军本身也成了俄国军队激进化和政治化的代理人。火车有两台发动机、一台印刷机、一台电报设备，还有数千本俄语入门书、日历、关于马克思主义的小册子、法国大革命的历史，以及布尔什维克对俄国革命进展的分析。1905年，托洛茨基和帕尔乌斯的廉价报纸《消息报》曾是政治宣传和激进主义的主要工具，但到了1918年，就像奥斯曼军队一样，报纸和教育宣传与军队自身的军事结构已融为一体。

和奥斯曼帝国军队一样，俄罗斯帝国数以万计年长、老练的军官被引入布尔什维克军队，在那里，年轻的政治委员会监督每位帝国军官。如果军事命令违反了党的行为原则，政委可在战场上撤销命令。关于新的俄罗斯民族的信息，就像之前土耳其民族的信息一样，会沿着"黑色之路"与食物、燃料和弹药一起传播。苏俄士兵及其军官将接受高度系统化的马克思主义思想课程。这种军事结构重视接受共产主义课程的士兵教育，在苏俄历史学家中是众所周知的。[21]只有帕尔乌斯最亲密的伙伴托洛茨基才会知道，这种模式在很大程度上借鉴了青年土耳其党的革命。

1918—1922年苏联发生了饥荒、内战和骚乱。1920年，苏联人口减少了700万，1921年减少了1 100万，1920—1922年减少了1 300万。只有200万人移民，而单单饥荒就死了500万人。正如19世纪40年代的欧洲饥荒和1891年的俄国饥荒，大多数人死于饥荒之后的痢疾和霍乱等瘟疫。这两次饥荒对人口的影响比1918年始于苏俄的五年饥荒要小。[22]

"黑色之路"与国家权力之间的联系在苏俄内战[①]（Russian Civil War）期间最明显，当时所有欧洲大国在向苏联开战。实力强大的军队瞄准了粮食走廊，他们将这些走廊切断并充当类似多段式补给线的一部分。亚历山大·高尔察克（Alexander Kolchak）的白军[②]（white army）依靠的是西伯利亚的铁路走廊，与布尔什维克当局作战的捷克斯洛伐克军团[③]（Czechoslovak Legion）也是如此。掌握了对铁路走廊的控制权，每个走廊分段都可以自成一国。中国东方铁路沿线的白俄罗斯人把那里当成白俄罗斯一样经营，他们存在的时间几乎比其他所有反对布尔什维克

---

① 苏俄内战（俄语：Гражданская войнá в Россúи），又称"苏俄国内战争"或"对苏干涉战争"，是于1918—1922年在崩溃的俄罗斯帝国境内发生的一场革命战争，部分战事还蔓延到外蒙古和波斯。1917年11月7日（俄历10月25日）十月革命取得了伟大胜利，建立了世界上第一个社会主义国家政权——苏维埃俄国，其与国内反革命势力白俄和外国武装干涉者（协约国）进行的战争，在苏联被称为"1917年到1922年的内战和武装干涉"。——译者注

② 白军，也称"白卫军"，是苏俄国内战争时期（1918—1920）的一支武装力量。白军以保皇党派为基础，主要将领有邓尼金、高尔察克等人。1921年初，被苏俄红军消灭。——译者注

③ 捷克斯洛伐克军团（捷克语：Československé legie，斯洛伐克语：Československé légie），通称"捷克军团"，是第一次世界大战期间与协约国协同作战的捷克族裔和斯洛伐克族裔志愿军人。——译者注

的派系都长。[23]

　　第一次世界大战后，俄国经历的是关于革命与反革命、分裂与统一的宏大而复杂的变革。其结果是多个党派之间的复杂对峙，他们对于没有沙皇、贵族和谷仓里的皮鞭的未来有着不同的愿景。几年后，革命者会把这个历程当作一场简单的戏剧来讲述。布尔什维克将这段历史简化为一个扣人心弦的故事，讲述了1917年10月工人冲进冬宫后发生的事。[24]百万富翁帕尔乌斯吸取了被所有人抛诸脑后的教训：麦田是俄国和美国最大的资产，解放农奴与美国内战有关，银行存款是帝国的软肋，控制国际粮食贸易的"咽喉"是第一次世界大战的关键，革命可以毫无顾忌地由德意志帝国资助。

　　帕尔乌斯曾不止一次为苏联夺取政权谱写路线图，却被故意从这个故事中抹去了。1905年，托洛茨基被誉为苏维埃的领导人，尽管帕尔乌斯是苏维埃主席。列宁公开宣布，他与帕尔乌斯没有任何联系，并拒绝让他进入俄国，但在布尔什维克需要更多现金时，却私下给他发了电报。[25]帕尔乌斯于1924年去世。当时，托洛茨基刚被赶出苏联。有一项对托洛茨基的重要指控是他与帕尔乌斯有关联。尽管托洛茨基在对回忆革命前几年党内紧张局势时小心翼翼，尽量避免提到帕尔乌斯，但似乎仍对他的政治对手构成了威胁。托洛茨基的对手们利用托洛茨基对俄国社会民主党的回忆来对付他，将其作为"托洛茨基主义"的证据，证明他背离了列宁主义的真正原则。[26]托洛茨基被驱逐到土耳其，最终在伊斯坦布尔郊外王子群岛上帕尔乌斯的故居定居。关于小麦、交通、铁路、银行以及帝国军官转变为布尔什维克的关键情节则消散在历史中，一个标点都没有留下。

　　在我看来，帕尔乌斯并不是关键角色，但他对世界的理解向我们展示了一段更深刻的历史，这段历史涉及食物的种植方法、储存和运输的秘诀、长途配送的史前路线，以及使贸易成为可能的理论工具。现在，就像一万年前一样，生产者和消费者在一个共同的世界生态中相互关联，病毒、帝国和国家只会暂时支配这个生态，就像在深不见底的大海上留下的一点点泡沫一样。帕尔乌斯看到了将所有人联系在一起的这条历史主线，也看到了各个帝国内部阶层的分化及致命弱点。

微信扫码
对话本书作者
寻迹博弈细节
纵览历史变迁
探秘粮食暗战

结束语

　　酵母菌生于粮食，养于粮食。人们种植粮食，收割粮食，选出麦粒和酵母菌混合制作食物，从而养活自己。各个帝国掳掠人口，占领贸易路线，建立商业中心以肆行侵略，并通过对臣民征税来维持帝国扩张。数千年来，微小的动植物种群在连接各个帝国的贸易路线中找到了各自的"生态位"[①]。这些微观"殖民"活动在"食品—贸易—税收"循环中征收"新税"，帝国只能被迫适应。黑死病迫使帝国关闭或减缓贸易，马铃薯饥荒则迫使帝国开放贸易。将帝国视为共生体还是寄生虫取决于个人。我倾向于将帝国视为寄生虫，但人们可以提出这样的论点，即在分析这些"食品—贸易—税收"循环时，帝国赞助的大学试图通过促进帝国内部的"增长"来改变这些循环，最后防止饥荒的发生。物理学、生物学、化学、经济学和历史都是帝国的数据处理系统，这些帝国希望让它们的臣民（我们）活着，以便它们能够继续统治下去。

---

　　① 生态位，是指一个种群在生态系统中，在时间、空间上占据的位置及其与相关种群之间的功能关系和作用。生态位又称"生态龛"，表示生态系统中每种生物生存必需的生境最小阈值。——译者注

　　美国是个像俄罗斯一样的帝国吗？我认为，在19世纪90年代以前，只是部分相似。当然，美国的殖民扩张也包括将领土命名、派遣殖民者、种植粮食，以及驱逐、包围或杀害当地居民。美国的殖民方式与传统帝国相比，有几个方面的不同。拥有足够人口的殖民区可以申请加入成为一州；一旦得到接纳，该殖民区就直接拥有帝国内部的代表权。清帝国试图俘获、同化和吞并其边界上的臣民，并使这些臣民与其他地区的臣民完全平等，这一点清帝国可能与美帝国最为相似。奥斯曼帝国和俄罗斯帝国都以拜占庭和罗马的前身为蓝本，在大都市和殖民地之间划出了更清晰的界限。禁卫军或殖民者（kolonisti）可以成为将军、海军将领或总督，但为帝国提供食物的殖民地居民拥有的权利则较少。当然，美国内部赋予的平行主权（parallel sovereignty）并不适用于被这些帝国（包括美帝国）取代或包围的土著居民。大多数美国印第安人会认为这也是一种区别对待，与前者无差。

　　奥斯曼帝国、大清帝国和俄罗斯帝国的地区代表的形式都不止一种，甚至对此有些放任自流，但这些帝国的中央集权积累了相当大的权力。关键是，俄罗斯帝国、奥斯曼帝国和大清帝国的大多数征税权都集中在一起。19世纪中叶后，欧洲主导的新设机构强行控制了这一税收权。他们直接亲自征收这些税。这些新设立的财政机构包括中国海关总税务司（1854—1950）、奥斯曼国债管理处（OPDA，1881—1914）和俄罗斯铁路事务部（Russian Department of Railway Affairs）（1889—1917），前两个机构主要由外国控制，最后一个机构是国内外共享主权。这些机构对债券进行认证，并逐步直接偿还帝国债务。这些新的财政中心名义上效忠于帝国政府，但实际上效忠于国内外债权人。贷款人仔细检查了强制性的、公开的帝国报告。中国海关总税务司和奥斯曼国债管理处的报告意味着帝国几乎没有主权机密可言。对这些报告进行有说服力的负面评估，可以大幅提高帝国的借贷利率，从而阻碍其建设或扩张。这些机构有权制定帝国内部税收和外部关税的绝大部分份额。在很大程度上，这些财政机构代表将帝国取而代之，特别是在食品流通这一关键问题上。

在废除奴隶制和打破南方不平等关系的内战中，美国经历了残酷的考验，也彻底改变了它在世界经济中的地位。在生产上，美国直接与敖德萨竞争。在对粮食贸易的管理中，美国官员引入了"共和党"模式：期货市场，加上私营及股份制的竞争性州际铁路（可通往沿海地区）协同合作。1787年，詹姆斯·麦迪逊①（James Madison）在《联邦党人文集》②（The Federalist Papers）一书的第10篇文章（Federalist No. 10）中提出，拥有多个派别的大共和国可能比小共和国更安全，因为多个派别之间的竞争会防止单个派别掌权。在某种程度上，美国战争部在铁路方面的计划与第10篇文章颇有相似之处。虽然独家铁路垄断公司是不好的，但将芝加哥与沿海地区连接起来的四家并列垄断公司也许就还好；虽然少数从战争中获利的粮食是不能接受，但数百名能够带来好处的粮商或许尚能接受。炸药和跨大西洋电报等技术降低了从美洲帝国向欧洲各帝国运送粮食的成本。1865年后，美国将与俄国一起为欧洲和世界各地的帝国、

---

① 詹姆斯·麦迪逊（1751年3月16日—1836年6月28日），美国第四任总统（1809—1817），美国开国元勋。——译者注

② 《联邦党人文集》是亚历山大·汉密尔顿（Alexander Hamilton）、约翰·杰伊（John Jay）和詹姆斯·麦迪逊为争取批准新宪法在纽约报刊上以"普布利乌斯"为笔名而发表的一系列的宪法论文，首次整理结集出版于1788年。《联邦党人文集》的文章主要讨论6个主题：联邦的作用，共14篇文章；现行邦联的不足，共8篇文章；强有力政府的必要性，共14篇文章；宪法的共和政体性质，共48篇文章；联邦宪法和州宪法的相似性；宪法对维持政府、对自由和财产的进一步保证，有1篇文章。——译者注

共和国和联邦提供粮食。

在南北战争时期和之后，美国对帝国模式的偏离程度大大降低了。首先，联邦进入分裂的各州时，借用了古罗马的占领制度，既有军事长官职位也有效忠宣誓环节。1866年，国会短暂地从行政部门手中夺取了对这一制度的控制权，并通过第十四条修正案①（Fourteenth Amendment）引入了出生公民权。但是，"三K党"②（Ku Klux Klan, K.K.K.）领导了旨在只由白人控制南方各州的战斗，这导致了一场"救赎"，一党制州政府剥夺了非裔美国人的公民权利。如此一来，1877年后，美国和许多其他帝国一样，有了公民和国民。例如，像罗马奴隶一样被解放的人，不能担任陪审团成员，诉诸法律的机会便也少了。1877年后不久，随着国家的扩张，美国进一步违背了宪法中的反帝国主义承诺，它通过吞并那些永远无法得到代表权的领土，诸如波多黎各、古巴、菲律宾和美属萨摩亚（Samoa），终于成了一个帝国。

美国和俄罗斯并不是唯一一为世界供应粮食的国家。到19世纪90年代，阿根廷、澳大利亚和印度也在做同样的事情——养活全世界。从大草原延伸到商业中心的新钢铁通道，很大程度上是大英帝国做的尝试，目的

---

① 这一修正案涉及公民权利和平等法律保护，最初提出是为了解决南北战争后昔日奴隶的相关问题。修正案备受争议，特别是在南部各州，这些州之后为了能恢复联邦国会中的议席而被迫通过修正案。第十四条修正案对美国历史产生了深远的影响，有"第二次制宪"之说，之后的大量司法案件都是以其为基础。特别是第一条款，是美国宪法涉及官司最多的部分之一，1973年有关堕胎问题的罗诉韦德案和2000年有关当年美国总统选举的布什诉戈尔案等拥有里程碑性质的判决都是以这一条款为基础。它对美国国内的任何州和地方官员行为都有法律效力，但对私人行为无效。——译者注

② 三K党，是美国历史上一个奉行白人至上主义的团体，也是美国种族主义的代表性组织。Ku, Klux二字源于希腊文KuKloo，意为"集会"；Klan是种族。因三个单词开头都是K，故称"三K党"。——译者注

是抵消其对外部粮食的依赖，防止资本外逃，并稳定英镑汇率。由于奥斯曼帝国和清帝国缺乏对内部财政的控制，在内部获得廉价粮食的能力较弱，巴尔干半岛和中国东北地区的内部殖民化得到了补贴，帝国的铁路一铺设完毕，就开始为城市供应粮食。但在巴尔干战争和义和团运动中，这些过度征税地区的粮食种植者奋起反抗。

相比之下，由谢尔盖·维特集中控制的俄国财政机构开始了一项雄心勃勃的粮食扩张计划，向乌克兰东部和西部的草原地带、乌拉尔山脉（Urals）以东以及满洲里扩张。这场耗资10亿卢布的铁路建设运动旨在在中国东北地区建造深水港口，但在1904—1905年的日俄战争中遭遇惨败。1905年后，这三个农业帝国都面临着所有帝国逐渐面临的威胁：首先是对外部粮食的依赖，其次是资本外逃，再次是金融不稳定，最后是发生革命。俄国在日俄战争中失败后，1905年，俄国革命兴起并以失败告终。

在欧洲，廉价的美国粮食养活了城市和农村的工人阶级。随着深水港缩短了工人与来自美国和俄国平原的粮食之间的最后一英里，工人的生活得到了改善，城市和国家之间的关系也发生了变化。"李嘉图悖论"确信农业地区的地主将面临租金下降和廉价劳动力流失的情况。数以百万计的农业工人乘坐着美国出口粮食的船只来到美国。俄国创造了美国信贷支线系统的专制版复制品，但它有许多弱点使路易达孚集团等竞争对手得以打擦边球。维特试图向法国债券买家借款以扩张帝国，此事的风险超乎他的想象。一旦日本中断了旅顺港与俄国的联系，这个没有全年深水港的帝国就无法偿还这些贷款。俄国大臣罗曼·罗曼诺维奇·罗森表示，失去旅顺港实际上就意味着俄罗斯帝国的终结，债券将永远无法还清。

第一次世界大战是一场依赖进口粮食的欧洲国家之间的战争，这意味着以粮食为动力的大国只能坚持这么长时间。协约国无力打破伊斯坦布尔的封锁，导致战争延长，比利时发生了饥荒，法国则遭受了长期破坏。在一定程度上，德国通过对波罗的海粮食的秘密谈判忍耐了更长时间，而这些谈判至今仍未全部为人所知。有可能只有帕尔乌斯能够回答德国在与他，以及间接与布尔什维克的财政媾合中，获得了多少粮食的问题。

对奥斯曼帝国、大清帝国和俄罗斯帝国来说，革命分别在1908年、1911年和1917年到来。第一次世界大战是过渡时期，世界上大多数帝国为控制粮食贸易税而争斗。到1917年，布尔什维克革命分子从青年土耳其党革命中获得了如何成功推翻庞大的俄罗斯帝国的经验。1917年，布尔什维克将土地重新分配给草原上的农民，这对他们取得成功至关重要，但与他们的革命计划相反。他们了解到，权力是通过控制面包建立的，而瓦解国家杜马、革命路线委员会，甚至是装袋工这样的粮食输送力量，对夺取政权至关重要。苏联将继续把自己定义为面包的垄断者和分销商，就像古罗马人在岁调时代做的那样。

乌克兰加入苏联使苏联的尝试再次成为可能。事实上，如今（2021年），现代俄罗斯作为大国的相对弱势可能最终仍取决于它与乌克兰的分离。目前，俄罗斯的国内生产总值与意大利相当。正如凯瑟琳大帝所深知，乌克兰一直是最大的奖赏。1930年后，约瑟夫·斯大林（Joseph Stalin）创造了关于乌克兰的新篇章，乌克兰作为一个盛产粮食的地方，大规模的独立农民（富农）已经实现自给自足。1932年，斯大林试图将乌克兰的农场集体化，并重新划定运输和贸易线，这场鲁莽的尝试引发了一场人工饥荒，在乌克兰造成数百万人死亡，这场饥荒被称为"乌克兰大饥荒"（holodomor）。

　　纳粹党人之后很快就歪曲了帕尔乌斯在第一次世界大战的一系列事件中扮演的角色。他并没有通过同时帮助德军补给和结束东线战争来拯救德军，相反，他是犹太人策划的击败德国政变的中心人物。共产党被认为是入侵者，渗入德国军团，挑拨离间，在德国内部充当第五纵队，导致德国在第一次世界大战中战败，从而使德国整整一代人陷入贫困。

　　帕尔乌斯死后不久，约瑟夫·戈培尔（Joseph Goebbels）买下并搬进了他的房子。在那里，戈培尔开始为新帝国进行宣传。戈培尔解释世界经济的宣传风格、他的粗俗用语及对未来的预测，都大量借鉴了帕尔乌斯。戈培尔打赌，这个第三帝国 ①（Third Reich）将为了所谓"生存空间" ②（lebensraum）的利益而收回乌克兰大草原，这是想象中的雅利安人（Aryan）的生活场所。这不是第一个，也不会是最后一个，要求获得黑海对面广阔而肥沃的平原的计划。纳粹将杀害数十万波兰人、乌克兰人和数百万犹太人，因为这些人阻碍了这项新的多段式计划，而这个计划差点就成功了。

　　帕尔乌斯的第一个儿子叶夫根尼·格涅金（Yevgeny Gnedin）于1898年出生于德累斯顿，在敖德萨长大。1902年，他的母亲带他去了那里，因为帕尔乌斯与一名女演员发生婚外恋，又生了一个儿子。[1]20世纪20年代，他是一名记者；到1939年，他已成为苏联驻柏林大使馆的新闻发言人。帕尔乌斯的第二个儿子列夫·赫尔夫·汉德（Lev Helf Hand），以列夫·托洛茨[Leon（Lev）Trotsky]的名字命名，1925年开始从事外交工作，1927年促成了法苏友好和解，并成为人民外交委员（相当于美国国务卿）帕维

---

　　①　指希特勒统治下的德国。——译者注
　　②　由纳粹分子提出，指国土以外可控制的领土和属地。——译者注

尔·利特维诺夫（Pavel Litvinov）的得力助手。20世纪30年代，列夫驻扎在苏联驻罗马大使馆。1939年5月，当斯大林决定与阿道夫·希特勒领导的德国签订协议时，俄罗斯国家服务部门的所有高级犹太人被抓捕。叶夫根尼被抓获，受到酷刑，并被流放到西伯利亚。列夫则设法逃到了美国。

列夫取名莱昂·摩尔（Leon Moore），成为记者多萝西·汤普森（Dorothy Thompson）的翻译，并为中央情报局的前身战略情报局（Office of Strategic Services，OSS）提供了有关苏联内部运作的重要信息。当美国努力寻找与苏联结盟对抗希特勒的方法时，莱昂暗示黑海是关键。如果纳粹占领黑海，俄国人将被迫摧毁他们的舰队，永远无法与英国、法国和美国结盟开辟第二战场。莱昂很了解斯大林，并报告说，他很虚荣，只有当有权威的人去寻求他的支持时，他才会对美国的示好做出反应。莱昂认为亨利·华莱士（Henry Wallace）和温德尔·威尔基（Wendell Willkie）拥有"迎合斯大林这样的独裁者的虚荣心"的地位，并让他同意结盟和开辟第二战场。作为最高级别的叛逃到美国的苏联人，莱昂·摩尔是建立美苏同盟的关键人物，他在战时和战后继续为战略情报局分析苏联的理论。[2]

在私人生活中，摩尔成了一名国际粮商，在战争物资交易中发了财，并经营了一家商品套利公司，即纽约洲际交易所（Intercontinental Exchange of New York），他将这家公司转到了其妻子和女儿名下。说到他们，莱昂的妻子和女儿与他一起逃到了美国，成为世界知名的斯坦尼斯拉夫斯基（Stanislavski）表演方法的倡导者。[3]1955年，斯大林去世后，莱昂同父异母的哥哥叶夫根尼获得了平反，回到俄罗斯从事新闻工作，在20世纪60年代成为著名的异见人士。叶夫根尼的女儿塔季扬娜·格内迪纳（Tatyana Gnedina）成为俄罗斯最著名的科幻小说作家之一，尽管她的作品很少被翻译成英文。[4]

塔季扬娜·格内迪纳的《泰嘉顿的末日》(*The Last Day of the Tugotrons*)讲述了拥有神奇自行车的男孩来到了一个世界,在这个世界,巨大的机器人支配着为它们做工的相对矮小的人类。这些机器人由单个机器人发号施令,戴着嘴套以预防它们偏离命令。工人之所以挨饿,是因为机器人将收割的小麦一袋袋地扔进大海,而不了解也不关心这些粮食是用来养活人类的。男孩拿起一个袋子,解开它,看到了里面的粮食,并指示人类解开袋子取食。随后,男孩告诉人类要到处打结,因为他知道机器人无法解开这些结。接下来,他用诗歌对机器人进行了重新编程,使他们胡言乱语并陷入崩溃。最终,粮食得到解放。所有的工人通过吃甜甜圈庆祝机器人霸主的垮台。[5]

人们可以将这部小说解读为由工人和知识分子打倒腐朽的技术官僚统治西方的故事,毫无疑问,这是塔季扬娜·格内迪纳对苏联出版商的说法。人们也可以将其解读为一个俄罗斯帝国官僚机构的故事,该机构在黑海上囤满了粮食,以养活欧洲,随着布尔什维克学会将俄罗斯帝国的交通基础设施打成结,这个体系就崩溃了。斯大林死后,这种解读似乎也可以接受。当然,最后,人们可以把它当作一部反极权主义小说来读,这无疑是1964年数百万俄罗斯儿童阅读这本书的方式:这本书讲述的是一个机械化的极权国家的故事,这个国家对生产管理不善,让自己的领导防民之口,让国民忍饥挨饿,最后被人类的聪明才智和地下文学(Samizdat)打倒。

小麦是故事进入高潮的一个关键,因为饥饿的人很容易被控制。但是,当一位知识分子向革命者展示如何将暴君与农村连接在一起的绳索打上死结,革命就可以开始了。塔季扬娜·格内迪纳的祖父帕尔乌斯应该会因为她记得自己而感到骄傲。

附　录

表 1 1800—1888 年美国小麦与面粉出口额及占比

年份	小麦与面粉出口额 （万美元）	占面粉出口总额的百分比 （％）
1800	655.7	100
1801	1 457.2	98
1802	1 068.7	97
1803	931	99
1804	710	88
1805	832.5	100
1806	686.7	85
1807	1 075.3	96
1808	193.6	82
1809	594.4	100
1810	684.6	96
1811	1 466.2	100
1812	1 368.7	100
1813	1 359.1	100
1814	173.4	100

年份	小麦与面粉出口额 （万美元）	占面粉出口总额的百分比 （％）
1815	720.9	100
1816	7 712	70
1817	17 968	100
1818	11 971	99
1819	6 109	98
1820	5 297	100
1821	431.9	100
1822	510.6	100
1823	496.8	100
1824	578	100
1825	423.1	100
1826	416	99
1827	443.5	100
1828	428.4	100
1829	580	100
1830	613.2	99
1831	1 046.2	95
1832	497.4	98
1833	564.3	99
1834	456	99
1835	444.6	99
1836	357.5	100
1837	301.4	99
1838	361.1	100
1839	694	100
1840	1 177.9	86
1841	858.3	90
1842	829.2	89

年份	小麦与面粉出口额 （万美元）	占面粉出口总额的百分比 （％）
1843	402.7	93
1844	726	93
1845	573.5	94
1846	1 335.1	87
1847	3 218.3	81
1848	1 586.3	83
1849	1 303.7	87
1850	774.2	92
1851	1 155	91
1852	1 442.4	82
1853	1 913.8	77
1854	4 012.2	69
1855	1 222.6	89
1856	4 439.1	66
1857	4 812.3	54
1858	2 839	68
1859	1 728.3	84
1860	1 952.5	79
1861	6 295.9	39
1862	7 010.8	39
1863	7 512	38
1864	5 702	45
1865	4 690.5	59
1866	2 623.9	70
1867	2 062.6	62
1868	5 113.5	41
1869	4 319.7	44
1870	6 834.1	31

续表

年份	小麦与面粉出口额 （万美元）	占面粉出口总额的百分比 （％）
1871	6 923.7	35
1872	5 687.1	32
1873	7 083.4	27
1874	13 068	22
1875	8 332	28
1876	9 281.6	26
1877	6 880	31
1878	12 196.8	21
1879	16 026.9	18
1880	22 588	16
1881	21 274.6	21
1882	14 930.5	24
1883	174 704	31
1884	126 166	41
1885	12 507.9	42
1886	8 870.6	43
1887	14 266.7	36
1888	11 101.9	49

资料来源：出口总值报告参考Timothy Pitkin, A Statistical View of the Commerce of the United States（New Haven: Durrie & Peck, 1835），96–97, and LouisP. McCarty, Annual Statistician and Economist（San Francisco: L.P. McCarty, 1889），200. 1800—1820年，美国财政部只记录了出口的小麦蒲式耳和面粉桶数，而没有记录其价值。这些年出口额是用面粉桶数乘以桶装面粉的平均出口价格，参考John H. Klippart, The Wheat Plant: ItsOrigin, Culture...（New York, A.O.Moore&Co., 1860），328–329。

对于1800—1820年出口的少量小麦，采用了每桶1美元的平均价格（从19世纪20年代到40年代）皮特金（ Pitkin）报告说，鉴于大量的走私活动，1820年之前的粮食出口只能靠估算。我汇报这些数字，是因为在《美国历史统计》（*Historical Statistics of the United States*）中，这些数字不正确或不完整。据道格拉斯·欧文（Douglas Irwin）称，截至2021年，剑桥大学出版社还没有更新已发表报告的计划。很遗憾，由于小麦出口的隐蔽性导致历史学家夸大了棉花的作用，低估了美国内战前小麦在美国出口中的作用。

致 谢

　　我要感谢的人很多，我欠他们实在太多，也提前向我忘记感谢的朋友表示歉意。关于粮食的故事，我的孩子雷恩（Ren）和埃利·哈哈莫维奇（Eli Hahamovitch）比任何成年子女听得都多。雷恩对本书和对我帮助很大，他撰写了关于俄罗斯和美国平行历史的论文，我为他感到自豪。埃利带着他的蜥蜴不厌其烦地来到我的办公室，为此，我感到非常高兴。杰米·克赖纳（Jamie Kreiner）、苏珊·马特恩（Susan Mattern）和阿里·莱文（Ari Levine）阅读并校对了本书古代和中世纪部分的章节。特别是阿里，在他的帮助下，我对中世纪的世界进行了广泛思考。我在博斯普鲁斯海峡与物流专家罗恩·克斯滕（Rowan Kersten）和厄马尔·贝克代米尔（Ömer Bekdemir）一起度过了美妙的两小时，他们告诉了我关于伊斯坦布尔、国际物流以及如何理解穆罕默德二世的割喉堡的很多知识。罗布·弗格森（Rob Ferguson）阅读了我讨论俄罗斯帝国事务的稿子，并指出了其中的缺陷。史蒂文·克鲁格（Steven Krug）和安妮尔·布伦森（Annelle Brunson）对内战一章给予了反馈。比尔·克尔森（Bill Kelson）分享了关于晚清商业的笔记、文章和评论。有一些俄文和乌克兰文扫描文件因过于模糊，我无法读出，卡丽娜·赫林斯卡（Karyna Hlyvynska）

逐字逐句帮我完成了抄写。她还翻译了丘马克民歌。

我在詹姆斯·斯科特（James Scott）领导、凯·曼斯菲尔德（Kay Mansfield）管理的土地研究中心（Agrarian Studies Center）时，第一次接触到这个话题。关于对世界的思考方式和学者起到的作用，尤其是在寻找食物、生活、冲突和社会之间的联系方面，吉姆（Jim）对我产生了强烈的影响。他的学术著作对我的影响很明显地贯穿于整本书中，但在我对古代和现代小麦的思考中，对我影响最大的是他的著作 *Against the Grain*。1999年，我充其量只是个附庸者，但加斯顿·戈迪略（Gaston Gordillo）、罗汉·德索萨（Rohan D'Souza）、珍妮特·基思（Jeanette Keith）和其他人像兄弟一样欢迎我。同样，在2013年，国家人文中心（National Humanities Center）的研究员欢迎我加入了他们的阅读小组。我介绍炸药和革命时，我记得从以下这些人中学到了很多知识：路易斯·E.卡卡莫·韦尚特（Luis E. Carcamo Huechante）、克里斯蒂安·德佩（Christian De Pee）、林恩·玛丽·费斯塔（Lynn Mary Festa）、朱莉·格林（Julie Greene）、希瑟·海德·米诺尔（Heather Hyde Minor）、安德鲁·朱伊特（Andrew Jewett）、玛莎·琼斯（Martha Jones）、伊丽莎白·克劳斯（Elizabeth Krause）、安娜·克雷洛娃（Anna Krylova）、玛丽莎·拉索（Marixa Lasso）、迈克尔·卢里（Michael Lurie）、詹姆斯·马菲（James Maffey）。2019年，古根海姆奖来得正是时候，让我得以完成这本书的初稿。

我不得不感谢尼古拉斯·巴雷尔（Nicolas Barreyre），他和我讨论债券花的时间比任何一个人都要长。他是一个难得的学者，会带着胜利的微笑来挑战你抛出的每个冗长的论点。他邀请我作客法国社会科学高等研究院（EHESS），这是我一生中的高光时刻，因为他让我接触到了与美国历史学家完全不同的俄国语言文学研究者、研美学者、经济学家和社会科学家。我特别钦佩法国历史学家将历史视为一门科学并为之辩护的方式。尼古拉斯对本书中的句子进行推敲质疑，因此，本书的观点更值得信赖。事实上，我请尼古拉斯审阅本书后期的手稿时，他给了我许多页的修改意见。我没有都采纳他的建议，这证明了我多么无知和好斗。在法国社会科学高等研究院，在听了我关于重商主义（本书中，我把其成员称为"铁路大王"）演讲的历史学家中，我记得以下学者提出的问题特别具有挑战性：埃里克·莫内（Eric Monnet）、吉勒·波斯特尔-维纳伊（Gilles Postel-Vinay）、杰罗姆·布尔迪厄（Jérôme Bourdieu）、卡姆·沃克（Cam Walker）和皮埃尔-西里尔·奥克尔（Pierre-Cyrille Hautcoeur），以及经济学家弗朗索瓦丝·道塞（Françoise Daucé）、阿兰·布卢姆（Alain Blum）、马克·埃利（Marc Élie）、朱丽叶·卡迪奥（Juliette Cadiot）和托马斯·皮凯蒂（Thomas Piketty）。这让我意识到，对美国经济学家狭隘地称为"美国入侵"的更广泛形态的观察，是值得的。在那些让我更广泛地思考俄罗斯饥荒的俄国语言文学研究者中，我要感谢托马斯·格里略特（Thomas Grillot）、扬·菲利普（Yann Philippe）、罗曼·于雷（Romain Huret）和伊曼纽尔·法尔吉埃（Emmanuel Falguières）。在一次漫长的午餐中，诺姆·马戈尔（Noam Maggor）和我就工业化问题进行了争论，我由此想清楚为什么我认为在美国经济中粮食比钢铁或铜要重要很多。总有一天我会说服他认同我的观点。

理查德·怀特（Richard White）和布兰登·亚当斯（Branden Adams）邀请我在斯坦福大学资本主义方法研讨会上发表本书论点的早期版本。那次研讨会的反馈是尤为珍贵的，特别是来自理查德、布兰登和查尔斯·波斯特尔（Charles Postel）的反馈。在佐治亚大学（UGA）关于农业、环境和资本主义的秽史研讨会上，我也尝试分享了关于硝酸甘油的章节。利物浦大学的理查德·史密斯（Richard Smith）纠正了本书关于硝酸甘油爆炸性的描述。布赖恩特·巴尔内斯（Bryant Barnes）、比尔·克尔松（Bill Kelson）、马特·奥尼尔（Matt O'Neal）、J. P. 施密特（J. P. Schmidt）、巴勃罗·拉佩尼亚（Pablo Lapegna）、丹·鲁德（Dan Rood）和杰米·克赖纳（Jamie Kreiner）的批评使我受益匪浅。与 J. P. 施密特的长谈有助于我思考生态变化与政治变化之间的关系。南希·曼利（Nancy Manley）邀请我在佐治亚大学遗传学周三系列研讨会上发表第一章至第三章的早期版本。最后，真菌学家和生态学学者莎拉·科弗特（Sarah Covert）指出了我关于致病疫霉的问题。其中，包括让我称这种病菌为"寄生虫"，尽管典型的生物学家一半不会这样做。

安迪·齐默尔曼和弗雷德·科尼（Fred Corney）默默读完了手稿，并指出了许多我的不恰当之处和历史知识的错误。我仍然要向他们表示万分感谢，我是发自内心地想请他们吃顿比利时啤酒和炸薯条。

我从来没有遇到过像布赖恩·迪塞尔伯格（Brian Distelberg）这样的编辑。他拿走了我的草稿（现在看来是一些零散的观察结果），他让我坦率和坦诚地对待本书的中心论点。他的第一篇评论长达42页，而且是单倍行距。他要我写一本更长的书时，我吓了一跳。我作为一个讲故事的人是失败的，尽管对我的大部分评论都让我感到羞愧难当，但他对重编这本书的建议还是很明智的。本书目前的章节结构是靠他提出来的。我以为我"完蛋"了；迈克尔·卡勒（Michael Kaler）回归了，他用微软办公软件做了500个注释。他指出了表达不清晰的段落、过度薄弱之处，以及我以为别人不知道或不关心的部分。这本书能成为一本书，而不是一个痴迷学者的遗言，要感谢布赖恩（Brian）和迈克尔（Michael）。编辑珍妮弗·凯兰（Jennifer Kelland）对我的文章进行了最后的修改，我也非常感谢她。在过去的20年里，经纪人戴尔德丽·马兰（Deirdre Mullane）总是让我志存高远。她告诉我，走偏道路、踏上追随古怪的路线，以及在细节上软磨硬泡并不是性格缺陷，而是听从内心、形成自我体系的必经之路。她对诗歌语言的鉴赏力也很强。谢谢迪尔德丽所做的一切。

辛迪·哈哈莫维奇（Cindy Hahamovitch）阅读了本书的最早期手稿。她的指导、评论、修订和建议深深地融入了这本书，我不可能每一次都感谢她，那样我得把脚注数量翻一番。很多时候，是她帮助我把思路理清楚，并敦促我做得更好。这本书是她对我的耐心和我对她的爱的产物，因为她相信我能写出一本出色的书，这使一切变得不同了。

尾 注

引言

1. Scott Reynolds Nelson, "The Real Great Depression," Chronicle of Higher Education, October 1, 2008, www.chronicle.com/article/the-real-great-depression. 在接下来的几周，这篇文章被翻译到秘鲁（La Republica，2008 年 10 月 2 日）、西班牙（Cotizalia，2008 年 10 月 7 日）、加拿大（Le Devoir，2008 年 10 月 8 日）、匈牙利（Portfolio，2008 年 10 月 13 日）、意大利（Il Foglio，2008 年 10 月 15 日）、瑞士（Weltwoche，2008 年 10 月 15 日）以及希腊（Elefthrotypia，2008 年 10 月 26 日）。

2. 国际兑换货币的变化比较微妙。2009 年 4 月，一家中国智库提出了替代世界银行和国际货币基金组织的中央银行，因为中国认为这两家银行受到美国和欧洲控制。这家银行就是亚洲基础设施投资银行。随后，大量资源被投入到"一带一路"倡议中，这是一系列经过俄罗斯、欧洲、东南亚、中东和非洲的铁路"经济走廊"。几乎所有情况下，这些项目的外国贷款都是以人民币而非美元或欧元进行的。以人民币计价的跨境贸易于 2015 年达到 2 万亿元的峰值，随后在股市动荡后下降。 Elcano Royal Institute,"Renminbi Internationalization: Stuck in Mid-River, for Now—Analysis," Eurasia Review, July 9, 2018, https://www.eurasiareview.com/09072018-renminbi-internationalization-stuck-in-mid-river-for-now-analysis.

3. Scott Reynolds Nelson, A Nation of Deadbeats: An Uncommon History of America's Financial Disasters (New York: Knopf, 2012).

4. "Let Them Eat Baklava,"The Economist, March 17, 2012, www.economist.com/middle-east-and-africa/2012/03/17/let-them-eat-baklava.

5. Memorandum of the Odessa Committee on Trade and Manu-factures, 1873,

translated in UK Parliament,*Reports from H.M. Consulson Manufactures and Commerce of Their Consular Districts*, BPP-C.1427(1876),438–439.

6.　Parvus,"Der Weltmarkt und die Agrarkrisis,"published serially in tenparts in *Die Neue Zeit* from November 1895 to March 1896.

7.　Israel Helphand, *Technische Organisation der Arbeit* ("*Cooperation*"und "*Arbeitsheilung*"): *Eine Kritische Studie* (Basel: University of Basel,1891),30–34.

8.　Helphand, *Technische Organisation Der Arbeit*; Parvus, "Der Welt-markt und die Agrarkrisis,"*Die Neue Zeit* 14 (November 1895): 197ff.

9.　Parvus, *Die Kolonialpolitik und der Zusammenbruch* (Leipzig: Verlag der Leipziger Buchdruckerei Aktiengesellschaft, 1907), 78ff；我认为，这有点类似于 Brent Shaw 对 Chris Wickham 论点的部分评论，即贸易变革比帝国税收结构更重要，因为在 Chris Wickham 看来，这是中世纪的特点，即在小区域根深蒂固的军事化阶级。Brent D. Shaw," After Rome: Transformations of the Early Mediterranean World," *New Left Review* 51 (2008): 89–114. Shaw's article critiques Chris Wickham, *Framing the Early Middle Ages: Europe and the Mediterranean*, 400–800 (NewYork: Oxford University Press, 2005).

10.　Zbyněk Anthony Bohuslav Zeman and Winifred B. Scharlau, *The Merchant of Revolution: The Life of Alexander Israel Helphand (Parvus), 1867—1924* (New York: Oxford University Press,1965); Boris Chavkin, "Alexander Parvus: Financier der Weltrevolution,"*Forum für Osteuropäische Ideen-und Zeitgeschichte* 11, no. 2 (2007): 31–58; M. Asim Karaömerlioglu, "Helphand-Parvus and His Impact on Turkish Intellectual Life," *Middle Eastern Studies* 40, no. 6 (2004): 145–165. 俄罗斯的一本流行历史杂志讨论了帕尔乌斯的其他孩子和情妇，即 Vadim Erlikhman, "Doktor Parvus, Kuklovod Revolyutsia," *Rodina* (March 2015); Elisabeth Heresch, *Geheimakte Parvus: die gekaufte Revolution*(München: Herbig, 2013)。

第一章　"黑色之路"

1.　"格瓦斯爱国主义"首次由 P. A. Vyazemsky 使用，参考 P. A. Vyazemsky, "Letterfrom Paris to S. D. Poltoratsky, "*Moscow Telegraph*, 1827。参考 Alexandra Vasilyevna Tikhomirova, " 'Lapotno-kvasnoy patriotizm' i 'Rus poskonnaya': k voprosu o russkikh natsionalnykh predmetnykh simvolakh," *Antropologicheskiy Forum* 18 (2013): 334–339; R. E. F. Smith and David Christian, *Bread and Salt: A Social and*

Economic History of Food and Drinkin Russia (New York: Cambridge University Press, 1984),77–79；Carolyn Johnston Pouncy, *The "Domostroi": Rules for Russian Households in the Time of Ivan the Terrible* (Ithaca, NY: Cornell University Press, 2014)。

2. Amaia Arranz-Otaegui et al., "Archaeobotanical Evidence Reveals the Origins of Bread 14,400 Years Ago in Northeastern Jordan,"*PNAS* 31(2018):7925–7930.

3. 我很感谢 Paul W. Mapp，因为他通过指出神话里的角色来告诉孩子，他们未来可能面临的危险。F. M. Cornford 赞成夏天储存、秋天种植，参考 "The Aparxai and the Eleusinian Mysteries," in *Essays and Studies Presented to W. Ridgeway*, ed. E. C.Quiggin, 153–166 (Cambridge: Cambridge University Press, 1913)。翻译主要由 Helene P. Foley 编辑完成，Helene P. Foley,ed., *The Homeric Hymn to Demeter: Translation, Commentary, and Interpretive Essays* (Princeton, NJ: Princeton University Press, 1994)。

4. Ivan Jakovlevich Rudchenko, *Chumatskia Narodnya Pyesni* (Kiev: M. P. Fritsa, 1874).

5. Rudchenko, *Chumatskia Narodnya Pyesni*; M. Gustave de Molinari, *Lettres sur la Russie* (Brussels and Leipzig: A. Lacroix, 1861), 235–256. 关于中世纪黑海出口情况，参考 William H. McNeill, *Europe's Steppe Frontier, 1500—1800* (Chicago: University of Chicago Press, 1964), chap.2。

6. Ernst Kapp, *Philosophische oder vergleichende allgemeine Erdkunde als wissenschaftliche Darstellung der Erdverhältnisse und des Menschenlebens* (Braunschweig: G. Westerman, 1845).

7. 我参阅了 Keith Hopkins's classic article "Taxes and Trade in the Roman Empire (200 B.C.–A.D. 400)," Journal of Roman Studies 70 (1980): 101–125.

8. Thomas J. Booth, "A Stranger in a Strange Land: A Perspectiveon Archaeological Responses to the Palaeogenetic Revolution from an Archaeologist Working Amongst Palaeogeneticists," *World Archaeology* 51, no.4 (2019): 586–601.

9. Andrew Sherratt, "Diverse Origins: Regional Contributions to the Genesis of Farming," in *The Origins and Spread of Domestic Plantsin Southwest Asia and Europe*, ed. Sue College and James Conolly (Walnut Creek, CA: Left Coast Press, 2007), 1–20.

10. Mancur Olson, "Dictatorship, Democracy, and Development," *American Political Science Review* 87, no. 3 (1993): 567–576. 我无法认可 Olson 提出的任何阶段性观点，但是"静止的强盗"（stationary bandit）对理解这种变化很有帮助。

11. Thomas Carlyle, *History of Friedrich II of Prussia, Called Frederick the Great* (London: Chapman & Hall, 1894), 3:83.

12. 这也是所谓的"团队合作"需要付出的代价。General Assembly, Rhode Island, "An Act to Prevent Monopoly and Oppression, by excessive and unreasonable pricesfor many of the necessaries and conveniences of life, and for preventing engrossers, and for the better supply of our troops in the army with such necessaries as may be wanted," *Acts and Resolves at the General Assembly of the State of Rhode Island* (Providence: General Assembly, 1777), 18.

13. Correlation in UNE conomic Commission for Europe (UNECE), "Assisting Countries to Monitor the Sustainable Development Goals:Tonne-Kilometres," UNECE, https://unece.org/DAM/trans/main/wp6/pdfdocs/SDG_TKM_paper. pdf (accessed July 27, 2021). The "road transport intensity" of economic growth has been a cause for concern because of its relationship to greenhouse gas emissions. Ana Alises, Jose Manuel Vassallo, and Andrés Felipe Guzmán, "Road Freight Transport Decoupling: A Comparative Analysis Between the United King domand Spain, "*Transport Policy* 32 (March 2014): 186–193; Jan Havenga," Quantifying Freight Transport Volumes in Developing Regions: Lessons Learnt from South Africa's Experience During the 20th Century, "*Economic History of Developing Regions*27, no.2 (December 2012):87–113; Theresa Osborne et al., "What Drives the High Price of Road Freight Transport in Central America?" (World Bank Policy Research Working Paper 6844, April 2014).

14. Heinrich Eduard Jacob, *Six Thousand Years of Bread: Its Holy and Unholy History* (Garden City, NY: Doubleday, Doran, 1944), 23–34; Elizabeth A. Warner, *The Russian Folk Theatre* (Boston: De Gruyter, Inc., 1977), 27–28.

15. Brent Shaw, *Bringing in the Sheaves: Economy and Metaphor in the Roman World* (Toronto: University of Toron to Press, 2013).

16. James C. Scott, *Against the Grain: A Deep History of the Earliest States*, Yale Agrarian Studies (New Haven, CT: Yale University Press, 2017).

17. Parvus, "Türkische Wirren," *Sächsische Arbeiter-Zeitung*, Septem-ber 10, 1896.

第二章 君士坦丁堡之门

1. David W. Tandy, *Warriors into Traders: The Power of the Market in Early Greece*

(Berkeley: University of California Press, 1997); Neal Ascherson, *Black Sea* (New York: Hill & Wang, 1996); [Pseudo-Aristotle], *Oeconomica*, trans. E. S. Forster (New York: Oxford University Press, 1920), BookII. 2.

2. Ernst Kapp, *Philosophische oder vergleichende allgemeine Erdkunde als wissenschaftliche Darstellung der Erdverhältnisse und des Menschenlebens* (Braunschweig: G. Westerman, 1845); Lionel Casson, *Ships and Seafaring in Ancient Times* (Austin: University of Texas Press, 1994), chap. 9.

3. Lionel Casson, *Ancient Trade and Society* (Detroit, MI: Wayne State University Press, 1984).

4. Horace, *Epistles*, 2.1.156.

5. O. S. Khokhlova et al., "Paleoecology of the Ancient City of Tanais (3rd Century BC–5th Century AD) on the North-Eastern Coast of the Sea of Azov (Russia), "*Quaternary International* 516 (May 2019): 98–110; Askold Ivantchik, "Roman Troops in the Bosporus: Old Problem in the Light of a New Inscription Foundin Tanais," *Ancient Civilizations from Scythia to Siberia* 20, no. 2 (July2014):165.

6. Bettany Hughes, *Istanbul: A Tale of Three Cities* (New York: Hachette Book Group, 2017).

7. Paul Erdkamp, *The Grain Market in the Roman Empire: A Social, Political and Economic Study* (Cambridge: Cambridge University Press, 2005).

8. William Lynn Westermann,"Warehousing and Trapezite Banking in Antiquity, "*Journal of Economic and Business History* 3, no. 1 (1930–1931): 30–54; Jason Roderick Donaldson, Giorgia Piacentino, and Anjan Thakor, " Warehouse Banking, "*Journal of Financial Economics* 129, no. 2 (2018): 250–267.

9. Anna Komnene, *The Alexiad*, trans. E. R. A. Sewter (New York: Penguin Books, 1969), chap. 6. For the association of Dionysus with the Strait of Hormuz, see Wilfred H. Schoff, ed. and trans., *The Periplus of the Erythraean Sea: Travel and Trade in the Indian Ocean by a Merchant of the First Century* (New York: Longmans, Green & Co.,1912), 32–34 and footnotes on 130–133.

10. 感谢 Jamie Kreiner 提供这篇参考文献。On the two kinds of grain delivery, *annona* and military requisitions, see Erdkamp, *The Grain Marketin the Roman Empire*. Peter Brown, *Through the Eye of a Needle: Wealth, the Fall of Rome, and the Making of Christianity in the West, 350–550 AD* (Princeton, NJ: Princeton University Press, 2012), chap. 1.

11. *Procopius, with an English Translation by H. B. Dewing*, ed. andtrans. H. B. Dewing

(New York: Macmillan, 1914), 1: 464–469. 关于欧洲与东方的贸易何时、为何以及在多大程度上衰落这个令人担忧的话题，参考 Michael McCormick, *Origins of the European Economy: Communications and Commerce, AD 300—900* (Cambridge: Cambridge University Press, 2001)。McCormick 认为，东西方之间的贸易于公元 550 年左右开始衰落，并于公元 700 年左右触底，但衰落的原因可能包括欧洲人的口味。公元 8 世纪及其后的阿拉伯陆上和水上贸易与商业的兴起而非衰落有关。

12.　J. H. W. G. Liebeschuetz, *Decline and Fall of the Roman City* (Oxford: Oxford University Press, 2001); LesterK. Little, "Life and Afterlife of the First Plague Pandemic," in *Plague and the End of Antiquity: The Pandemic of 541—750*, ed. Lester K. Little (New York: Cambridge University Press, 2007). Alain Stoclet 认为，查士丁尼瘟疫是相互矛盾的仪式的试验场，包括古罗马、法兰克和高卢的仪式，这些仪式演变成基督教传统，如对玛丽的崇拜，以及认为卡佩王朝国王（Capetian kings）有治愈瘟疫的能力。与世俗的倭马亚王朝（Umayyads）相比，阿拔斯王朝（Abbasids）的伊斯兰传统显然也有类似的理由。参考 "Consilia humana, opsdivinia, superstitio: Seeking Succor and Solace in Times of Plague, with Particular Reference to Gaul in the Early Middle Ages," in Little, *Plague and the End of Antiquity*。

13.　Jack Goody, *Islamin Europe* (Malden, MA: Polity Press, 2004).

14.　Schoff, *The Periplus of the Erythraean Sea.*

15.　Florin Curta, *The Making of the Slavs: History and Archaeology of the Lower Danube Region, ca. 500—700* (New York: Cambridge University Press, 2001), chap. 4; Jonathan Shepard, *The Cambridge History of the Byzantine Empire, c. 500—1492* (New York: Cambridge University Press, 2008), 324–327.

16.　George Vernadsky, *The Origins of Russia* (Oxford: Clarendon Press, 1959), 242–263. Vernadsky suggests that the Virgin Mary story may refer to the Byzantine de feat of the Rusin 860–861 (213–226).

17.　Nicholas V. Riasanovsky, *A History of Russia*, 6th ed. (New York: Oxford University Press, 2000).

18.　Heinrich Eduard Jacob, *Six Thousand Years of Bread: Its Holy and Unholy History* (GardenCity, NY: Doubleday, Doran, 1944).

19.　R. E. F. Smith and David Christian, *Bread and Salt: A Social and Economic History of Food and Drink in Russia* (New York: Cambridge University Press, 1984).

20.　Mark Wheelis, "Biological Warfare at the 1346 Siege of Caffa," *Emerging Infectious Diseases Journal* 8, no. 9 (September 2002): 971–975. 关于另一个可替代途径，参考 Monica H. Green, "Taking 'Pandemic'seriously: Making the Black Death Global," in *Pandemic Disease in the Medieval World: Rethinking the Black Death*, ed. M. H. Green (Kalama-zoo, MI: ArcMedieval Press, 2014)。

21. Monica H. Green, "The Four Black Deaths," *American Historical Review* 125, no. 5 (2020): 1601–1631.

22. Fernand Braudel, *Civilization and Capitalism, 15th—18th Century*, vol. 2: *The Wheels of Commerce* (New York: Harper & Row, 1982); Parvus, "Der Weltmarkt und die Agrarkrisis," published serially in ten parts in *Die Neue Zeit* from November 1895 to March 1896.

23. 关于威尼斯的中央银行，参考 Stefano Ugolini, *The Evolution of Central Banking: Theory and History* (London: Palgrave Macmillan UK, 2017), 37–43. On the bill of exchange, see Sergii Moshenskyi, *History of the Wechsel, Bill of Exchange, and Promissory Note* (Bloomington, IN:Xlibris Corp., 2008)。

24. Fariba Zarinebaf, *Crime and Punishmentin Istanbul: 1700—1800* (Berkeley: University of California Press, 2010), 82.

25. Felicity Walton, "Ulster Milling Through the Years," in *A Hundred Years A-milling: Commemorating an Ulster Mill Centenary*, ed. William Maddin Scott, 125–131 (Dundalk: Dundalgan Press, 1956); Brinley Thomas, "Escaping from Constraints: The Industrial Revolution in a Malthusian Context," *Journal of Interdisciplinary History* 15, no. 4 (1985): 729–753.

26. [Mehmed Esad Efendi] in A. P. Caussin de Perceval, trans., *Précis historique de la destruction du corps des Janissaires par le sultan Mahmoud* (Paris, 1833), 2. Hereinafter citedas Esad, *Destruction des Janissaires*.

27. Alan L. Olmstead and Paul W. Rhode, "The Red Queen and the Hard Reds: Productivity Growth in American Wheat, 1800–1940," *Journal of Economic History* 62, no.4 (December 2002): 929–966; Wilfred Malenbaum, *The World Wheat Economy, 1885—1939* (Cambridge, MA: Harvard University Press, 1953).

28. 德涅斯特河向南流动，因此，从河流的角度来看，它的右岸是西侧。

29. Martin Małowist, *Western Europe, Eastern Europe and World Development, 13th—18th Centuries: Collection of Essays of Marian Małowist* (Chicago: Haymarket Books, 2012); cf. Robertl. Frost, *The Oxford History of Poland-Lithuania*, vol. 1: *The Making of the Polish-Lithuanian Union, 1385—1569* (New York: Oxford University Press, 2018), 242–261; Cyrus Hamlin, "The Dream of Russia," *The Atlantic* 58 (December 1886): 771–782.

30. Karen Barkey and Mark von Hagen, eds., *After Empire: Multiethnic Societies and Nation-Building* (Boulder, CO: Westview Press, 1997).

第三章 重农主义的扩张

1. 凯瑟琳二世认为，英国也不相信自由贸易，因为它每年都会调整关税，以提升海军实力和建立特定产业。参考 William E. Butler and Vladimir A. Tomsinov, *Nakaz of Catherine the Great: Collected Texts* (Clark, NJ: Lawbook ExchangeLtd., 2010)。

2. Richard Pipes,"Private Property Comes to Russia: The Reign of CatherineII, "*Harvard Ukrainian Studies* 22 (1998): 431–442. Pipes 认为，农奴和奴隶的区别在于奴隶主为国际市场生产，而农奴主为当地消费而生产。正如我们将在下文看到的，这从来都不是事实，尤其是对于那些生活在河流附近、"黑色之路"沿线和黑海沿岸的农奴主来说。历史学家 Cedric Robinson 认为，奴隶制和农奴制之间的区别被大大夸大了，参考 *Black Marxism:The Making of the Black Radical Tradition* (Chapel Hill: University of North Carolina Press, 1983)。

3. 部分来源于她从东正教手里夺来的土地。

4. 革命中的法国对纸券监管不力，导致了通货膨胀失控，并引发了"名录"和恐怖活动。

5. Marianne Johnson, "'More Native Than French': American Physiocrats and Their Political Economy," *History of Economic Ideas*10, no.1(2002):15–31.

6. Marten Gerbertus Buist, *At Spesnon Fracta: Hope & Co.1770—1815* (The Hague: Martinus Nijhoff, 1974); John Brewer, *The Sinews of Power: War, Money, and the English State, 1660—1873* (New York: Routledge, 1989).

7. Esad, *Destruction des Janissaires*, 115.

8. 关于俄罗斯帝国与奥斯曼帝国军粮供应的详细分析，参考 Brian L. Davies, *The Russo-Turkish War, 1768–1774: Catherine II and the Ottoman Empire* (New York: Bloomsbury, 2016)，Davies 重点介绍了俄罗斯在战斗和战术上的创新。1793 年，苏丹塞利姆三世取消了官方的粮食价格监管，并建立了粮食管理局，该局引入了雷伊定价（rayic pricing）或灵活定价，但该定价方式仍然没有消除垄断。Seven Ağir, "The Evolution of Grain Policy: The Ottoman Experience,"*Journal of Interdisciplinary History* 43, no.4 (2013): 571–598.

9. Esad, *Destruction des Janissaires*,115.

10. 运动失败后，伊斯坦布尔的粮食专员（arpa emini）被一个名为"粮食管理局"（Grain Administration）的机构取代，有一段时间，强制价格被一个谈判（rayic）价格取代。关于奥斯曼帝国粮食供应的变化，参考 Ağir 的 "The Evolution of Grain Policy"；关于奥斯曼帝国军队使用的金融工具，参考 Sevket Pamuk, "The Evolution of Financial Institutions in the Ottoman Empire, 1600—1914,"*Financial History Review* 11,

no. 1 (2004): 7–32。军队可能使用了苏富塔哈（suftajas），这是一种更具流通性的金融工具，但这些工具仍然不如汇票那样灵活，Esad, *Destruction des Janissaires*, 115。

11. Esad, *Destruction des Janissaires*, 32–36; Virginia H. Aksan, *An Ottoman Statesmanin War and Peace: Ahmed Resmi Efendi,1700—1783* (Leiden: J. H. Brill, 1995), 141–143; Ali Yaycioglu, *Partners of the Empire: The Crisis of the Ottoman Order in the Age of Revolutions* (Stanford, CA: Stanford University Press, 2016), 36–38; William C. Fuller, *Strategy and Power in Russia, 1600—1914* (New York: Simon & Schus-ter, 1998), 139–176; Hew Strachan, *European Armies and the Conduct of War* (New York: Routledge, 2005), 32–33. 关于 17 世纪奥斯曼帝国的运行效率，参考 Rhoads Murphey, *Ottoman Warfare, 1500—1700* (New Brunswick, NJ: Rutgers University Press, 1999)。

12. John T. Alexander, *Bubonic Plague in Early Modern Russia: Public Healthand Urban Disaster* (New York: Oxford University Press, 2003).

13. Virginia Aksan, *Ottoman Wars: 1700—1870: An Empire Besieged* (New York: Routledge, 2007), 151–154; Davies, *Russo-Turkish War,* 103,145; M.Şükrü Hanioğlu, *A Brief History of Late Ottoman Empire* (Princeton, NJ: Princeton University Press, 2008), 44–45; Christopher Duffy, *Russia's Military Way to the West: Origins and Nature of Russian Military Power, 1700—1800* (New York: Routledge, 2015), 170–178; Christopher Duffy, *The Fortress in the Age of Vauban and Frederick the Great, 1600—1789* (New York: Routledge, 2015), 2:244–247; M. Gustave de Molinari, *Lettres sur la Russie* (Brussels and Leipzig: A. Lacroix, 1861), 234–235; Kelly O'Neill, *Claiming Crimea: A History of Catherine the Great's Southern Empire* (New Haven, CT: Yale University Press, 2017).

14. O'Neill, *Claiming Crimea.*

15. Patricia Herlihy, "Port Jews of Odessa and Trieste: A Tale of Two Cities,"*Odessa Recollected: The Port and the People* (Brighton, MA: Academic Studies Press, 2018), 196–208; William H. McNeill, *Europe's Steppe Frontier, 1500—1800* (Chicago: University of Chicago Press, 1964); Alexander, *Bubonic Plague.*

16. Harold C. Hinton, "The Grain Tribute System of the Ch'ing Dynasty,"*Far Eastern Quarterly* 11, no. 3 (1952): 339–354; Seung-JoonLee, "Rice and Maritime Modernity: The Modern Chinese State andthe South China Sea Rice Trade," in *Rice: Global Networks and New Histories*, ed. Francesca Brayetal.,99–117 (New York: Cambridge University Press, 2015).

17. Patricia Herlihy, *Odessa: A History, 1794—1914* (Cambridge, MA: Harvard University

Press, 1986).

18. 由 Timothy John Binyon 翻译 , *Pushkin: A Biography* (New York: Vintage, 2007), 154。

19. Brooke Hunter, "Wheat, War, and the American Economy During the Age of Revolution,"*William and Mary Quarterly* 62, no. 3 (2005): 505–526; Gautham Rao, *National Duties: Custom Houses and the Making of the American State* (Chicago: University of Chicago Press, 2016); Scott Reynolds Nelson, *A Nation of Deadbeats: An Uncommon History of America's Financial Disasters* (New York: Knopf, 2012).

20. Avner Offer,"Ricardo's Paradox and the Movement of Rentsin England, c. 1870—1910, "*Economic History Review* 33, no.2 (1980): 236–252.

21. Melville H. Watkins, "A Staple Theory of Economic Growth,"*Canadian Journal of Economics and Political Science / Revue canadienne d'economique et de science politique* 29 (May 1963): 141–158.

22. Timothy Pitkin, *A Statistical View of the Commerce of the United States of America, Including Also an Account of Banks, Manufactures, and Internal Trade and Improvements* (New Haven, CT: Durrie & Peck, 1835), 119–130.

23. 有关美国的这类问题，参考 Robin Einhorn, *American Taxation, American Slavery* (Chicago: University of Chicago Press, 2008)。

24. 关于美国人对于重农主义理论做出的调整，参考 Johnson, "More Native Than French." On expansion through space, see DrewMcCoy, *An Elusive Republic: Political Economy in Jeffersonian America* (Chapel Hill: University of North Carolina Press, 1980)。

25. Hunter, "Wheat, War"; Rao, *National Duties*; Nelson, *A Nation of Deadbeats*.

26. Pitkin, *A Statistical View*, 108–118.

27. 关于"不间断"，参考 Alexis de Tocqueville, *Democracy in America* (New York: Colonial Press, 1899), 375.，关于"播种""收割"，参考 "Tobacco and Slavery,"*Friend's Review* (June 6, 1857): 620; John J. McCusker 以及 Russell R. Menard, *The Economy of British America, 1607—1789* (Chapel Hill: University of North Carolina Press, 1985)。关于上切萨皮克（upper Chesapeake）地区奴隶制的衰落，参考 Max Grivno, "'There Slavery Cannot Dwell': Agriculture and Labor in Northern Maryland"(unpublished PhD diss., University of Maryland, 2007)。关于弗吉尼亚奴隶制农场在收割和磨粉上取得的技术创新，参考 Daniel B. Rood, *The Reinvention of Atlantic Slavery: Technology, Labor, Race, and Capitalism in the Greater Caribbean* (New York: Oxford University Press, 2017)。关于奴隶制与粮食的问题，参考 Carville Earle, *Geographical Enquiry and American Historical Problems* (Stanford, CA: Stanford

University Press, 1991)。

28. F. Lee Benns, "The American Struggle for the British West India Carrying Trade, 1815–1830," *Indiana University Studies* 10, no. 56(1920): 1–207.

29. 具体数据参考 Pitkin, *A Statistical View*, 96–97, and L. P. McCarty, *Annual Statisticianand Economist* (San Francisco, CA: LP McCarty, 1889), 199; Scott Reynolds Nelson, " The Many Panics of 1819," *Journal of the Early Republic* 40, no.4 (2020): 721–727。

30. Jonathan B. Robinson to Robert Wilmot, January 27, 1822, in *Journal and Proceedings of the Legislative Council of the Province of Upper Canada [4th session, 8th Provincial Parliament, beginning 1821]*, 98–103; William J. Patterson, *Statements Relating to the Home and Foreign Trade of the Dominion of Canada, also, Annual Report of the Commerce of Montreal for 1869* (Montreal: Starke&Co., 1870).

31. John Antony Chaptal, *Chymistry Applied to Agriculture* (Boston: Hilliard, Gray & Co., 1839). On refinements of this technique after 1830, see Francois Sigaut, "A Method for Identifying Grain Storage Techniques and Its Application for European Agricultural History," *Tools and Tillage* 6, no.1 (1988): 3–32.

32. Chaptal, *Chymistry Applied to Agriculture*; Charles Byron Kuhlmann, *The Development of the Flour Milling Industry in the United States with Special Reference to the Industry in Minneapolis* (Boston: Houghton Mifflin, 1929).

33. 关于这一点，我同意 Douglass North 的看法，认为南方地区依赖于中西部地区生产的粮食，参考 Douglass North, *The Economic Growth of the United States* (New York: Prentice Hall, 1961)，该观点遭到 Robert E. Gallman 的强烈反对，参考 Robert E. Gallman, "Self-Sufficiency in the Cotton Economy of the Antebellum South," *Agricultural History* 44, no.1 (1970): 5–23; Sam Bowers Hilliard, *Hog Meat and Hoecake: Food Supply in the Old South,1840—1860* (Carbondale: Southern Illinois University Press, 1972); Joe Francis, "King Cotton the Munificent: Slavery and (Under)development in the United States, 1789—1865" (working paper, April 2021), https://joefrancis.info/pdfs/Francis_US_slavery.pdf。

34. Brysson Cunningham, *Cargo Handling at Ports: A Survey of the Various Systems in Vogue, with a Consideration of Their Respective Merits* (New York: Wiley and Sons, 1924).

35. Louis Adolph Thiers, *Discours de M. Thiers sur le régime commercial de la France* (Paris: Paulin, L'Heureux, 1851).

36. Steven Kaplan, *The Famine Plot Persuasion in Eighteenth-Century France* (Philadelphia: American Philosophical Society,1982), chap.2.

37. Monstuart E. Grant Duff, *Studies in European Politics* (Edinburgh: Edmonston and

Douglas, 1866), 72.

38.   感谢 Alexander Bucksch 指出拿破仑一世在欧洲留下的这些踪迹。

39.   Stanley Chapman, *Merchant Enterprise in Britain: From the Indus-trial Revolution to World War I* (New York: Cambridge University Press, 2004), 153–166.

40.   Peter H. Lindert and Steven Nafziger, "Russian Inequality on the Eveof Revolution," *Journal of Economic History* 74, no.3(2014): 767–798.

第四章 致病疫霉的传播与自由贸易的诞生

1.   致病疫霉是一种寄生卵菌。虽然最初人们认为这是一种真菌，但是卵菌在许多方面与真菌不同，包括细胞壁是由纤维素（如植物）而不是甲壳素（如真菌和动物）构成。Eva H. Stukenbrock and Bruce A. McDonald, "The Origins of Plant Pathogensin Agro-ecosystems," *Annual Review of Phytopathology* 46, no.1(2008): 75–100.

2.   Rebecca Earle, *Potato* (New York: Bloomsbury Academic, 2019).

3.   William H. McNeill, "How the Potato Changed the World's History," *Social Research* 66, no. 1(1999): 67–83.

4.   P. M. Austin Bourke, "Emergence of the Potato Blight, 1843—1846," *Nature,* August 22, 1964, 805–808; Susan Goodwin et al., "Panglobal Distribution of a Single Clonal Lineage of the Irish Potato Famine Fungus," *Proceedings of the National Academy of Sciences* 91 (November 1994): 11591–11595.

5.   "Foreign Grain Markets," *The Economist*, February 14, 1846; Jonathan Sperber, *The European Revolutions, 1848—1851* (New York: Cambridge University Press, 2005).

6.   E. C. Large, *The Advance of the Fungi* (London: Jonathan Cape, 1949), 36.

7.   "France," [London] Daily News, May 19, 1862.

8.   Cecil Woodham-Smith, *The Great Hunger: Ireland, 1845—1849* (New York: Penguin Books, 1991).

9.   Amartya Sen, *Poverty and Famines: An Essay on Entitlement and Deprivation* (New York: Oxford University Press, 1981).

10.   Sen 描述了孟加拉饥荒中存在的类似问题。许多关于爱尔兰饥荒的文献关注粮食供应，而不是权利。

11.   Susan Elizabeth Fairlie, "Anglo Russian Grain Trade" (unpublished PhD diss., London School of Economics, 1959), 93–94.

12.   J. C. Zadoks, "The Potato Murrain on the European Continent and the

Revolutions of 1848," *Potato Research* 51 (2008): 5–45; Sperber, *The European Revolutions.*

13.　与此同时，一些国家，如普鲁士和法国也对粮食出口进行封锁。Carl Johannes Fuchs, *Der englische Getreidehandel und seine Organisation* (Jena: Gustav Fischer, 1890), 11.

14.　Fuchs, *Der Englische Getreidehandel*, 11.

15.　Paul Bairoch, *Economics and World History: Myths and Paradoxes* (Chicago: University of Chicago Press, 1995), 21–22.

16.　Graham L. Rees, *Britain's Commodity Markets* (London: Elek, 1972), chap.6.

17.　Gelina Harlaftis, *A History of Greek-Owned Shipping: The Making of an International Tramp Fleet, 1830 to the Present Day* (New York: Routledge, 1996); Fairlie, "Anglo-Russian Grain Trade"; Patricia Herlihy, "Russian Grain and Mediterranean Markets, 1774—1861" (unpublished PhD diss., University of Pennsylvania, 1963).

18.　"The Prices and Stocks of Wheat in Europe," *The Economist,* March 9, 1850; Fairlie, "Anglo-Russian Grain Trade," 110.

19.　Daniel C. Carr, *The Necessity of Brown Bread for Digestion, Nourishment, and Sound Health; and the Injurious Effects of White Bread* (London: Effingham Wilson, 1847).

20.　Jack Magee, *Barney: Bernard Hughes of Belfast, 1808—1878, Master Baker, Liberal and Reformer* (Belfast: Ulster Historical Foundation, 2001); Edward J. T. Collins, "Dietary Change and Cereal Consumptionin Britain in the Nineteenth Century, "*Agricultural History Review* 23, no.2 (1975): 97–115; John Burnett, *Plenty and Want: A Social History of Food in England from 1815 to the Present Day* (1966; repr. New York: Routledge, 2005).

21.　Naum Jasny, *Competition Among Grains* (Stanford, CA: Stanford University Press, 1940), 41–51.

22.　Jonathan Pereira, "Triticum Vulgare," in *The Elements of Materia Medica and Therapeutics* (Philadelphia: Blanchard and Lea, 1854), 2: 119–125; Carr, *Necessity of Brown Bread.*

23.　Max Rubner 承认，和农民同吃黑麦面包的城市工人较少，这是有好处的，参考 Max Rubner, "Überden Werth der Weizenkleie für die Ernährung des Menschen," *Zeitschriftfür Biologie* 19 (1883): 45–100。关于不列颠不断变化的面包食用习惯，参考 Christian Peterson, *Bread and the British Economy, c.1770—1870* (Brookfield, VT: Ashgate Publishing Co., 1995)。在奥匈帝国，面包分类仍在继续，参考 "The Returned Veterans'Festin Salzburg,"*Hours at Home* (November 1869): 30–34。

24.   Burnett, *Plenty and Want*.

25.   Israel Helphand, *Technische Organisation der Arbeit ("Cooperation"und "Arbeitsheilung"): Eine Kritische Studie* (Basel:University of Basel, 1891). 这一时期关于移民最有说服力的研究是 Leslie Page Moch, Moving Europeans: Migration in Western Europe Since 1650 (Bloomington: University of Indiana Press, 2003), chap. 4。我对以地理为中心的工业化的理解依赖于 Phillip Scranton 的 "Multiple Industrializations: Urban Manufacturing Development in the American Midwest, 1880—1925," *Journal of Design History* 12, no. 1 (1999): 45–63。遗憾的是，大多数关于欧洲工业化和城市化的论述将这些转变视为廉价食品流通的独立原因，而非影响。

26.   Burnett, *Plenty and Want*; Charles H. Feinstein, "Pessimism Perpetuated: Real Wages and the Standard of Living in Britain During and After the Industrial Revolution," *Journal of Economic History* 58, no. 3 (September 1998): 625–658; Roderick Floud et al., *Height, Health, and History: Nutritional Status in the United Kingdom, 1750—1980* (New York: Cambridge University Press, 1990); Simon Szreter and Graham Mooney, "Urbanization, Mortality, and the Standard of Living De-bate: New Estimates of the Expectation of Life at Birth in Nineteenth-Century British Cities," *Economic History Review* (1998): 84–112.

27.   Blanchard Jerrold, *The Life of Napoleon III* (London: Longmans, Green and Company, 1882), 4: 378.

28.   感谢 Andy Zimmerman 指出社会主义制度是如何在 19 世纪发挥作用的。

29.   David Baguley, *Napoleon III and His Regime: An Extravaganza* (Baton Rouge: Louisiana State University Press, 2000).

30.   André Liesse, *Evolution of Credit and Banksin France: From the Founding of the Bank of France to the Present Time*, 61st Cong., 2nd sess.,Senate Document 522 (Washington, DC, 1909), pt. 2.

31.   Theodore Zeldin, "Ambition, Love and Politics," in *France, 1848—1945* (Oxford: Oxford University Press, 1973); Steven Soper, *Building a Civil Society: Associations, PublicLife, and the Origins of Modern Italy* (Toronto: University of Toronto Press, 2013), chap. 4. On exclusive restaurants before 1845, see Rebecca Spang, *The Invention of the Restaurant: Paris and Modern Gastronomic Culture* (Cambridge, MA: Harvard University Press, 2000).

32.   John M. Kleeberg, "The Disconto-Gesellschaft and German Industrialization" (PhD diss., University of Oxford, 1988); John C. Eckalbar, "The Saint-Simonians in Industry and Economic Development," *American Journal of Economics and*

Sociology 38, no. 1 (1979): 83–96; Liesse, *Evolution of Credit and Banks in France*.

33.   Kleeberg,"The Disconto-Gesellschaft."

34.   Jacob Riesser, *The German Great Banks and Their Concentration*, 61st Cong., 2nd sess., Senate Document 593 (Washington, DC, 1911); "Emperor's Speech at the Opening of the Session," *[Dublin] Freeman's Journal*, February 16, 1853.

第五章 资本主义与奴隶制

1.   Adolph Thiers, "Discours de M. Thiers sur le régime commercialde la France" (Paris: Paulin, L'Heureux, 1851); M. Gustave de Molinari 对这些指责进行评论，并引用了 Thiers 的观点，参考 *Lettres sur la Russie* (Brussels and Leipzig: A. Lacroix, 1861)。

2.   这些产量参考 I. M. Rubinow, *Russian Wheat and Wheat Flour in European Markets*, Bulletinno. 66 (Washington, DC: US Department of Agriculture, Bureau of Statistics, 1908)。19 世纪的大部分时间里，美国的产量是保持不变的。参考 Giovanni Fed-erico, *Feeding the World: An Economic History of Agriculture, 1800—2000* (Princeton,NJ: Princeton University Press, 2005)。

3.   Raj Patel and Jason W. Moore, *A History of the World in Seven Cheap Things: A Guide to Capitalism, Nature, and the Future of the Planet* (Oakland: University of California Press, 2017).

4.   I. M. Rubinow, *Russia's Wheat Surplus: Conditions Under WhichIt Is Produced*, Bulletin no. 42 (Washington, DC: US Department of Agriculture, Bureau of Statistics, 1906); Alan L. Olmstead and Paul W. Rhode, "The Red Queen and the Hard Reds: Productivity Growth in American Wheat, 1800—1940," *Journal of Economic History* 62, no. 4 (December 2002): 929–966.

5.   James A. Blodgett, "Relations of Population and Food Productsin the United States" (Washington, DC: Government Printing Office, 1903), 28–30; Rubinow, *Russia's Wheat Surplus*, 45–50.

6.   Alexander Kornilov, *Modern Russian History* (New York: Alfred A. Knopf, 1917), chap. 22; Ted Widmer, *Lincoln on the Verge: Thirteen Days to Washington* (New York: Simon&Schuster, 2020).

7.   Francis Henry Skrine, *The Expansion of Russia* (Cambridge: Cambridge University Press, 1915), 149–150.

8. Skrine, *The Expansion of Russia,* 151. Seealso Orlando Figes, *The Crimean War: A History* (New York: Metropolitan Books, 2011), chap. 3. Skrine 认为 "俄罗斯对英国的利益威胁已降到最低"。

9. Laurence Oliphant, *Russian Shores of the Black Sea in the Autumn of 1852* (London: William Blackwood and Sons, 1853), 36. Alexander Kinglake 认为 Oliphant 是一名业余间谍，尽管他当时是埃尔金伯爵 James Bruce 的助手。Alexander William Kinglake, *The Invasion of the Crimea: Its Origin, and an Account of Its Progress Down to the Death of Lord Raglan* (New York: Harper & Brothers, 1868), 2:57–60. 在克里米亚战争期间，他担任奥斯曼元帅奥马尔·帕夏（Omar Pasha）的助手。

10. C. W. S. Hartley, *A Biography of Sir Charles Hartley, Civil Engineer(1825—1915): The Father of the Danube* (Lewiston, NY: Mellen Press, 1989); "Danube, European Commission of the," in *Appletons' Annual Cyclopaedia and Register of Important Events* (New York: D. Appleton, 1884), 272–274.

11. Oliphant, *Russian Shores of the Black Seainthe Autumn of 1852*, 363.

12. 关于英帝国对支持土耳其帝国的兴趣与日俱增，参考 Frederick Stanley Rodkey, "Lord Palmerston and the Rejuvenation of Turkey, 1830—1841: Pt.1,1830—39," *Journal of Modern History* 1, no. 4 (December 1929): 570–593; 以及 Frederick Stanley Rodkey, "Lord Palmerston and the Rejuvenation of Turkey, 1830—1841: Pt.2,1839–41,"*Journal of Modern History*2, no.2(June 1930):193–225。Rodkey 夸大了奥斯曼帝国的 "暴政"，但很好地把握住了英国的金融利益。

13. 平均每夸特 53 先令这个值从 1845 年一直延续到 1873 年。John Kirkland, *Three Centuries of Prices of Wheat, Flour and Bread* (London: J.G.Hammond, 1917), 33–34.

14. "Free Trade Bread Riots,"*Derby Mercury*, February 25, 1854; *[London] Standard,* January 11, 1854; John Burnett, *Plenty and Want: A Social History of Foodin England from 1815 to the Present Day* (1966; repr. New York: Routledge, 2005), chaps. 2 and 7.

15. Mesut Uyar and Edward J. Erickson, *A Military History of the Ottomans: From Osman to Ataturk* (Santa Barbara, CA: ABC-CLIO, 2009).

16. 关于海上战役，参考 Eric J. Grove, *The Royal Navy Since 1815: A New Short History* (New York: Palgrave MacMillan, 2005) 第二章。关于补贴，参考 Yakup Bektas, "The Crimean War as a Technological Enterprise," *Notes and Records: The Royal Society Journal of the History of Science* 71, no.3 (September 20,2017): 233–262。关于螺旋推进器、邮件合同和过热蒸汽机的重要性，参考 Freda Harcourt, *Flagships of Imperialism: The P&O Company and the Politics of Empire from Its Origins to 1867* (New York: Manchester University Press, 2006)。约翰·佩恩的过热蒸汽机和约翰·埃

尔德的双缸发动机是船用复合发动机的前身。关于船用复合发动机的长期发展，参考 Crosbie Smith, *Coal, Steam and Ships: Engineering, Enterprise and Empire on the Nineteenth-Century Seas* (New York: Cambridge University Press, 2018)。Andrew Jamieson 解释说，花了几十年时间才确定过热的效率主要来自压力的增加和废蒸汽的使用，参考 *Textbook on Steam and Steam Engines* (London: Charles Griffin and Company, 1889)。

17. Skrine, The Expansion of Russia, 162.

18. Parvus, *Türkiye'nin malî tutsaklığı*, trans. Muammer Sencer (1914; repr. İstanbul: May Yayınları, 1977), 29–32; Murat Birdal, *The Political Economy of Ottoman PublicDebt: Insolvency and European Financial Control in the Late Nineteenth Century* (New York: I.B.Tauris, 2010).

19. Juliusde Hagemeister, *Report on the Commerce of the Ports of New Russia, Moldavia, and Wallachia Made to the Russian Government in 1835* (London: Effingham Wilson, 1836).Hagemeister 认为凯瑟琳二世引来的外国人是最好的农民，尽管他认为顿河哥萨克人（Don Cossacks）在浪费他们统治的土地："他们的秩序本身就对任何农业活动都造成了最大的阻碍。他们之间建立的共同财产权必须永远阻止改善土地，而这些改善只能由个人拥有。"

20. Steven L. Hoch, "The Banking Crisis, Peasant Reform, and Economic Development in Russia, 1857—1861,"*American Historical Review* 96, no.3 (1991): 795–820.

21. Hoch, "The Banking Crisis," 810–815.

22. 然而，最终的结果比这更混乱不堪，因为俄罗斯没有对土地价值做调查。有些农民付出太少，有些则付出太多。Alexander Polunov, *Russia in the Nineteenth Century: Autocracy, Reform, and Social Change, 1814—1914* (Armonk, NY: M. E. Sharpe, 2005), 90–96; Steven L. Hoch, "Did Russia's Emancipated Serfs Really Pay Too Much for Too Little Land？ Statistical Anomalies and Long-TailedDistributions, "*Slavic Review* (2004): 247–274.

23. Paul W. Gates, "Frontier Estate Builders and Farm Laborers," in *The Jeffersonian Dream: Studies in the History of American Land Policyand Development*, ed. Allan G. Bogue and Margaret Beattie Bogue (Albuquerque: University of New Mexico Press, 1996); Nikolai D. Kondratieff, *Rynok khlebov i ego regulirovanie vo vremia voiny i revoliutsii* (1922; repr. Moscow: Nauka, 1991).

24. V. M. Karev, *Nemtsy Rossii* (Moscow: ERN, 1999), 1:451–452.

25. 关于严格限制农奴制小麦产区的"库存规定"，参考 Kornilov, *Modern Russian*

History, 1: 262–265。

26. Louis Bernard Schmidt, "Westward Movement of the Wheat Growing Industry of the United States," *Iowa Journal of History and Politics* 18, no.3 (July 1920): 396–412.

27. J. J. Holleman, "Does Cotton Oligarchy Grip South and Defy All Plans for Diversification and Relief?," *Atlanta Constitution*, September 27, 1914. On the transition from labor lords to landlords, see Gavin Wright, (New York: Basic Books, 1986).

28. Seven Beckert, *Empire of Cotton: A Global History* (New York: Knopf, 2014).

29. Isaac A. Hourwich, *The Economics of the Russian Village* (New York: Columbia College, 1892).

30. Gates, "Frontier Estate Builders"; Kondratieff, *Rynok khlebov i egoregulirovanievovrem iavoinyirevoliutsii.*

31. 关于加拉茨市（Galați）的粮食贸易，参考 United Kingdom, Parliament, *Report by Her Majesty's Consuls on Manufactures and Commerce of Their Districts*, BPP-C.637(1872), 1335—1340。

32. Alice Elizabeth Malavasic, *The F Street Mess: How Southern Senators Rewrote the Kansas-Nebraska Act* (Chapel Hill: University of North Carolina Press, 2017); Scott Reynolds Nelson, *A Nation of Deadbeats:An Uncommon History of America's Financial Disasters* (New York: Knopf,2012); John Lauritz Larson, *Bonds of Enterprise: John Murray Forbes and Western Development in America's Railway Age* (Iowa City: University of Iowa Press, 2001).

33. Ariel Ron 认为，这头农业"巨兽"相当于一个草根项目。虽然我同意农民活动分子在较长时期内形成了其中的一些诉求，并受到这些诉求的极大影响，但是我认为，这个新政党的大部分资金支持来自所谓的"铁路大王"。Ariel Ron, *Grassroots Leviathan: Agricultural Reform and the Rural North in the Slaveholding Republic* (Baltimore: Johns Hopkins University Press, 2020).

34. 从这个意义上说，我是在为 Robert Sharkey 所谓的共和党威廉·皮特·费森登派系的力量争论，而不是萨迪厄斯·史蒂文斯派系，参考 Robert P. Sharkey, *Money, Class, and Party: An Economic Study of Civil War and Reconstruction* (Baltimore, MD: Johns Hopkins University Press, 1959)。

35. 继查尔斯·R. 比尔德之后，进步派在共和党看到了工业资产阶级的崛起。参考如下文献可找到该描述的现代版本：Sven Beckert, *The Monied Metropolis:New York and the Consolidation of the American Bourgeoisie, 1850—1896* (New York: Cambridge University Press, 2001)。Richard Franklin Bense 支持他所谓的"竞争性资本主义

的市场经济"（32），尽管有时他也会令人费解地提到"扩张主义工业资本主义"（60）。然而，他的论点并未明确将共和党与粮食和铁路联系起来。

36. "David Dows," in *America's Successful Men of Affairs: An Encyclo-pedia of Contemporaneous Biography*, ed. Henry Hall (New York: New York Tribune, 1896), 200–203; "David Dows," *New York Times*, March 31, 1890; A[lexander] E[ctor] Orr, "To the Old Friends of David DowsThis Short Sketch of His Active and Honorable Life Is Respectfully Dedicated, by A. E. Orr, Brooklyn, 1888," John Shaplin, May 21, 2011, http://johnshaplin.blogspot.com/2011/05/david-dows.html.

37. 参考 John Murray For besto Paul Forbes, November 26, 1854, Paul Siemen Forbes Papers, Forbes Family Papers, Harvard Baker Library Historical Collection, Cambridge, Massachusetts。

38. "最后一英里"是指交付最终货物的费用。物流专业人士偶尔会将供应链的路线称为"第一英里"。

39. 这个名字在 1860—1868 年发生了变化。最初，"纽约农产品交易公司"（New York Produce Exchange Company）购买了这座建筑，"纽约商业协会"（New York Commercial Association）租用了二楼及主楼层。1868 年，商业协会更名为"纽约农产品交易所"（New York Produce Exchange）。到 1872 年，纽约农产品交易所从纽约农产品交易公司手中买下了这座建筑。New York Produce Exchange, *Report of the New York Produce Exchange* (New York: New York Produce Exchange, [1873]), 17–18. 这最后一英里对于理解铁路和现代电缆公司的成功至关重要。这两类企业都建立了基础设施，将芝加哥等城市中心与各个单位，无论是住宅还是粮食商店连接起来。这就是为什么罗伯特·福格尔的观点是错误的，他认为，铁路对美国经济增长来说不必要。他的反事实模型依赖于纽约和芝加哥之间的运河，但铁路绝对依赖于运河；铁路对经济增长的贡献能到达运河无法到达的地方。Orr, "To the Old Friends of David Dows"。

40. 上述人员是忠诚出版协会（Loyal Publication Society）的财务委员会，该协会是纽约的一个共和党组织，致力于在冲突期间出版小册子支持共和党。

41. Larson, *Bonds of Enterprise*; Irene Neu, *Erastus Corning: Merchant and Financier, 1794—1872* (Ithaca, NY: Cornell University Press, 1960).

42. Nelson, *A Nation of Deadbeats*, chap. 8. On merchants blaming bank policy for the Panic of 1857, see James L. Houston, *The Panic of 1857 and the Coming of the Civil War* (Baton Rouge: Louisiana State University Press, 1987).

43. Sean Patrick Adams, "Soulless Monsters and Iron Horses: The Civil War,

Institutional Change, and American Capitalism," in *Capitalism Takes Command: The Social Transformation of Nineteenth-Century America*,ed.Michael Zakim and Gary J. Kornblith (Chicago: University of Chicago Press, 2011); Gerald Berk, *Alternative Tracks: The Constitution of American Industrial Order, 1865—1916* (Baltimore: Johns Hopkins University Press, 1994).

44.　关于斯坦顿和沃特森与各家铁路公司的关系，参考 Benjamin P. Thomas and Harold M. Hyman, *Stanton: The Life and Times of Lincoln's Secretary of War* (New York: Alfred A. Knopf, 1962)，第三章至第五章，铁路公司所有者并不总是表示同意。斯坦顿最早的一起铁路案件涉及封锁宾夕法尼亚州的一座铁路桥，该桥使国家收费公路比伊利铁路更有优势。

45.　Elliot West, *The Contested Plains: Indians, Goldseekers, and the Rushto Colorado* (Lawrence: University Press of Kansas, 1998).

46.　Laurence Evans, "Transport, Economics and Economists: Adam Smith, George Stigler, et al.,"*International Journal of Maritime History* 5, no.1 (June 1993): 203–219.

47.　Scott Reynolds Nelson, *Iron Confederacies: Southern Railways, Klan Violence, and Reconstruction* (Chapel Hill: University of North Carolina Press, 1999), chap.8.

48.　Richard H. White, *Railroaded: The Transcontinentals and the Making of Modern America* (New York: Norton & Company, 2011); Charles Postel, *The Populist Vision* (New York: Oxford University Press, 2007); Bryant Barnes, "Fresh Fruit and Rotten Railroads: Fruit Growers, Populism, and the Future of the New South," *Agricultural History* (forthcoming, 2022).

49.　Ralph N. Traxler, "The Texas and Pacific Railroad Land Grants: A Comparison of Land Grant Policies of the United Statesand Texas," *Southwestern Historical Quarterly* 61, no.3 (1958): 359–370.

50.　Nelson, *A Nation of Deadbeats*, chap.7.

51.　August 14, 1852, Hannibal & St. Joseph's Railroad Co. Records,Chicago Burlington & Quincy Papers, Newberry Library, Chicago, Illinois; Larson, *Bonds of Enterprise*; Nelson, *A Nation of Deadbeats*.

52.　Robert R. Russel, *Improvement of Communication with the Pacific Coastasan Issuein American Politics, 1783—1864* (New York: Arno Press, 1981), 165–166.

53.　Malavasic, *The F Street Mess*.

54.　"Atchison's Speech," *Missouri Courier*, July 7, 1853; Perley OrmanRay, *The Repeal of the Missouri Compromise: Its Origin and Authorship* (Cleveland, OH: Arthur H. Clark Co.,1908), 80.

55. Nelson, *A Nation of Deadbeats*, chap. 7; Malavasic, *The F Street Mess*.

56. Eric Foner, *Free Soil, Free Labor, Free Men: The Ideology of the Republican Party Before the Civil War* (New York: Oxford University Press, 1970).

57. Quoted in Foner, *Free Soil, Free Labor, Free Men*.

58. Forrest A. Nabors, *From Oligarchy to Republicanism: The Great Task of Reconstruction* (Columbia: University of Missouri Press, 2017).

59. 此处，我与 Robert William Fogel 观点不一致。Robert William Fogel, *Without Consent or Contract: The Rise and Fall of American Slavery* (New York: Norton, 1989), chap.4.

60. Chief engineer's report, Memphis and Charleston Railroad Annual Report (1851), 14–15.

61. Nelson, Iron Confederacies, chap., 1; John Majewski, *A House Dividing: Economic Development in Pennsylvania and Virginia Before the Civil War* (New York: Cambridge University Press, 2000).

62. 使用统计包 R 处理数据，且数据引用于 Steven Rugglesetal, *Integrated Public Use Microdata Series: Version 6.0[dataset]* (Minneapolis: University of Minnesota, 2015),http://doi.org/10.18128/D010.V6.0R。

63. 历史学家将奴隶政权视为美国政治中"偏执狂风格"的一个例子。David Brion Davis, *The Slave Power Conspiracy and the Paranoid Style* (Baton Rouge: Louisiana State University Press, 1969).

64. Nabors, *From Oligarchy to Republicanism*.

65. 结束奴隶制将为商人和制造商开辟新天地，关于这一点，参考 Henry L. Swint, "Northern Interestin the Shoeless Southerner," *Journal of Southern History* 16, no. 4 (November 1950): 457–471。

66. 关于主要作物相关理论的正式解释，参考 Melville H.Watkins, "A Staple Theory of Economic Growth,"*Canadian Journal of Economics and Political Science / Revue canadienne d'economique et de sciencepolitique* 29 (May 1963): 141–158。

67. Laurence Evans, "Bread and Politics: Civil Logistics and the Limits of Choice," in *Maritime Food Transport*, ed. Klaus Friedland (Cologne: Böhlau Verlag, 1994); Laurence Evans, "The Gift of the Sea: Civil Logisticsand the Industrial Revolution," *Historical Reflections* 15, no.2 (summer 1988): 361–415.

68. Allan Pred 强调："信息流通"是可用于解释为何某些大城市在 1860—1914 年增长速度往往快于较小城市的关键变量。Allan Pred, *The Spatial Dynamics of U.S. Urban Industrial Growth, 1800—1914* (Cambridge, MA: Massachusetts Institute of Technology, 1966)。

69. Simon Kuznets 提出了类似的论点，但缺乏关键的地理和主要作物维度。Simon Kuznets, "Economic Growthand Income Inequality," *American Economic Review* 45, no. 1 (March 1955): 1–28.

70. "Necessity of Immediate Attack on Russia," *Reynolds's Newspaper*, March 12, 1854.

第六章 "美洲谷神"

1. William Émile Doster, *Lincoln and Episodes of the Civil War* (New York: G. P. Putnam's Sons, 1915), 126–131; E. D. Townsend, *Anecdotes of the Civil War in the United States* (New York: D. Appleton and Co., 1884), 79–81; Benjamin P. Thomas and Harold M. Hyman, *Stanton: The Life and Times of Lincoln's Secretary of War* (New York: Alfred A. Knopf, 1962), 152–164. 关于"樵夫"参考 Charles A. Church, *History of Rockford and Winnebago County, Illinois* (Rockford, IL: W. P. Lamb, 1900), 322–324。沃森缺席标准军事、铁路和战争政治历史，我对此感到困扰。在军需部部长的月度报告中经常提到他，当然在特纳和贝克的文件（Turner-Baker Papers）中也提到了他（下文将做讨论），因为列维·C. 特纳（Levi C. Turner）和拉斐特·C. 贝克（Lafayette C. Baker）直接向他汇报。

2. Peter Cozzens, *The Shipwreck of Their Hopes: The Battles for Chattanooga* (Urbana: University of Illinois Press, 1994), chap. 1; Fairfax Downey, *Storming of the Gateway, Chattanooga, 1863* (New York: David McKay Co., 1960); Buell, *The Warrior Generals: Combat Leadership in the Civil War* (New York: Crown Publishers, 1997), 284.

3. James Withrow, diary, quoted in Wiley Sword, *Mountains Touched with Fire: Chattanooga Besieged, 1863* (New York: St. Martin's Press, 2013), 83.

4. Mark Wilson, "The Business of Civil War" (PhD diss., University of Chicago, 2002), 490; Buell, *Warrior Generals*.

5. 罗兰是他妻子的叔叔，这使他的身份更难确定。Henry W. Hector, deposition, December 1863, Case Files of Investigations by Levi C. Turner and Lafayette C. Baker, 1861—1866 (microfilm), casefileno. 3752 (rolls 107–119), M797, RG94, Records of the Adjutant General's Office, 1780s—1917, War Department Division, National Archives, Washington, DC（以下称为 Turner-Baker Papers）。该比例由美国战争部规定，*Revised United States Army Regulations of 1861 with an Appendix Containing the Changes and Laws Affecting Army Regulations and Articles of War to June 25, 1863* (Washington, DC: Government Printing Office, 1863), 166。骡子的比例是 14 ：9。

6. David F. Rowland, deposition, December 1863, Turner-Baker Papers. On the

creation of the National Detectives, see Thomas and Hyman, *Stanton*, 153.

7. Erna Risch, *Quartermaster Support of the Army: A History of the Corps, 1775—1939* (Washington, DC: Center of Military History, United States Army, 1989), 381–382. On the amount finally recovered and the political figures involved, see Charles A. Dana, "The Lincoln Papers," *Fort Wayne Sunday Gazette*, June 14, 1885, 2; William P. Wood, "Wood's Budget," *Indiana[Pennsylvania]Progress*, November 26, 1885, 2.

8. Thomas and Hyman, *Stanton*, 126–146; Albert Churella, *The Pennsylvania Railroad*, vol.1: *Buildingan Empire* (Philadelphia: University of Pennsylvania Press, 2013), chap. 8; Boeger, "Hardtack and Cofee[sic]" (unpublished PhD diss., University of Wisconsin, 1953), 83.

9. 新规定由美国战争部颁布 , *Revised United States Army Regulations of 1861*: on the oath, see pp. 534–535; on court-martial, see p. 538。

10. To Capt. E. D. Bingham, CS, Boston, Mass., January 13, 1863; Letterssent, volume 43; Records of the Office of the Commissary General of Subsistence, Record Group 192, National Archives Building, Washington, DC.

11. 承包商的一个好处是，他们可以获得美国债券，这种债券以黄金而非美元支付利息。弗格森的保险箱有美国债券和支票，而不是美元，这个事实证明了这一点。

12. Boeger, "Hardtack and Cofee [sic]," 212–213.

13. 关于标准合同的大小，参考 "Lists of Proposals Receivedfor Furnishing Forage," E. 1250, Vol. 1, Records of the Office of the Quartermaster General, Record Group 92, National Archives Building, Washington, DC。

14. Annual, Personal&Special Reports, 1865, Brown, SamuelL.; E. 1105, Records of the Office of the Quartermaster General, Record Group 92, National Archives Building, Washington, DC. 实际上，弗格森和他的助手一直在与这个"人与钱"组合勾结，后来才加入了宾夕法尼亚州参议员哈里怀特的兄弟、承包商亚历山大·M. 怀特。"Wood's Budget," *Indiana[Pennsylvania]Progress*, November 26, 1885.

15. 关于所需粮食的总量，参考 US Quartermaster's Department, Report of the Quartermaster General of the United States Army to the Secretary of War for the Year Ending June 30, 1865 (Washington, DC: Government Printing Office, 1865), 165. For the fiscal year ending June 1865, the army received nearly 24 million bushels of oats; 10 million bushels were bought by contract, and an unprecedented 11.8 million were bought "on the open market." S. L. Brown reported that they were"procured in New York City, up to January 1, 1865, where the quantities required under the exigencies of the service were such as

to render it necessary to purchase in open market" (164)。

16. Boeger, "Hardtack and Cofee[sic]," 102–195.

17. "David Dows," in *America's Successful Men of Affairs: An Encyclopedia of Contemporaneous Biography*, ed. *Henry Hall* (New York: New York Tribune, 1896), 201.

18. A[lexander] E[ctor] Orr, "To the Old Friends of David Dows This Short Sketch of His Active and Honorable Life Is Respectfully Dedicated, by A. E. Orr, Brooklyn, 1888," John Shaplin, May 21, 2011, http://johnshaplin.blogspot.com/2011/05/david-dows.html.Boegerde-scribes Dows's authority to use open market operations. Boeger, "Hard-tackand Cofee[sic]," 290.

19. Article 41, Section 1048, in US War Department, *Revised USA rmy Regulations*: "When immediate delivery or performance is required by the publicexigency, the article or service required maybe procured by open purchase or contract at the places and in the mode in which sucharticles are usually bought and sold, or such services engaged, between in dividuals" (155).

20. Annual, Personal&Special Reports, 1865, Brown, SamuelL.; E. 1105, Records of the Office of the Quartermaster General, Record Group 92, National Archives Building, Washington, DC.

21. Arthur Barker, *The British Corn Trade: From the Earliest Times to the Present Day* (London: SirIsaac Pitman&Sons. 1920), 10.

22. 这项关于所有合同的规则于 1863 年 3 月 27 日通过，参考 Harold Speer Irwin, *Evolution of Futures Trading* (Madison: Mimir Publishers,Inc.), 81。

23. "时间合同" 一词令人困惑，因为在 19 世纪 50 年代，纽约人用这个词来描述棉花远期合同。这里所说的 "期货合约" 直到 1872 年左右才在棉花行业中使用，当时引入了 "基准" 制度来处理棉花等级的偏差。参考 Irwin, *Evolution of Futures Trading*, 84–85。

24. 例如，蒙特利尔的银行反对客户使用银行信贷来进行商品的 "时间交易"。"Financial and Commercial: Monetary," *Chicago Tribune*, June 13,1865.

25. 纽约农产品交易所在 1874 年改用粮食分级和凭证交货，即标准化粮食合同。Richard Edwards, *Origin, Growth, and Usefulness of the New York Produce Exchange* (New York: New York Produce Exchange, 1884), 45–47.

26. Edwards, *Origin, Growth, and Usefulness of the New York Produce Exchange*, 45–47; George James Short Broomhall and John Henry Hubback, *Corn Trade Memories, Recent and Remote* (Liverpool: Northern Pub. Co., 1930), 34. 彼得·诺曼（Peter Norman）认为，1874 年，随着棉花市场清算所（Cotton Market Clearing House）的成立，利

物浦启动了第一个具有中央方清算的正式期货市场。他认为，美国的系统在环内结算交易，因此未能通过真正期货市场的测试。但当代资料显示，利物浦期货市场是"按照美国的方式"建立的。个体交易者使用纽约棉花交易所（New York Cotton Exchange，1870 年成立期货交易所）规定的评级相互买卖期货，但在 1874 年至 1882 年，期货的制度发生了一系列变化。参考 Charles William Smith, *Commercial Gambling: The Principal Causes of Depression in Agriculture and Trade* (London: Sampson, Low, Marston & Co., 1893), 6; Thomas Ellison, *The Cotton Trade of Great Britain* (London: Effingham Wilson, Royal Exchange, 1886), 272–280; "Commercial News," *Glasgow Herald*, August 6, 1870。

27. "Report from the Select Committeeon East India Railway Communication, Together with the Proceedings of the Committee, Minutes of Evidence, and Appendix," *House of Commons Parliamentary Papers* 284 (July 18,1884).

28. Cento G. Veljanovski, "An Institutional Analysis of Futures Contracting," in *Futures Markets: Their Establishment and Performance*, ed. Barry A. Goss (New York: New York University Press, 1986), 26–27.

29. Lester G. Tesler 在他的著作中阐述了新古典主义关于期货市场的观点，与凯恩斯理论相对立。Lester G. Tesler, "Futures Trading and the Storage of Cotton and Wheat," *Journal of Political Economy* 66, no.2 (June 1958): 233–255. Milton Friedman,"In Defense of Destabilizing Speculation," is reprinted in chapter 13 of *The Optimum Quantity of Money and Other Essays*, ed. Michael D. Bordo (Chicago: Aldine Publishing Co.,1969).

30. Chicago Board of Trade, *Sixth Annual Report* (1864), 34.

31. 关于期货市场中"递进落单"（pyramiding）的介绍，参考 Donna Kline, *Fundamentals of the Futures Market* (New York: Mc Graw-Hill, 2001), 19–23. On combining options with futures to strangle or collar, see Kline, *Fundamentals*, 193–218。

32. Joost Jonker and Keetie E. Sluyterman, *At Home on the World Markets: Dutch International Trading Companies from the 16th Century Until the Present* (The Hague: Sdu Uitgevers, 2000), chap.4.

33. 仓储运营商伊拉·芒恩通过这种方式发了财，但价格走向不利后就破产了，参考 William G. Ferris, "The Disgrace of Ira Munn," *Journal of the Illinois State Historical Society(1908—1984)*68, no.3(June 1975): 202–212。

34. 包括面粉在内的粮食，从 1859 年的 1670 万蒲式耳增加到 1860 年的 3080 万蒲式耳、1862 年的 5200 万蒲式耳、1863 年的 6300 万蒲式耳。*American Railroad Journal* 23, no.45 (November 9, 1867): 1064. By 1863 competition from Montreal and

American railways began to stabilize the senumbers.

35. Churella, *Building an Empire*, chap.8.

36. Thomas and Hyman, *Stanton*, 152–153.

37. 这与詹姆斯·麦迪逊在《联邦党人文集》中的第 10 篇文章观点类似，即竞争派系将维持一个大共和国。负责芝加哥到纽约的 1 个商人阴谋集团是不好的，至少要有 4 个，才能防止其中任何一个占据主导地位。

38. 第五个竞争者是铁路大干线公司（Grand Trunk Railway），总部设在伦敦，连接蒙特利尔和缅因州的波特兰。Thomas and Hyman, *Stanton*, 152–154. Thomas Weber, in *The Northern Railroads in the Civil War, 1861—1865* (New York: King's Crown Press, 1952)，第 5 章和第 7 章概述了战争期间干线铁路进行扩张，以及总统获得权力促进连续轨距和桥梁跨越的立法，但他没有将这两者联系起来。

39. Robina Lizars and Kathleen Mac Farlane Lizars, *Humours of' 37, Grave, Gay, and Grim: Rebellion Times in the Canadas* (Toronto: W. Briggs, 1897), 361–363; Church, *History of Rockford and Winnebago County, Illinois*, 322–324. 1860 年，斯坦顿成为民主党总统詹姆斯·布坎南这一届的司法部长时，斯坦顿让沃森向当选总统的亚伯拉罕·林肯转达了有关布坎南内阁瓦解和内战威胁日益加剧的内幕消息。Thomas and Hyman, *Stanton*, 93–107.

40. 唯 D-Day 行动计划最大。

41. Stephen W. Sears, *To the Gates of Richmond: The Peninsula Campaign* (New York: Ticknor&Fields, 1992), 21, 24.

42. Edward Hagerman, "The Reorganization of Field Transportation and Field Supply in the Army of the Potomac, 1863: The Flying Column and Strategic Mobility," *Military Affairs* 44, no. 4 (December 1980): 182–186.

43. Scott Reynolds Nelson and Carol Sheriff, *A People at War: Civilians and Soldiers in America's Civil War* (New York: Oxford University Press, 2008), 215–218.

44. Thavolia Glymph, "The Second Middle Passage: The Transition from Slavery to Freedom at Davis Bend, Mississippi" (unpublished PhD thesis, Purdue University, 1994), 92–95.

45. Nelson and Sheriff, *A Peopleat War*, 88–91.

46. Thomas and Hyman, *Stanton*, 288–290.

47. James Arthur Ward, *That Man Haupt: A Biography of Herman Haupt* (Baton Rouge: Louisiana State University Press, 1973).

48. Construction had previously been under Herman Haupt. Robert G. Angevine, *Railroads and the State: War, Politics, and Technology in Nineteenth-Century America*

(Stanford, CA: Stanford University Press, 2004), 136.

49. Edwin A. Pratt, *The Rise of Rail Powerin Warand Conquest, 1833—1914* (London: P.S. King&Son, Ltd., 1915), 17–21.

50. Pratt, *The Rise of Rail Power*, 136.

51. L. A. Hendricks, "Meade's Army," *New York Herald*, September 25, 1863.

52. Henry Clay Symonds, *Report of a Commissary of Subsistence, 1861—1865* (Sing Sing, NY: Author, 1888), 86.

53. See Boeger, "Hardtack and Cofee[sic]."

54. Symonds, *Report of a Commissary of Subsistence*, 129–134. Repetitions of Sherman's boast can be found in William Nester, *The Age of Lincoln and the Art of American Power*, 1848—1876 (Lincoln: Potomac Books, Inc., 2014), 213. Robert A. Divine and R. Hall Williams, *America Pastand Present* (New York: Longman, 1998), 467.

55. Carl Russell Fish, "The Northern Railroads," *American Historical Review* 22(July 1917): 782.

56. "Transportation: Reception of the Committee in Montreal," *New York Times*, September 17, 1873.

第七章　繁荣阶段

1. *Hillsborough Recorder*, May 9, 1866.

2. *Reynolds's Newspaper*, April 29, 1866; *Manchester Courier and Lancashire General Advertiser*, May 1, 1866; *Lloyd's Weekly Newspaper* (London), April 29, 1866; "Terrible Catastrophe," *New York Herald*, April 21, 1866; "The Aspinwall Horror," *Daily Clevel and He rald*, April 23, 1866.

3. On packing method, see "The Nitro-Glycerine Case," *New York Herald*, April 26, 1866. On force, see George Ingham Brown, *The Big Bang: A History of Explosives* (Phoenix Mill, UK: Sutton Publishing, 1999), 101–102.

4. On the initiation of detonation, see Stanley Fordham, *High Explosives and Propellants* (Elmsford, NY: Pergamon Press, 1980), 25–28.

5. Testimony of Alfred Nobel transcribed in "The Nitro-Glycerine Case"; Henry S. Drinker, *Tunneling, Explosive Compounds, and Rock Drills* (New York: John Wiley, & Sons, 1878), 31.

6. Vaclav Smil, *Creating the Twentieth Century: Technical Innovations of 1867—1914 and*

Their Lasting Impact (New York: Oxford University Press, 2004).

7.　Anonymous, *Antwerp: Commercially Considered: A Series of Articles Reprinted from "The Syren and Shipping"*(London: Wilkinson BrothersLtd., 1898); Fernand Braudel, *Civilization and Capitalism, 15th—18th Century*,vol.3: *The Perspective of the World* (New York: Harper&Row, 1984), 143–157.

8.　Edward Harris, Earl of Malmesbury, "Our National Engagements and Armaments," House of Lords, Parl. Deb. (3dser.)(1871)col. 1376.

9.　Matthew Simon 和 David E.Novack 将 1871—1914 年这段时间称为"美国对欧洲的商业入侵"。他们选择后一个年份似乎取决于美国收支平衡的变化，参考 Matthew Simon and David E. Novak, "Some Dimensions of the American Commercial Invasion of Europe, 1871—1914: An Introductory Essay," *Journal of Economic History* 24, no. 4 (December 1964): 591–605. J. C. Zadoks, "The Potato Murrain on the European Continent and the Revolutions of 1848," *Potato Research* 51 (2008): 5–45。

10.　"Die Großstadt wirft die nationalen Eierschalen ab und wirdzum Knotenpunkt des Weltmarktes." Parvus, "Der Weltmarkt und die Agrarkrisis," published serially in ten parts in *Die Neue Zeit* from November 1895 to March 1896. This article was published as a pamphlet in Russian in 1898 and received a glowing review from Vladimir Lenin in *Nachalo* in March 1899.

11.　Jan Blommeetal., Momentum: *Antwerp's Portinthe 19 thand 20th Century* (Antwerp: Pandore, 2002); Fernand Suykens, G. Asaert, and De Vos, *Antwerp: A Port for All Seasons* (Antwerp: Ortelius Series, 1986); Edwin J. Clapp, *The Navigable Rhine*(Boston: Houghton Mifflin, 1911), 48–50.

12.　Karel Veraghtert, "Antwerp Grain Trade, 1850—1914," in *Maritime Food Transport*, ed. Klaus Friedland (Cologne: Böhlau Verlag, 1994), 90; Van Ysselsteyn, *The Port of Rotterdam* (Rotterdam: Nijgh & Van Ditmar's Publishing Co., 1908), 45.

13.　Laurence Evans, "Bread and Politics: Civil Logistics and the Limits of Choice," in *Maritime Food Transport*, ed. Klaus Friedland (Cologne: Böhlau Verlag, 1994), 581; P. N. Muller, "De Handel van Nederland in de Laatste vijf en twintig Jahr, 1847—1871," *De Ekonomist* (1875): 1–25; Frederik Bernard Löhnis, "Onze Zuivel Industrie," *De Ekonomist* (1884): 837–846.

14.　On European food prices in ports, see Wilhelm Abel, *Agricultural Fluctuations in Europe from the Thirteenth to the Twentieth Centuries* (New York: St. Martin's Press, 1980).

15. On transport geography generally, see Jean-Paul Rodrigue, *The Geography of Transport Systems* (Milton Park, UK: Taylor & Francis, 2016).

16. John Kirkland, *Three Centuries of Prices of Wheat, Flour and Bread* (London: J.G. Hammond, 1917), 31—35.

17. Sarah Moreelsetal., "Fertility in the Port City of Antwerp (1846—1920): A Detailed Analysis of Immigrants' Spacing Behaviourin an Urbanizing Context" (working paper, WOG/HD/2010-14, Sci-entific Research Community Historical Demography), accessed online March 28,2021, https://core.ac.uk/download/pdf/34472007.pdf.

18. 即使关税壁垒上升时，也会出现这种情况。所谓的"面粉贸易豁免"（mehlverkehr）允许磨坊主避免对外国粮食征收关税，只要他们在国外销售的面粉数量相同。当然，欧洲内部的面粉销售涉及关税，但证明面粉厂进口粮食并磨成粉，再出口所有面粉几乎是不可能的，特别是经过改良的面粉厂将给定数量的粮食磨成的面粉就已超过了规定的百分比。参考 Judit Klement, "How to Adapt to a Changing Market? The Budapest Flour Mills at the Turn of the Nineteenth and Twenties [sic] Centuries," *Hungarian Historical Review* 4, no. 4 (2015): 834–867; US State Department, Bureau of Statistics, *Extension of Markets for American Flour* (Washington, DC: US Government Printing Office, 1894)。

19. Paul Freyburger, Patent, E 170 a Büschel 1550, Patentkommission der Zentralstelle für Gewerbe und Handel, Landesarchive Baden-Wurttemberg,www.landesarchiv-bw.de/plink/？ f=2-58962(accessed November 3,2020).

20. Carl Strikwerda, *A House Divided: Catholics, Socialists, and Flemish Nationalists in Nineteenth-Century Belgium* (Lanham, MD: Rowman&Little field Publishers, 2000), 78–81.

21. Wilfrid Robinson, *Antwerp: An Historical Sketch* (London: R.&T. Washbourne, 1904), 281.

22. Three million tons arrived by 1880. In Europe only London (6 million) and Liverpool (5 million) exceeded it; below it was Hamburg at 2.8 million and Marseille at 2.1 million. Paul Guillaume, *L'Escaut depuis1830* (Brussels: A. Castaigne, 1903), 2:370.

23. Parvus, "Der Weltmarkt und die Agrarkrisis," *Die Neue Zeit* 14 (November 1895): 197ff.

24. George James Short Broomhall and John Henry Hubback, *Corn Trade Memories,*

Recent and Remote (Liverpool: Northern Pub.Co., 1930), 25–31.

25. R. C. Michie, "The International Trade in Food and the City of London Since 1850," *Journal of European Economic History* 25, no.2 (fall 1996): 369–404; Baltico, *Life on "the Baltic," and Shipping Idylls for Shipping Idlers* (London: Ward Lock & Co., 1903); Hugh Barty-King, *The Baltic Exchange: From Baltick Coffee House to Baltic Exchange, 1744—1994* (London: Quiller Press, 1994); Richard Malkin, *Boxcars in the Sky* (New York: Import Publications, 1951); Broomhall and Hubback, *Corn Trade Memories*.

26. "Overend & Gurney," *Glasgow Herald*, January 16, 1869. For the "pig upon bacon" maneuver, see [Anonymous], *Breach of Privilege: Beingthe Evidence of Mr. John Bull Taken before the Secret Committee on the National Distressin 1847 and 1848*(London: John Ollivier, 1849), 62–92.

27. [Walter Bagehot], "Commercial History and Review of 1866," *The Economist*, March 9, 1867, 4–5; [Walter Bagehot], "Commercial History and Review of 1867," *The Economist*, March 14, 1868, 2–3; [Walter Bage-hot], "Commercial History and Review of 1868," *The Economist*, March 18, 1869, 6–7; Chenzi Xu, "Reshaping Global Trade: The Immediate and Long-Run Effects of Bank Failures," *Proceedings of Paris December 2020 Finance Meeting EUROFIDAI—ESSEC*, October 14, 2020, available at SSRN,https://ssrn.com/abstract=3710455.

28. Suez hard rock was removed at Chalouf using Lobnitz's rockdredger, not explosives, though the boulders generated by the dredger didrequire explosives to clear. "The Removal of Rock Under Water Without Explosives," *Engineering and Building Record*, October 12,1889.

29. David A. Wells, "Great Depression of Trade: A Study of Its Economic Causes," *Contempor ary Review* (August 1877): 277.

30. Wells, "Great Depression of Trade," 277.

31. Harold J. Dyas and D. H. Aldcroft, *British Transport: An Economic Survey from the Seventeenth Century to the Twentieth* (Surrey, UK: Leicester University Press, 1969), chap.8.

32. William Henry Moyer, "PRR's Navy, Part V: Transatlantic Shipping Lines,"*The Keystone: Official Publication of the Pennsylvania Railroad Technical and Historical Society* 44, no. 2 (2011): 18–69; Freda Harcourt, *Flagships of Imperialism: The P&O Company and the Politics of Empire from Its Origins to 1867* (New York: Manchester University Press, 2006), 181–190; Crosbie Smith, *Coal, Steam and Ships: Engineering, Enterprise,*

and Empire on the Nineteenth-Century Seas (New York: Cambridge University Press, 2018), 364–365.

33. 根据德雷福斯家族对德雷福斯生平的回顾，他将自己的巨大成功归功于利用期货市场来应对风险的能力。Louis Dreyfus & Co., *À l'occasion de son centenaire La Maison Louis Dreyfus & Cie rend hommage a son fondateur qui reste present dans sonoeuvre* (privatelyprinted, 1951).

34. Wilhelm Basson, *Die Eisenbahnen im Kriege nach den Erfahrungen des letzten Feldzuges* (Ratibor, Germany: V. Wichura, 1867).

35. Edwin A. Pratt, *The Rise of Rail Powerin War and Conquest, 1833—1914* (London: P.S. King & Son, Ltd., 1915), 122–128.

36. [A Prussian General Staff officer], "German General Staff Railroad Concentration, 1870," reprinted and translated in *Military Historianand Economist* 3, no.2 (April 1918), 161ff addendum at end of issue but with page numbers beginning again at page 1. I have not been able to locate the original German document. Martin van Creveld has sharply attacked the Prussian logistical system as inept. For a critique of this view, see Quintin Barry, *Moltke and His Generals* (Warwick, UK: Helion & Co.,2015), chapters 9 and 10.

37. Alistair Horne, *The Fall of Paris: The Siege and the Commune, 1870—1871* (New York: Penguin Books, 1981), 64–67.

38. Anonymous, *Antwerp: Commercially Considered*; Robinson, *Antwerp: An Historical Sketch*, 281; Veraghtert, "Antwerp Grain Trade," 85; Colmar Freiherr von der Goltz, *The Nation in Arms: A Treatise on Modern Military Systems and the Conduct of War* (London: Hodder & Stoughton, 1914), 260–263. Martin van Creveld, in *Supplying War: Logistics from Wallenstein to Patton* (Cambridge: Cambridge University Press, 1977), chap. 3, sees these and other departures from the Etappen Plan as demonstrating that the German war machine was incompetent.

39. Dennis Showalter, *The Wars of German Reunification* (New York: Oxford University Press, 2004), 249–250.

40. Goltz, *The Nationin Arms,* 260–263.

41. Pratt, *The Rise of Rail Power*, 57.

42. 1874 年，纽约农产品交易所转而接受分级粮食证书。Richard Edwards, *Origin, Growth, and Usefulness of the New York Produce Exchange* (New York: New York Produce Exchange, 1884), 45–47; London's unwillingness to use the American grading system is discussed in Aashish Velkar, "'Deep' Integration of 19th

Century Grain Markets: Coordination and Standardisation in a Global Value Chain" (Working Paper No. 145/10, London School of Economics, July 2010).

43. André failed in 2001 but was replaced by Arthur, Daniels, Midland, preserving the ABCD abbreviation. Dan Morgan, *Merchants of Grain* (New York: Viking, 1979).

44. Morgan, *Merchants of Grain*, 30–34. The Fribourgs operated under the name Fribourg & cat first. Continental & Co. was formed from their business in 1921.

45. Ilya Grigorovich Orshansky, *Evreiv Rossii: Ocherki ekonomicheskogo i obshchestvennogo byta russkikh evreev* (St. Petersburg, 1877), 8–10,71–90; quotation from p. 6. Orshansky's articles were written in the 1860s, but some, because of censorship by the governor-general, were not published in the Odessa magazine *Den*. On Orshansky's death, all thearticles were published without censorship in the volume above. On the fate of Orshansky's writings, see John D. Klier, "The Pogrom Paradigm in Russian History," in *Pogroms: Anti-Jewish Violence in Modern Russian History*, ed. John D. Klier and Shlomo Lambroza (New York: Cambridge University Press, 1992), 32.

46. Morgan, *Merchants of Grain*, 5.

第八章 怎么办

1. *Lloyd's Weekly Newspaper* (London), April 29, 1866; Claudia Verhoeven, *The Odd Man Karakozov: Imperial Russia, Modernity, and the Birth of Terrorism* (Ithaca, NY: Cornell University Press, 2009). On his being Polish, see p. 45. On the three years, see p. 62. On the walk in thepark, seep. 67.

2. Eugen Weber, *Apocalypses: Prophesies, Cults, and Millennial Beliefs Through the Ages* (Cambridge, MA: Harvard University Press, 1999), 96–98.

3. "And I will give power unto my two witnesses, and they shall prophesy a thousand two hundred and threescore days, clothed in sackcloth." Henry Forest Burder, *Notes on the Prophecies of the Apocalypse* (London: Ward & Co.,1849), 124–126, 187.

4. Burder, *Notes on the Prophecies of the Apocalypse*, 124–126,187. On prophecy belief in the period of the English Civil War, see Paul Boyer, *When Time Shall Be No More: Prophecy Belief in Modern American Culture* (Cambridge, MA: Harvard University Press, 1992); Weber, *Apocalypses*.

5.　Burder, *Notes on the Prophecies of the Apocalypse*, 123–132.

6.　On Protestants, see Burder, *Notes on the Prophecies of the Apocalypse*, 124–126, 187. On the idea of a Catholic conspiracy linked somehow to a secular conspiracy, see Verhoeven, *The Odd Man Karakozov*, 50–54. Aconspiracy that combines revolutionary anarchists and nonrevolutionary Catholics looks less paradoxical given the Orthodox reading of the Protestant in terpretation of the book of Revelation in which the Catholic Church, in overpowering the Orthodox Church in 606, became the Whore of Babylon.

7.　Frederic Zuckerman, *The Tsarist Secret Police Abroad: Policing Europein a Modernising World* (New York: Palgrave Macmillan, 2003).

8.　Eric Hobsbawm, in *The Age of Revolution* (New York: Vintage Books, 1962), chap. 6, talks about *carbonari* in the 1820s, including the Decembrists, though he sees 1848 as categorically different.

9.　Ze'ev Iviansky, "Individual Terror: Concept and Typology," *Journal of Contemporary History* 12, no.1 (1977): 43–63.

10.　Richard J. Johnson, "Zagranichnaia Agentura: The Tsarist Political Police in Europe," *Journal of Contemporary History* 7, no. 1 (1972): 221–242.

11.　David Ricardo, *On the Principles of Political Economy and Taxation* (London: John Murray, 1821), chap.2.

12.　Avner Offer, "Ricardo's Paradox and the Movement of Rentsin England, c. 1870—1910," *Economic History Review* 33, no.2 (1980): 236–252.

13.　例如，帕尔乌斯、罗莎·卢森堡和列宁倾向于将美国农业作为批判欧洲地主权力的模板。1849—1870 年，马克思对美国农业的看法发生了很大变化。参考 Kohei Saito, "The Emergence of Marx's Critique of Modern Agriculture: Ecological Insights from His Excerpt Notebooks," *Monthly Review: An Independent Socialist Magazine* 66, no.5 (October 2014): 25。

14.　Paul W.Gates,"Frontier Estate Builders and Farm Laborers," in *The Jeffersonian Dream: Studies in the History of American Land Policy and Development*, ed. Allan G. Bogue and Margaret Beattie Bogue (Albuquerque: University of New Mexico Press, 1996).

15.　Saito, "The Emergence of Marx's Critique."

16.　参考本书第四章。

17.　Franco Venturi, *Roots of Revolution: A History of the Populist and Socialist Movements in Nineteenth Century Russia* (New York: Knopf, 1960), xvii.

第九章 粮食大危机

1.　Ilya Grigorovich Orshansky, *Evrei v Rossii: Ocherki ekonomicheskogo i obshchestvennogobyta russkikh evreev* (St. Petersburg, 1877), 50–55; C. W. S. Hartley, *A Biography of Sir Charles Hartley, Civil Engineer(1825—1915): The Father of the Danube* (Lewiston, NY: Mellen Press, 1989), 190–193.

2.　Memorandum of the Odessa Committee on Trade and Manufactures, 1873, translated in UK Parliament, *Reports from H. M. Consulson Manufactures and Commerce of Their Consular Districts*, BPP-C.1427(1876), 438–439.

3.　"Papers Relative to Complaints Against Grenville-Murrayas H. M. Consul-General at Odessa, and His Dismissal from Service," BPP-C.4163(1869): 12–13.

4.　Memorandum of the Odessa Committee, 437–450.

5.　Yrjö Kaukiainen, "Journey Costs, Terminal Costs and Ocean Tramp Freights: How the Price of Distance Declined from the 1870s to 2000," *International Journal of Maritime History* 18, no.2(2006): 17–64.

6.　I. M. Rubinow, *Russia's Wheat Surplus: Conditions Under Which It Is Produced*, Bulletin no. 42 (Washington, DC: US Department of Agriculture, Bureau of Statistics, 1906), 60.

7.　Henry Vizetelly, *Berlin Under the New Empire: Its Institutions, Inhabitants, Industry, Monuments, Museums, Social Life, Manners, and Amusements* (London:Tinsley Brothers, 1879), 2:195.

8.　Kevin H. O'Rourke, "The European Grain Invasion, 1870—1913," *Journal of Economic History* 57, no. 4 (December 1997): 775–801; Vizetelly, *Berlin Under the New Empire*, 2: 193–221; Avner Offer, "Ricardo's Paradox and the Movement of Rents in England, c. 1870—1910," *Economic History Review* 33, no.2 (1980): 236–252.

9.　这类市场往往也被称为"住房市场"，参考 "Continental Finance," *[Dundee, Scotland] Courier and Argus*, December 18, 1872; O'Rourke, "The European Grain Invasion," 775–801; Vizetelly, *Berlin Under the New Empire*, 2:193–221。20 世纪 70 年代的经济学家，主要关注工业产出、实际价格和运费，提出 1873 年没有出现大萧条。参考 Samuel Berrick Saul, *The Myth of the Great Depression, 1873—1896* (London: Mac Millan&Co., 1969)。

10.　On short-term borrowing by resellers like Fisk & Hatch, see McCartney, "Crisis of 1873" (PhD diss., University of Nebraska, 1935). On the failure of German firms engaged in the same activities, see Vitzelley, *Berlin Under the New Empire*, vol. 2, chap. 11, and Günter Ogger, *Die Gründerjahre: Als der Kapitalismus jung und verwegen war* (Munich: Droemer Knaur, 1982), chap.9.

11.　Jacobs, Freres & Co. in Antwerp and Russia blamed its failure on this increase in the rate for accommodation notes. See*[Memphis]Daily Avalanche*, December 19, 1872, and *Chicago Daily Tribune*, December 10, 1872; Reportby Vice-Consul Websteron Banking in South Russia, UK Parliament, *Reports from H. M. Consuls on Manufactures and Commerce of Their Consular Districts*, BPP-C.1427 (1876), 450–457; Jeffrey Fearand Christopher Kobrak, "Origins of German Corporate Governance and Accounting, 1870—1914: Making Capitalism Respectable" (paper presented at International Economic History Congress, Helsinki, Finland, August 2006); Richard White, *The Republic for Which It Stands:The United States During Reconstruction and the Gilded Age, 1865—1896* (New York: Oxford University Press, 2017), chap. 7; E. Ray McCartney, "Crisis of 1873," 94.

12.　"The security which you offer," Bagehot wrote, "should resemble as nearly as possible a bill of exchange both in form and method of negotiation." James Grant, *Bagehot: The Life and Times of the Greatest Victorian* (New York: W. W. Norton & Company, 2019), chap.17.

13.　Testimony of Charles Magniac in "Effect of the Suez Canal (1870—1874) on the Shipping Trade, and on the Commerce Between India and England and India and the Rest of Europe," *The Economist*, March 11, 1876, 48.

14.　Numbers from "Money Market and City Intelligence,"*[London]Times*, January 3 and 4, 1876.

15.　On attempts to quantify this change, see Luigi Pascali, "The Wind of Change: Maritime Technology, Trade and Economic Development" (Warwick Economics Research Paper Series, University of Warwick, Department of Economics, 2014).

16.　Karel Veraghtert, "Antwerp Grain Trade, 1850—1914," in *Maritime Food Transport*, ed. Klaus Friedland (Cologne: Böhlau Verlag, 1994), 82–84.

17.　Calculated in 1913 dollars. See Matthew Simon and David E.Novack, "Some Dimensions of the American Commercial Invasion of Europe, 1871—1914: An Introductory Essay," *Journal of Economic History* 24, no. 4 (December 1964): 591–605; statistics on 599. While economists have written a great deal about shipping costs, they have not considered the annihilation of distance by tunneling.

18.　"The Grain Trade," *Massachusetts Ploughman and New England Journal of Agriculture*,

　　　　January 15,1876.

19. Simon and Novack, "American Commercial Invasion of Europe,1871—1914"; Antoni Estevadeordal, Brian Frantz, and Alan M. Taylor, "The Rise and Fall of World Trade, 1870—1939," *Quarterly Journal of Economics* 118, no. 2 (2003): 359–407; David S. Jacks, "What Drove 19th Century Commodity Market Integration?," *Explorations in Economic History* 43, no.3(2006): 383–412.

20. Robert Cedric Binkley, *Realism and Nationalism, 1852—1871* (New York: Harper & Brothers, 1935),77.

21. Scott Reynolds Nelson, *A Nation of Deadbeats: An Uncommon History of America's Financial Disasters* (New York: Knopf, 2012).

22. A firsthand description of the line business is provided in Charles T. Peavy, *Grain* (Chicago: CharlesT. Peavy, 1928).

23. Ignatieff, "Russisch-Jüdische Arbeiter uber die Judenfrage," *Neue Zeit* 6 (October 1892): 175–179.

24. Stuart Ross Thompstone, "The Organisation and Financing of Russian Foreign Trade Before 1914" (PhD diss., University of London, 1991), 145–146.

25. Simon M. Dubnow, *History of the Jews in Russia and Poland from the Earliest Times Until the Present Day* (Philadelphia: Jewish Publication Society of America, 1918), 2:191–192.

26. Leopold H. Haimson, *The Russian Marxists and the Origins of Bolshevism* (Boston: Beacon Press, 1971), chap. 2.

27. 帕尔乌斯对自己教育的概述初稿和第二稿的影印件重现于下列文献中：Elisabeth Heresch, *Geheimakte Parvus: diegekaufte Revolution* (München: Herbig, 2013), 38。1882 年，他五年级毕业，这也是《五月法》颁布的那一年。虽然 Winifred Scharlau 和 Zbyněk Zeman 断言，帕尔乌斯的父亲是一名锁匠或机修工，但反共产主义作家米哈伊尔·康斯坦丁诺维奇·佩尔武欣指出，他的家人是敖德萨的粮食和猪油投机商。参考 Zbyněk Anthony Bohuslav Zeman and Winifred B. Scharlau, *The Merchant of Revolution: The Life of Alexander Israel Helphand (Parvus), 1867—1924* (New York: Oxford University Press, 1965); Mikhail Konstantinovich Pervukhin, *I Bolsceviki* (Bologna: N. Zanichelli, 1918), 99。

28. 帕尔乌斯与"土地再分配"组织的成员最为亲密，包括维拉·扎苏利奇和保罗·阿克塞尔罗德（Paul Axelrod），他们也在 19 世纪 80 年代初逃离俄罗斯来到瑞士。

29. 伊亚科夫·罗斯托夫柴夫（Iakov Rostovtsev）副官去世时，维克托·帕宁（Viktor Panin）伯爵接替了他，并在增加赎回金的同时缩减了土地。哈尔科夫、喀山和辛比尔斯克省的农民分配所得减少了 30%。

30.　Zeman and Scharlau, *Merchant of Revolution*, 9–10.

31.　"I parenti de Helphand si specializzarono nell speculazoni con il grano e il lardo russo." Pervukhin, *I Bolsceviki*, 98.

32.　Parvus, *Im Kampf Um Die Warheit* (Berlin: Verlag fur Sozialwissenschaft GMBH, 1918),7.

33.　Carl Lehmann and Parvus, *Das Hungernde Russland: Reiseeindrücke, Beobachtungen und Untersuchungen* (Stuttgart: J. H. W. Dietz Nachf., 1900), 189.

34.　Parvus, *Im Kampf*.

35.　Parvus, *Im Kampf*.

36.　Israel Helphand, *Technische Organisation der Arbeit ("Cooperation"und "Arbeitsheilung"): Eine Kritische Studie* (Basel: University of Basel, 1891),30–34.

37.　Helphand, *Technische Organisationder Arbeit*, 30–49.

38.　Helphand, *Technische Organisationder Arbeit*, 95n1.

39.　Helphand, *Technische Organisationder Arbeit*, 55–65.

40.　然而，他确实认为，政治机构最终应该管理农业用地。Parvus,"The Peasantry and the Social Revolution," in *Marxism and Social Democracy: The Revisionist Debate, 1896—1898*, ed. H. Tudor and J. M. Tudor (New York: Cambridge University Press, 1988), 196–204. 在帕尔乌斯与伯恩斯坦的辩论中，他认为，最大的土地所有者和容克地主（Junkers）应被取而代之，而土地面积不足 20 公顷的农民不能购买农业设备或肥料。他拒绝预测农业的未来，但认为大农场主（Grossbauerntum），即耕种 20~100 公顷的农场主，生产效率更高，除非被民族主义者激怒，否则，在政治上是被动的，并将成为欧洲社会中越来越小的群体。

41.　Heresch, *Geheimakte Parvus*.

42.　John Peter Nettl, *Rosa Luxemburg*, vol. 1 (London: Oxford University Press, 1966); Zeman and Scharlau, *Merchant of Revolution*; Parvus to Alexander Potresov, April 15, 1904, in Aleksandr Nikolaevich Potresov and Boris Ivanovich Nicolaevsky, comp., *Sotsial-Demokraticheskoye Dvizheniyev Rossii: Materialy* (1928; repr. The Hague: Europe Printing, 1967).

43.　August Bebel to Karl Kautsky, September 4, 1901, quoted in Nettl, *Rosa Luxemburg*, 186.

44.　Vladimir Lenin, "Review: Parvus, The World Market and the Agricultural Crisis," in *Collected Works*, vol. 4: *1898—April 1901* (Moscow: Progress Publishers, 1977), 65–66.

45. "Foreign Correspondence, from Our Paris Correspondent," *The Economist*, December 30, 1848; *Oxford English Dictionary*, 3rd ed., 2000, s. v. "imperialism, n."

46. Andrew Zimmerman, *Alabama in Africa: Booker T. Washington, the German Empire, and the Globalization of the New South* (Princeton, NJ: Princet on University Press, 2012).

47. Zeman and Scharlau, *Merchant of Revolution*, 57; Isaac Deutscher,*The Prophet Armed, Trotsky: 1879—1921* (New York: Oxford University Press, 1954); Leon Trotsky, *My Life: An Attempt at an Autobiography* (New York: Charles Scribner's Sons, 1930).

48. Parvus, "Die Orientfrage, 2. Ein geschichtlicher Rüdblid [sic]," *Sächsische Arbeiter-Zeitung*, March 13, 1897; Parvus, "Die Orientfrage, Bismarck's Borschubdienste an Russland," *Sächsische Arbeiter-Zeitung*, March 16, 1897.

第十章 欧洲粮食的力量

1. Charles Tilly, *Coercion, Capital, and European States, 990—1990* (Cambridge, MA: Blackwell, 1990), 178–179.

2. Charles Kindleberger and others have an argument about cheap grain. This differs in many ways from theirs, as I don't see a Prussian road to capitalism.

3. Parvus, "Türkische Wirren," *Sächsische Arbeiter-Zeitung*, September 10, 1896.

4. Klement Judit, *Gőzmalmok a Duna partján: a budapesti malomipar a 19–20. században*(Budapest: Holnap, 2010).

5. Victor Heller, *Getreidehandel und seine technik in Wien* (Tubingen: J. C. B. Mohr, 1901); J. M. Lachlan, General Manager, United States and Brazil Mail Steamship Company, "United States and Brazil Mail Steamship Companies," in *Trade and Transportation Between the United States and Latin America*, 51st Cong., 1st Sess., Senate Exec. Doc 54 (Washington, DC: Government Printing Office, 1890), 207–208.

6. Parvus, "The Eastern Question," *Sächsische Arbeiter-Zeitung*, March 13,1897.

7. Heller, *Getreidehandel*.

8. "Hungary: Hon. Robert H. Baker Tells What He Saw," *Racine [Wisconsin] Journal*, June 12,1878.

9. Eugene Smalley, "The Flour Mills of Minneapolis," *Century Magazine* 32, no. 1 (May 1886): 37–47; John Storck and Walter Dorwin Teague, *Flour for Man's Bread* (New

York: Oxford University Press, 1952),chap. 14. 然而，磨坊主在匈牙利式磨坊中继续使用水力而不是蒸汽动力，因为燃煤蒸汽机和空气中的面粉结合会比炸药更具威力。

10. UK Parliament, "First Report of the Royal Commission Appointed to Inquirein tothe Depression of Tradeand Industry," C. 4621 (1885); House, *Broomhall's Corn Trade Yearbook* (Liverpool: Northern Publishing Co., 1904), 7; Jennifer Tann and R. Glyn Jones, "Technology and Transformation: The Diffusion of the Roller Mill in the British Flour Milling Industry, 1870—1907," *Technology and Culture* 37, no. 1 (1996): 36–69.

11. "Hungarian Milling Depression," *Chanute [Kansas] Times*, December 22, 1905.

12. Sevket Pamuk, "The Evolution of Financial Institutions in the Ottoman Empire, 1600—1914," *Financial History Review* 11, no. 1(2004): 7–32; Seven Ağir, "The Evolution of Grain Policy: The Ottoman Experience," *Journal of Interdisciplinary History* 43, no.4(2013): 571–598. On the continued use of fixed grain prices in the empire, see Margaret Stevens Hoell, "The Ticaret Odasi: Origins, Functions, and Activities of the Chamber of Commerce of Istanbul, 1885—1899" (unpublished PhD diss., Ohio State University, 1973).

13. Hoell, "The Ticaret Odasi."

14. Virginia Aksan, *Ottoman Wars, 1700—1870: An Empire Besieged* (New York: Routledge, 2007), 13, 388; Orlando Figes, *The Crimean War: A History* (New York: Metropolitan Books, 2011), chap. 2; Jeffrey G.Williamson, *Trade and Poverty: When the Third World Fell Behind* (Cambridge, MA: MITPress, 2011), 103. Parvus discusses the modelin Parvus, *Türkiye'nin malî tutsaklığı*, trans. Muammer Sencer (Istanbul: May Yayınları, 1977).

15. Kevin H.O'Rourke, "The European Grain Invasion, 1870–1913," *Journal of Economic History* 57,no. 4 (December 1997).

16. Henry C. Morris, "Consular Report, Ghent, "in *The World's Market for American Produce, ed. US Department of Agriculture* (Washington, DC: US Government Printing Office, 1895), 57–59.

17. Susan P. Mattern, *Rome and the Enemy: Imperial Strategy in the Principate* (Berkeley: University of California Press, 1999).

18. 19 世纪，人类学家、地理学家和帝国学家将古代帝国视为资源集中的节点。他们注意到，每个古代帝国的中心都靠近平原以种植粮食，靠近森林以获取混合制造业的木材，以及靠近通航的河流以进行贸易。然而，在古代帝国中心，位于半岛上的罗马显然是独一无二的，它拥有不受约束的出海口，这使其成为古代劳动分工和文化混合的十字路口。Onancient Rome's reference point being the Tiber River, see Pliny [the Elder], *Natural History* (Cambridge, MA: Harvard University Press, 1942), book III, vol. 56, 42. On the uniqueness of Rome as a peninsular empire, see Carl Ritter, *Die Erdkunde im Verhältniss zur Natur und zur Geschichtedes Menschen*, 2 vols. (Berlin: G. Reimer, 1817–1818). On access to the ocean as defining stages of civilization, see Ernst Kapp, *Philosophische oder vergleichende allgemeine Erdkunde als wissenschaftliche Darstellung der Erdverhältnisse und des Menschenlebens* (Braunschweig: G. Westerman, 1845). Kapp, a student of Ritter, introduced in 1845 three "ages" of man: the "Potamic or Oriental World," where China and India dominated; the "Thalassic World" of the Middle Ages, where Europe and other regions absorbed the discoveries of the East; and the "Oceanic World," opened circa 1500, when Spain, France, and England crossed the Atlantic.

19. 对于解决安特卫普这样的港口城市的消费效率问题，德国海军部可能将其吞并。当然，这需要新的零英里里程碑，也可能需要一个第二都城。但在英国发表声明后，他们明白，入侵比利时会引发一场世界大战。

20. Parvus, "Türkische Wirren."

21. 关于自由河道航行在 1884—1885 年柏林西非会议上的作用（可以说是争夺非洲的发令枪），参考 Matthew Craven, "Between Law and History: The Berlin Conference of 1884—1885 and the Logic of Free Trade," *London Review of International Law* 3, no.1(March 1,2015): 31–59。

22. Lothar de Maiziere, "Pioneerarbeit," chap. 4 in *Ich will dass Meine Kinder Nicht Mehr Lügen Müssen: Meine Geschichte der Deutschen Einheit* (Freiburg im Breisgau: Verlag Herder, 2010). Thanks to Frank Müller, University of St. Andrews, for telling me about this story. On Prussian tariffs as a response to the agrarian crisis, see Cornelius Torp, "The'Coalition of" Rye and Iron'" under the Pressure of Globalization: A Reinterpretation of Germany's Political Economy Before 1914," *Central European History* 43, no.3 (September 2010): 401–427.

23. Rainer Fremdling, "Freight Rates and State Budget: The Role of the National Prussian Railways, 1880—1913," *Journal of European Economic History* 9, no.1 (1980): 21–39.

24. Andrew Zimmerman, *Alabama in Africa: Booker T. Washington, the German Empire, and the Globalization of the New South* (Princeton, NJ: Princeton University Press, 2010), chap. 2. Then called the Social Democratic Party. A formal alliance was made in 1879 between the Central Association of German Industrialists (Centralverb

and Deutscher Industrieller) and the Agrarian Association of Tax and Economic Reform (Agrarischen Vereinigung der Steuerund Wirtschaftsreformer), headed by Julius Mirbach, a prominent DKP member of the House of Lords. F. Stephan, *Die 25 jährige thätigkeit der Vereinigung der Steur-und Wirtschafts-Reformer (1876— 1900)* (Berlin: Verlag des Bureau der Vereinigung der Steur- und Wirtschafts-Reformer, 1900), 42. Conservatives blamed the Social Democrats for two attempts on the life of Kaiser Wilhelm.

25. Bismarck's 1878 instructions to the tariff committee of the Federal Council are described in William Harbutt Dawson, *Bismarck and StateSocialism:An Exposition of the Social and Economic Legislation of Germany Since 1870* (London: S. Sonnenschein & Co.,1891), chap.5.

26. 关于铁路作为德国的替代税制的作用，参考 Fremdling, "Freight Rates and State Budget"; Jeffrey Fearand Christopher Kobrak,"Origins of German Corporate Governance and Accounting, 1870—1914: Making Capitalism Respectable" (paper presented at International Economic History Congress, Helsinki, Finland, August 2006)。

27. Quoted in R. H. Best, "Our Fiscal System," *National Union Gleanings* 27(July– December 1906): 277.

28. Zimmerman, *Alabama in Africa*; Robert L. Nelson, ed., *Germans, Poland, and Colonial Expansion to the East* (New York: Palgrave, 2009); Robert L. Nelson, "From Manitobato the Memel: Max Sering, Inner Colonization and the German East," *Social History* 35, no.4 (2010): 439–457. For 955 million, see Nelson, *Germans, Poland, and Colonial Expansion*, 56. Nelson's figures do not include railroad subsidies for grain going from east to west, which were quite large. Fremdling, "Freight Rates and State Budget."

29. Otto Julius Eltzbacher, "The Fiscal Policy of Germany," *Nineteenth Century and After* 317 (August 1903): 188; Heinrich von Treitschke, *Politics*, 2 vols.(New York: Macmill an Company, 1916), 1: 408, 300–301.

30. Prussia, Ministerium für Handel, Gewerbe und öffentliche Arbeiten, "The Argument for State Railroad Ownership" (translated from German, original not found), *Railroad Gazette*, 1880.

31. 帝国获得关税收入，而各邦国获得土地税（随着土地价值下降而下降）。 Dawson, *Bismarck and State Socialism*, chap.5.

32. Hermann Schumacher, "Germany's International Economic Position," in *Modern*

Germany in Relation to the Great War, ed. and trans. William Wallace Whitelock (New York: Mitchell Kennerley, 1916), 94–99.

33. Schumacher, "Germany's International Economic Position," 99.

34. Vaclav Smil, *Enriching the Earth: Fritz Haber, Carl Bosch, and the Transformation of World Food Production* (Cambridge, MA: MIT Press, 2004). On the problems of growing wheat in Germany's soil, see Naum Jasny," Wheat Problems and Policies in Germany," *Wheat Studies of the Food Research Institute* 13, no.3 (November 1936): 65–140.

35. Parvus, *Die Kolonialpolitik und der Zusammenbruch* (Leipzig: Verlag der Leipziger Buchdruckerei Aktiengesellschaft, 1907),85.

36. 粮食转移到亚得里亚海的阜姆港（Fiume）和波罗的海的卢比利亚（现在的利耶帕亚，Liepaja）。"The Returns of the German Railways for December," *[London] Guardian*, January 19, 1881. 关于 19 世纪 80 年代后，杜伊斯堡、曼海姆和巴塞尔的粮食贸易的迅速发展情况，参考 Edwin J. Clapp, *The Navigable Rhine* (Boston: Houghton Mifflin, 1911). On complaints in the German towns of Insterberg, Konigsburg, and Tilsit, see Worthington Chauncey Ford, "The Commercial Policy of Europe," *Publications of the American Economic Association* 3, no.1 (1902): 126–127。

37. James C. Hunt, "Peasants, Grain Tariffs, and Meat Quotas: Imperial German Protectionism Reexamined," *Central European History* 7, no.4 (1974): 311–331.

38. John Nye, "The Myth of Free-Trade Britain and Fortress France: Tariffs and Trade in the Nineteenth Century," *Journal of Economic History* 51, no.1 (1991): 23–46.

39. 根据 Paul Bairoch 的说法，在 1878—1892 年，法国从其关税中获得的平均收入比例几乎翻了一番，从 7% 增加到 13%。德国的比例则从 42% 下降到 36%，但这种比较是具有欺骗性的。德国的统计数据只包括联邦政府的支出，德国各邦对土地征税并提供服务。法国的国家预算包括法国各部门的更多收入（土地税）和支出（市政建设）。如果我们分析这些古老的地方职能，就会发现法国中央政府的收入更多来自关税，主要是粮食的关税。Paul Bairoch, "European Trade Policy, 1815—1914," chap. 8 in *The Cambridge Economic History of Europe*, vol. 8 (New York: Cambridge University Press, 1989); Theodore Zeldin, *France, 1848—1945*, vol.1: *Ambition, Love, and Politics* (Oxford: Oxford University Press, 1973), 570–604; Robert M. Schwartz, "Rail Transport, Agrarian Crisis, and the Restructuring of Agriculture: France and Great Britain Confront Globalization, 1860—1900," *Social Science History* 34, no. 2

(summer 2010): 229–255.

40. Avner Offer, "Ricardo's Paradox and the Movement of Rents in England, c. 1870—1910," *Economic History Review* 33, no.2 (1980): 236–252; Wilhelm Abel, *Agricultural Fluctuations in Europe from the Thirteenth to the Twentieth Centuries* (New York: St. Martin's Press, 1980), chap.11.

41. 匈牙利的碾磨方法生产面粉的效率比各州规定的粮食磨粉比例更高，每年允许数百万磅额外的粮食免税进入欧洲港口，大约每出口 1 磅面粉就有半磅粮食。商人称这种超额生产为间接的奖励。关于意大利面食，参考 Mack H. Davis, *Flour and Wheat Trade in European Countries and the Levant* (Washington, DC: Government Printing Office, 1909), 115–117；关于德国对这类问题的投诉，参考 Davis, *Flour and Wheat Trade*, 118–123；关于出口退税优惠如何促成生产过剩的问题，参考 Report by Mr. Scott on the Present Condition of Trade and Industry in Germany, in United Kingdom, Parliament, Royal Committee to Inquire into Depression of Trade and Industry, Second Report, C.4715(1886), AppendixII, 162。

42. 对德国、俄罗斯帝国关税状况的最精彩讨论，参考 Louis Domeratzky, *Tariff Relations Between German and Russia(1890—1914)*, Tariff Series No. 38, Department of Commerce (Washington, DC: US Government Printing Office, 1918)。德国对出口到荷兰的面粉实行赏金制度，旨在将廉价的美国粮食退回阿姆斯特丹，成为荷兰面粉。Davis, *Flour and Wheat Trade*, 118–123.

43. John A. Hobson, *Imperialism: A Study* (London: George, Allen & Unwin, 1902), 35–38.

44. Daniel Meissner, "Bridging the Pacific: California and the China Flour Trade," *California History* 76, no. 4 (1997): 82–93. 南北战争后，美国面粉经中国香港出口到中国的规模迅速扩大，参考 A. H. Cathcart, "Pacific Mail-Under the American Flag Around the World," *Pacific Marine Review* (July 1920): 53–58。

45. Parvus, *Türkiye'nin malî tutsaklığı.*

46. Murat Birdal, *The Political Economy of Ottoman Public Debt: Insolvency and European Financial Control in the Late Nineteenth Century* (New York: I. B. Tauris, 2010); Hans Van de Ven, *Breaking with the Past: The Maritime Customs Service and the Global Origins of Modernityin China* (New York: Columbia University Press, 2014). 对奥斯曼国债管理处的修正主义描述，参考 Ali Coşkun Tunçer, "Leveraging Foreign Control: Reform in the Ottoman Empire," in *A World of Public Debt: A Political History*, ed. Nicolas Barreyre and Nicolas Delalande (Cham, Switzerland: Palgrave Macmillan, 2020), 135–154；对中国海上贸易协会更严厉的指责，参考 DongYan,

"The Domestic Effects of Foreign Capital: Public Debt and Regional Inequalities in Late Qing China," in Barreyre and Delalande, *A World of Public Debt*。

47.　Olga Crisp, "The Russo-Chinese Bank: An Episode in Franco-Russian Relations," *Slavonic and East European Review* 52, no. 127(April 1974): 197–212.

第十一章　俄罗斯帝国与欧洲

1.　Worthington Chauncey Ford, "The Commercial Policy of Europe," *Publications of the American Economic Association* 3, no. 1 (1902): 119.

2.　Thomas Piketty, *Capital and Ideology* (Cambridge, MA: Harvard University Press, 2020), chap. 7, numbers from figure 7.9. Foreign assets were calculated net of liabilities.

3.　National Monetary Commission, *Banking in Italy, Russia, Austro-Hungary, and Japan* (Washington, DC: Government Printing Office, 1911).

4.　Gregor Jollos, "Der Getreidehandel in Russland," in *Handwörterbuch der Staatswissenschaften* (Jena: Gustav Fischer, 1892), 3: 872–878; George Garvy, "Banking Under the Tsars and the Soviets," *Journal of Economic History* 32, no. 4 (1972): 869; I. M. Rubinow, *Russia's Wheat Surplus: Conditions Under Which It Is Produced*, Bulletin no. 42 (Washington, DC: US Department of Agriculture, Bureau of Statistics, 1906).David Moon, *The Plough That Broke the Steppes: Agriculture and Environment on Russia's Grasslands, 1700—1914* (Oxford: Oxford University Press, 2013), 讨论了生态面临的危险以及人们越来越有兴趣了解这些危险。

5.　Martin Gilbert, *The Routledge Atlas of Russian History* (New York: Routledge, 2007), 58.

6.　Leon Trotsky, *My Life: An Attempt at an Autobiography* (New York: Charles Scribner's Sons, 1930), chap.1.

7.　Trotsky, *My Life*; Leon Trotsky, *1905* (New York: Random House, 1971), 26.

8.　Rubinow, *Russia's Wheat Surplus*, 99.

9.　Max Winters, *Zur Organisation des Südrussischen Getreide-Exporthandels* (Leipzig: Duncker & Humblot, 1905). 关于每年抵达南俄罗斯帝国的移民，参考 Trotsky, *My Life*, 24–25；关于俄罗斯帝国农民移民在南方田间劳作和在北方从事农业劳动中所起的作用，参考 Trotsky, *1905*, 22–29。

10.　Trotsky, *My Life*, 25.

11.　关于贸易组织，参考 Winters, *Zur Organisationdes Südrussischen Getreide-Exporthandels*,

7–19。关于谈判，参考 Eustace Clare Grenville Murray, *The Russians of Today* (London: Smith, Elder, 1878),80–89; Jollos, "Der Getreidehandel in Russland" (1892), 872–878. Onincentives, see M. E. Falkus, "Russia and the International Wheat Trade, 1861—1914," *Economica* 33, no. 132 (1966): 416–429. On *varranty*, see Thomas C. Owen, *Corporation Under Russian Law* (New York: Cambridge University Press, 1991), 107。关于将粮食装袋，进行水上运输，参考 Stuart Ross Thompstone, "The Organisation and Financing of Russian Foreign Trade Before 1914" (PhD diss., University of London, 1991), chap. 3. On Jews as financial intermediaries in grain after 1861, see Ilya Grigorovich Orshansky, *Evrei v Rossii: Ocherki ekonomiches-kogo i obshchestvennogo byta russkikh evreev*(St. Petersburg: O.I. Baksta, 1877), 32–34。

12.　关于 1872—1873 年危机中的俄罗斯帝国，参考 Konstantin Skalkovsky, *Lesministres des finances de la Russie: 1802—1890* (Paris: Guillaumin, 1891),147–170. On the ruble's effect on grain, see Carl Johannes Fuchs, *Der englische Getreidehandel und seine Organisation* (Jena: Gustav Fischer, 1890), 20–25。

13.　Skalkovsky, *Les ministres des finances de la Russie*,147–170.

14.　V. L. Stepanov, "Ivan Alekseevich Vyshnegradskii," *Russian Studies in History* 35, no.2(1996): 73–103.

15.　Sergei Witte, *The Memoirs of Count Witte* (Garden City, NY: Doubleday, 1921), 15–21; Francis W. Wcislo, *Tales of Imperial Russia: The Life and Times of Sergei Witte, 1849—1915* (New York: Oxford University Press, 2011), chap.3.

16.　Simon M. Dubnow, *History of the Jews in Russia and Poland from the Earliest Times Until the Present Day* (Philadelphia: Jewish Publication Society of America, 1918), chap.26.

17.　Mose L. Harvey, "The Development of Russian Commerce on the Black Sea and Its Significance" (PhD diss., University of California, Berkeley, 1938), 134.

18.　Jollos, "Der Getreidehandel in Russland" (1892), 872–878; Gregor Jollos, "Der Getreidehandel in Russland," in *Handwörterbuch der Staatswissenschaften* (Jena: Gustav Fischer, 1900), 4:297–304; Rubinow, *Russia's Wheat Surplus*, 12–13.

19.　Valerii L. Stepanov, "Laying the Groundwork for Sergei Witte's Monetary Reform: The Policy of Finance Minister I. A. Vyshnegradskii (1887—1892)," *Russian Studies in History* 47, no. 3 (December 2008): 38–70.

20.　Robert V. Allen, *Russia Looks to America: The View to 1917* (Washington, DC: Library of Congress, 1988), 140.

21.　Marika Mägi, *In Austrvegr: The Role of the Eastern Baltic in Viking Age Communication Across the Baltic Sea* (Boston: Brill, 2018), 94–104.On Louis-Dreyfus in Odessa, see Dan Morgan, *Merchants of Grain* (New York: Viking, 1979), 31–34.

22.　里堡于 1888 年扩建，与 1879 年相比，可登陆的船只增加了 3 倍。Nikolai Andreevich Kislinskim and A. N. Kulomzin, *Nasha zheleznodorozhnaya Politika po Dokumentam Arkhiva Komiteta Ministrov, Istoricheskiy Ocherk* (St. Petersburg: Kantselyarii Komiteta Ministrov, 1902), 102.

23.　ValeriiL.Stepanov,"I. A. Vyshnegradskii and S. Iu. Witte: Partners and Competitors," *Russian Studies in History* 54, no. 3 (July 3, 2015): 210–237.

24.　Skalkovsky, *Lesministres des finances de la Russie,* 168–170.

25.　关于1870年后俄罗斯帝国对铁路的抛售和后来的回购,参考 Mikhail I Voronin and M. M. Voronina, *Pavel Melnikov and the Creation of the Railway System in Russia* (Danville, PA: Languages of Montour Press, 1995), chap.9。

26.　关于关税和收入，参考 Skalkovsky, *Lesministres des finances de la Russie,* 275–289. On terminated agreements, see I. M. Rubinow, *Russian Wheat and Wheat Flour in European Markets*, Bulletin no. 66 (Washington, DC: US Department of Agriculture, Bureau of Statistics, 1908), 40。

27.　Richard Tilly, "International Factors in the Formation of Banking Systems," in *International Banking, 1870—1914*, ed. Rondo Cameronand V. I. Bovykin (New York: Oxford University Press, 1991), 104–106; Jennifer L. Siegel, *For Peaceand Money: French and British Finance in the Service of Tsars and Commissars* (New York: Oxford University Press, 2014), chap.1.

28.　Arcadius Kahan, "Natural Calamities and Their Effect upon the Food Supply in Russia (an Introduction to a Catalogue)," *Jahrbücher für Geschichte Osteuropas* 3 (1968): 353–377; Moon, *The Plough That Broke the Steppes*, 65–68.

29.　Carl Lehmann and Parvus, *Das Hungernde Russland: Reiseeindrücke, Beobachtungen und Untersuchungen* (Stuttgart: J. H. W. Dietz Nachf., 1900), 170–191; Richard G.Robbins, *Famine in Russia,1891—1892: The Imperial Government Responds to a Crisis* (New York: Columbia University Press, 1975), 24ff. Stephen G. Wheatcroft, in "The 1891—1892 Famine in Russia: Towards a More Detailed Analysis of Its Scale and Demographic Significance," in *Economy and Society in Russia and the Soviet Union, 1860—1930*, ed. Linda Edmonson and Peter Waldron (London: Macmillan, 1992), 45–46, 文献指出，俄罗斯帝国1891年的净出口实际上高于1889年，1889 年是另一个低产量的年份。

30. Wheatcroft, "The 1891–1892 Faminein Russia," 44–64.

31. Lehmann and Parvus, *Das Hungernde Russland*, 170–191; Leo Tolstoy, *The Novels and Other Works of Lyof N. Tolstoi*, vol. 20: *Essays, Letters, Miscellanies* (New York: Charles Scribner's Sons, 1900), 271–275; James Y. Simms Jr., "The Crop Failure of 1891: Soil Exhaustion, Technological Backwardness, and Russia's' Agrarian Crisis,'" *Slavic Review* 41, no.2 (summer 1982): 236–250.

32. 关于砍伐森林，参考 Lehmann and Parvus, *Das Hungernde Russland*, 170–180。关于托尔斯泰私下认为铁路应受谴责的观点，参考 Edward Arthur Brayley Hodgetts, *In the Track of the Russian Famine: The Personal Narrative of Journey Through the Famine Districts of Russia* (London: T. Fisher Unwin, 1892), 4。托尔斯泰发表的关于饥荒的报道受到了严格审查，但他确实指出了地方自治在"帮助挨饿的人"中会出现人口普查问题以及泽姆斯基·纳恰尔尼克（zemsky nachalnik，土地队长）实施的审查制度的问题，参考 See Tolstoy, *Essays, Letters, Miscellanies*。继地质学家和土壤科学家 Vasilii Dokuchaev 之后，David Moon 发表了观点，指出是过度灌溉导致了干旱，而不是森林砍伐，参考 "The Environmental History of the Russian Steppes: Vasilii Dokuchaev and the Harvest Failure of 1891," *Transactions of the Royal Historical Society* (2005): 149–174。

33. Stepanov,"I. A. Vyshnegradskii and S. Iu. Witte."

34. Scott Reynolds Nelson, *Iron Confederacies: Southern Railways, Klan Violence, and Reconstruction* (Chapel Hill: University of North Carolina Press, 1999); Richard H. White, *Railroaded: The Transcontinentals and the Making of Modern America* (New York: Norton & Company, 2011).

35. Elie de Cyon, *Les finances russes et l'épargne française* (Paris: Chamerotet Renouard, 1895)；关于西部的贿赂情况，参考 White, *Railroaded*；关于南部的贿赂情况，参考 Nelson, *Iron Confederacies*。

36. Carl Bücher, *Industrial Organization* (London: G. Bell & Sons), chap. 6.

37. Zygmunt Bauman, *Legislatorsand Interpreters: On Modernity, Post-modernity, and Intellectuals* (Ithaca, NY: Cornell University Press, 1987).

38. Parvus, "Eine Neue Äera [sic] in Rußland," *Sächsische Arbeiter-Zeitung*, July 9, 1896.

39. Parvus,"Eine Neue Äera."

40. 创造了"世界体系"一词的伊曼纽尔·沃勒斯坦从四个方面提出了灵感来源：源自欧洲社会科学的经济增长理论；劳尔·普雷维什（Raúl Prebisch）和汉斯·辛格（Hans Singer）认为，拉丁美洲通过廉价初级产品与昂贵工业产品的不平等交换导致经济发展受到抑制；莫里斯·多布（Maurice Dobb）与保罗·斯威齐（Paul Sweezy）对于从封建主义到资本主义的过渡是内部的还是外部的进行争论；费尔南布劳德尔（Fernand Braudel）的安娜莱斯学派强调政治变革的深层经济根源。参考 Immanuel Wallerstein, *World-Systems Analysis: An Introduction* (Durham, NC: Duke University Press, 2004)。尽管沃勒斯坦对不平等发展如何在国际上产生的理解，密切联系了帕尔乌斯、托洛茨基和罗莎·卢森堡在 1891—1930 年提出的论点，但他认为世界体系是他在 20 世纪 50 年代提出的混合式理论。虽然我不怀疑沃勒斯坦是坦诚地提出他的混合式观点，但多布、斯威齐和布劳德尔至少明白他们的论点与帕尔乌斯、卢森堡和托洛茨基提出的旧传统有很深的关系。作为"正统"马克思主义者的多布和斯威齐不会屈尊引用托洛茨基、他的前任或他的前辈的观点。布劳德尔知道马克思主义理论，但很少在《文明与资本主义》（*Civilization and Capitalism*）的脚注中讨论它。世界体系理论有很多缺点：它无法解释核心是如何从意大利转移至荷兰、伦敦再到美国的；它没有能力处理像美国这样的半边缘国家成为核心国家的问题；另外，它很难解释 20 世纪 80 年代末的"亚洲四小龙"（Asian Tigers）的出现和 20 世纪 90 年代之后中国的工业化。这些缺点使学者对世界系统理论提出了许多宝贵的修改意见，包括哈里特·弗里德曼（Harriet Friedmann）、乔万尼·阿里吉（Giovanni Arrighi）、大卫·哈维（David Harvey）和杰森·W. 摩尔（Jason W. Moore）。我建议重新设置这一理论框架，将帕尔乌斯对"黑色之路"、马尔萨斯（Malthusian）对粮食的影响、海鸥城市的崛起、帝国粮食组织、交流的作用以及新闻的作用分析重新纳入这些辩论中。因为环境原因，比如河流的硝化作用和海外航运的污染成本，世界系统理论家不喜欢廉价的食物。这些事情如假包换，但廉价的食物能使工人和其他穷人受益。帕尔乌斯和 19 世纪的马克思主义者对这一点非常理解并表示赞扬。这就是马克思主义者支持自由贸易的原因。在某种程度上，这本书是对我们祖父母恩惠的认可，在我描述的变化出现之前，他们经常挨饿。

41. Parvus, "Eine Neue Äera."

42. Parvus, "Zur Diskussion über den Agrarprogrammentwurf," *Leipziger Volkszeitung* (summer 1895).

43. Parvus, "Die Orientfrage, 2. Ein geschichtlicher Rüdblid [sic]," *Sächsische Arbeiter-Zeitung*, March 13,1897.

44. Parvus, "Die Orientfrage."

45. Parvus, "Eine Neue Äera."

46. Parvus, "Eine Neue Äera."

47. Parvus, "Türkische Wirren," *Sächsische Arbeiter-Zeitung*, September 10, 1896.

48. 罗莎·卢森堡指出，新闻委员会对帕尔乌斯表示不满，因为他"对令人不快的报纸和粗俗的语气提出了指控"。John Peter Nettl, *Rosa Luxemburg* (London: Oxford

University Press, 1966), 1:160.

49. Vladimir Lenin, *Collected Works* (Moscow: Progress Publishers, 1977), 4:65–66.

50. Elisabeth Heresch, *Geheimakte Parvus: die gekaufte Revolution* (München: Herbig, 2013), 50.

51. Parvus, "Der Weltmarkt Und die Agrarkrisis," *Die Neue Zeit* 14 (November 1895): 197ff.

52. Nettl, *Rosa Luxemburg*, 109–110, 156–158.

53. "Starving Russia," *New York Times*, July 21, 1901, 30.

54. 根据大卫·沃尔夫（David Wolff）的说法，这项协议是在 1896 年 4 月尼古拉斯二世加冕后制定的。当时，中国得知俄罗斯帝国阻止日本占领辽东半岛的代价是俄罗斯帝国控制同一半岛。David Wolff, *To the Harbin Station: The Liberal Alternative in Russian Manchuria, 1898—1914* (Stanford, CA: Stanford University Press, 1999), 5.

55. C. Walter Young, "The Russian Advance into Manchuria," *Chinese Students' Monthly* 20, no.7 (May 1925): 19.

56. Speech by Henry Labouchere, June 10, 1898, House of Commons, 1371—1372.

57. David Schimmelpenninck van der Oye, "The Immediate Origins of the War," in *The Russo-Japanese War in Global Perspective: World War Zero*, ed. John W. Steinberg et al.(Boston: Brill, 2005), 1:36.

58. Sarah C. M. Paine, "The Chinese Eastern Railway from the First Sino-Japanese War Until the Russo-Japanese War," in *Manchurian Railways and the Opening of China: An International History*, ed. Bruce A. Elleman and Stephen Kotkin (Armonk, NY: M. E. Sharpe, 2010), 13–36.

59. Young, "The Russian Advance in to Manchuria," 18–20.

60. 关于义和团的起源，参考 Joseph W. Esherick, *The Origins of the Boxer Uprising* (Berkeley: University of California Press, 1987). On their actions in Russia, see G. V. Melikhov, *Man'chzhuriya dalekaya i blizkaya* (Moscow: Nauka, 1991), 108–109。

61. Schimmelpenninck van der Oye, "Immediate Origins of the War,"34–36.

62. Andrew Higgins, "On Russia-China Border, Selective Memory of Massacre Worksfor Both Sides," *New York Times*, March 26, 2020.

63. [Tokuji Hoshino], *Economic History of Manchuria* (Seoul: Bank of Chosen, 1920), 41; Chinese Eastern Railway, *Ocherk kommercheskoy deyatel'nosti kitayskoy vostochnoyzheleznoy...* (St. Petersburg: A. Smolinsky, 1912).

64. Rosa Luxemburg to Leo Jogiches, December 12, 1899, in *The Letters of Rosa Luxemburg*, ed. George Adler et al. (Brooklyn, NY: Verso Press, 2011), 96–100.

65.　Vladimir Lenin, "The Serf Owners at Work," in *Collected Works* (Moscow: Foreign Languages Publishing House, 1961), 5:95–100.

66.　这包括 16 艘资本战舰，23 艘驱逐舰和 63 艘鱼雷艇，总成本为 2.13 亿日元。J. Charles Schencking, *Making Waves: Politics, Propaganda, and the Emergence of the Imperial Japanese Navy, 1868—1922* (Stanford: Stanford University Press, 2005), 84–85.

67.　"Nihon kokumin to sensò," *Yorodzu chòhò* (February 28, 1904), quoted in Naoko Shimazu," 'Love Thy Enemy': Japanese Perceptions of Russia," in *The Russo-Japanese War in Global Perspective: World War Zero*, ed. John W. Steinberg et al. (Boston: Brill, 2005), 1:366.

68.　John Bushnell, "The Specter of Mutinous Reserves," in *The Russo-Japanese War in Global Perspective: World War Zero*, ed. John W. Steinberg etal. (Boston: Brill, 2005), 1:335,339.

69.　Baron Roman Romanovich Rosen, *Forty Years of Diplomacy* (New York: Knopf, 1922), chap. 17–23.

70.　John L. H. Keep, *The Rise of Social Democracy in Russia* (London: Oxford University Press, 1963), 152–158.

71.　Leopold H. Haimson, ed., *The Making of Three Russian Revolutionaries: Voices from the Menshevik Past* (New York: Cambridge University Press, 1987), 484; Jonathan Edwards Sanders, "The Union of Unions: Political, Economic, Civil, and Human Rights Organizations in the 1905 Russian Revolution" (PhD diss., Columbia University, 1985); Zbyněk Anthony Bohuslav Zeman and Winifred B. Scharlau, *The Merchant of Revolution: The Life of Alexander Israel Helphand (Parvus), 1867—1924* (New York: Oxford University Press, 1965), 81–82.

72.　Zeman and Scharlau, *Merchant of Revolution*, 79–83.

73.　Theodore Weeks, "Managing Empire: Tsarist National Policies," in *The Cambridge History of Russia*, vol. 2: *Imperial Russia, 1689—1917*, ed. Dominic Lieven (Cambridge: Cambridge University Press, 2006), 2:42.

74.　Bushnell, "Specter of Mutinous Reserves," 345.

75.　George Garvy, "The Financial Manifesto of the St. Petersburg Soviet, 1905," *International Review of Social History* 20, no.1(1975): 16–32.

76.　Leo Deutsch, *Viermal Entflohen* (Stuttgart: Dietz, 1907), 170–198; *Hamburger Anzeiger*, October 17, 1906. 关于 1905 年革命中的帕尔乌斯的大体情况，参考 Anne Dorazio Morgan, "The St. Petersburg Soviet of Workers' Deputies: A Study of Labor Organization in the 1905 Russian Revolution" (PhD diss., Indiana University, 1979)。

第十二章　东方快车行动之军

1. 关于帕尔乌斯对俄罗斯帝国摇摆不定的看法，参考 Parvus, "Eine Neue Äera [sic] in Rußland," *Sächsische Arbeiter-Zeitung*, July 9, 1896。

2. Zbyněk Anthony Bohuslav Zeman and Winifred B. Scharlau, *The Merchant of Revolution: The Life of Alexander Israel Helphand (Parvus), 1867—1924* (New York: Oxford University Press, 1965).

3. Nikolai Yakovlevich Danilevsky, *Rossiya y Evropa* (St. Petersburg: brat. Panteleevykh, 1895); Cyrus Hamlin, "The Dream of Russia," *The Atlantic* 58 (December 1886); Mose L. Harvey, "The Development of Russian Commerce on the Black Sea and Its Significance" (PhD diss.,University of California, Berkeley, 1938).

4. 由于德皇以前对阿卜杜勒·哈米德二世的支持，以及德皇对支持土耳其对抗德国盟友奥匈帝国（奥匈帝国试图瓜分土耳其）的矛盾心理，与德国的联盟变得复杂起来。M. Şükrü Hanioğlu, *A Brief History of Late Ottoman Empire* (Princeton, NJ: Princeton University Press, 2008), chap.6.

5. 关于 19 世纪 20 年代烧炭党式的组织，参考 *The Age of Revolution* (New York: Vintage Books, 1962), 114—116。 关于犹太人和共济会对联合主义者队伍的渗透，已经写了很多废话。联合党人和所有烧炭党人一样，明白暴露意味着暗杀，因此试图通过采用转向民族主义方向的仪式来预防这种情况的发生。

6. Mehmed Naim Turfan, *Rise of the Young Turks: Politics, the Military and Ottoman Collapse* (London: I. B. Tauris, 1999), chap. 3; AyşeHür, "31 Mart' ihtilal-i askeriyesi',"*Taraf*, April 6, 2008, https://web.archive.org/web/20160214154016/http://arsiv.taraf.com.tr/yazilar/aysehur/31-mart-ihtilal-i-askeriyesi/375 (accessed June 29,2020).

7. Erol A. F. Baykal, *The Ottoman Press (1908—1923)* (Leiden: Brill, 2019), chap.6.

8. Y. Doğan Çetinkaya, *The Young Turks and the Boycott Movement: Nationalism, Protest and the Working Classes in the Formation of Modern Turkey* (London: I. B. Tauris, 2014); Yunus Yiğit, "Aleksander Israel Helphand (Parvus)'in Osmanli Malî Ve Sosyal Hayatina Daİr Değer-lendİrmelerİ"(unpublished master's thesis, Istanbul University, 2010), 5.

9. Hanioğlu, *A Brief History of Late Ottoman Empire*.

10. Parvus, "Die Integrität der Turkei," *Sächsische Arbeiter-Zeitung*, March 11,1897.

11. Christopher M. Clark, *The Sleepwalkers: How Europe Went to Warin 1914* (New York: Harper, 2013), chap.1.

12. "Sanayi ülkeleri için yararlı olan bu düşüş, tarım ülkelerine çok büyük zarar verme-ktedir." Parvus, *Türkiye'nin malî tutsaklığı*, trans. Muammer Sencer (İstanbul: May Yayınları, 1977).

13. Parvus, *Türkiye'nin malî tutsaklığı*.

14. Justin Yifu Lin, *Demystifying the Chinese Economy* (Cambridge: Cambridge University Press, 2012) 描述了 20 世纪 90 年代，中国是如何通过缓慢的、基于基础设施的发展战略来超越俄罗斯的，该战略强调了农业中的私有财产以及国有企业和一些私营企业的混合。帕尔乌斯最初在 1895 年反驳爱德华·伯恩斯坦关于马克思主义农业计划的论点时提出了这种战略，参考 "Zur Diskussion über den Agrarprogrammentwurf," *Leipziger Volkszeitung* (summer 1895). This is usefully transcribed on Wolfram Klein's *Sozialistische Klassiker 2.0* website at https://sites. google.com/site/sozialistischeklassiker2punkt0/parvus/parvus-zur-diskussion-ueber-den-agrarprogrammentwurf (accessed June 26,2020).

15. Ayfer Karakaya-Stump, personal conversation, September 2016; Feroz Ahmad, "Vanguard of a Nascent Bourgeoisie: The Social and Economic Policy of the Young Turks, 1908—1918," in *From Empireto Republic: Essays on the Late Ottoman Empire and Modern Turkey* (Istanbul: Istanbul Bilgi University Press, 2008), 40.

16. Parvus, *Türkiye'nin malî tutsaklığı*.

17. Parvus, *Türkiye'nin malî tutsaklığı*.

18. 这些有可能是马克沁机枪，而不是大炮。一份船舶清单提到 439 箱 "seri ateşli top"，即 "快速火球"，从汉堡交付。来自 Yiğit, "Aleksander Israel Helphand (Parvus)," 8。

19. 关于 Ziraat Bankesi，参考 Donald Quataert, "Ottoman Reform and Agriculture in Anatolia, 1876—1908" (PhD diss., University of California, Los Angeles, 1973).

20. Ioanna Pepelasis Minoglou and Helen Louri, "Diaspora Entrepreneurial Networks in the Black Sea and Greece, 1870—1917," *Journal of European Economic History* 26, no.1 (1997): 69–104.

21. 关于帕尔乌斯作为粮食供应商的信息，参考 Parvus, "Meine Entfernung aus der Schweiz," *Die Glocke*, February 21, 1920, 1482—1489. See also Mineglou and Louri, "Diaspora International Networks in the Black Sea and Greece," 84。

22. Elisabeth Heresch, *Geheimakte Parvus: die gekaufte Revolution* (München: Herbig, 2013), chap.1.

第十三章 面包引发的一场世界大战

1.　这是弗里茨·费歇尔（Fritz Fischer）最有力的论点，参考 *Griff nach der Weltmacht: DieKriegszielpolitik des kaiserlichen Deutschland 1914/18*, 3 vols. (Düsseldorf: Droste Verlag, 1964), published in Englishas *Germany's Aims in the First World War* (New York: W.W. Norton, 1967)。

2.　Sean McMeekin, *The Russian Origins of the First World War* (Cambridge, MA: Harvard University Press, 2011),37.

3.　Mc Meekin, *The Russian Origins of the First World War*.

4.　Elisabeth Heresch, *Geheimakte Parvus: die gekaufte Revolution* (München: Herbig, 2013); M. Asim Karaömerlioglu, "Helphand-Parvusand His Impact on Turkish Intellectual Life," *Middle Eastern Studies* 40, no.6 (2004): 158.

5.　Sean McMeekin, *The Berlin-Baghdad Express: The Ottoman Empireand Germany's Bid for World Power* (Cambridge, MA: Harvard University Press, 2010).

6.　Avner Offer, *The First World War: An Agrarian Interpretation* (New York: Oxford University Press, 1989).

7.　Zbyněk Anthony Bohuslav Zeman, ed., *Germany and the Revolution in Russia, 1915—1918: Documents from the Archives of the German Foreign Ministry* (Oxford: Oxford University Press, 1958), 140–149.

8.　Friedrich Engels, *Die Preußische Militärfrage und die deutsche Arbeiterpartei* (Hamburg: O. Meissner, 1865). 帕尔乌斯可能认为，切断法国和英国与俄罗斯帝国粮食的供应将很快结束战争，因为这会对这两大消费国产生影响，就像 1853 年克里米亚战争表明法国和英国是多么依赖俄罗斯帝国粮食一样。

9.　Boris Chavkin, "Alexander Parvus: Financier der Weltrevolution," *Forum für Osteuropäische Ideen-und Zeitgeschichte* 11, no.2 (2007): 31–58.

10.　McMeekin, *The Russian Origins of the First World War*.

11.　Offer, *The First World War*.

12.　Nikolai D. Kondratieff, *Rynok khlebov i ego regulirovanie vo vremia voiny i revoliutsii* (1922; repr. Moscow: Nauka, 1991).

13.　McMeekin, *The Berlin-Baghdad Express*.

14.　Zeman, *Germanyand the Revolution in Russia*, 1–2.

15.　Zeman, *Germanyand the Revolution in Russia*.

第十四章 粮食即权力

1.　Lars T. Lih, *Bread and Authority in Russia, 1914—1921* (Berkeley: University of California Press, 1990); Arup Banerji, *Merchants and Marketsin Revolutionary Russia, 1917—1930* (New York: Springer, 1997), 9.

2.　Thomas Fallows, "Politics and the War Effort in Russia: The Union of Zemstvos and the Organization of the Food Supply, 1914—1916," *Slavic Review* 37, no. 1 (1978): 70–90; Thomas Porter and William Gleason, "The Zemstvo and Public Initiative in Late Imperial Russia," *Russian History* 21, nos.1–4 (1994): 419–437.

3.　Lih, *Bread and Authorityin Russia.*

4.　Nikolai D. Kondratieff, *Rynok khlebov i ego regulirovanie vo vremia voiny i revoliutsii* (1922; repr. Moscow: Nauka, 1991); Lih, *Breadand Authority in Russia*; Banerji, *Merchants and Markets*, chap. 1; Peter Holquist, *Making War, Forging Revolution: Russia's Continuum of Crisis, 1914—1921* (Cambridge, MA: Harvard University Press, 2002).

5.　Zbyněk Anthony Bohuslav Zeman, ed., *Germany and the Revolution in Russia, 1915—1918: Documents from the Archives of the German Foreign Ministry* (Oxford: Oxford University Press, 1958), 24–35.

6.　Catherine Merridale, *Lenin on the Train* (New York: Metropolitan Books, 2017), 62–68.

7.　Parvus, "Die Plan für die russische Revolution," appendix to Elisabeth Heresch, *Geheimakte Parvus: die gekaufte Revolution* (München: Herbig, 2013).

8.　Merridale, *Lenin*, 62–68, 251–261; Heresch, *Geheimakte Parvus*, 153ff; Michael Futrell, *Northern Underground: Episodes of Russian Revolutionary Transport and Communications Through Scandinavia and Finland, 1863—1917* (New York: Faber & Faber, 1963), chap.7.

9.　William Henry Chamberlain, *The Russian Revolution, 1917—1921* (New York: Macmillan, 1935), vol.1, chap. 8.

10.　State Secretary Zimmerman to the Ministerin Bern, June 3,1917, in Zeman, *Germany and the Revolutionin Russia*, 61.

11.　Zeman, *Germany and the Revolutionin Russia*, 68.

12.　State Secretary Kühlmann to the Foreign Ministry Liaison Officer at General Headquarters, September 29, 1917, in Zeman, *Germany and the Revolutionin*

Russia,70.

13. Lih, *Bread and Authorityin Russia*, 76–77.

14. 以下三段几乎完全依赖于文献 William G. Rosenberg, "The Democratization of Russia's Railroads in 1917,"*American Historical Review* 86, no.5 (December 1981): 983–1008。

15. Rosenberg, "The Democratization of Russia's Railroads."

16. Vladimir P. Timoshenko argues, in *Agricultural Russia and the Wheat Problem* (Stanford, CA: Food Research Institute, 1932), 44–46, that in 1917, 21 to 30 percent of agricultural land was fallow in Ukraine. David Moon argues, in *The Plough That Broke the Steppes: Agriculture and Environment on Russia's Grasslands, 1700—1914* (New York: Oxford University Press, 2013), that Ukraine used three- and four-field rotationrather than shifting cultivation, but this still apparently left a great deal off allow land.

17. Daniel Thorner et al., eds., *A. V. Chayanov on the Theory of Peasant Economy* (Homewood, IL: American Economic Association, 1966).

18. Robert Louis Koehl, "A Prelude to Hitler's Greater Germany," *American Historical Review* 59, no.1 (October 1953): 59; Holger Herwig," Tunes of Glory at the Twilight Stage: The Bad Homburg Crown Council and the Evolution of German Statecraft, 1917/1918," *German Studies Review* 6, no. 3 (October 1983): 475–494; Judah Leon Magnes, *Russia and Germany at Brest-Litovsk: A Documentary History of the Peace Negotiations* (New York: Rand School of Social Science, 1919), 181.

19. Lih, *Bread and Authorityin Russia*, 131.

20. Robert Conquest, *The Harvest of Sorrow: Soviet Collectivization and the Terror-Famine* (New York: Oxford University Press, 1986), 46.

21. Mark Von Hagen, *School of the Revolution: Bolsheviks and Peasantsin the Red Army, 1918—1928*, vols. 1 and 2 (PhD diss., Stanford University, 1984).

22. Stephen Anthony Smith, *Russia in Revolution: An Empire in Crisis, 1890 to 1928* (New York: Oxford University Press, 2016), chap.4.

23. G. V. Melikhov, *Man'chzhuriya, dalekaya i blizkaya* (Moscow: Nauka, 1991).

24. Frederick C. Corney, *Telling October: Memory and the Making of the Bolshevik Revolution* (Ithaca, NY: Cornell University Press, 2004).

25. Dmitri Volkogonov, *Lenin: A New Biography* (New York: The Free Press, 1994),

chap.3.

26. Frederick C.Corney, *Trotsky's Challenge: The "Literary Discussion" of 1924 and the Fight for the Bolshevik Revolution*(Boston: Brill, 2015).

结束语

1. 虽然他的母亲名叫塔季扬娜·伯曼（Tatyana Berman），但叶夫根尼的姓是格涅金。Paul Raymond, in "Witness and Chronicler of Nazi-Soviet Relations: The Testimony of Evgeny Gnedin (Parvus)," *Russian Review* 44, no. 4 (1985): 379–395, says that he took this last name in 1920.

2. Central Intelligence Agency, Electronic Reading Room, "OSS-Soviet Defector L. Borisovitch Gelfand/Comments on Stalin and the Course of the War, Aug. 12, 1942," file citation CIA-RDP 13X00001R000100210002-9; Central Intelligence Agency, Electronic Reading Room, Breve Biographie De Leon Moore (Precedement Leon Helfand), file citation DOC_0001165778; US House of Representatives, 81st Cong., 1st Sess., Report No. 1283, "Report on the Bill to accompany S. 627 for the Relief of Leon Moore"; Office of Strategic Services, "Leon Borisovitch HELFAND: American. A Soviet Diplomat in the 1920s and 1930s," catalogue reference KV2/2681, National Archives, Kew, Richmond, Surrey, United Kingdom。

3. *Dun & Bradstreet Middle Market Directory*, 1971, 608; "Sonia Moore, 92, Stanislavsky Expert," *NewYork Times*, May 24, 1995.

4. Raymond, "Witness and Chronicler of Nazi-Soviet Relations, "379–395; Pryanikov Pavel, "Put' marksista Yevgeniy Gnedin glazami docheri," *Russkaya Zhizn'*, September 28, 2007.

5. Tatyana Gnedina, *Posledniy den' Tugotronov: povesti-skazki* (Moscow: Molodaya Gvardiya, 1964).

索 引

（所注页码为英文原书页码）

码上直击 大国博弈的关键角力场

从史前行至现代 · 看小小麦粒如何成为博弈重器

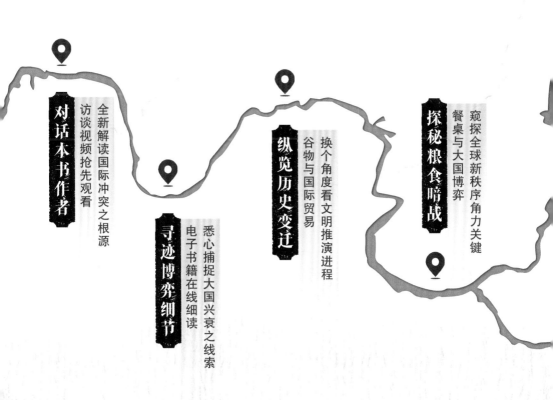

对话本书作者
全新解读国际冲突之根源
访谈视频抢先观看

寻迹博弈细节
悉心捕捉大国兴衰之线索
电子书籍在线细读

纵览历史变迁
换个角度看文明推演进程
谷物与国际贸易

探秘粮食暗战
窥探全球新秩序角力关键
餐桌与大国博弈